KB208760

전도학 개론

세계복음화문제연구소
(The World Evangelization Research Center)는
한국 교회가 세계 복음화를 위하여
한 모퉁이를 담당해야 한다는 사명으로 사역하고 있습니다.

이 도서에 실린 모든 내용은
세계복음화문제연구소의 **도서출판 세 복**이 출판권자이므로,
학문적 논문의 인용을 제외하고는
본 연구소의 동의 없이 복제할 수 없습니다.

전도학 개론

지 은 이   홍 성 철
발 행 인   홍 성 철
재판 3쇄   2023년 3월 31일

발 행 처   **도서출판 세 복**
주   소   경기도 파주시 문발로 123
전   화   070-4069-5562
홈페이지   http://www.saebok.net
E-Mail   werchelper@hanmail.net
등록번호   제1~1800호 (1994년 10월 29일)

총 판 처   솔라피데출판유통
전   화   031-992-8691
팩   스   031-955-4433

ISBN 978-89-6334-025-8   03230
값 18,000원

ⓒ **도서출판 세 복**

전도학 개론

수정증보판

우리는 십자가에 못 박힌 그리스도를 전하니 유대인에게는 거리끼는 것이요
이방인에게는 미련한 것이로되 오직 부르심을 받은 자들에게는 유대인이나
헬라인이나 그리스도는 하나님의 능력이요 하나님의 지혜니라
고전 1:23-24

너는 말씀을 전파하라 때를 얻든지 못 얻든지 항상 힘쓰라 범사에 오래 참음
과 가르침으로 경책하며 경계하며 권하라 그러나 너는 모든 일에 신중하여
고난을 받으며 전도자의 일을 하며 네 직무를 다하라
딤후 4:2, 5

홍 성 철

Introduction
to Evangelism

by John Sungchul Hong

도서출판 세 복

Introduction to Evangelism

by

John Sungchul Hong

Published in Korean

Copyright © 2015 Saebok Publishing House

All rights reserved.

Seoul, KOREA

홍성철(John Sungchul Hong) 목사의 저서

국어
· <고난 중에도 기뻐하라> (빌립보서 강해설교)
· <눈물로 빚어 낸 기쁨> (룻기 강해)
· <복음을 전하세 복음전도의 성경적 근거>
· <불타는 전도자 존 웨슬리>
· <성령으로 난 사람> (요한복음 3장 1~16절 강해설교)
· <십자가의 도>
· <우리에게 일용할 양식을 주소서> (주기도문 강해설교)
· <유대인의 절기와 예수 그리스도>
· <이렇게 예수 그리스도의 제자가 되자>
· <절하며 경배하세>
· <주님의 지상명령 성경적 의미와 적용>
· <하나님의 사람들> (마태복음 1장 1절 강해설교)
· <현대인을 위한 복음전도의 성경적 모델>
· <성령의 시대로! 오순절 ◇ 복음 ◇ 교제>
· <전도학 개론>
· <기독교의 8가지 핵심진리>

영어
· *Born of the Spirit* (Emeth Press)
· *John Wesley the Evangelist* (Emeth Press)
· *The Great Commission: Its Biblical Meaning and Application*
  (Evening Star Enterprise, Inc.)
· *The Genealogy of Jesus Christ: Evangelistic Sermon on the Covenant
  from Matthew 1:1* (Emeth Press)
· *The Jewish Festivals and Jesus Christ* (Emeth Press)

편저
· <나는 어떻게 예수님을 만났는가?>
· <회심 거듭남의 의미와 적용>
· <복음주의 실천신학개론>
· <전도학>
· <선교세계>
· <불교권의 선교신학과 방법>
· *How I Met Jesus*

번역
· <주님의 전도계획> 외 30권의 기독교 서적

차례

추천의 글

복음전도에 관한 모든 것을 배우고자 하는 사람들에게 이 저서를 추천합니다. 저자는 이 저서에 『전도학 개론』이라는 제목을 붙였지만, 실제로는 그 이상의 저술입니다. 홍성철 박사는 구원의 기쁜 소식을 세상 끝까지 전하는데 필요한 모든 이슈들(issues)을 다루고 있습니다. 간단명료하게 저자는 다음의 제목들을 다루었는데, 곧 효과적인 사역을 위하여 필요한 준비, 선포될 복음의 핵심적 내용, 사람들을 그리스도에게로 인도하는 방법, 그리고 그들을 성장시켜서 지상명령의 삶을 살게 하는 방법 등을 골고루 다루었습니다.

내가 지금까지 아는 사람들 가운데 홍 박사만큼 이 제목을 잘 다룰 수 있는 자격을 갖춘 분은 거의 없습니다. 홍 박사는 전도학 분야의 학자이지만 거기에 머물러 있는 분은 아닙니다. 그는 가르치는 것을 실천하는 분입니다. 전도자로, 목회자로, 선교사로, 교회개척자로, 신학교 교수로 그리고 많은 저서의 저자로, 그는 거의 반세기 동안 전도사역에 매진했습니다. 여러분은 이런 사람을 신뢰할 수 있습니다.

힘 있는 가르침을 받을 준비를 하십시오. 홍 박사는 복음에 대한 그의 확신을 조금도 타협하지 않고 선포하는 분입니다. 그는 교회가 십자가를 지고 그리스도를 따라야 된다는 명령을 심각하게 받아들여야 된다고 믿는 분입니다. 우리는 이런 메시지를 반드시 들어야 합니다. 들을 뿐 아니라, 그 메시지를 우리의 삶에 적용해야 합니다. 이런 기대를 가지면서 나는 이 저서를 여러분에게 추천합니다.

로버트 콜먼(Robert E. Coleman) 박사

Distinguished Senior Professor of Evangelism and Discipleship
고든콘웰신학교(Gordon-Conwell Theological Seminary)

문을 열면서

선교에서 M-1, M-2, M-3의 개념은 오랫 동안 사용된 코드 (code)였다. 그 의미는 다음과 같다: M-1은 자기 나라에서 자기 언어로, 자기 민족에게 선교(mission)하는 것이다. M-2는 언어는 같을지 몰라도 문화가 다른 사람들과 연루되어 사역하는 선교이다. M-3는 다른 나라에서, 문화와 언어가 다른 사람들과 연루되어 사역하는 선교이다. 이 코드는 다른 분야에도 영향을 미쳤는데, 특히 복음전도에 그러했다.

복음전도에서도 이런 코드를 따라 E-1, E-2, E-3를 도입하였다. E-1은 교회라는 장벽을 넘어 자국민에게 복음(evangelism)을 전하는 것이다. E-2는 문화와 계급의 장벽을 넘어가서 전도하는 것이다. E-3은 언어의 장벽을 넘어서 하는 전도를 의미한다. 그런데 흥미롭게도 복음전도에서 하나가 더 추가되었는데, 그것은 E-0이며, 그 의미는 교회 안에 있는 교인들 가운데 아직 거듭나지 못한 사람들을 위한 전도를 말한다.

이런 코드를 다른 곳에서도 사용하였는데, 곧 P-1, P-2, P-3이다. P의 개념은 1974년 "로잔국제전도자대회"에서 전도를 포괄적으로 정의하면서 P로 시작되는 세 단어를 삽입한데서 연유했다. 그 정의에서 특별히 세 단어가 표출되었는데, 곧 동참 (presence), 선포(proclamation) 및 설득(persuasion)이다. 이 단어들을 차례로 코드로 만들어 사용하기 시작했다. 필자는 전도에서 준비(preparation)도 말할 수 없이 중요하기에 그것을 P-0으로 결정하였다. 그뿐 아니라, 이 네 단어를 사용하여 본 저서의 틀로 잡은 것이 특색이라면 특색이다. 제1부에서 준비라는 제목으로 5장을 할애하였다. 제2부에서는 동참이라는 제목으로 5장을 할애하였다. 제3부와 제4부에서는 선포를 다시 둘로 나누어서, 메시지와 방법을 각각 5장씩 할애하였다. 그리고 마지막으로 설득이란 제목으로 5장을 할애하였다. 이렇게 해서 본서는 총 25장으로 구성되어 있다.

이 책을 저술하게 된 목적은 『전도학 개론』이란 제목 자체가 말해 주듯, 전도에 관심을 가지고 있는 그리스도인들에게 전도의 기본적인 개념을 제공하기 위한 것이다. 제1부에서는 복음을 구체적으로 전하기 이전에 전도하는 사람이 알고 준비해야 되는 사실들을 다루었다. 전도의 의미, 전도의 동기, 전도의 목적, 전도할 때 장애가 되는 요소들, 전도하는 사람의 자세 등을 차례로 다루었다. 여기에선 문자 그대로 전도하는 사람을 위한 준비를 다루었다.

제2부에서는 동참이라는 제목으로 다섯 장을 다루었는데, 그 내용은 아직 믿지 않는 사람들 가운데 어떻게 들어가서, 어떻게 접촉하는지를 제법 상세히 다루었다. 그들 가운데 들어가서 무엇보다도 그들의 필요를 발견하고, 그들이 기독교에 대한 이해의 깊이에 따라 적절하게 전해야 되는 메시지를 다루었다. 그뿐 아니라, 그들이 던지는 질문들에 대하여 어떻게 변증해야 되는지도 다루었다. 그러니까 여기에서는 전하는 자와 듣는 자의 관계가 강조되었다.

제3부에서는 선포 – 메시지라는 제목으로 다섯 장을 다루었는데, 여기에서는 복음의 밑거름이 되는 죄와 심판의 문제를 다루었다. 그리고 무엇보다도 복음의 심장을 다루었는데, 첫 인간이 불순종으로 하나님의 분명한 명령을 거부한 결과와 그 해결책을 제시하였다. 이와 같은 복음의 심장은 처음부터 끝까지 하나님의 마음의 표현이었다. 그리고 그 절정으로 그 아들 예수 그리스도의 죽음과 부활을 제시하였다.

제4부에서 선포 − 방법의 제목으로 다시 다섯 장을 다루었는데, 여기에서는 지금까지 하나님이 사용하신 다양한 전도방법을 간단하게 편력하였다. 그 모든 방법에서 공통적인 요소가 두 가지인데, 하나는 하나님의 말씀이고 또 하나는 성령의 역사이다. 결국 영원히 변하지 않는 복음을 상황에 따라 다른 방법으로 전해도 하나님의 말씀과 성령의 역사가 없이는 한 사람도 그리스도 앞으로 돌아올 수 없다는 강한 메시지를 전하려 하였다.

그러나 가장 효과적인 전도방법은 무엇일까? 그것은 역시 예수 그리스도가 제시한 제자훈련을 통한 방법이었다. 왜냐하면 그 방법을 통하여 다른 사람들에게 전도할 수 있는 사람들을 재생산해내기 때문이다. 그리고 현대의 사조(思潮)인 포스트모던시대에 사는 사람들에게 복음을 전해야 되는 이유와 방법을 제법 소상하게 다루었다. 너무나 많은 사람들이 잘 알지 못하면서 입에 떠올리는 포스트모던시대의 특징을 제시하려 하였다.

제5부에서는 설득이라는 제목으로 다섯 장을 다루었는데, 복음을 들은 사람이 듣고 끝나는 데 그치면 안 된다는 취지였다. 들은 사람이 반응해야 하며, 그리할 때 하나님이 큰 역사를 이루시

는 내용을 차례로 제시하였다. 그 후 그가 어떻게 구원의 확신을 가질 수 있으며, 또 신앙적으로 성장하여 다른 사람들에게 영향을 끼치는 성숙한 그리스도인으로 되어가는 과정을 제시하였다. 그리고 한발 더 나아가서 그가 훈련을 받아야 되는 당위성도 제시하였다.

여기에서 한 마디 하고 싶은 것이 있다. 이 저서는 『전도학 개론』이기에 어떤 제목도 깊이 그리고 전문적으로 다룬 것이 아니다. 예를 들면, 칭의에 대하여 상당히 가볍게 다루었는데, 그 제목으로 출판된 저술이 얼마나 많은지 모른다. 이 저서는 전도에 대하여 좀 더 깊이 알려고 하는 사람들에게 하나의 길잡이가 될 것이다. 이 저술에서 제공한 도서 목록은 어떤 제목으로든지 보다 더 연구하기를 원하는 사람들에게 좋은 자료가 될 것이다.

필자에게 미국에서 제법 잘 알려진 『전도학 개론』(Introduction to Evangelism) 영어 책이 몇 권 있는데, 그런 저서들보다는 본서가 훨씬 더 포괄적이고 전문적이라고 할 수 있다. 실제로 필자가 애스베리신학교(Asbury Theological Seminary)에서 전도학 교수로 재직할 당시 안식년 프로젝트로 이 저서의 목차와 참고 문헌을 제시하여, 그 학교의 학자들로부터 인정을 받기도 하였다. 그러나 한국에서의 사역을 위하여 귀국하는 바람에 저술이 늦어졌다.

이처럼 방대한 저서를 준비하면서, 다행스러웠던 것은 그동안 필자가 서울신학대학교와 애스베리신학교에서 가르치면서 틈틈이 출판한 글들이 있었다는 사실이다. 이 저서의 대략 반은 이미 출판된 글들로, 그리고 대략 반은 새롭게 쓴 글들로 이루어졌다. 전도를 오랫 동안 가르친 축복의 선물이라고 할 수 있겠다. 그러나 새롭게 글을 쓴다는 것이 얼마나 어려운지 시작하기 전에는 알지 못했다. 그럼에도 탈고하기까지 도우신 주님에게 감사를 드린다.

필자가 유학하면서 세계적인 전도학 교수인 로버트 콜먼(Robert E. Coleman) 박사 밑에서 훈련받을 수 있었던 것은 하나님이 내리신 축복이라고밖에 말할 수 없다. 그 후 약 38년의 세월 동안 여러 경우 서로 만나서 깊이 교제하며 시시때때로 격려를 받을 수 있게 인도하신 주님에게 감사한다. 그분은 지금도 전도와 제자훈련에 시간과 정력을 쏟고 계신다. 그분이 이 저서를 위하여 조금도 주저하지 않고 추천서를 써주신 것에 대하여 진심으로 감사한다.

무엇보다도, 필자를 "...십자가에 못 박힌 그리스도를 전하니 유대인에게는 거리끼는 것이요 이방인에게는 미련한 것이로되, 오직 부르심을 받은 자들에게는 유대인이나 헬라인이나 그리스도는 하나님의 능력이요 하나님의 지혜니라"는 말씀으로 부르시고 (고전 1:23-24), 짧은 인생을 걸어오는 동안 "너는 말씀을 전파하라. 때를 얻든지 못 얻든지 항상 힘쓰라....고난을 받으며 전도자의 일을 하라"는 말씀대로 (딤후 4:2, 5), 전도자의 삶을 살게 하신 필자의 구세주이시요 선생이신 예수 그리스도에게 감사를 올린다.

주후 2014년 1월

홍성철

제1부

준비(preparation: P-O)

전도에서 준비는 말할 수 없이 중요하다. 마치 전쟁터로 나가는 군인이 준비되지 않으면 안 되는 것과 같다. 어떤 의미에서 전투 자체보다도 준비가 훨씬 더 중요할 수 있다. 왜냐하면 준비 없는 전투는 오합지졸의 함성에 지나지 않기 때문이다. 전도에서도 마찬가지이다. 전도를 위한 적절한 준비가 선행되지 않는다면, 실패는 거의 필연적이리라. 왜냐하면 전도는 실제의 전투보다도 더 심각한 영적 싸움이기 때문이다.

　전도를 위한 준비는 여러 측면에서 다룰 수 있을 것이다. 왜냐하면 준비의 범위가 너무나 다양하기 때문이다. 실제로 준비만을 다루어도 충분한 한 권의 책이 되고도 남을 것이다. 그런 이유 때문에 준비도 어쩔 수 없이 선택적일 수밖에 없다. 본서에서도 많은 측면 중 다섯 가지만을 선택해서 다루었는데, 곧 전도의 정의, 동기, 목적, 장애, 및 전도자의 자세이다. 이 다섯 가지만을 숙지해도 전도에 대하여 많은 진척을 했다고 할 수 있을 것이다.

1
전도의 정의

1. 들어가면서

전도의 정의는 다음과 같이 여섯 가지로 접근해서 설명할 수 있다: (1) 신학적 정의, (2) 성경적 정의, (3) 역사적 정의, (4) 설교적 정의, (5) 실제적 정의, (6) 사회학적 정의. 그러나 여기에서는 대표적인 통로라 할 수 있는 성경적 정의, 역사적 정의 및 실제적 정의만을 제시하고자 한다. 나머지 세 정의는 각주에서 간략하게 기술한 것을 참고할 수 있다.[1] 전도의 정의에서 위의 세 가지만 숙지(熟知)해도 될 것이다.

2. 성경적 정의

마가는 그의 복음서를 이렇게 시작한다: "하나님의 아들 예수 그리스도의 복음의 시작이라" (막 1:1). 이 말씀 가운데 전도를 의

---

1 신학적 정의는 조직신학의 방법으로 전도를 정의하는 것으로, 루이스 채퍼 (Lewis Sperry Chafer)는 "하나님과 그 세상에 관한 모든 사실을 수집하고, 분석하고, 정리하여, 전개하고, 옹호하는" 방법이라고 정의한다: Lewis Sperry Chafer, *Major Bible Themes* (Chicago: Moody Press, 1926), 154. 설교적 정의는 전도를 선포 내지 설교로 정의하려는 시도이다. 사회학적 정의는 그 전도가 내포하는 다양한 현상에 의하여 전도를 정의하려는 시도이다. 이를 위하여 다음을 보라: Elmer L. Towns 편집, *A Practical Encyclopedia of Evangelism and Church Growth* (Ventura, CA: Regal Books, 1995), 205-206.

미하는 중요한 용어가 나오는데 곧 복음이다. 헬라어로 복음은 *유앙겔리온*(ευαγγελιον)인데 다음과 같은 두 단어의 합성어(合成語)이다: *유*(좋은)와 *앙겔리온*(메시지를 전하다, 선포하다, 광고하다). 결국 이 합성어의 의미는 명사로 쓰일 때는 "좋은 소식"이고, 동사로 쓰일 때는 "좋은 소식을 전하다"이며, 사람으로 쓰일 때는 "좋은 소식을 전하는 자"이다.[2]

"전도" 또는 "복음"으로 번역될 수 있는 명사형, *유앙겔리온*은 신약성경에서 76번이나 나올 만큼 널리 사용되고 있다.[3] 그러면 "좋은 소식"은 구체적으로 어떤 소식을 의미하는가? 이에 대한 해답을 최초로 제시한 찰스 더드(Charles H. Dodd)는 그의 저서 『사도적 설교와 발전』에서 "좋은 소식"을 다음과 같이 여섯 가지로 설명하였다:

> (1) 성취의 시대가 도래하였다. (2) 이것은 예수의 생애와 죽음과 부활을 통하여 일어났다. (3) 예수는 메시야로서 하나님 우편으로 높이 들리셨다. (4) 교회 안에 임재하시는 성령은 그리스도의 능력과 임재의 증거이다. (5) 그리스도는 다른 보혜사로 다시 오셔서 새로운 시대를 열 것이다. (6) 그러므로 회개하고, 용서와 성령과 구원의 약속을 받아들이라.[4]

---

2 신약성경에서 전도를 의미하는 용어는 많으나, 가장 대표적인 것은 *유앙겔리온*이다. 그러나 신약성경의 여러 저자들은 전도의 다양한 행위를 묘사하기 위하여 많은 유사어(類似語)를 사용하였다. 이 유사어는 적어도 40여 가지의 단어가 있으나, 어떤 학자들은 그 중에서도 두 단어, 선포와 증언(케류소와 *마르테오*)을 중요시하여 *유앙겔리온*과 더불어 전도의 3대 단어라고도 부른다. Michael Green, *Evangelism in the Early Church* (Grand Rapids, MI: Eerdmans Publishing Co., 1977), 48이하를 보라.

3 그러나 이 용어는 누가복음, 요한복음, 디도서, 히브리서, 야고보서, 베드로후서, 요한 서신 및 유다서 등 7권에서는 나오지 않는다. 이 용어의 동사형(ευ αγγελιζω 또는 ευαγγελιζομαι)은 신약성경에서 56번이나 나온다.

4 Chares H. Dodd, *Apostolic Preaching and Its Development* (London:

위의 설명을 요약한다면, "좋은 소식"이란 바로 *예수님* 자신이었다. 다시 말해서 그분의 임재는 새로운 시대를 의미했다. 특히 예수님의 대속적 죽음과 승리의 부활은 인간이 가지고 있는 실존적인 문제의 해결을 위해서였다. 예수님은 당신의 임재와 사역을 이렇게 요약해서 말씀하신 적이 있다: "...맹인이 보며, 못 걷는 사람이 걸으며, 나병환자가 깨끗함을 받으며, 귀먹은 사람이 들으며, 죽은 자가 살아나며, 가난한 자에게 복음이 전파된다 하라" (눅 7:22).

예수님의 이런 사역은 당신이 메시야라는 사실을 간접적으로 선포하신 것이었다. 그렇지 않다면 왜 메시야를 예언한 이사야 35장을 인용하시면서 메시야적 성취를 시사하셨겠는가? 예수님은 메시야로서 사람들의 문제들을 해결하셨을 뿐 아니라, 그들에게 평안, 곧 *샬롬*을 부여하셨다. 다시 말해서, 소극적으로 문제를 해결하셨고, 동시에 적극적으로 평안을 주셨다. 두 말할 것도 없이, 이런 평안은 메시야만이 주실 수 있는 것이었다.

그런 까닭에 예수님은 "...나의 평안을 너희에게 주노라"고 선언하신 바 있다 (요 14:27). 바울은 메시야의 이런 사역을 다음과 같이 묘사하였다: "또 오셔서 먼 데 있는 너희에게 평안을 전하시고 가까운 데 있는 자들에게 평안을 전하셨으니" (엡 2:17). 평안의 주인인 메시야가 태어나실 때 천사들이 "하나님의 영광과 사람들의 평안"을 노래한 것은 너무나 당연한 것이었다 (눅 2:14).

그러면 "좋은 소식"이신 예수님은 왜 인간들 속에 뛰어들어 오셔서 그들에게 평안을 주셨는가? *그것은 하나님의 나라*, 곧 "천국"을 이루시기 위해서였다. 그런 까닭에 "좋은 소식"을 말할 때

Hodder & Stoughton Publisher, 1936), 24.

"천국 복음"이라고 기술(記述)되기도 하였다. 예를 들면, 마태는 그의 복음서에서 "복음," 곧 *유앙겔리온*이란 용어를 네 번 사용하였는데, 그 중 세 번이나 천국을 덧붙여서 "천국 복음"이라고 일컬었다 (마 4:23, 9:35, 24:14). 실제로, 예수님 자신도 당신의 사역을 천국 복음의 전파라고 말씀하신 적이 있었다: "내가 다른 동네들에서도 하나님의 나라 복음을 전하여야 하리니, 나는 이 일을 위해 보내심을 받았노라"(눅 4:43).

하나님 나라의 도래(到來)는 이미 구약성경에서 예언된 좋은 소식이었다. "주 여호와의 영이 내게 내리셨으니 이는 여호와께서 내게 기름을 부으사 가난한 자에게 아름다운 소식을 전하게 하려 하심이라. 나를 보내사 마음이 상한 자를 고치며 포로 된 자에게 자유를, 갇힌 자에게 놓임을 선포하며"(사 61:1). 여기에서 사용된 "아름다운 소식"은 물론 "복음"을 의미한다.[5]

그리고 예수님이 공생애를 통하여 이사야가 예언한 바로 그 사역을 시작하셨을 때, 그것은 많은 사람들에게 문자 그대로 "좋은 소식," 곧 복음이었다. 그런 까닭에 누가는 주저하지 않고 그분의 사역을 이렇게 묘사하였다: "주의 성령이 내게 임하셨으니 이는 가난한 자에게 복음을 전하게 하시려고 내게 기름을 부으시고 나를 보내사 포로 된 자에게 자유를, 눈 먼 자에게 다시 보게 함을 전파하며 눌린 자를 자유롭게 하고"(눅 4:18).

가난한 자에게 제공되는 복음과 눈을 열어주는 사역이 완전한 천국은 아닐지라도, 이미 천국이 시작되었다는 증거이다. 이렇게 시작된 천국은 완성되어야만 하며, 그러기 위해서 복음전파

---

5 구약성경에서 "좋은 소식"이 최초로 사용된 것은 본문과 아울러 사 52:7에서이다.

의 행위는 필수적이다. 그러나 복음전파는 언제나 방해와 저항에 부딪히는데, "이 세상의 신," 곧 사탄의 세력 때문이다 (요 12:31, 14:30, 16:11). 이런 저항 세력에도 불구하고 성령의 도움 아래 신실하게 복음이 전파될 때, 마침내 천국의 통치자이신 예수 그리스도의 재림과 더불어 하나님의 나라는 영광 가운데서 완성될 것이다.

신약성경에서 전도를 정의할 때 두 번째로 널리 사용된 단어는 '선포하다'이다.[6] 이 단어가 사용된 빈도(頻度)와 내용도 "복음 내지 기쁜 소식," 곧 *유앙겔리온*과 비슷하다. 이 동사는 목적어로 복음을 취함으로 그 빈도와 내용의 유사성을 드러낸다.[7] 이 두 단어의 내용이 유사한 사실을 잘 드러내는 성경은 예수님이 누가복음에서 인용하신 이사야의 예언이다. "주의 성령이 내게 임하셨으니, 이는 가난한 자에게 복음을 전하게 하시려고 내게 기름을 부으시고, 나를 보내사 포로 된 자에게 자유를...*전파하며*...주의 은혜의 해를 *전파하게* 하려 하심이라" (눅 4:18-19).

구약성경에서 포로 된 자들이 자유를 얻는 것은 희년에 이루어졌는데, 포로 된 자들에게 그 희년은 바로 은혜의 해가 되었다. 그런데 예수 그리스도의 사역을 통하여 진정한 희년이 선포되기 시작하였다. 그것은 바로 복음의 전파이자 동시에 포로 된 자들에게 자유가 선포되는 은혜의 해였다. 그러므로 두 단어, 곧 "복음을 전하다"와 "선포하다"는 같은 의미이며, 동시에 빈도도 같이 나온

---

6 이 단어는 헬라어로 *케류소*(κηρυσσω)이다.

7 신약성경에서 이처럼 두 단어-"복음을 선포하다"-가 함께 사용된 경우는 12 회나 된다 (마 4:23, 9:35, 26:13, 막 1:14, 10:13, 14:9, 16:15, 고전 9:14, 15:1, 고후 11:7, 갈 1:11, 2:2).

다.[8] 그리고 그 은혜의 해가 시작되는 것은 바로 예수 그리스도의 사역을 통해서이기에, "선포하다"의 목적어로 예수나 그리스도가 들어간다. 그래서 복음 전파의 주인공이 예수 그리스도라는 사실을 전해준다.[9]

신약성경에서 전도 내지 복음을 정의할 때 세 번째로 빈번하게 사용되는 단어는 증거이다.[10] 이 단어는 원래 법적인 용어로서 증인이 경험한 사실과 사건을 말하면서 진리를 보증하는 행위를 가리킨다. 승천하시기 직전 예수 그리스도는 제자들에게 지상명령을 부여하시면서 이렇게 말씀하신 적이 있다, "너희는 이 모든 일의 증인이라" (눅 24:48). 여기에서 "이 모든 일"은 구체적으로 무엇을 말하는가? 그것은 앞의 구절들, 곧 44~47절에 상세히 기록되어 있다.

첫째는 예수 그리스도가 바로 사람들이 그처럼 기다리던 메시야라는 사실이다. 둘째는 메시야에 관한 모든 성경의 예언이 예수님 안에서 성취되었다는 사실이다. 셋째는 그분이 십자가에서 죽으셨으나 다시 사신 분이라는 엄청난 사실에 대한 증거이다. 넷째는 죄 사함을 위한 회개의 운동이 예루살렘에서부터 시작되어 온 세계로 전파될 사실이다. 바로 이런 네 가지 역사적 사건에 대하여 예수님의 제자들은 증언하지 않으면 안 되었다. 그 사건들을 그들은 목격했을 뿐 아니라, 그들의 삶을 변화시킨 진리이기 때문이었다.

---

8 Green, *Evangelism in the Early Church*, 59-60.

9 "선포하다"가 예수나 그리스도를 목적어로 사용된 경우는 9회이다 (롬 16:25, 고전 1:23, 9:12, 고후 1:19, 11:4, 갈 1:11, 빌 1:15, 1:18, 딤전 3:16).

10 증거 내지 증인으로 사용된 헬라어는 *마르튀리아*(μαρτυρία)이다.

3. 역사적 정의

성경에서 반복적으로 사용된 전도의 내용은 당연히 그 복음의 주인공이신 예수 그리스도였다. 그러나 교회는 여러 가지 교리적 논란과 제도적 갈등에 휩싸이면서 오랫 동안 전도의 중요성을 간과하였다. 물론 그 사이에도 전도라는 용어가 전혀 사용되지 않은 것은 아니었지만, 본격적으로 그 용어가 문서에 나타나기 시작한 것은 19세기에 들어서면서부터였다. 그리고 20세기에 들어와서야 비로소 일부 사역자들이 전도의 중요성을 이해하면서 본격적으로 전도라는 용어를 사용한 문서들이 나오기 시작하였다.[11] 그러던 차에 영국교회의 대주교들의 모임에서 1918년 전도의 정의를 발표하였다. 이 정의는 간결하면서도 자주 인용될 만큼 훌륭한 최초의 정의였다. 그 정의는 다음과 같다:

> 전도한다는 것은 성령의 능력으로 그리스도 예수를 전한 결과, 사람들이 그분을 통하여 하나님을 신뢰하고, 그분을 그들의 구세주로 받아들이고, 그분의 교회의 교제권에서 그분을 그들의 왕으로 섬기는 것이다.[12]

비록 위의 정의가 완전하지는 않다 할지라도 제법 오랫 동안 전도의 표준적인 정의가 되었다. 그리스도인들은 대주교단이라는 권위적인 모임에서 만든 이 정의를 암송하고, 삶의 현장과 선교의 장에서 적용하였다.[13] 이 전도의 정의는 1944년에 나온 레슬리 브리얼리(Leslie Brierley)의 정의, 미국의 보수적인 목사들이 1946년에 내린 정의 및 1947년에 내린 진보적인 사람들의 정

---

11 David B. Barrett, *Evangelize! A Historical Survey of the Concept* (Birmingham, AL: New Hope, 1987), 37.

12 Michael Green, *Evangelism through the Local Church* (Nashville, TN: Oliver Nelson, 1990), 9.

13 Barrett, *Evangelize!*, 37-38.

의에도 기초가 되었다.[14]

그 후 간혹 전도의 정의가 나오긴 했으나, 큰 영향을 끼치지는 못했다. 그러다가 1935년 독일 튜빙겐대학교의 젊은 성서학자인 프리드리히(G. Friedrich)가 출판한 『신약의 신학사전』에서 '전도'라는 제목으로 15쪽에 달하는 설명을 내놓았다. 그에 의하면 전도는 다음과 같이 요약될 수 있다:

> 복음전도는 말하고 설교하는 것만이 아니다: 그것은 충분한 권위와 능력을 지닌 선포이다. 전도의 메시지에는 표적과 이적이 따른다. 그것들은 모두 소속이 같은데, 그 까닭은 말씀이 능력을 지니고 또 효과적이기 때문이다....복음전도는 구원의 제시이다. 그것은 좋은 소식을 능력 있게 선포하는 것이며, 구원을 나누어 주는 것이다.[15]

위의 정의가 중요한 이유는 지금까지 어떤 학자나 목사도 전도라는 용어를 그처럼 자세히 다룬 적이 없었다는 사실에 있다. 이 저자는 전도의 세속적인 의미, 구약의 의미, 유대적인 의미, 예수님 당시의 의미, 신약의 의미 등을 망라해서 다루었다. 누구라도 전도라는 개념을 상세히 알기 위하여 프리드리히의 글을 숙독하지 않으면 안 될 정도가 되었다.

그 후 전도에 관한 관심이 말할 수 없이 점증(漸增)함에 따라 사람마다 그리고 기관마다 전도의 정의를 내렸다. 물론 정의마다 강조하고 싶은 것이 있었다. 어떤 정의는 언행의 일치를 강조하기도 하고, 또 어떤 정의는 복음을 듣는 입장에서 정의되었다. 그뿐 아니라, 각자의 신학적 입장에 따라 강조점이 다르게 표현되기도

----

14 위의 책, 47.

15 Gerhard Kittel & Gerhard Fredrich 편집, *Theological Dictionary of the New Testament*, 제2권, Geoffrey W. Bromiley 번역 (Grand Rapids, MI: William B. Eerdmans Publishing Co., 1935), 707-721.

하였다. 그러다가 1966년 독일의 베를린에서 1,200명이나 되는 전도자들이 전세계에서 모여 전도에 관한 세계 대회(the World Congress on Evangelism)를 개최하게 되었다. "한 족속, 한 복음, 한 사명"이라는 주제 아래 모인 이 대회에서 다음과 같은 정의를 내놓았다:

> 전도는 성경대로 십자가에서 죽으시고 부활하신 그리스도, 곧 인류의 유일한 구속자의 복음을 선포하는 것으로, 그 목적은 정죄 받고 잃어진 죄인들을 설득하여 그들로 하여금 성령의 능력을 통하여 그리스도를 구세주로 받아들이고 영접하게 함으로 하나님을 신뢰하게 하며, 또한 그들의 모든 삶의 영역에서 그리고 교회의 교제권에서 그리스도를 주님으로 섬기면서 그분이 영광 중에 다시 올 날을 기다리게 하는 것이다.[16]

물론 위의 정의는 지금까지 나온 모든 정의보다 광범위한 내용을 포괄하고 있는 것도 사실이나, 지금까지 내린 여러 가지의 정의를 종합한 것임에 틀림없다. 그 후에도 여러 학자들에 의하여 여러 가지 정의가 제시되었다. 그 가운데 특히 한 학자를 제시할 터인데, 그 이유는 전도를 세 가지 차원에서 정의한, 특이하면서도 실용적으로 정의하였기 때문이다. 그 학자는 조지 헌터로서 그의 저서, 『전염적인 회중』에서 다음과 같이 전도를 정의하였다:

> 전도는 기독교의 믿음, 생활 및 선교를 회중 안팎에 있는 제자가 되지 못한 사람들에게 생생하게 선택할 수 있도록 돕기 위하여 **우리**가 행하는 것이다. 전도는 또한 사람들에게 자유를 주기 위하여 **예수 그리스도**가 교회의 *케류그마*(메시지), *코이노니아*(교제) 및 *디아코니아*(섬김)를 통하여 행하시는 것이다. 전도는 **수신인**(수용자, 피전도자)이 (1) 그리스도에게로, (2) 기독교 메시지와 윤리로, (3) 기독교 회중으로 그리고 (4) 사랑과 선교

16 Carl F. Henry & W. Stanley Mooneyham 편집, *One Race, One Gospel, One Task*, 제1권 (Minneapolis, MN: World Wide Publications, 1967), 6.

의 마음을 가지고 세상으로 돌아설 때 일어난다—어떤 것으로 먼저 돌아
서느냐는 중요하지 않다.[17]

헌터는 이와 같은 전도의 정의가 필요한 이유를 자세히 설명하
면서, 전도에서 우리가 할 일과 예수 그리스도가 하실 일과, 마지
막으로 피전도자의 반응에 대하여 각각 서술하였다. 실제로 위의
정의는 그 설명을 읽을 때 왜 그렇게 정의를 내렸는지 이유가 분
명해진다. 그리고 상당히 심사숙고한 정의임을 알 수 있게 된다.
그러나 가장 중요하고 포괄적인 정의는 역시 1974년에 있었던
로잔대회에서 나온 정의일 것이다.

4. 실제적 정의

전도의 의미를 실제적으로 풀어보려고 할 때 그것은 결코 그
렇게 단순하지 않다. 그것은 기독교의 역사를 통하여 개인적으로
나 공동체적으로 각자의 확신과 적용에 걸맞은 해답을 내놓으려
고 애를 쓴 것을 보면 쉽게 알 수 있다. 그러나 여기에서는 1974
년 스위스의 로잔에서 개최된 「세계복음화에 관한 국제 대회」
(International Congress on World Evangelization)에서 내린 전도
의 정의를 소개하고자 하는데, 그 이유는 이 정의가 가장 포괄적
인 것으로 여겨지기 때문이다. 「로잔언약」의 제4조에 제시된 전
도의 정의는 다음과 같다:

전도는 예수 그리스도가 우리의 죄를 위하여 죽으셨다가 성경대로 죽은
자 가운데서 다시 사셨다는 좋은 소식의 전파이며, 그분이 현재 통치의

---

17 George W. Hunter III, *The Contagious Congregation: Frontiers in
Evangelism and Church Growth*, 제7쇄 (Nashville, TN: Abingdon Press,
1983), 26이하.

주님으로서 회개하고 믿는 모든 사람에게 죄의 용서와 해방시키는 성령의 은사를 제공하신다는 좋은 소식의 전파이다. 세상에서 우리 기독인의 동참(presence)은 전도에서 없어서는 아니 되며, 이해를 돕기 위하여 예민하게 듣는 그런 대화도 역시 없어서는 아니 된다. 그러나 전도 자체는 구세주와 주님 되신 역사적, 성경적 그리스도의 선포(proclamation)로서, 그 목적은 사람들로 하여금 그분에게 인격적으로 나아와서 그 결과 하나님과 화목하게 되도록 설득하기(persuade) 위함이다. 복음의 초대를 선언함에 있어서 우리는 제자도의 대가를 은폐시킬 자유를 가지고 있지 않다. 예수님은 지금도 그분을 따르고자 하는 모든 사람에게 자기를 부인하며, 자기 십자가를 지고, 그분의 새로운 공동체에 소속될 것을 요청하신다. 전도의 결과는 그리스도에 대한 순종, 그분의 교회에 가입 및 세상에서 책임 있는 봉사 등을 포함한다.[18]

위의 정의에는 세 가지의 중요한 개념이 들어 있다. 그것은 바로 동참, 선포 및 설득이다. "동참의 전도"(P-1)는 그 자체가 전도는 아니나, 전도를 가능하게 하기 위한 "전도 이전의 전도"(pre-evangelism)라고 할 수 있을 것이다. 다시 말해서, 기독인이 비기독인들 사이에서 드러내는 삶을 의미한다. 기독인은 좋은 간증을 드러내야 함은 물론, 비기독인들의 다양한 필요도 채워주는 희생적인 삶도 감수해야 한다. 기독인의 거룩한 삶은 비기독인들 가운데서 몇 명이라도 예수 그리스도를 추구하게 하는 계기를 만들어 줄 수 있다 (고전 9:19-23).

그러나 "동참의 전도"가 비기독인들로 하여금 귀를 기울이게 하는 동기는 될 수 있을망정 그 자체가 전도는 아니다. 다시 말하면, 그런 전도를 통하여 어떤 비기독교인도 구원을 경험할 수 없다. 그런 이유 때문에 "선포의 전도"(P-2)가 반드시 "동참의 전

---

18 John R. W. Stott, "The Lausanne Covenant," *Let the Earth Hear His Voice*, J. D. Douglas 편집 (Minneapolis, MN: World Wide Publications, 1975), 4.

도"를 따라야 하는 것이다. 그러면 무엇을 선포한단 말인가? 이미 위의 정의에서 분명하게 기술되었듯, 선포의 내용은 예수 그리스도이다. 보다 구체적으로 말한다면, 예수 그리스도가 인간의 죄와 심판을 담당하기 위하여 십자가 위에서 죽으셨을 뿐 아니라, 죄와 심판의 해결을 알리기 위하여 죽은 자 가운데서 삼일 만에 다시 부활하셨다는 사실이다 (롬 1:3-4, 4:25, 10:9-10, 고전 15:3-4).

"선포의 전도"는 전도의 심장이라 할 수 있다. 왜냐하면 비기독인들이 복음을 듣고 그 내용을 이해하지 못한다면 인격적으로 예수 그리스도를 구세주와 주님으로 받아들일 수 없기 때문이다. 만일 복음의 내용을 이해하지 못하고 믿는 사람이 있다면 그것은 인격적이라기보다는 비인격적이며 미신적이라 할 수 있을 것이다. 그러나 비기독인들이 복음을 들었다고 해서 반드시 예수 그리스도를 영접하는 것은 아니다. 그런 까닭에 "설득의 전도"(P-3)도 전도에 있어서 없어서는 아니 될 중요한 부분이다.

"설득의 전도"는 비기독인들로 하여금 그들이 듣고 이해한 예수 그리스도 앞으로 나아오게 하는, 다시 말해서, 전도의 마무리라고 할 수 있을 것이다. 만일 그들이 복음을 듣고 즉각적으로 예수님에게 나아오지 않는다면, 십중팔구 그들은 복음의 내용에 면역이 생겨서 후에는 예수님을 수용하기가 더 어려워질 것이다. 그러므로 복음을 듣고 이해한 때가 그들에게는 예수님 앞으로 나아올 수 있는 가장 좋은 순간이 될 수 있다. 그러므로 복음 전도자는 그들을 설득하여 예수님을 그들의 구세주와 주님으로 영접하게 해야 한다.

그러나 "설득의 전도"는 여기에서 끝나지 않는다. 전도자는 예수님을 구세주로 모셔들인 사람에게 교회라는 신앙의 공동체를 소개해야 한다. 왜냐하면 그는 교회에서 예수 그리스도의 제자로 성숙되어야 하기 때문이다. 교회 안에서 예배를 배우며, 그리스도인들 가운데서 사랑의 교제를 배우게 된다. 교회를 통하여 그는 그리스도에게 순종하는 법과 책임 있는 사회인으로 살아가는 법을 배우게 될 것이다.

5. 나가면서

복음전도는 "한 거지가 다른 거지에게 떡을 얻을 수 있는 곳을 알려주는 것"이다.[19] 이런 표현에서 흥미로운 것은 두 거지가 동등한 위치에 있다는 사실이다. 결국은 두 거지가 다 떡을 필요로 한다. 그러나 다른 것이 있다면, 한 거지는 그 빵을 이미 얻어먹은 경험이 있고, 다른 거지는 아직 그런 경험이 없다. 바로 이런 것이 전도이다! 전도는 먼저 복된 소식을 깨달은 사람이 다른 사람에게 동등한 입장에서 전해 주는 소식이다.[20]

---

19 Green, *Evangelism through the Local Church*, 8.
20 위의 책, 8-9.

2
전도의 동기

1. 들어가면서

그리스도인들은 의식적으로든 무의식적으로든 전도해야 된다는 사실을 안다. 그러나 많은 그리스도인들은 전도하지 않는다. 그들로 하여금 열정을 가지고 전도하게 할 수 있는 방법은 없는가? 바로 이런 질문에 대한 대답으로 전도의 동기를 다음과 같이 네 가지로 제시하고자 한다: (1) 안에서 강권하는 사랑, (2) 주변의 울부짖음, (3) 밑에서 들려오는 신음소리, (4) 위에서 내려오는 명령

2. 안에서 강권하는 사랑(love from within)

진정한 그리스도인은 그 마음 안에 성령의 내주(內住)를 경험한 사람이다. 그도 어느 날 하나님으로부터 분리되어 잃은 자라는 사실을 자각한 날이 있었다. 그 자각 때문에 그는 회개와 믿음이라는 징검다리를 거쳐 십자가 앞에 엎드린 적이 있었다. 십자가에서 죽으신 예수 그리스도는 그의 모든 죄를 그 귀한 피로 씻어 주셨다 (엡 1:7). 그뿐 아니라, 그 순간 성령님이 그 마음 안으로 들

어와서 거듭나는 경험을 하게 되었다. 그리스도의 희생적인 사랑이 아니었다면 불가능한 경험이었다.

바울 사도는 그런 경험적 사랑을 이렇게 표현하였다, "그리스도의 사랑이 우리를 강권하시는도다. 우리가 생각하건대 한 사람이 모든 사람을 대신하여 죽었은즉 모든 사람이 죽은 것이라" (고후 5:14). 다시 말해서 그런 사랑을 경험한 사람이라면 그 사랑이 그를 강권한다는 말이다. 다시 말해서, 우리로 하여금 무엇을 하라고 끌어당기는가? 그 대답은 같은 장에서 너무나 잘 제시되어 있다. "모든 것이 하나님께로서 났으며 그가 그리스도로 말미암아 우리를 자기와 화목하게 하시고 또 우리에게 화목하게 하는 직분을 주셨으니" (고후 5:18).

이 말씀에서 중요한 단어가 나오는데 바로 화목이다. "우리를 자기와 화목하게 하시고"는 우리가 하나님과 화목하지 않았었다는 사실을 함축한다. 화목하지 않은 관계를 화목하게 만들기 위해서는 화목하지 않았던 원인을 알지 않고서는 불가능하다. 문제의 원인은 인간의 죄요 불순종이었다. 인간의 죄는 인간으로 하여금 하나님과 분리시켜 주었는데, 그 분리는 이중적이었다: "우리는 하나님을 미워하게 되었고, 하나님은 우리를 미워하시게 되었다."[21] 하나님과의 분리는 필연적으로 타인과의 갈등, 자연과의 충돌, 내적 불안으로 연결되었다. 그러나 인간은 이런 문제를 해결할 의지도 능력도 없었다.

그런 이유 때문에 화목은 "하나님께로 난" 것이다. 하나님이 화목의 역사를 시작하셨다는 말이다. 하나님이 먼저 시작하신 화

---

21 Philip G. Ryken, *The Message of Salvation* (Downers Grove, IL: InterVarsity Press, 2001), 120.

목의 역사를 다음과 같이 설명한 사람이 있다:

> 그것(하나님이 먼저 시작하신 역사)은 구조(救助)에 있어서도 사실이다: 우리가 스스로를 구조할 수 없을 때 하나님이 우리를 구조하셨다. 그것은 구속에서도 사실이다: 우리가 결코 지불할 수 없는 죄의 값을 하나님은 지불하셨다. 그것은 속죄(expiation)에서도 사실이다: 우리가 지울 수 없는 죄들을 덮어주셨다. 그것은 화목제물(propitiation)에서도 사실이다: 우리가 감당할 수 없는 진노를 하나님은 제거하셨다. 그뿐 아니라 화목에서도 마찬가지로 사실이다: 우리가 해결할 수 없는 우정을 회복하신다.[22]

그러면 하나님은 어떻게 이런 엄청난 화목을 이루셨는가? 물론 예수 그리스도라는 매개를 통해서였다. 그런 이유 때문에 "그가 그리스도로 말미암아"를 강조해서 언급한다. 하나님과 원수된 우리를 화목하게 하기 위하여 예수 그리스도가 중재자로 나서셨다. 그분은 우리의 모든 죄를 지고, 우리가 마땅히 죽어야 할 죽음을 맛보셨다. 왜냐하면 죄에 대한 심판은 죽음이기 때문이다. 그분이 우리를 대신하여 죽으셨다는 것은 우리를 위한 희생적인 대속자가 되어 죄인의 죽음을 당하셨다는 말이다. 다시 말하면, "그분은 우리의 죄를 짊어지셨고, 하나님의 진노를 견디어 내셨으며, 우리를 대신하여 죽으셨다."[23]

그렇다! 하나님은 우리의 죄를 우리에게 돌리지 않으셨다 (고후 5:19). 그 대신 하나님은 우리의 인생을 송두리째 바꾸셨다. 우리는 예수 그리스도를 더 이상 인간으로만 보지 않고, 우리와 세상의 구세주로 보게 되었다 (고후 5:16). 다시 말해서 그리스도와 인격적인 관계를 맺게 되었다. 그뿐 아니라, 우리의 인생

---

22 위의 책, 122.

23 위의 책, 125.

목적도 바뀌었다. 더 이상 자신만을 위하여 살지 않고, 그분의 영광을 위하여 살게 되었다 (고후 5:15). 그 외에도 우리는 완전히 새로운 사람이 되었다. 하나님의 재창조의 역사를 따라 죄인이 성도가 된 것이다 (고후 5:17).

이처럼 엄청난 변화를 경험케 한 목적은 무엇인가? "우리에게 화목하게 하는 직분을 주시기" 위해서였다 (고후 5:18). 이 직분은 결코 고등고시에 합격하거나, 영어 시험에서 우수한 성적을 이루었기 때문에 주어진 것이 아니다. 이 직분은 우리로 하여금 하나님과 화목을 경험케 한 그 경험을 토대로 주어진 생명력 있는 직분이다. 지금도 여전히 하나님과 원수가 되어 인생의 목적을 알지 못하고 살아가는 사람들에게 우리가 경험한 화목의 메시지를 전해야 한다. 그런 이유 때문에 하나님은 우리에게 "화목하게 하는 말씀을 부탁하셨다" (고후 5:19). 이 화목의 메시지는 변화된 삶과 새롭게 주어진 말씀에 따라 전해져야 한다.

화목의 메시지를 전해야 하는 직분을 잘 묘사한 용어가 바로 대사이다 (고후 5:21). 그리스도인 대사는 하나님의 나라를 대리해서 화목의 메시지를 전하는 사람이다. 그러니까 대사는 메시지를 전할 뿐 아니라, 그 메시지를 부탁하신 왕을 대리하는 사람이다. 바로 그 왕의 강권하는 사랑 때문에 우리는 그리스도의 대사가 된 것이다. 그리고 그리스도의 대사는 우리에게 맡겨진 메시지, 곧 성경에 들어있는 구원의 메시지, 곧 화목의 메시지를 전해야 한다. 왜냐하면 그 화목의 메시지를 듣지 못한 사람들은 하나님과 원수가 되어 살기 때문이다.

3. 주변의 울부짖음(cries from around)

그리스도인들이 눈을 똑바로 뜨고 주변을 살펴보면 많은 사람들의 울부짖는 소리를 들을 수 있다. 그처럼 울부짖는 인간의 모습을 그린 성경의 많은 내용 가운데 하나는 바로 빌립보 간수의 이야기이다. 그는 좌절과 죄의식 때문에 자살을 기도했던 사람이었다. 그의 이야기를 보기 위하여 성경말씀을 직접 인용해보자:

> 많이 친 후에 옥에 가두고 간수에게 명하여 든든히 지키라 하니...그들을 깊은 옥에 가두고 그 발을 차꼬에 든든히 채웠더니, 한밤중에 바울과 실라가 기도하고 하나님을 찬송하매 죄수들이 듣더라. 이에 갑자기 큰 지진이 나서 옥터가 움직이고 문이 곧 다 열리며 모든 사람의 매인 것이 다 벗어진지라. 간수가 자다가 깨어 옥문들이 열린 것을 보고 죄수들이 도망한 줄 생각하고 칼을 빼어 자결하려 하거늘, 바울이 크게 소리 질러 이르되, '네 몸을 상하지 말라; 우리가 다 여기 있노라' 하니, 간수가...무서워 떨며 바울과 실라 앞에 엎드리고...이르되, '선생들이여 내가 어떻게 하여야 구원을 받으리이까?' 하거늘, 이르되, '주 예수를 믿으라. 그리하면 너와 네 집이 구원을 받으리라' (행 16:23-31).

이 성경에 나오는 빌립보 간수는 열심히 인생을 살아가는 평범한 인간이었다. 그는 자기에게 맡겨진 임무에 충실하면서 하루하루를 살아가는 사람이었다. 그러나 그는 하나님도 알지 못하고 미래의 소망도 없는 사람이었다. 그에게 갑자기 위기가 닥쳐오자 책임을 다하지 못했다는 죄의식 때문에 자살을 시도했다.[24] 그런데 하나님 없는 이 간수와 하나님을 아는 바울을 비교해 보면 흥미로운 사실이 몇 가지 드러난다.

첫째, 바울은 자유를 잃고 감옥에 있었으나, 간수는 감옥 밖에

---

24 John R. W. Stott, *The Spirit, the Church and the World: The Message of Acts* (Downers Grove, IL: InterVarsity Press, 1990), 267.

서 자유를 누렸다. 둘째, 바울은 식민지에 속하는 유대인이었으나, 간수는 식민지를 다스리는 로마인이었다.[25] 셋째, 바울은 경제력도 없는 전도자였으나, 간수는 어느 정도의 재력도 가진 중류계급의 사람이었다.[26] 넷째, 바울은 투옥이라는 위기에 처했을 때도 기쁨을 누렸으나, 간수는 위기에 처하자 "무서워 떨었다" (행 16:29). 다섯째, 바울은 구원의 복음을 전해 주는 사람이 되었으나, 간수는 구원을 추구하고 또 받는 사람이 되었다.

어떤 의미에서 이 빌립보 간수는 현대의 문명을 누리며 사는 많은 사람들의 모습을 그대로 그려 주고 있다. 그들은 자유와 재력을 만끽하지만 위기에 닥치면 어떻게 할 바를 알지 못한다. 왜냐하면 그들은 인생의 참 목적과 의미를 알지 못하기 때문이다. 그들은 "길이요 진리요 생명 되신 예수 그리스도"에게로 돌아오기를 거부하면서 여전히 인생의 목적을 찾으려고 허우적거린다 (요 14:6). 그리고 그런 갈등 때문에 어떤 사람들은 자살을 시도하기도 한다.

이것은 아직도 예수 그리스도를 구세주로 받아들이지 못한 거의 30억이나 되는 사람들의 모습은 아닐런지?[27] 물론 환경과 신분의 차이는 있을 수 있다. 종교를 가진 사람도 있고 그렇지 않은 사람도 있다. 그러나 그들이 어떤 처지에 있든 상관없이 그들은 외로움과 자기 연민이라는 굴레에 묶여서 여전히 죽음을 향해 달려가고 있다. 그들에게 필요한 것은 물질적, 환경적 자유가 아니라,

---

25 위의 책, 269.

26 위의 책.

27 Ralph Winter, "The New Macedonia," *Perspectives on the World Christian Movement,* Ralph Winter & Stephen Hawthorne 편집 (Pasadena, CA: William Carey Library, 1981), 311.

내적이며 동시에 영적인 자유이다. 그리고 그런 자유는 예수 그리스도를 통하여 하나님을 만날 때만이 가능하다.

현대의 인간은 대체적으로 많은 문명의 혜택을 누리면서 사나, 그런 문명의 혜택은 오히려 인간에게 적잖은 문제들을 안겨 주고 있는 것도 사실이다. 인간은 과거에 없었던 풍요 속에서 갖가지 문명의 이기(利器)에 둘러싸여 있으나, 오히려 그런 것들 때문에 비인간화(非人間化)의 과정 속에 빠져들기도 한다. 예를 들면, 컴퓨터 앞에 앉아서 인간적인 모습을 잃어가고 있는 사람은 그 수를 헤아릴 수 없다. 텔레비전 앞에서 시간을 보내며 외로움을 달래는 사람은 얼마나 많은가?

인간은 인생의 의미를 찾지 못하고 지루해 하며, 그 지루함을 피하기 위하여 갖가지 문명의 이기 속에 빠져보기도 한다. 그럴수록 그는 거기에서 헤어나지 못하면서 마침내 자기 연민(self-pity) 내지 자기 미움(self-hatred)에 빠져버린다. 그는 그것을 혼자 짊어지기를 너무 벅차하면서 마침내 다른 사람들에 대한 증오나 폭력으로 그의 내적 감정을 표출시키기도 한다. 이런 표출은 깡패 사회는 물론 정치 집단이나 종교 단체에서도 드러나는 경우가 빈번하다.

그러나 이처럼 증오의 감정을 표출하는 사람이라도 그에게는 양심이 있다. 비록 그 양심은 아주 가냘프도록 작을지라도 그래도 그 신음소리를 토해 낸다. 그리고 그 신음소리, 곧 양심의 가책은 죄의식으로 발전될 수밖에 없다. 얼마나 많은 사람들이 죄의식에 사로잡혀 있는지를 웅변적으로 알려 주는 현상들이 있다. 그 가운데 하나는 상담학교의 난립과 그런 학교로 몰려드는 헤아릴 수 없이 많은 사람들이다. 또 다른 현상은 종교의 융성(隆盛)이다. 사

람들은 죄의식의 문제를 해결하려는 최후의 수단으로 각종의 종교에 뛰어들고 있는 것이다.[28]

또 다른 현상은 자살이다.[29] 자살의 원인은 다양하지만 그 가운데 하나는 죄의식이다. 죄의식의 문제로 압박을 받으면서 도피 방법을 강구하다가 마지막으로 선택할 수 있는 것 중 하나가 자살이다. 한국에는 여러 가지 이유 때문에 많은 사람들이 자살을 계획하고 또 실행한다. 통계청의 발표에 의하면, 2012년 한 해에 자살한 사람이 14,160명에 이르렀으며, 그것은 하루에 약 39명이나 되는 사람이 자살했다는 것을 의미한다. 근자에도 얼마나 많은 사람이 인터넷을 통하여 만난 사람들끼리 자살을 감행하고 있는가? 심지어는 한 나라의 대통령이었던 사람도 자살하지 않았는가? 이 모든 현상은 그들이 인생의 의미를 찾지 못한 안타까움을 달리 표현한 울부짖음일 뿐이다.

우리 주변에는 이와 같은 사람들로 널려 있다. 그리스도인들은 그들의 그런 상태를 한편 이해한다. 그들도 한 때 그 속에서 헤매고 있었기 때문이다. 또 한편 그리스도인들은 그들에게 다가가서 그들의 손을 잡아 이끌어내야 한다. 그들이 그곳에서 탈출한 경험을 들려주면서 그리고 그 이후 변화된 삶을 보여 주면서 그들을 이끌어내야 한다. 그리스도인들은 그들의 소리 없는 절규를 귀담아 들어야 한다: "선생들이여, 내가 어떻게 하여야 구원을 받으리

---

28 이런 인간의 모습의 묘사를 위하여 다음을 보라, David Watson, *I Believe in Evangelism* (Grand Rapids, MI: William B. Eerdmans Publishing Co., 1976), 19이하.

29 Albert Y. Hsu, 『자살을 애도하며』 전현주 옮김 (서울: 도서출판 세복, 2004), 219이하에서 자살이 다음과 같은 것을 보여 준다고 한다: (1) 인간은 타락한 세상에 산다, (2) 인생은 불확실하다, (3) 사람은 모두 죽는다, (4) 인간은 다른 사람들과 연결되어 있다, (5) 인간은 소망을 필요로 한다.

이까?" (행 16:30).

4. 밑에서 들려오는 신음소리(groanings from beneath)

그리스도인이 예수 그리스도의 가르침을 세심하게 듣는다면 밑에서 들려오는 신음소리도 들을 수 있다. 다른 말로 말하면, 이미 이 세상을 떠난 영혼들의 신음소리이다. 그들은 비록 이 세상을 떠났지만, 여전히 죽음을 기다리고 있는 형제들과 친구들을 위하여 신음소리를 내고 있다. 그 신음소리는 한 마디로 이렇게 표현할 수 있다, "너희만은 이 곳으로 오지 말라!" 그런 신음소리를 듣기 위하여 우리는 예수 그리스도의 가르침을 들어야 할 것이다.

예수 그리스도는 사후(死後)의 세계에 대하여 반복적으로 말씀하셨다. 한 번은 사후 세계에 대하여 보다 직설적으로 말씀하시면서 특히 죽음 후의 비극에 대하여 제법 상세히 묘사하셨다. 그 말씀을 통하여 그리스도인들이 왜 복음을 전하지 않으면 안 되는지 그 이유를 찾아보자.

> 한 부자가 있어...날마다 호화롭게 즐기더라. 그런데 나사로라 이름하는 한 거지가 헌데 투성이로 그의 대문 앞에 버려진 채 그 부자의 상에서 떨어지는 것으로 배불리려 하매 심지어 개들이 와서 그 헌데를 핥더라. 이에 그 거지가 죽어...아브라함의 품에 들어가고 부자도 죽어 장사되매, 그가 음부에서 고통 중에 눈을 들어 멀리 아브라함과 그의 품에 있는 나사로를 보고 불러 이르되, '아버지 아브라함이여, 나를 긍휼히 여기사 나사로를 보내어 그 손가락 끝에 물을 찍어 내 혀를 서늘하게 하소서. 내가 이 불꽃 가운데서 괴로워하나이다.' 아브라함이 이르되 '얘, 너는 살았을 때에 좋은 것을 받았고 나사로는 고난을 받았으니....이제 그는 여기서 위로를 받고 너는 괴로움을 받느니라. 그뿐 아니라 너희와 우리 사이에 큰 구렁텅이가 놓여 있어 여기서 너희에게 건너가고자 하되 갈 수 없고 거기

서 우리에게 건너올 수도 없게 하였느니라.' 이르되, '그러면 아버지여 구하노니, 나사로를 내 아버지의 집에 보내소서. 내 형제 다섯이 있으니 그들에게 증언하게 하여 그들로 이 고통 받는 곳에 오지 않게 하소서' (눅 16:19-28).

예수님의 이 가르침에는 몇 가지 중요한 진리가 들어있다. 첫 번째는 부자와 거지가 이 세상에서는 다른 종류의 삶을 영위했지만, 그런 삶에 상관없이 그들은 모든 사람이 가는 길로 갔다는 사실이다. 그 길은 바로 죽음이었다! 말할 수 없는 부요(富饒)를 누리던 부자도 죽었고, 대조적으로 말할 수 없는 빈곤과 질병으로 괴로워하던 거지도 죽었다. 물론 건강하지 못한 나사로가 먼저 죽었다.

그러나 결국엔 모든 건강식품과 운동 기구를 활용하여 건강했던 부자도 죽었다. 그의 엄청난 재물과 명예 그리고 지위와 권세도 그를 죽음의 장벽에서 피할 수 있게 하지 못했다. 그 모든 것은 결코 그의 영원한 생명을 보장하는 도구가 되지 못했던 것이다.[30] 죽음에 따른 호화로운 장례식과 수많은 조객들을 상상해 보라! 그런 모든 것들은 부자를 결코 죽음에서 깨어나지 못하게 했다.

두 번째 진리는 죽음이 모든 것을 마감하는 인생의 종착역이 아니라는 사실이다. 종착역이 아니라 죽음은 또 다른 삶의 시작에 불과하다. 나사로는 죽은 후 "아브라함의 품"에 들어갔으나, 부자는 "음부"로 갔다. 나사로가 간 곳은 축복의 장소였으나,[31] 부자가 간 곳은 고통의 장소였다. 나사로는 믿음의 조상인 아브라함이 누

---

30 홍성철, 『현대인을 위한 복음전도의 성경적 모델』 (서울: 도서출판 세복, 2002), 163.

31 Darrell L. Bock, *Luke*, 제2권, 9:51-24:53 (Grand Rapids, MI: Baker Books, 1996), 1379.

리는 모든 축복을 함께 누리며, 함께 긴밀한 교제를 나누고 있었다.[32] 나사로에게는 더 이상 육체적, 정신적 고통이 없었다.

부자는 어떤가? 그는 세상에서 누렸던 모든 부귀영화 대신에 나사로가 겪었던 고통을, 아니 그보다 훨씬 더 심각한 고통을 겪고 있었다. 그때 나사로는 떡 부스러기를 기다렸지만, 이제 부자는 물 한 모금을 구하는 처지가 되었다. 그때 나사로는 외로움을 곱씹으며 살았지만, 이제 부자는 외로움을 삼키고 있었다. 그가 누렸던 모든 경험 때문에 현재 느끼는 정신적 외로움은 그만큼 컸을 것이다. 거기다 그가 그토록 홀대하던 나사로의 향복(享福)을 볼 때 그 부자의 고통은 극에 달했을 것이다.[33]

세 번째 진리는 현재의 삶이 죽음 후의 삶을 결정짓는다는 무서운 사실이다. 부자는 도대체 어떤 삶을 영위했기에 음부로 떨어져서 그처럼 처절한 고통을 당했는가? 그의 의식주는 호화로웠고, 거기다 매일 잔치를 벌이며 살았다.[34] 그러나 그가 음부로 떨어진 가장 주된 이유는 행하지 않은 죄(sins of ommission) 때문이었다.[35] 그는 그의 대문에 사는 나사로를 보다 적극적으로 도울 수 있었는데도 그렇게 하지 않았다. 그는 자신의 안위와 쾌락에만 관심을 기울이면서 가난한 자를 도우라는 하나님의 말씀을 거부

32 John Nolland, *Luke 9:21-18:34*, 제35b권, *Word Biblical Commentary*, Glenn Barker 편집 (Dallas, TX: Word Books, Publisher, 1993), 829.

33 Alois Stöger, *The Gospel according to St. Luke,* 제2권, Burns & Oates, Limited, London 번역 (New York: Herder and Herder, 1969), 63.

34 부자의 삶의 방식을 위하여 다음을 보라, 홍성철,『현대인을 위한 복음전도의 성경적 모델』, 157이하.

35 William Barclay, *The Gospel of Luke* (Philadelphia, PA: The Westminster Press, 1975), 214.

하였던 것이다 (신 15:7-10).

그렇다면 나사로의 삶은 어떤 것이기에 아브라함의 품에 안겼는가? 그는 부자와 대조적으로 살면서, 가난과 질병에서 헤어나지 못하며 개들과 친구삼아 살은 불쌍한 사람이었다. 그러나 그의 이름 "나사로"가 암시하듯, 그는 하나님을 소망하며 잠잠히 살은 신앙인이었다. "하나님이 도우시다"의 뜻인 그의 이름에 의하면, 그는 사람들에게는 천대를 받았으나, 하나님을 의지하면서 산 사람이었다.[36]

그는 많은 거지들과는 달리 도둑질도, 거짓말도, 못된 짓거리에도 연루되지 않은 사람이었다. 다시 말해서, 외적으로는 약하고 더러웠으나, 내적으로는 깨끗하고 강인했다. 그것을 어떻게 알 수 있는가? 만일 그가 그처럼 도덕적으로 악한 인간이었다면, 동냥질이나 하면서 살지는 않았을 것이다. 그는 강도질과 살인을 일삼으면서 감옥을 들락날락하는 거지였을 것이다. 그러나 그는 부자의 대문에서 죽은 순수한 사람이었다.

네 번째 진리는 부자였던 사람도 동생들의 영혼과 영원에 대하여 깊은 관심을 가졌다는 사실이다. 그의 동생들은 그가 당하는 고통을 당하기를 원하지 않았다. 그는 신음에 가까운 소리로 부르짖었다, "그러면 아버지여, 구하노니, 나사로를 내 아버지의 집에 보내소서. 내 형제 다섯이 있으니 그들에게 증언하게 하여 그들로 이 고통 받는 곳에 오지 않게 하소서" (눅 16:27-28). 이런 신음 소리는 적극적으로는 동생들에 대한 사랑의 표현이지만, 소극적으로는 그가 당하는 고통이 얼마나 큰 가를 말해 주는 표현이다.

---

36 R. Alan Culpepper, *Luke*, *The New Interpreter's Bible*, 제9권. Leander E. Jeck 편집 (Nashville, TN: Abingdon Press, 1995), 316.

죽음 이후의 운명은 어떤 누구도 바꿀 수 없다. 부자는 그가 받는 심판을 받아들일 수밖에 없었지만, 동생들의 운명을 바꾸어 보고자 부르짖었던 것이다. 그러나 아브라함의 대답에 의하면, 부자도 그리고 동생들도 그들의 영원을 바꿀 수 있는 방법과 기회가 있었다는 것이다. 그의 대답은 이렇다, "그들에게 모세와 선지자들이 있으니 그들에게 들을지니라"(눅 16:29). 그들은 성경을 통해 인류의 구세주이신 예수 그리스도를 만날 수 있다는 말이다(요 5:39 참고). 그들에게도 충분한 길잡이가 있었던 것이다.

그렇다면, 우리가 믿지 않는 사람들에게 복음을 전해야 하는 이유는 너무나 분명해진다. 첫째 이유는 모든 사람이 반드시 죽기 때문이다. 죽음을 향해 한 걸음씩 나가는 한계 있는 인간들에게 영원히 살 수 있는 길을 제시해야 한다. 그 영생이야말로 모든 인간들이 받아들이며, 또 누릴 수 있는 복음이기 때문이다. 이런 복음을 먼저 경험한 우리가 전하지 않는다면 우리는 너무나 이기적이다.

둘째 이유는 죽은 자들의 신음소리이다. 부자는 음부에서 그의 동생들의 구원을 위하여 신음하면서 울부짖고 있는데, 우리 그리스도인들이 그들에 대해서 무관심할 수 없다. 우리는 그들의 종말을 너무나 잘 알고 있기에 그들을 방치해 둘 수 없다. 우리는 그들에게 복음을 전해야 한다! 이미 모세와 선지자들을 통하여 제시된 분명한 메시지를 그들에게 전달해야 한다. 죽은 자들의 신음소리처럼 우리도 그들에게 복음의 신음소리를 내야 한다.

5. 위에서 내려온 명령(the command from above)

예수 그리스도는 십자가에서 죽으셨으나 죽음을 정복하시고 다시 사신 승리의 왕이 되셨다. 그분은 이스라엘이라는 한 나라의 왕이 아니라, 온 세상의 구세주로 부활하신 것이다.[37] 그리고 그분은 제자들에게 세상을 포괄하라는 명령을 주셨는데, 그분이 세상의 왕이 아니시라면 결코 가능하지 않은 그런 명령을 주셨다. "또 이르시되, '너희는 온 천하에 다니며 만민에게 복음을 전파하라'" (막 16:15). 이 명령이 바로 저 귀중한 지상명령이다.

그런데 이 명령이 왜 귀중한가? 그 이유는 간단하다! 이 명령은 주님이 이 세상에서 남기신 마지막 명령이기 때문이다. 뿐만 아니라, 이 명령은 인간의 현재와 영원의 운명을 좌우하는 것이기 때문이다. 예수 그리스도가 이 세상에 오신 목적은 세상의 구원이었다. 바로 그것을 위하여 그분은 십자가 위에서 죽으시고 또 부활하셨다. 이제 주님은 다시 하나님 곁으로 돌아가시기 전에 그 목적을 제자들에게 확실히 전수해 주심으로 제자들도 그 목적을 위하여 혼신을 다했던 것이다.

세상의 왕이신 예수 그리스도가 제자들을 보내신 곳은 세상이다. 세상 사람들은 예수 그리스도의 복음을 반드시 들어야 한다. 왜냐하면 그들을 위하여 예수 그리스도는 십자가 위에서 죽으셨을 뿐 아니라, 죽은 자 가운데서 다시 살아나셨기 때문이다. 그 복음만이 그들을 구원할 수 있기에, 제자들은 인생의 목적과 방향을 모르고 있는 세상 사람들을 찾아가서 복음을 전해야 한다. 그러므

---

37 Derek Tidball, *The Message of the Cross* (Donwers Grove, IL: Inter-Varsity Press, 2001), 143.

로 그들이 보냄을 받은 곳은 세상이다.[38]

그런 깨달음을 위하여 주님은 부활 후 주신 명령에서 제자들을 보내는 곳이 바로 세상이라고 명명백백하게 말씀하셨다, "너희는 온 천하에 다니며...."[39] 이것은 복음전도의 우주성을 확실히 알려준 말씀이었다. 선민의식(選民意識)에 사로잡혀 있던 제자들에게 종교적으로 개나 돼지 취급을 하던 이방인들로 가득한 세상으로 가라는 명령은 가히 충격적이지 않을 수 없었을 것이다.

그뿐 아니다! 복음의 대상이 *만민*이라는 사실은 어떤 개인도 무시될 수 없다는 것을 강조한다. 하나님은 온 천하, 곧 모든 사람들을 사랑하셨을 뿐 아니라, 그들을 개인적으로 사랑하신다. 그런 이유 때문에 주님은 어떤 개인도 무시하거나 사랑의 대상에서 제외시키지 않으셨다. 그야말로 남녀노소를 초월한 사랑이요, 신분과 학벌의 차이에 상관없는 사랑이요, 지역과 인종의 장벽을 넘는 사랑이요, 빈부와 관계없는 사랑이었다. 그런 안목을 주님은 제자들에게 나누고 싶었고, 그 결과 *만민*에게 복음을 전하라고 명령하셨다.

*만민*은 어떤 문화에 속한 사람도 복음전도의 대상에서 제외될 수 없다는 사실을 포함한다. 이런 사실을 강조하기 위하여 주님은 "모든 민족을 제자로 삼으라"고 하셨다 (마 28:19, 눅 24:47 참조). 모든 *민족*은 모든 문화에 속한 사람들을 가리킨다. 왜냐하면 족속의 의미는 고유의 문화와 공통 언어에 속한 사람들을 가리키

---

38 Gottfried Osei-Mensah, "The Evangelist and the Great Commission," *The Calling of an Evangelist: The Second International Congress for Itinerant Evangelists*, J. D. Douglas 편집 (Minneapolis, MN: World Wide Publications, 1987), 224.

39 마가복음의 지상명령은 16:14~18에 기록되어 있다.

기 때문이다. 주님이 이처럼 세 가지 각도—온 천하, 만민 및 모든 족속—에서 강조하신 복음전도의 우주성과 포괄성을 제자들은 마침내 받아들이게 되었다.[40]

제자들이 온 천하를 다니면서 만나는 사람들에게 전해야 될 메시지도 분명했다. 그것은 좋은 소식, 곧 복음이었다. 그것을 주님은 이렇게 명령하셨다, "복음을 전파하라."[41] *전파하라*는 동사는 그 자체가 *전도하다*의 의미를 가지고 있다.[42] 주님은 제자들에게 복음을 전해야 하는 사실을 이중적으로 강조하셨다. *전파하라*는 동사 자체가 좋은 소식을 전하라는 의미인데도, 그것을 강조하기 위하여 주님은 *복음*이라는 명사를 첨가하셨다.

그렇다면 유대인이신 주님은 무엇을 근거로 제자들에게 이스라엘이라는 영역을 넘으라고 명령할 수 있으셨는가? 그 근거는 두 가지였다. 하나는 그분의 대속적 죽음이었다. 주님은 세례 요한이 당신에 대한 선언—"세상 죄를 지고 가는 하나님의 어린양"—을 부인하지 않으셨다 (요 1:29). 다시 말해서, 예수 그리스도는 세상 사람들의 모든 죄를 짊어지고 십자가에서 죽으실 대속물이라는 표현이었다. 그런 사실을 근거로 주님은 제자들에게 이스라엘을 넘어서 전도하라고 명령할 수 있으셨다.

또 다른 근거는 주님의 부활이었다. 부활하신 주님에게는 "하늘과 땅의 모든 권세"가 주어졌다 (마 28:18). 두말할 필요도

---

40 홍성철, 『주님의 지상명령: 성경적 의미와 적용』 (서울: 도서출판 세복, 2004), 52.

41 이 명령은 요한복음에 제시된 죄의 용서의 근거를 구체적으로 밝힌 진일보된 것이다.

42 "전파하다"의 헬라어인 *케류소*(κηρυσσω)는 "복음을 전하다"의 헬라어인 *유앙겔리조마이*(εάγγελίζομαι)의 "복음을 전하다"와 정확히 같은 의미이다. 이를 위해 다음을 보라, Green, *Evangelism in the Early Church*, 59.

없이, 이런 권세는 이스라엘만을 위한 것이 아니었다. 이런 권세는 모든 사람과 모든 민족을 포함시키는 우주적인 권세였다. 이런 권세로 주님은 제자들에게 "온 천하에 다니며 만민에게 복음을 전파하라"고 명령할 수 있으셨다. 이제까지는 이방인들이 복음을 듣기 위하여 이스라엘로 오지 않으면 안 되었지만, 지금부터는 제자들이 이스라엘을 넘어 땅 끝까지 복음을 전하러 가지 않으면 안 되었다.[43]

주님은 세상에 있는 모든 사람들에게 복음을 전파하라는 지상명령을 누구에게 주셨는가? 두말할 필요도 없이 제자들에게 주셨다. 사복음서와 사도행전에 기록된 지상명령을 받은 사람들은 하나같이 *너희*였는데, 너희는 물론 제자들을 가리키는 표현이었다. 실제로 세 복음서에서는 *제자*들이 모인 곳에 주님이 나타나셔서 명령을 주셨다고 명백히 기록하고 있다 (마 28:16, 막 16:14, 요 20:19). 그러므로 주님의 명령을 듣고 실천에 옮긴 사람들은 다름 아닌 제자들이었다.

결국 복음전도의 일차적인 매개는 주님의 제자들이었다. 그럼 왜 주님은 지상명령을 제자들에게 맡기셨는가? 그 이유는 간단하다! 그들은 처음부터 주님과 함께 하면서 주님의 전도지향적인 삶을 관찰하였기 때문이었다. 그들은 주님이 죄인들의 구원을 위하여 전도하시고, 기적을 일으키시고, 또 가르치시는 것을 목격하였다. 그들은 전도를 위하여 주님이 어떻게 그들을 파송하셨는지도 생생히 기억하였다. 그들은 문자 그대로 산 *증인*이었다.

증인은 보고 경험한 사실을 그대로 전하는 사람이다. 그러므로

---

43 구심적 선교에서 원심적 선교로 바뀐 근거는 주님의 부활이다. Johannes Blauw, *The Missionary Nature of the Church* (Grand Rapids, MI: Wm. B. Eerdmans Publishing Co., 1962), 83-84.

증인이 된 제자들은 특히 주님의 고난과 부활을 증언하지 않을 수 없었다.[44] 그 사실을 전하기 위하여 제자들은 많은 위협을 당할 때도 있었다. 그럼에도 불구하고 제자들은 그들이 목격하고 경험한 복음을 전하지 않을 수 없었다. 그들은 그 복음의 증인으로서 투옥도 되었고, 심지어는 목숨을 잃기도 했다.[45] 그들은 *증인이 되라*는 주님의 명령에 충실하였던 것이다 (눅 24:48, 행 1:8).

그런데, 제자들의 전도와 가르침으로 일구어진 교회는 그들이 받은 지상명령을 자동적으로 물려받았다. 그러므로 복음전도의 매개가 처음에는 제자들이었으나, 그 후 교회에 계승되었다. 그리고 교회는 영적으로 거듭난 사람들로 구성되어 있기 때문에, 그 구성원들은 당연히 지상명령의 핵심인 복음전도를 그들의 권리와 의무로 삼았다. 결국, 모든 성도는 주님이 사도들에게 주신 지상명령을 이어받은 복음전도의 매개이다. 그들도 제자들처럼 증인으로서 생명을 걸고 복음을 전하지 않으면 안 되었다.

죽음과 부활의 문제를 해결하신 승리의 왕이신 예수 그리스도는 다시 하늘나라로 가시기 전에 이처럼 복음을 전파하라고 명령하셨다. 이 명령은 그리스도인이라면 누구도 피하거나 거부할 수 없는 지상명령이었다. 그런 명령 때문에 그리스도인은 가능한 한 많은 사람들에게 그리고 가능한 한 여러 지역의 사람들에게 복음

---

44 Alfred Plummer, *A Critical & Exegetical Commentary on the Gospel according to St. Luke*, 5쇄 (Edinburgh: T. & T. Clark, 1977), 563. 혹자는 수난과 부활 이외에도 예수님의 가르침과 역사에 대해서도 증언해야 된다고 말한다. 이를 위하여 다음을 보라, Darrell L. Bock, *Luke*, 제2권, *9:51~24:53*, 1942.

45 증인의 헬라어는 *마르튜스*(μαρτυς)로서 순교자의 의미도 지닌다. 이를 위하여 다음을 보라, William Barclay, *The Acts of the Apostles*, 개정판 (Philadelphia, PA: The Westminster Press, 1976), 13.

을 전해야 한다. 그렇지 않으면 그는 주님의 참 제자라고 하기는
어려울 것이다.

6. 나가면서

그리스도인들은 복음을 전하지 않을 수 없다. 그들에게는 안에
서 넘쳐흐르는 뜨거운 사랑이 있다. 어떤 사람은 전도를 "넘쳐 흐
르다"(overflow)는 단어로 정의를 내리기도 했다.[46] 그것만으로
도 전도하지 않으면 안 되는 충분한 조건이 된다. 그런데 그밖에
도 전도해야 되는 이유가 그렇게 많다니! 그들을 구원해 주신 주
님의 명령에 순종한다면, 전도를 위하여 기도를 시작하며, 전도하
러 나가지 않겠는가?

---

46 Green, *Evangelism through the Local Church*, 8.

3
전도의 목적

1. 들어가면서

바울 사도는 영적인 아들이요 목회자인 디모데에게 이런 권면을 한 적이 있다, "그러나 너는 모든 일에 신중하여 고난을 받으며 전도자의 일을 하며 네 직무를 다하라" (딤후 4:5). 디모데는 전도자의 사역을 감당하기 위하여 소극적으로는 고난도 감수해야 했다. 뿐만 아니라, 그렇게 고난을 받으면서 전도자의 사역을 감당하는 것이 바로 그의 직무였다. 목회자인 디모데가 해야 될 일이 많았을 터인데, 왜 전도자로서 복음을 전하는 것이 그의 직무였는가? 그것은 바로 전도의 목적 때문이었다.

복음전도의 목적은 참으로 다양하다. 다양한 목적 가운데 한 가지를 성경에서 찾아보자. "이는 우리 복음이 너희에게 말로만 이른 것이 아니라 또한 능력과 성령과 큰 확신으로 된 것임이라 ....너희가 어떻게 우상을 버리고 하나님께로 돌아와서 살아 계시고 참되신 하나님을 섬기는지와 또 죽은 자들 가운데서 다시 살리신 그의 아들이 하늘로부터 강림하실 것을 너희가 어떻게 기다리는지를 말하니 이는 장래의 노하심에서 우리를 건지시는 예수시니라" (살전 1:5, 9-10). 우상을 섬기던 데살로니가에 복음이 전파되자, 그곳 사람들이 우상을 버렸을 뿐 아니라, 참되신 하나님을 섬기게 되었다. 그리고 주님의 재림을 기다리는 사람들로 변화되었다.

복음을 받아들인 데살로니가 사람들은 소극적으로는 그들이 지금까지 섬기던 우상을 버렸다. 그리고 적극적으로는 우상 대신 창조주이신 하나님을 섬기기 시작하였다. 그리고 그들은 예수 그리스도의 재림을 기다리는, 다시 말해서 그들의 인생의 목적이 변화된 삶을 영위하기 시작하였다. 이처럼 놀라운 결실을 맺게 하는 사역이 바로 복음전파이다. 이 장에서는 전도의 목적을 세 가지로 기술하면서 복음이 가져오는 놀라운 열매를 살펴볼 것이다: 변화된 삶, 공동체의 형성 및 세상의 빛.

2. 변화된 삶

복음을 알지 못하거나 거부하는 사람들은 창조주이시며 구속자이신 하나님을 알지 못한다. 그러나 처음부터 그런 상태에 있었던 것은 아니다. 하나님에 의하여 창조된 인간은 하나님과 긴밀한 교제를 나누면서 행복한 삶을 누리고 있었다. 그러던 어느 날 사탄의 유혹에 넘어간 인간은 하나님의 뜻을 어기고 말았다. 그렇게 해서 첫 인간 아담과 하와는 하나님을 등지게 되었을 뿐 아니라, 하나님과의 관계가 끊어지고 말았다. 그리고 창조주와의 관계 단절은 수없이 많은 문제로 연결되었다.

그러나 문제를 직시하고 다시 복음을 통하여 하나님에게로 돌아온 인간은 하나님과 관계의 회복을 경험한다. 비록 인간이 하나님을 떠나갔지만, 하나님은 그 인간에게로 다시 찾아오신 것이다.

관계의 회복은 한편 멀어졌던 사이가 회복되는 것을 의미한다. 인간은 어떤 때는 하나님이 없다고 소리치기도 한다. 또 어떤 때는 하나님을 은근히 두려워하기도 한다. 성경은 그처럼 소원(疎遠)한 관계를 원수라고 묘사한다. "곧 우리가 원수 되었을 때에 그 아들의 죽으심으로 말미암아 하나님과 화목하게 되었은즉...." (롬 5:10).

또 한편 관계의 회복은 하나님이 아버지가 되신다는 의미이기도 하다. 하나님을 등진 인간은 마귀의 자식처럼 생각하고 행동했었으나,[47] 이제는 하나님의 자녀가 된 것이다. 하나님은 너무나 추악한 인간을 받으셨을 뿐 아니라, 한발 더 나아가서 양자로 삼으신 것이다 (롬 8:15). 이처럼 관계를 회복한 인간은 하나님을 감히 "아빠 아버지"라고 부를 수 있는 특권을 부여받은 것이다 (갈 4:6). 그리고 하나님은 그렇게 자녀가 된 인간에게 자녀만이 누릴 수 있는 모든 특권을 누리게 하셨다.[48]

아담과 하와가 하나님을 등졌을 때 그들에게 찾아온 것은 그들이 추구했던 행복이 아니라 죄의식이었다. 그들은 그 죄의식의 문제를 해결하기 위하여 그들이 할 수 있는 모든 것을 다 해보았다. 그러나 죄의식이 사라지기는커녕 오히려 갈수록 커졌다. 그들은 벌거벗은 부끄러움을 가려보려고도 했다. 그들의 죄의식의 문제를 하나님에게 돌려보려고도 해보았다. 후에는 서로에게 책임을 돌려보려고도 했으며, 심지어는 숲속으로 도망해보기도 했다. 그러나 어떤 방법과 수단을 통해서도 그들의 문제는 해결되지 않았

---

47 요한복음 8:44를 보라.

48 특권을 자세히 알기 위하여 본서의 22장 "하나님의 역사"에서 "양자"를 보라.

다.

여기에 복음전파의 결과로 일어나는 두 번째의 변화가 있다. 모든 인간이 가지고 있는, 그러나 어떤 방법으로도 해결할 수 없는 죄의식의 문제 탈출이다. 인간은 죄의식의 문제를 해결하기 위하여 심리 치료도 받으며, 전문가로부터 상담도 받으며, 심지어는 종교에 깊이 귀의(歸依)하기도 한다. 그러나 그 어떤 것도 인간의 마음속 깊이에 자리잡은 죄의식의 문제는 제거시키지 못한다. 반면에 복음의 능력은 다르다! 복음은 인간의 죄의식의 문제를 근원부터 해결해주기 때문이다.[49]

죄인이 복음을 받아들이는 순간 그는 이런 약속을 받는다: "그들의 죄와 그들의 불법을 내가 다시 기억하지 아니하리라"(히 10:17). 얼마나 놀라운 복음의 능력이며 얼마나 놀라운 변화이며 확신인가! 그가 아무리 흉악한 죄인이었더라도, 복음의 능력은 그를 변화시킨다. 죄인(sinner)이 성도(saint)로 변화되는 것이다. 죄의식의 문제를 해결한 사람들, 곧 그리스도인이 된 사람들은 그 놀라운 복음에 걸맞은 삶을 영위하기를 원한다. 그런 욕구가 바로 거룩한 삶이다. 그러니까 거룩한 삶은 전도의 결과로 변화된 삶이다.

거룩은 성별(聖別)된 삶을 가리킨다. 그러므로 복음의 능력으로 거룩하게 된 사람은 성별된 삶을, 그것도 모든 영역에서 성별된 삶을 살기를 원한다. 그의 사고에서, 그의 언어에서, 그의 행동에서 그는 다른 사람들과 다르기를 원한다. 왜냐하면 그의 삶을 통하여 위로 하나님이 영광을 받으시기를 바라기 때문이다. 그렇

---

49 홍성철, 『불타는 전도자 존 웨슬리』 제8쇄 (서울: 도서출판 세복, 2009), 181-182.

게 하나님의 영광을 위하여 살기 시작하면, 자연히 다른 사람들에게도 적극적인 영향을 끼치게 마련이다. 복음 이외에 사람을 이처럼 변화시킬 수 있는 것은 하늘 아래서는 없다.

복음전파의 결과로 일어나는 세 번째 변화가 있다. 그 변화는 너무나 중요한 것으로, 복음을 받아들인 사람들에게 이제부터는 하나님의 영광만이 그들의 목표가 된 것이다. 인간은 하나님의 영광을 구하는 대신 "공중의 권세 잡은 자를 따르며" 마음의 정욕대로 살았었다 (엡 2:2). 한 마디로, 그들의 인생 목적은 오직 자신뿐이었다. 그들의 신(god)은 자신이었다. 그들의 안중에는 하나님이 전혀 없었다. 그들은 자신의 욕구를 위하여 공부했고, 자신의 이익을 위하여 친구를 사귀었고, 자신의 영달(榮達)을 위하여 노력했다.

그러나 이제는 하나님의 영광이 인생의 목표가 되었다. 바울 사도가 간증적으로 선언한 말씀과 같다: "그런즉 너희가 먹든지 마시든지 무엇을 하든지 다 하나님의 영광을 위하여 하라. 유대인에게나 헬라인에게나 하나님의 교회에나 거치는 자가 되지 말고, 나와 같이 모든 일에 모든 사람을 기쁘게 하여 자신의 유익을 구하지 아니하고, 많은 사람의 유익을 구하여 그들로 구원을 받게 하라" (고전 10:31-33). 이 말씀에 의하면, 복음을 받은 사람들의 인생 목적은 두 가지로 축약(縮約)될 수 있다.

첫째는 무엇을 하든지 하나님의 영광을 위하여 살아야 한다. 큰일에서는 물론 먹고 마시는 작은 일에서까지 하나님의 영광을 위하여 살아야 한다. 둘째는 다른 사람의 유익을 위하여 살아야 한다. 자기 유익에서 타인 유익이라니, 얼마나 달라진 변화인가! 그리고 다른 사람의 유익을 진정으로 위한다면, 아직도 복음을 접하지 못한 사람들에게 복음을 전파해야 한다. 왜냐하면 복음은 그들의 현재의 삶을 좌우할 뿐 아니라, 그들의 영원을 결정하기 때문이다. 참으로 거룩하고도 고상한 변화라 아니할 수 없다.

3. 공동체의 형성

전도의 두 번째 목적은 예수 그리스도를 구세주로 받아들인 사람들로 하여금 신앙의 공동체, 곧 교회를 형성하게 하기 위함이다. 교회의 의미는 *에클레시아*, 곧 불러냄을 받은 사람들이다. 소극적으로는 그들이 세상에서, 죄에서 그리고 사탄의 손길에서 (from) 불러냄을 받았고, 또 적극적으로는 그들을 위하여 십자가에서 죽으신 예수 그리스도에게로(to) 불러냄을 받은 사람들이다. 그들이 이처럼 이중적으로 불러냄을 받는 순간 교회를 형성하는 교회의 일원이 되는 것이다.

지역교회의 일원으로서 그는 다른 그리스도인들과 함께 예배도 드리고 또 상호간의 교제도 나누어야 한다. 이런 교회에는 의례히 건물과 조직, 사람과 예배 등이 있다. 그러나 그런 것만으로는 건강한 교회라고 할 수 없다. 성경적인 지역교회는 적어도 다음과 같은 네 가지 특성을 갖는다: 말씀을 가르치고, 예배를 드리고, 기도하고 그리고 교제를 나눈다. 이런 특성은 초대교회에서 두드러지게 나타났다 (행 2:42).

또 한 가지 초대교회에서 두드러지게 나타난 현상은 효과적인 전도였다. 초대교회는 한편 사람들의 필요를 채워주면서 복음을 열심히 전했다. 그 결과 교회에서 구원받는 사람들이 날마다 더해졌다 (행 2:47). 그런 이유 때문에 교회를 신앙의 공동체라고도 한다. 왜냐하면 믿음으로 구원받은 사람들의 모임이기 때문이다. 교회는 이처럼 믿음으로 구원받은 사람들이 모여서 위로는 하나님과 그리고 아래로는 성도들과 교제를 나누게 된다. 그런 이유 때문에 교회는 교제의 공동체라고도 불린다.

교회에서 예배도 드리고, 교제도 나누며, 적절한 훈련을 받은 사람들은 필연적으로 세상에 나아가서 그들이 경험한 놀라운 하나님의 사랑을 전해야 한다. 그런 이유 때문에 교회를 선교의 공동체라고도 한다. 성부, 성자, 성령님이 일구신 구원을 경험한 사람은 성부, 성자, 성령님이 일구신 교회의 일원이 되어, 성부, 성자, 성령님의 이름을 드높이기 위하여 다른 성도들과 함께 생사고락(生死苦樂)을 나눈다.[50] 그런 이유 때문에 이 세상에서 가장 고귀한 기관이 바로 교회이다.

지역교회의 일원인 그는 교회에서 서로를 돌보며, 서로를 위하여 기도하며, 서로를 밀고 끌면서 성장해야 한다. 뿐만 아니라 지역교회를 통하여 선교에도 동참해야 한다. 하나님이 예정하신 교회 (엡 1:5),[51] 그리스도가 희생의 대가로 사신 교회 (엡 5:25), 성령이 하나로 만드신 교회에서 (엡 4:3) 하나님의 뜻을 배우고, 예수 그리스도의 희생을 본받고, 성령님이 하나로 만드신 역사를 체험해야 한다. 그리할 때만이 그리스도인은 온전히 성장하며 선교에 몸을 불태울 수 있다.

교회가 활성화되고 성장하면서 그리스도인은 군중 속에서 고

---

50 삼위와 연관시킨 교회관을 위하여 다음을 보라, Howard A. Snyder, *The Community of the King,* 개정판. Downers Grove, IL: InterVarsity Press, 2004, 57.

51 에베소서 1:3-6절에 나오는 *우리*는 2장 11절 이하의 설명에 의하면 교회를 가리킨다.

독한 영혼으로 전락할 수 있다. 그런 고독 속에 빠져들지 않기 위하여 하나님은 또 다른 공동체를 일구셨다. 그것이 바로 소그룹이다. 그리스도인이 교회의 일원이 되는 것도 중요하지만, 그 못지않게 중요한 것은 소그룹에 속하는 것이다. 소그룹은 문자 그대로 적은 수의 그리스도인들이 모여서 신앙과 사역을 나누는 곳이다. 그런 이유 때문에 그리스도인들은 소그룹에서 성경을 넓게 배우며, 기도를 깊게 할 수 있다.

그리스도인들은 소그룹을 통하여 서로에게 깊이 영향을 주고받으면서 신앙적으로 보다 빨리 성장할 수 있다. 그리고 성장한다는 것은 갈수록 다른 사람들을 위하여 삶을 영위한다는 것을 의미한다. 그런 이유 때문에 소그룹은 종종 사역에 깊이 동참할 수 있는 유동성을 가지고 있다. 성경적인 예를 든다면 예수님이다. 그분은 12명의 소그룹을 구성하시고 그들과 함께 필요한 곳으로 쉽게 가셨고, 그리고 사람들의 필요를 쉽게 채워주셨다. 예수님과 제자들이 많은 사람들의 굶주림을 채워주신 것은 한 실례이다 (막 8:1-10).

소그룹이라는 교제권에서는 위원회와 총회의 의결을 기다려야 할 이유가 전혀 없었다. 그들은 상당히 자유롭게 성경적이며 또한 성령의 지시에 따라 즉각적으로 순종할 수 있었다. 역사적으로도 그런 실례는 얼마든지 찾을 수 있다. 실제로 세계선교의 시발점도 그렇게 시작되었다. 소그룹의 그리스도인들이 소풍을 갔다가 비를 만나, 어느 창고에서 비를 피하기에 이르렀다. 그들은 기도회를 시작했고, 그리고 그들의 기도는 즉각적으로 응답되어

성령의 특별한 임재를 경험하게 되었다.[52]

그 결과는 어떤 사람도 상상할 수 없는 큰 역사의 시작이었다. 그 소그룹에 있던 청년들은 선교에 헌신하여 버마, 인도, 중국 등지로 떠나게 되었다. 그렇게 해서 그들은 개신교 선교의 효시(嚆矢)가 되었던 것이다. 이들 소그룹의 청년들은 어떤 개인이나 교회가 쉽게 결정하고 시작할 수 없었던 큰일을 일구어냈던 것이다. 그들은 소그룹이라는 교제권에서 한편 하나님의 뜻, 곧 세계 선교라는 사명을 받았고, 또 한편 그 사명에 걸맞은 훈련을 받았던 것이다.

소그룹이 훌륭한 훈련의 장인 것은 성경적이다. 소그룹에 속한 사람들은 비록 개성이 다른 사람들로 구성되어 있지만 그 다름 때문에 훈련은 가혹하리만큼 실제적일 수 있다. 소그룹에서 그들의 약점도 드러나지만 동시에 그들의 다른 은사들도 드러난다. 그리고 그 은사들에 맞는 사역에 집중함으로 훨씬 효과적인 열매를 맺을 수 있다.[53] 그렇게 열매를 맺을 때 그들도 보람을 느끼는 신앙 생활을 하지만, 동시에 다른 그리스도인들에게 유익을 주게 된다. 그 결과 주님의 몸 된 교회가 든든히 세워지며, 하나님은 영광을 받으신다.

4. 세상의 빛

전도의 세 번째 목적은 복음을 받아들인 사람이 세상의 빛이 되게 하기 위함이다. 그 사람은 복음으로 변화된 이후 비로소 세

---

52 1806년에 있었던 윌리엄스대학(Williams College) 학생들의 기도 운동으로 "건초더미 기도회"(The Haystack Prayer Meeting)라고 불린다.

53 Snyder, *The Community of the King*, 178.

상의 진면목(眞面目)에 대하여 똑바로 바라볼 수 있는 안목을 갖게 된다. 그가 복음을 알기 전에는 그도 세상에 속하여 함께 어울렸기에 세상을 똑바로 볼 수 있는 안목을 갖지 못했다. 그러나 이제부터 그는 세상의 혼탁, 세상의 부정, 세상의 암흑, 세상의 정욕, 세상의 불의를 직시(直視)하기 시작한다. 그렇다고 그런 세상을 피하여 산속으로 들어가든지, 아니면 사막으로 가서도 안 된다.

그는 세상에 남아서 세상의 어두움을 향하여 빛을 던져야 하는 사명을 가지고 있다. 다시 말해서, 그는 세상의 빛이 된 것이다. 성경은 어두움에서 탈출하여 빛으로 나온, 그래서 빛이 된 그리스도인들을 이렇게 묘사한다, "너희가 전에는 어둠이더니, 이제는 주 안에서 빛이라; 빛의 자녀들처럼 행하라"(엡 5:8). 그러면 빛의 자녀들처럼 행하는 것은 구체적으로 어떤 삶과 행위를 의미하는가? 성경은 이어서 그 해답을 주고 있다, "빛의 열매는 모든 착함과 의로움과 진실함에 있느니라"(엡 5:9).

"착함과 의로움과 진실함"은 종종 하나님과 언약을 맺은 백성의 모습을 가리킨다.[54] 그 백성은 하나님에 대한 충성심을 하나님은 물론 사람들에게도 드러내야 한다. 복음을 받은 사람들은 결국 복음의 매개인 예수 그리스도를 통하여 하나님과 언약을 맺은 백성이다 (마 26:27-28). 그런 까닭에 그들은 언약의 백성답게 살아야 하며, 그런 삶이 바로 "착함과 의로움과 진실함"이다. 그들이 위로 하나님에게 충성을 다하여 순종할 때, 그들의 변화된 삶은 자연스럽게 불신자들에게 드러난다.

예수님도 제자들을 가리켜 세상의 빛이라고 일컬으시면서 그

---

54 Markus Barth, *Ephesians*: *4-6장 번역 및 주석* (Garden City, NY: Doubleday & Co., Inc., 1974), 568.

들의 사명을 같은 차원에서 말씀하신 적이 있었다, "이같이 너희 빛을 사람 앞에 비치게 하여 그들로 너희 착한 행실을 보고 하늘에 계신 너희 아버지께 영광을 돌리게 하라" (마 5:16). 이 말씀에 의하면 빛 된 그리스도인들은 변화된 삶을 영위해야 하며, 그리할 때 피전도자들조차도 하나님 아버지에게 영광을 돌리게 된다. 복음을 받아들인 사람이라면 예수 그리스도의 제자가 된 것이며, 그 제자의 특징 가운데 하나는 바로 착한 행실인 것이다.[55]

결국, 복음을 수용한 모든 사람들에게 있어서 궁극적인 삶의 목적은 하나님 아버지에게 영광을 돌리기 위한 것이다. 하나님의 영광을 드러내는 삶의 방법은 크게 두 가지 형태로 나타낼 수 있다. 이미 위에서 언급한 것처럼, 한 가지 방법은 불신자들에게 변화된 삶, 곧 착한 행실을 보여주는 것이다. 복음을 알기 전의 삶과 너무나 대조적인 삶이 드러날 때, 불신자들은 그런 변화가 하나님의 역사가 아니면 불가능하다는 것을 인정하지 않을 수 없다. 그들은 그런 변화를 일으키신 하나님에게 영광을 돌리게 된다.

하나님에게 영광을 돌리는 두 번째 형태는 복음을 구체적으로 전하는 것이다. 그 이유는 너무나 간단하다! 불신자들은 그리스도인들의 착한 행실을 통하여 하나님에게 영광을 돌리면서 그런 변화를 일으키신 하나님에 대하여 관심을 갖기 마련이다. 그처럼 관심을 갖는 사람들에게 하나님을 소개할 수 있다. 하나님을 소개하면서 자연스럽게 복음을 전하며 불신자들도 그들과 똑같이 변화될 수 있다는 사실을 전할 수 있는 것이다. "...너희 속에 있는 소망에 관한 이유를 묻는 자에게는 대답할 것을 항상 준비하되 온유와

---

55 David Turner, *Matthew* (Grand Rapids, MI: Baker Academia, 2008), 155.

두려움으로 하라" (벧전 3:15).

그리스도인들은 예수 그리스도의 빛을 물려받은 사람들이다. 그들은 빛으로 세상에 오신 예수님으로부터 빛을 받았다.[56] 예수님이 빛으로 오셔서 영적으로 깜깜한 세상에 빛을 던지면서 복음을 전하셨다. 그런 예수님으로부터 빛을 물려받은 제자들은 그분의 사역도 물려받은 것이다. 그 사역은 깜깜한 세상에 빛을 비추며 동시에 복음을 전하는 것이다.[57] 그런 사역은 두 가지를 포함하는데, 하나는 착한 행실을 통하여 빛을 비추는 사역이고, 또 하나는 입을 열어서 구체적으로 구세주 되신 예수 그리스도를 소개하는 것이다.

그러니까 세상의 빛이 된다는 것은 삶이 따르는 복음전파를 의미한다. 삶이 따르지 않는 복음전파는 허공을 치는 메아리처럼 아무런 열매도 맺지 못할 것이다. 요약해서 말하면 복음전파와 복음을 위한 삶은 별개가 아니라 하나이다. 이처럼 언행(言行)이 일치하는 복음이 전해지려면 필연적으로 불신자들과 접촉해야만 한다. 불신자들이 없는 곳에서는 이상하게도 복음은 능력을 잃고 만다. 그렇다면 불신자들이 있는 곳은 어디인가? 두말할 필요도 없이 세상이다.

그런 까닭에 세상에 속해 있다가 예수 그리스도를 통하여 구원받은 사람들은 그들을 구원해 주신 예수 그리스도를 위하여 다시 세상으로 돌아가야 한다. 세상에 들어가서 불신자들과 만나고, 사귀면서 그들에게 변화된 모습을 보여주어야 한다. 그리고 그처럼

---

56 예수님이 세상의 빛이시라는 선언은 여러 곳에서 찾을 수 있다: 마 4:16, 요 1:5, 8:12, 9:5.

57 Leon Morris, *The Gospel according to Matthew* (Grand Rapids, MI: B. Eerdmans Publishing Co., 1992), 106.

변화된 모습의 이유를 묻는 그들에게 복음을 전해야 한다. 그러므로 그리스도인들은 산이나 사막으로 도피해서는 안 된다. 그렇다고 교회 안에서 그리스도인들과 사랑의 교제를 나누는 감격 속에만 머물러서도 안 된다. 그들은 다시 세상으로 나아가야 한다.

그런 까닭에 세상은 도피의 장이 아니라 사역의 장이다. 그리스도인들이 세상에서 믿지 않는 사람들 사이에 거할 때 그들은 엄청난 도전에 직면한다. 그들과 타협하면서 빛을 포기하든지, 아니면 그들과 구별된 삶을 나타내면서 빛을 비추든지 둘 중 하나이다. 삶의 방식도 다르고, 생활방식도 다르고, 인생의 가치관도 다른 그들과 섞여 산다는 것이 그렇게 쉬운 일이 아니다. 그러나 예수 그리스도의 본을 따라 세상 속으로 뛰어들 때 그분은 그리스도인들과 함께 하시면서 필요한 지혜와 능력을 주신다 (마 28:20).

바울도 인간적인 욕구가 있었는데, 그것은 주님 곁에 빨리 가서 육체적인 쉼과 그분과의 교제를 갈구하는 것이었다. 그러나 그는 그런 손쉬운 길을 포기하고 세상을 택했다. 그 이유는 너무나 분명했다! 그의 삶과 복음을 통하여 어두움에 사로 잡혀 있는 사람들을 빛 가운데로 인도하기 위함이었다. 그는 이렇게 그의 결단을 고백하였다, "그러나 만일 육신으로 사는 이것이 내 일의 열매일진대 무엇을 택해야 할는지 나는 알지 못하노라...그러나 내가 육신으로 있는 것이 너희를 위하여 더 유익하리라" (빌 1:22, 24).

그리스도인들은 세상에서 살며 또 사역해야 한다. 그러나 그들은 세상에 속한 자들은 아니다 (요 15:19). 세상에 존재하는데 세상과 다른 삶을 산다는 것은 십중팔구 불신자들로부터 오해와 핍박을 일으킬 수 있다. 예수님은 제자들이 세상의 빛이라고 말씀하시기 전에 핍박에 대하여 미리 말씀하셨다. 그 이유는 간단하다! 어두움을 향하여 빛을 비추면서 어두움의 굴레와 어두움의 구렁텅이에서 나오라는 도전은 종종 핍박을 일으킬 것이기 때문이다. "의를 위하여 핍박을 받은 자는....기뻐하고 즐거워하라; 하늘에서 너희의 상이 큼이라" (마 5:10-12).

5. 나가면서

복음의 소식을 전한 결과 불신자가 회심하고 주님에게로 돌아올 때, 그 사람의 인생관과 세계관은 완전히 바뀐다. 이것은 두말할 필요도 없이 "...이 복음은 모든 믿는 자에게 구원을 주시는 하나님의 능력"이 되기 때문이다 (롬 1:16). 이렇게 폭탄과 같은 능력의 복음을 속으로만 품지 말고, 밖으로 내보내야 한다. 이 폭탄이 밖에서 터지게 하고, 결코 안에서 터지게 하지 말자. 이 폭탄 때문에 죄인이 성도로 변화되는 영광을 누리며 살자!

4

전도의 장애(障碍)

1. 들어가면서

예수 그리스도를 구세주로 받아들인 사람은 전도에 동참해야 하는 이유와 목적을 분명히 가지고 있다. 그럼에도 불구하고 많은 그리스도인들은 실제로 전도에 동참하지 않고 있다. 비록 그들이 전도에 대한 부담감을 가지고 있으면서도 쉽게 전도에 동참하지 못하는 이유는 도대체 무엇인가? 그를 가로막는 장애라도 있는가? 물론 그로 하여금 전도를 못하게 하는 장애는 많다. 본 장에서는 그 장애를 찾아서 그 장애를 극복하는 방법을 알아보기로 하자.

전도를 시행하려고 할 때 그 과정에서 세 가지 매개가 필요하다는 사실을 쉽게 찾을 수 있다. 첫째 매개는 전도자이고, 둘째는 전도의 내용이며, 그리고 셋째는 전도를 받는 피전도자이다.[58] 이 세 가지 매개가 적절히 조화될 때 성령님도 함께 하시면서 전도에 힘을 실어주신다. 그러므로 어떤 면에서는 이 세 가지 매개 중 어

---

58 전도자의 기풍, 곧 *에토스*(ethos), 전도의 내용, 곧 *로고스*(logos) 및 피전도자의 감정, 곧 *파토스*(pathos)가 조화를 이룰 때 전도는 힘 있게 전달될 수 있다. 이를 위하여 다음을 보라, Hunter, *The Contagious Congregation*, 65.

떤 것이라도 잘못되면 전도의 장애가 될 수 있다. 그러므로 본 장에서는 이 세 가지의 매개를 중심으로 전도의 장애를 찾아보고자 한다.

2. 전도자

위에서 언급한 것처럼, 모든 그리스도인은 마땅히 전도에 매진해야 한다. 그럼에도 불구하고 그리스도인이 전도하지 않는 데는 분명히 이유가 있을 것이다. 물론 이유는 얼마든지 열거할 수 있을 것이다. 그러나 여기에서는 전도하지 못하는 이유를 다음과 같이 세 가지만을 제시하고자 한다: 오해, 훈련의 부족 및 두려움. 이런 이유를 차례로 살펴보면서 그런 장애를 극복하도록 해보자.

첫 번째 장애는 *오해*일 것이다. 많은 그리스도인은 전도에 대하여 적잖은 오해를 가지고 있음에 틀림없다. 먼저는 기독교 지도자들의 오해이다. 많은 기독교 지도자들은 그들에게 맡겨진 임무에 충실하면 된다고 믿는다. 그들의 임무는 목회일 수도 있고, 가르치는 일일 수도 있으며, 사회봉사일 수도 있다. 물론 주님이 그들을 부르신 임무에 충성하는 것은 당연하다. 그러면서 동시에 그들은 모든 그리스도인에게 주님이 주신 명령, 곧 "너희가...내 증인이 되리라"는 명령을 소홀히 해서는 안 된다 (행 1:8)

그뿐 아니라 기독교 지도자들은 전도란 평신도의 임무라는 심각한 오해를 가지고 있다. 결국, 지도자들의 마음에는 전도란 다른 아무 임무도 부여 받지 못한 평범한 그리스도인들이 해야 할 일이지, 그들처럼 분명한 소명을 가진 사람들이 할 일은 못 된다는 굉장히 잘못된 생각을 가질 수 있다. 그들은 평신도들에게 전도해야 되는 사실을 반복적으로 강조하면서 잃어버린 영혼들이나 죄인들의 구원에 관심을 갖지 않는다. 그처럼 모델이 되지 못하는 지도자들 밑에 있는 평신도들이 전도에 깊이 동참한다는 것은 거의 불가능하다.

전도에 대한 오해는 지도자들에게만 있는 것이 아니다. 평신도들도 전도에 대한 심각한 오해를 가지고 있다. 평신도들 편에서는 전도 사역은 지도자들의 몫이라는 오해를 가지고 있다. 어차피 지도자들은 신학교에서 훈련을 받은 사람들이요, 모든 면에서 자격을 갖춘 사람들이라고 믿는다. 그런 이유 때문에 전도는 기독교 지도자들이 해야 될 임무이지 평신도의 임무라고 여기지 않는다. 그들은 예배에 참석하면서 지도자들이 전도를 잘 할 수 있도록 기도와 헌금으로 후원하면 된다는 심각한 오해를 가지고 있다.

두 번째로 전도자가 넘어야 할 장애는 첫 번째의 연장이라고 할 수 있는데, 바로 성경의 가르침에 대한 오해이다. 원래 성경에서는 사역자와 평신도의 구분이 없었다. 사역자는 섬긴다는 동사에서 유래되었는데, 그 동사를 처음 적용하신 분은 예수 그리스도이셨다. 그분은 서로 높아지는 문제를 가지고 논쟁하던 제자들에게 이런 말씀을 하시면서 그들에게 중요한 교훈을 가르치셨다, "인자가 온 것은 섬김을 받으려 함이 아니라 도리어 섬기려 하고 자기 목숨을 많은 사람의 대속물로 주려 함이니라" (마 20:28).

위의 말씀에서 "섬기다"는 헬라어 동사는 *디아코네오* (διακονηέω) 인데, 이 동사에서 파생된 명사는 *디아코노스* (διακόνος)이다. 그러니까 이 명사의 문자적 의미는 "섬기는 자"이다. 그런데 이 명사가 국어로 번역되면서 단순히 "섬기는 자"를 넘어서 사역자로 변환되기도 하였다. 예를 들면, 바울 사도는 이렇게 말했다, "그런즉

아볼로는 무엇이며 바울은 무엇이냐? 그들은 주께서 각각 주신 대로 너희로 하여금 믿게 한 사역자들이니라"(고전 3:5).

이 말씀에 의하면, 바울이나 아볼로는 성도들을 섬기는 자들이다. 그러나 사역자들이라고 번역되면서 오해를 불러일으키기도 했다. 어떤 오해인가? 신학교에서 훈련을 받은 사람들만이 사역자가 되어야 한다는 오해이다. 그런데 이것이 잘못된 번역이라는 것은 다음의 말씀을 보면 분명해진다. "이와 같이 집사들도 정중하고 일구이언을 하지 아니하고 술에 인박히지 아니하고 더러운 이를 탐하지 아니하고"(딤전 3:8).

이 말씀에서 "집사들"이라고 번역된 단어도 역시 원어에는 *디아코노스*이다. 그러니까 원어 성경에 의하면, 사역자와 집사는 같은 직분을 가진 그리스도인이다. 국어성경에서 사역자와 집사는 똑같이 "섬기는 자"로서, 똑같은 사역을 할 수 있다는 것이다. 중요한 것은 신학교에서 받은 훈련이 아니라, 그리스도인에게 임하신 성령이 어떤 은사를 주셨는가이다. 어떤 그리스도인에게 가르치는 은사를 주셨다면 그는 가르쳐야 할 것이다. 그러나 봉사의 은사를 주셨다면 봉사에 전념해야 한다.

그런 이유 때문에 바울 사도는 *디아코노스*라는 명사를 사용할 때 성령에 따라 역사해야 된다고 말했다. "그가 또한 우리를 새 언약의 일꾼 되기에 만족하게 하셨으니, 율법 조문으로 하지 아니하고 오직 영으로 함이니, 율법 조문은 죽이는 것이요 영은 살리는 것이니라"(고후 3:6). 바울 사도가 사용한 일꾼은 물론 *디아코노스*이며, 그 일꾼이 일꾼 된 것은 하나님의 영으로 되었다는 것이다.

바울 사도는 그가 어떻게 복음을 전하게 되었는지도 언급했는데, 하나님이 주시는 은혜 때문에 복음을 능력 있게 전했다는 고백이었다. 그의 말을 직접 들어보자, "이 복음을 위하여 그의 능력이 역사하시는 대로 내게 주신 하나님의 은혜의 선물을 따라 내가 일꾼이 되었노라" (엡 3:7). 물론 여기에서 바울 사도가 사용한 일꾼은 똑같이 *디아코노스*이며, 그 직분을 하나님의 능력에 따라 전했다는 것이다.

바울 사도는 목회자인 디모데도 예수 그리스도의 일꾼이라고 불렀다. 그런데 바울은 이처럼 전도자나 목회자로부터 훈련을 받은 사람들이 하는 사역도 똑같이 *디아코노스*의 파생어를 사용하였다. 그의 말을 직접 인용해 보자, "이는 성도를 온전하게 하여 봉사의 일을 하게 하며...." (엡 4:12). 이 말씀에서 봉사는 *디아코니아스*(διακονίας)이다. "섬기는 자"의 여성명사이다. 그러니까 목회자로부터 훈련을 받은 평신도도 "섬기는 일" 내지 "사역"을 할 수 있다는 것이다.

위의 말을 요약하면 그 내용은 간단하고도 분명하다. 성경적으로 볼 때 사역은 신학교에서 훈련받은 사람들의 전유물이 아니다. 평신도도 적절하게 훈련을 받으면 사역에 참여할 수 있다. 물론 그 사역 가운데 중요한 것은 복음을 전하는 것이다. 목회자가 평신도를 훈련하여 성경적으로 사역에 동참하게 하는 것은 목회 사역 중 가장 중요한 것이기도 하다. 그 결과 목회자와 평신도의 구분 없이 성령의 인도와 은사에 따라 모두가 사역하는 것이 하나님의 뜻이다.

세 번째로 전도자가 넘어야 할 장애는 *두려움*이다. 실제로 불신자에게 복음을 전하려고 할 때 두려움을 조금이라도 갖지 않는 그리스도인은 없다. 불신자들의 반응에 대한 두려움은 너무나 당연하다. 그러나 두려움 때문에 전도자의 자격을 잃는 것은 아니다. 오히려 두려움 때문에 주님을 더 많이 의지하게 되고, 따라서 주님의 도움을 그만큼 많이 받을 수 있다. 그런 이유 때문에 두려움은 오히려 그리스도인들로 하여금 보다 훌륭한 전도자로 만드는 방편이 될 수도 있다.[59]

그리스도인이 전도하고자 할 때 두려움은 여러 가지 이유 때문에 나타날 수 있다. 거부에 대한 두려움, 조롱에 대한 두려움, 실패에 대한 두려움, 상해(傷害)에 대한 두려움, 위선에 대한 두려움, 무엇을 말해야 좋을지 모르는 두려움, 불신자가 어떻게 반응할지 모르는 두려움, 어떤 새로운 것을 전달해야 된다는 두려움, 반대 질문을 다룰 수 없다는 두려움, 사생활을 침해할 수 있다는 두려움, 과거의 실패에 대한 두려움, 잘난 척한다는 비난의 두려움, 복음이 이런 경우 역사하지 않는다는 두려움, 내가 자격이 없다는 두려움, 틀린 말에 대한 두려움 등 두려움은 수없이 많다.[60]

그러나 두려움은 극복될 수 없는 문제가 아니다. 그리스도의 사랑에 사로잡힐 때 두려움은 사라진다 (요일 4:18). 그뿐 아니라, 우리의 삶이 예수 그리스도에게 온전히 의탁될 때 두려움은 사라진다 (벧전 3:15). 한 발 더 나아가서 복음의 능력을 진정으로 안다면 두려움 대신 자신감을 가지고 전도할 수 있다 (롬 8:16). 두려움에 상관없이 지상명령에 순종하기로 작정하면 두려움 대신 능력이 주어진다 (눅 24:48). 불신자들이 나 개인을 거부하는 것이 아니라 내가 전하는 메시지를 거부한다는 사실을 인식

59 Leighton Ford, *Good News Is for Sharing* (Elgin, IL: David C. Cook Publishing Co., 1977), 13–14.

60 Richard Sisson, *Training for Evangelism* (Chicago: Moody Press, 1979), 33–34.

할 때 두려움을 이길 수 있다 (요 15:20-21). 무엇보다도 세상의 상태를 이해하면서 (요일 2:15-17) 적절한 훈련을 받을 때 두려움은 없어질 수 있다.

3. 전도의 내용

전도자는 결국 피전도자에게 복음을 전해야 한다. 물론 복음을 전하기까지 많은 기도와 기다림이 있을 수도 있지만, 결국 입을 열어서 복음을 전해야 한다. 피전도자에게 복음의 핵심을 이해하기 쉽게 전달해야 한다. 창조주 하나님에 대하여 전해야 하며, 동시에 그 창조주 하나님을 떠난 인간의 모습과 운명을 알려주어야 한다. 그뿐 아니라, 인간의 운명을 바꾸기 위하여 이 세상에 오신 예수 그리스도를 소개해야 한다. 예수 그리스도가 왜 십자가에서 죽으셨는지, 그리고 어떤 목적을 위하여 다시 부활하셨는지를 알려주어야 한다. 그뿐 아니라, 인간의 책임에 대하여도 전해야 한다.

이런 내용을 성경에 근거하여 차례로 전해주는 것이 전도의 내용이다. 그런데 많은 경우 전도자는 이처럼 간단하면서도 분명한 전도의 내용을 조리 있게 그리고 알기 쉽게 설명하지 못한다. 왜냐하면 전도자의 위치에 있는 사람도 전도의 내용을 체계적으로 배우거나 훈련을 받지 못했기 때문이다. 효과적인 전도를 하기 위하여 전도자는 전도의 내용을 일목요연하게 제시할 수 있어야 한다. 이처럼 교회를 다니며 은혜로 구원의 선물을 받은 사람들, 그러나 복음을 효과적으로 전달하지 못하는 그리스도인들을 위하

여 간단하게 만들어진 전도 내용도 있다.[61]

전도의 핵심을 터득하여 필요할 때마다 그것을 전달하는 것도 중요하다. 그러나 전도자가 간과하지 말아야 하는 것이 있는데, 그것은 현재의 상황을 잘 파악하고 있어야 한다는 사실이다. 다시 말해서, 복음의 내용(text)도 그 내용이 전해지는 상황(context)에 따라 강조점이 바뀔 수 있다는 것이다. 예를 들면, 각종의 질병으로 많은 사람들이 죽어가는 상황에서는 죽음을 강조할 필요가 있다. 그러나 현대의 발달된 의학을 의지하여 대부분의 질병이 치료되는 상황에서는 죽음의 문제가 절실하지 않을 수 있으며, 그런 사람에게 죽음을 강조한다는 것은 효과적인 전도가 아닐 수 있다.[62]

오늘의 문화는 근대주의(modernism)와 포스트모더니즘(postmodernism)의 영향을 받아서 만들어진 혼합된 상황이다. 종교개혁을 전후로 시작된 근대주의는 과학적 발견과 인간의 발전을 토대로 이루어졌다. 그 결과 근대주의자들은 진리에 이르는 궁극적인 방법이 이성적 사고이며, 따라서 논리와 과학이 중요했다. 그러므로 그들은 과학과 논리에 근거한 절대적인 진리를 중요하게 여겼다. 그런 이유 때문에 근대주의의 영향 아래에서 사는 사람들에게 성경은 중요한 전도의 도구였다.[63]

그러나 포스트모던시대에 사는 사람들의 강조점은 많이 다르

---

61 예를 들면, Kennedy의 "전도폭발," Bill Bright의 "4영리" 등이 있다.

62 Donal Soper, "The Setting for Making Christians Today," *Focus on Evangelism,* George Hunter 편집 (Nashville, TN: Discipleship Resources, 1978), 74.

63 Will McRavey Jr., *The Art of Personal Evangelism* (Nashville, TN: Broadman & Holman Publishers, 2003), 116.

다. 그들은 객관적인 사실보다는 개인적인 느낌을 중요하게 여긴
다. 그런 이유 때문에 그들은 어떤 특정한 종교적인 이상이나 가
치관을 가지고 성장하지 않았다. 다시 말하면, 그들은 어떤 문화
에도 종속(從屬)되지 않은 가운데 성장하였다.[64] 이런 사람들의
특징을 이렇게 묘사하기도 한다:

> 그들은 약물의 문화를 통하여, 성적 혁명을 통하여, 학생 데모와 폭동을
> 통하여, 자유분방한 복장을 통하여, 그들 부모 세대의 가치관과 인습을
> 완전히 거부함을 통하여 실험을 반복하였다. 겸손한 사회 풍속은 사라졌
> 으며, 숙녀 앞에서 신사처럼 행동해야 된다는 생각은 웃기는 사고가 되었
> 을 뿐 아니라, 반문화(counterculture)가 증오의 핵심 요소가 되었다.[65]

포스트모더니즘의 사람들은 진리를 절대적인 것으로 받아들
이지 않는다. 그들에게는 모든 것이 상대적일 뿐이다. 따라서 그
들에게 중요한 것은 각자의 견해이다. 그런 이유 때문에 그들에게
중요한 것은 현재의 느낌이다. 그들에게는 그 느낌이 바로 행복의
척도이다. 그들은 그들을 기분 좋게 만드는 그런 행복을 찾아서
방황한다. 그런 까닭에 그들의 행복의 기준은 시간이 지남에 따라
다를 수밖에 없다. 한 때는 옷에서, 그 다음에는 섹스에서, 그 다음
에는 술에서, 그 다음에는 자동차에서, 그리고 그 다음에는 폭력
에서 쾌락을 찾는다.[66]

포스트모던시대에 살고 있는 사람들에게 근대주의의 시대에
살고 있는 사람들에게 복음을 전하듯 전도하면 십중팔구 실패로

---

64 Harry Lee Poe, *Christian Witness in a Postmodern World* (Nashville,
   TN: Abingdon Press, 2001), 47.

65 위의 책, 17.

66 위의 책, 148.

끝날 것이다. 그런 이유 때문에 복음을 전하는 그리스도인은 불변의 진리인 복음을 숙달해야 되는 것도 사실이지만, 복음을 듣는 피전도자가 처한 상황을 십분 고려하여 그들의 문화에 맞는 방법으로 접근해야 한다. 우선 쉽게 생각할 수 있는 것은 포스트모던시대에 살고 있는 사람들은 외로움 속에서 산다. 아무에게도 종속되지 않은 채 개인의 느낌만을 따라 사는 사람들의 경험이다.[67]

포스트모던시대 사람들에게는 영적인 대화를 조심스럽게 열어가야 한다. 예를 들면, 천국과 지옥, 성경, 죽음, 교회, 예수님, 복음의 내용을 가지고 대화를 시작한다면 그것은 실패의 첩경이다. 지적인 사실보다는 감정적인 기쁨을 추구하는 그들에게는 아무런 흥미도 주지 못할 것이다. 그 대신 이렇게 말문을 열 수 있을 것이다: 인생의 의미, 삶의 문제, 그들의 상황, 개인적인 경험담, 관계, 하나님 등. 다시 말해서, 그들이 직면하면서 느끼고 있는 문제를 가지고 대화의 문을 열면 좋은 대화와 관계가 이루어질 것이다.[68]

단적으로 권위를 거부하는 포스트모던시대의 사람들에게 죄와 심판의 주제로 복음을 전한다면 실패할 것은 너무나 분명하다. 왜냐하면 죄의 개념은 하나님의 말씀에 권위를 둔 정죄이며, 더군다나 심판은 두말할 필요도 없다. 물론 관계가 맺어지고 신뢰가 쌓이면, 그 신뢰를 바탕으로 예수 그리스도의 권위를 토대로 말씀을 전할 수 있다. 실제로 그들은 예수 그리스도의 권위를 거부한 적이 없다. 그 이유는 간단하다! 그들은 예수 그리스도에 대한 사실을 듣지 못하고 성장했기 때문이다. 사실은 그들도 가치 있는

---

67 포스트모던시대의 특징과 전도 방법을 위하여, 본서의 제19장 "포스트모던시대의 전도"를 참고하라.

68 McRaney, *The Art of Personal Evangelism*, 127-128.

권위를 찾고 있는 것이다.[69]

여기에서 한 가지 짚고 넘어가야 할 중요한 사실이 있다. 인간이 처한 문화와 상황은 늘 변한다. 그런 까닭에 복음을 전하는 그리스도인은 그 상황에 민감해야 한다. 그러나 근본적으로 인간은 문화와 상황에 상관없이 똑같은 존재이다. 인간은 죽음을 향하여 달려가는 죄인이다. 비록 인간이 많은 다른 곳에서 인생의 의미와 만족을 찾으려 하나 그것은 불가능하다. 그들이 보고 느끼는 것을 통하여 행복을 찾으려하나, 그것도 불가능하다. 그들에게 필요한 것은 영원히 변치 않는 복음이다. 이런 영원불변의 진리 때문에 복음은 지금도 역사하는 것이다.

4. 피전도자

전도자가 준비되어 상황에 맞는 복음을 전한다고 해도, 피전도자가 그 복음을 받아들이지 않으면 아무 소용이 없다. 그런 이유 때문에 전도자는 한편 복음의 내용을 상황에 맞게 전할 수 있어야 하나, 또 한편 피전도자를 알고 그가 받아들일 수 있는 내용을 전해야 한다. 그러나 전도자가 피전도자의 영적 상태를 알지 못한다면, 십중팔구 그가 전하는 복음은 허공을 치는 것처럼 아무런 효과도 없을 것이다. 효과는 커녕 오히려 그런 무지는 복음전도에 크나른 장애가 될 수 있다.

현재 대부분의 피전도자는 너무나 세속화되어 있어서 일반적으로 복음과 교회에 대하여 관심이 없다. 그러나 전도자가 피전도자의 관심사에 접근한다면 피전도자는 전도자의 말에 귀를 기울

---

69 Poe, *Christian Witness*, 75.

일 수도 있을 것이다. 그러므로 전도자는 피전도자의 관심사가 무엇인지 아는 것은 큰 장애를 극복하는 계기가 될 것이다. 현대인은 대부분 세속화의 문화 속에서 삶을 영위한다고 했는데, 그렇다면 세속화된 피전도자의 상태를 알아보는 것이 순서가 될 것이다.

세속화된 사람들은 반(反) 교회주의자들이거나, 교회에는 출석하나 기독교의 가르침과는 전혀 관계없는 명목상의 교인이거나, 아니면 이 세상에 인생의 목적을 둔 물질주의자이다. 결국, 교회와 기독교는 세속적인 사람들에게 아무런 영향력도 행사하지 못하거나 아니면 소위 "지성적"인 교인들을 세상으로 내어 보낸다. 오스 기니스는 세속화가 현대 교회에 이처럼 거센 역풍으로 작용하는 이유를 다음의 네 가지로 기술한다: 첫째, 세속화는 초월에 대한 사고를 차단시키며; 둘째, 세속화는 전통을 중단시키며; 셋째, 세속화는 삶 속에서 신앙의 순결성을 제한시키며; 마지막으로, 세속화는 진리를 천박한 감상으로 전락시킨다.[70]

이처럼 심각하게 세속화의 영향 아래 있는 사람들을 다음과 같이 분류할 수 있다. 첫째 유형의 사람은 교회에 출석하는 사람이다. 그는 주저하지 않고 예수 그리스도를 믿는다고 공언할 뿐 아니라 교회에서 어엿한 직분까지 맡고 있다. 그러나 그의 일상생활에서는 성경의 가르침과 명령을 의식적이건 무의식적이건 무시하며, 또 필요하면 그런 태도를 정당화하는 논리를 전개한다. 그는 중요한 결정을 할 때 근본적으로 하나님의 뜻과 관계없이 한다. 그는 하나님께 순종하지도 않고, 또한 그분으로 하여금 그의

---

70 Os Guiness, "The Impact of Modernization," *Proclaim the Christ until He Comes: Calling the Whole Church to Take the Whole Gospel to the Whole World*, J. D. Douglas 편집 (Minneapolis, MN: World Wide Publication, 1990), 284.

생활을 지배하시도록 맡기지도 않는다. 그의 사고와 생활양식은 그가 속해 있는 전형적인 문화의 산물일 뿐이다. 그는 소위 명목상(名目上)의 교인인 것이다.

둘째 유형의 사람은 교회에 관심이 없는 사람이다. 그는 과거 학창시절 기독교를 배울 기회가 있었거나, 아니면 어렸을 때 교회에 다닌 적이 있을 수도 있다. 그러나 그의 의식 속에는 하나님이 없거나, 있다면 그의 생애와 전혀 무관한 "어떤" 분일뿐이다. 그의 인생관은 전적으로 현세적이어서 주중에는 열심히 일하고, 주말이 되면 가능한대로 즐거운 시간, 쾌락의 시간, 놀러가는 시간, 쉬는 시간을 계획하며 실시한다. 그에게 어려움이 생긴다면 하나님을 찾는 대신 신세와 환경을 탓하는 현세주의자이다.

셋째 유형의 사람은 교회를 반대하며 기회가 있다면 교인들과 논쟁하는 것을 주저하지 않는다. 그의 세계관은 세상과 현재뿐이다. 그는 먹고, 마시고, 즐기는 관능적인 인생을 살아갈 수도 있고, 아니면 한 발 더 나아가서 하나님과 종교를 부인하면서 적극적으로 무신론자적 세계관을 제시할 수도 있다. 그가 더 적극적이라면 기독교인들이나 교회를 논박하는 공언(公言)이나 저술을 시도할 것이다. 이런 사람은 세속적이지는 않지만 무신론자이며, 더 나아가서 유물주의자(唯物主義者)이거나 공산주의자일 수도 있다.[71]

그들은 무엇보다 하나님과 관계를 맺지 못한, 다시 말해서, 영적으로 잃어진 사람들이다. 성경은 이런 사람들을 영적으로 "죽은 자들"이라고 지칭한다. 이들은 하나님을 배제시키는 세상의 습관과 사

---

71 이와 같이 세속화를 다음과 같이 세 가지로 분류할 수 있다: 완전 세속(utter secularity), 단순 세속(mere secularity) 및 통제된 세속(controlled secularity). 이를 위하여 다음을 보라, Martin E. Marty, *The Modern Schism: Three Paths to the Secular* (New York: Harper & Row, Publishers, 1969), 10.

상, 육체와 마음의 정욕 등에 속박되어, 해방 없는 "자유"라는 환상 속에서 짧은 인생을 영위해 나간다. 그 결과 세속화된 사람들은 심층(心層) 깊이에 아무도 그리고 어떤 것도 채워줄 수 없는 진공과 외로움을 안고 살아간다. 그러나 그들은 자신들을 진단할 수 있는 지식도 없고, 그 원인을 분석하고 해결할 수 있는 능력도 지니지 못하고 있다. 자신들의 진정한 필요가 무엇인지 모르면서, 여러 가지 다른 요인들을 통하여 그들의 "상태"에서 벗어나려고 안간힘을 쓴다.

피전도자들이 누리는 세속주의는 복음전파에 지대한 장애가 될 수 있다. 전도자는 그런 장애를 지혜롭게 극복하면서 접근하지 않으면 십중팔구 그들의 전도적 노력은 아무런 결실을 맺지 못할 것이다. 결실은 커녕 오히려 그들로부터 기독교에 대한 더 많은 반발을 일으키거나, 기독교에 대해 더욱 적대감을 가지게 할 수도 있다. 그 결과 기독교와 교회에 호감을 가지고 교회를 다니던 사람들로 기독교를 완전히 등지게 만들 수도 있다. 그런 까닭에 전도자는 피전도자들이 지니고 있는 장애, 곧 어떤 유형의 세속화에 물들어 있는지 알고 거기에 맞게 복음을 전해야 할 것이다.

먼저, 교회에는 열심히 출석하나 성경적인 삶과 전혀 무관하게 살아가는 세속화된 사람들이 가지고 있는 장애를 보자. 이런 사람들은 십중팔구 기독교의 중심 메시지를 별로 들어보지 못했거나, 아니면 들어도 곡해하여 교회 생활을 문화생활 정도로 이해한다. 러셀 헤일은 이런 사람들을 다음과 같이 묘사한다:

....많은 사람들은 그들이 알고 있는 교회와 강단에서 '좋은 소식'보다는 '나쁜 소식'을 더 많이 들었다. 이들 많은 사람들에게 전달되는 단편적인 기독교 메시지는 율법, 도덕, 심판, 거부 등으로 가득한 것이다. 많은 사

람들은 그들이 아직도 죄인일 때 그들을 있는 그대로 받아 주시는 사랑의 하나님에 대하여 결코 들어 본 적이 없다....그들에게 교회에서 들려오는 많은 바벨(Babel)의 음성은 이해할 수 없는 소리에 불과한 것이다.[72]

그러므로 이들 세속화된 사람들에게 접근하려면 비록 높은 수준의 학문이나 지식의 소유자라 할지라도 기독교의 핵심 메시지에 대하여는 무지하다는 사실을 인지(認知)하여야 한다. 그리고 그들에게 기본적이면서도 정확한 성경의 가르침을 전달해야 할 것이다. 특히 하나님과 인간의 관계, 그리스도의 구속과 인간의 반응, 성령의 역사와 경험적 구원, 신앙 공동체의 중요성과 새로운 삶의 방식 등을 명확하게 가르쳐야 할 것이다. 다른 말로 표현하면, 기독교 *케류그마*(kerygma)를 이해할 수 있도록 전달하는 것이 그들의 장애를 극복하는 방법이다.

그 다음, 기독교에는 무관심한 채 현세적인 세계관을 소유한 세속인들의 장애를 극복해야 한다. 먼저, 분명한 사실은 이런 사람들이 교회에 발을 들여 놓지 않으리라는 사실이다. 그러므로 전도자는 그들이 있는 곳으로 찾아가 그들과 접촉하면서 "코이노니아"(koinonia)를 일으켜야 한다. 그리고 그들의 관심사에 진지한 흥미를 보이면서 그들 속으로 끌려 들어가야 한다. 그 결과 상호 신뢰적인 관계가 구축되면, 인생의 본질—인생의 무의미, 인생의 공허, 인생의 무상(無常)—에 대하여 그들의 주의를 환기시킬 수 있을 것이다. 그리고 그들이 이러한 내용에 동의할 때, 그 원인과 해결책을 복음적으로 제시할 수 있을 것이다.

마지막으로, 무신론적 세계관을 자랑하는 세속적인 사람들의

---

72 J. Russell Hale, *The Unchurched: Who They Are and Why They Stay Away* (San Francisco, CA: Harper & Row, Publishers, 1980), 184-185.

장애를 넘어야 한다. 이들은 전도자가 접근하기조차 어려운 사람들이다. 오히려 이들은 그를 찾아서 조롱하고 핍박하기를 주저하지 않는다. 전도자는 그들을 위하여 간절히 기도하며 인내를 가지고 기다릴 수 있어야 한다. 동시에 그들도 인간이기에 스스로 대답할 수 없는 많은 질문이 있다는 사실을 간과해서는 안 된다. 인생의 의미와 목적에 대한 질문, 사후(死後)의 세계에 대한 질문, 신의 존재에 대한 질문, 성경에 대한 질문, 기적에 대한 질문, 예언에 대한 질문, 기독교에 대한 질문…. 그러나 아무런 대답도 없어 보이는 질문들을 그들도 가지고 있는 것이다. 전도자는 이런 정직한 질문들에 논리적으로 변증(辨證)하면서 장애를 극복할 수 있다.

5. 나가면서

전도자는 한편 스스로를 돌아보면서, 또 한편 그가 평소에 갈고 닦은 복음의 내용인 예수 그리스도를 깊이 만나야 한다. 복음을 전하는 자가 복음의 주인공을 잘 알지 못하면 어떻게 그분을 다른 사람들에게 잘 소개할 수 있단 말인가? 그분과 밀접한 교제를 유지하면서, 그리고 그분의 사랑에 흠뻑 젖어서 그분을 다른 사람들에게 소개하자. 그리할 때 많은 장애를 극복하고 예수 그리스도를 힘 있게 전하게 될 것이다.

또 한편 전도자는 피전도자의 입장을 이해하려고 노력하며, 동시에 피전도자가 기독교를 어떻게 이해하고 있는지를 알아야 한다. 특히 세속적인 피전도자의 상태를 성찰하여 적절히 접근해야 한다. 이처럼 중요한 피전도자의 상태를 보다 깊이 알아보기 위하여, 그리고 거기에 따른 방법을 찾아보기 위하여 제2부를 참고할 수 있다.

5

전도자의 자세

1. 들어가면서

전도자의 의미로 사용된 헬라어 단어는 *유앙겔리테스*인데, 신약성경에서는 모두 세 번 나온다.[73] 이 단어가 사용된 정황을 보면 전도자에 관한 중요한 사실을 찾을 수 있다. 첫 번째로 이 단어가 나오는 곳은 에베소서 4장 11절이다: "그가 어떤 사람은 사도로, 어떤 사람은 선지자로, 어떤 사람은 *복음 전하는 자*로, 어떤 사람은 목사와 교사로 삼으셨으니." 두 번째로 이 단어가 나오는 구절은 디모데후서 4장 5절이다: "그러나 너는 모든 일에 신중하여 고난을 받으며 *전도자*의 일을 하며 네 직무를 다하라." 세 번째는 사도행전 21장 8절에서 찾을 수 있다: "이튿날 떠나 가이사랴에 이르러 일곱 집사 중 하나인 *전도자* 빌립의 집에 들어가서 머무르니라."

비록 국어 성경에서는 표현이 약간씩 다른 복음 전하는 자, 전도인 및 전도자로 번역되었으나, 모두 같은 의미로 사용되었다. 첫 번째 *복음 전하는 자*는 부활의 주님이 교회에게 주신 지도자 은사 가운데 하나이다. 이 은사는 사도와 선지자의 반열에서 어떤

---

73 전도자로 사용된 헬라어는 유앙겔리테스(ευαγγελιτης)이다.

특정한 지역교회의 한계를 초월하여 우주적으로 복음을 전하는 특별한 교회의 지도자를 가리킨다. 무디(Dwight L. Moody)나 빌리 그레이엄(Billy Graham)과 같은 전도자가 이 범주에 속한다. 두 번째로 *전도인*은 바울 사도가 구체적으로 목회자인 디모데를 가리킨 칭호이다. 이런 사실은 목회자의 중요한 임무 가운데 하나가 복음을 전하는 것임을 강조한다.

세 번째로 전도자는 집사인 빌립을 가리킨다. 본래 빌립은 최초의 일곱 집사 중 한 사람이었다 (행 6:5). 비록 빌립은 평신도였지만 성령에 사로잡혀서 사마리아의 많은 사람들을 그리스도에게로 인도하였을 뿐 아니라 (행 8:5-8), 에디오피아의 경제장관급에 속하는 사람에게 복음을 전하여 예수님을 구세주로 받아들여 세례를 받게 한 장본인이었다 (행 8:26이하). 이상의 세 사람을 볼 때 전도자는 크게 세 부류인 것 같다. 세계 각처를 다니며 복음을 전하는 우주적교회의 지도자인 전도자, 개교회의 담임목사로서 그에게 맡겨진 영혼들에게 복음을 전하는 전도자, 그리고 평신도 전도자이다. 그러니까 그리스도인들이 어느 그룹에 속하든 상관없이 그들은 모두 전도에 몰입해야 한다.

불신자들에게 복음을 전하여 그들을 구원시키는 것은 주님의 뜻이다. 바로 그 목적을 위하여 예수 그리스도는 이 세상에 오셨고, 십자가에서 죽으셨다가 부활하셨다. 이처럼 기독교의 핵심인 전도 사역에 효과적으로 개입하기 위하여 전도자가 어떤 부류에 속하든 상관없이 다음의 사항에서 적절한 삶을 유지해야 한다: (1) 영적 요소, (2) 인격적 요소, (3) 비인격적 요소.

2. 영적 요소

전도자는 무엇보다도 영적으로 올바른 사람이 되어야 한다. 다른 모든 사역과는 달리 전도는 피전도자의 영원한 운명을 좌우할 만큼 중요하다. 피전도자가 전도자의 전도를 받아들이면, 그는 이 세상에서 하나님과 동행할 뿐 아니라, 내세에서도 하나님과의 교제를 영원히 누리게 된다 (계 21:3). 반면, 피전도자가 전도자의 메시지를 거부하면 그는 이 세상에서도 인생의 목적을 알지 못하고 살다가 내세에서도 하나님을 영원히 떠난 처참한 삶을 살게 된다. 이처럼 전도자는 피전도자의 현재의 삶은 물론 영원을 다루기에 영적으로 올바른 삶을 유지해야 하나님을 잘 소개할 수 있다.

먼저, 전도자는 두 가지 경험을 해야 한다. 첫째 경험은 중생의 경험이고, 둘째 경험은 성령충만의 경험이다. 다른 사람을 그리스도에게로 인도하고자 하는 사람이 물과 성령으로 거듭난 경험이 없다면 (요 3:5), 그의 전도 노력은 장님이 장님을 인도하는 것과 같다 (마 15:14). 실제로 확실히 거듭난 사람은 그가 경험한 것을 혼자 가지고 있지 못한다. 그의 생애가 변화되었음은 물론 그의 인생관과 인생의 목적이 변화되었기에 그는 그런 경험을 아직 하지 못한 사람들에 대하여 측은히 여기며 사랑하는 마음으로 가득하게 된다. 그는 자연스럽게 그의 경험을 주변의 모든 사람에게 나누어 주고 싶어지게 마련이다.

둘째 경험은 성령 충만의 경험이다. 비록 복음전도자가 열심과 성의를 다하여 전도한다 해도 성령의 역사가 없으면 어떤 사람도 거듭날 수 없다. 그런 이유 때문에 중생의 역사를 성령의 역사라고 성경은 분명히 한다 (요 3:5, 8, 딛 3:5). 주님도 제자들에게 전도하기 전에 위로부터 오는 능력을 받아야 된다고 말씀하셨는데, 그 능력은 물론 성령의 충만을 가리킨다 (눅 24:49). 주님은 그런 성령의 권능과 임재를 같은 선상에서 말씀하신 바 있다 (행 1:8). 실제로 예루살렘교회도 성령의 충만을 경험한 후에야 비로소 복음전도에 능력 있게 몰입할 수 있었으며, 또한 많은 열매를 거둘 수 있었다 (행 2:4).

그 다음, 전도자는 하나님을 닮아가야 한다. 다시 말해서, 하나님을 알지 못하는 사람들에게 어떻게 하나님을 소개할 수 있는가? 그 방법은 하나님을 닮아가야 하며, 그래야 그 하나님을 직접적이든 간접적이든 소개할 수 있을 것이다. 그렇다면 어떻게 사람이 하나님을 닮을 수 있는가? 물론 하나님은 거룩하신 분이다. 그러므로 하나님을 닮는다는 것은 그분처럼 거룩해야 된다는 사실을 의미한다. 출애굽을 통하여 하나님을 경험한 이스라엘 백성에게 세계를 향하여 그 하나님을 소개할 권리와 의무가 주어졌다 (출 19:4-6). 어떻게 그런 엄청난 의무를 감당할 수 있는가?

그 방법은 의외로 간단했다! 거룩하신 하나님을 닮아서 그들도 거룩하게 변화되면 되었다. 그런 까닭에 하나님은 이스라엘 백성에게 거듭해서 거룩하라고 강조하셨다. 하나님의 말씀을 직접 들어보자: "나는 너희의 하나님이 되려고 너희를 애굽 땅에서 인도하여 낸 여호와라; 내가 거룩하니 너희도 거룩할지어다" (레 11:45). 그러니까 하나님이 이스라엘 백성을 애굽에서 건져내신 목적은 그들을 거룩하게 하여 그들로 하여금 세계복음화를 담당하게 하려는 것이었다. 마찬가지로, 복음전도자는 하나님의 속성을 닮아서 거룩해야 한다. 그렇게 거룩하게 될 때 주변의 사람들

은 그의 메시지에 귀를 기울일 것이다.[74]

마지막으로, 전도자는 깊은 영성을 유지해야 한다. 물론 영성을 유지하는 방법이 많지만 여기에서는 가장 기본적인 것 두 가지만을 소개하고자 한다. 첫째, 전도자는 성경의 사람이 되어야 한다. 그는 매일 성경을 읽고 묵상할 뿐 아니라, 그 말씀을 일상생활에 적용해야 한다. 그렇게 하나님의 말씀이 온몸과 인격에 깊이 스며들 때, 그는 성령의 칼인 말씀을 자유자재로 사용하여 많은 영혼들을 그리스도 앞으로 인도할 수 있다 (엡 6:17). 물론 전도자는 예화와 경험담도 자유롭게 사용할 수 있다. 그러나 결국 영적으로 죽은 영혼을 살리는 것은 "살아 있고 활력이 있어..." 하나님의 말씀뿐이라는 사실을 명심해야 한다 (히 4:12).

둘째, 전도자는 영성을 유지하기 위하여 기도의 사람이 되어야 한다. 기도하지 않고 성령의 지배를 받을 수 있는 그리스도인은 결코 존재하지 않는다. 기도하지 않고 성령의 충만을 유지할 사람도 없다. 기도하지 않고 온 천하보다 귀한 영혼을 살릴 수 있는 사람도 없다. 기도하지 않고 적절한 사람에게 적절한 때에 적절한 말씀과 예화로 전도할 수 있는 그리스도인도 없다. 왜냐하면 주님의 말씀대로, "말하는 이는 너희가 아니라 너희 속에서 말씀하시는 이 곧 너희 아버지의 성령이시니라" 때문이다 (마 10:20). 매일 말씀을 붙잡고 기도하는 사람만이 능력 있는 전도자가 될 수 있다.

---

74 구령자의 첫 번째 자격이 거룩함이라고 강조한 사람도 있다. 이를 위하여 다음을 보라, Charles Haddon Spurgeon, *The Soul-Winner: How to Lead Souls to the Saviour*, 제6쇄 (Grand Rapids, MI: Wm. B. Eerdmans Publishing Co., 1974), 46이하.

3. 인격적 요소

복음을 전하는 자는 영적으로 갖추어져야 하지만, 동시에 인격적으로도 갖추어져야 한다. 그렇다면 전도자가 갖추어야 할 인격에는 어떤 것이 있는가? 먼저, 전도자는 겸손해야 한다. 겸손은 군계일학(群鷄一鶴), 곧 많은 닭들 가운데 나타난 학과도 같다. 학의 모습이 두드러지는 것처럼, 겸손은 두드러질 수밖에 없다. 그이유는 간단하다! 이 세상에는 진정으로 겸손한 사람이 흔하지 않기 때문이다. 실제로 이 세상에 사는 사람들은 "공중의 권세 잡은 자"를 따른다 (엡 2:2). 그런데 공중의 권세 잡은 자의 가장 두드러진 특징은 교만이다. 그러므로 이 세상 사람들은 교만할 수밖에 없다 (딤전 3:6).

반면, 예수 그리스도를 구세주로 모신 사람들은 그런 교만 대신에 겸손이 그들의 삶에 자리잡기 시작한다. 그 이유도 간단하다! 겸손한 예수 그리스도를 마음속에 모시고 있기 때문이다 (빌 2:5-8). 예수 그리스도는 겸손을 모르는 사람들을 향하여 이렇게 말씀하신 적이 있다: "수고하고 무거운 짐 진 자들아 다 내게로 오라....나는 마음이 온유하고 겸손하니 나의 멍에를 메고 내게 배우라" (마 11:28-29). 겸손하신 예수님이 겸손을 모르는 사람들을 초청하신 내용이다. 다시 말해서 예수님을 믿고 구원을 받으라는 초청이다. 그러나 예수님은 겸손을 토대로 그런 초청을 하셨던 것이다. 그분을 구세주로 소개하는 전도자는 그분처럼 겸손을 토대로 복음을 전해야 한다.

그 다음, 복음을 전하는 자가 두 번째로 갖추어야 될 인격은 사랑이다. 사랑은 기독교의 표지라고 할 수 있는데, 그 이유는 "하나님은 사랑이시기" 때문이다 (요일 4:8, 16). 물론 그 사랑은 인간, 곧 죄인들에 대한 표시이다. 그리고 그런 사랑을 구체적으로 나타내신 분은 역시 예수 그리스도이다. 그분은 사랑의 화신(化身)이 되어 이 세상에 오셨고, 또 사랑의 화신답게 살다가 죽으셨다. 이런 사랑을 경험한 후 다른 사람들에게 그 사랑을 전하고자 하는 전도자는 말과 행실에서 사랑을 갖추어야 한다.

기독교의 사랑은 *아가페* 사랑이다. 다시 말해서, 인간적으로 사랑을 받을 자격이 전혀 없는 사람에게 보여주는 사랑이다. 그런 까닭에 그 사랑은 무조건적이다. 전도자는 사랑을 받을 만하지 못한 죄인들에게 하나님의 사랑을 전해야 한다. 단순히 말로만 전하는 것이 아니라 사랑을 가지고 전해야 한다. 물론 그들의 행실이나 인격은 사랑할 만하지 않다. 그럼에도 불구하고 하나님이 그 전도자를 무조건 사랑하신 것처럼, 그들을 사랑해야 한다. 그들을 위하여 간절히 기도하며 접근할 때, 그런 사랑이 솟아날 것이다. 무엇보다도, 원수까지도 사랑하는 주님의 명령에 조건 없이 순종할 때, 무조건적인 사랑이 솟아날 것이다 (마 5:44).

복음을 전하는 자가 세 번째로 갖추어야 될 인격은 신실함이다. 전도자는 "때를 얻든지 못 얻든지....전도자의 일을" 해야 한다 (딤후 4:2-5). 다른 말로 바꾸면, 전도자는 기회가 주어지는 대로 전도해야 한다. 그는 언제나 입을 열어서 사랑 없는 사람들에게 사랑을, 소망 없는 사람들에게 소망을 전해 주어야 한다. 베드로도 이렇게 권면한다, "너희 마음에 그리스도를 주로 삼아 거룩하게 하고, 너희 속에 있는 소망에 관한 이유를 묻는 자에게는 대답할 것을 항상 준비하되 온유와 두려움으로 하고" (벧전 3:15). 전도자는 그에게 부여된 전도의 사명과 은사에 신실해야 한다 (고전

9:17).

　전도자는 많은 유혹에 직면할 수밖에 없는 삶을 산다. 그 가운데 가장 큰 유혹은 바로 전도를 쉬고 싶은 욕구이다. 피곤하고 지쳐서 쉬고 싶을 수도 있다. 그만큼 전도했으니 이제는 후배에게 물려주고 싶을 수도 있다. 목회에 너무 바빠서 전도는 평신도에게 맡기고 싶을 수도 있다. 너무 유명한 인사가 되었기에 전도할 시간이 없다고 할 수도 있다. 그러나 어떤 이유에서든 전도를 하지 않는 것은 이미 유혹에 넘어간 것을 의미한다. 바울 사도의 간증을 들어보자, "내가 복음을 전할지라도 자랑할 것이 없음은 내가 부득불 할 일임이라. 만일 복음을 전하지 아니하면 내게 화가 있을 것이로다"(고전 9:16). 바울이 이처럼 복음전파에 신실한 것처럼, 모든 전도자도 신실해야 한다.

4. 비인격적 요소

　복음을 전하는 자는 영적으로나 인격적으로나 일정한 자격을 갖추어야 한다. 그런데 한발 더 나아가서 그는 비인격적인 요소에서도 갖추어야 될 것이 있다. 먼저, 그는 물질적인 것들을 다루는 문제에서도 인격적이어야 한다. 얼마나 많은 전도자들이 처음에는 능력 있게 시작했다가 물질과 명예와 이성의 문제에 휘말려 성령의 능력을 상실했는가! 하나님은 특히 전도자를 사랑하시기에 전도자와 동행하면서 그 메시지에 기름을 부어주신다. 자연적으로 많은 영혼들이 그들의 메시지에 감동을 받고 구원을 경험하게 된다. 그러면서 물질과 명예와 이성이라는 유혹의 물결이 넘실거리며 다가 올 수도 있다.

복음을 전하는 자는 그 복음의 위력 때문에, 그리고 그 복음의 결실 때문에 모든 유혹의 물결을 헤쳐 나가야 한다. 물질이라는 무거운 물결을 붙잡으면 전도자는 물속으로 가라앉는다. 명예라는 번뜩이는 물결에 휩싸이면 전도자는 물결에 따라 흐느적거리는 나뭇잎과 같이 된다. 이성이라는 찰락거리는 물결에 사로잡히면 그는 엎치락뒤치락하면서 살게 될 것이다. 마치 삼손이 블레셋 여인에 빠져서 능력을 잃은 것처럼 말이다 (삿 16:19). 전도자는 그의 고귀한 사명을 마치는 날까지 비인격적인 요소에 말려들어가지 말고, "믿음의 주요 또 온전하게 하시는 이인 예수를 바라보면서" 그리고 기쁨의 재회를 기다리면서 복음을 전하는 일에 매진해야 한다 (히 12:2).

그 다음, 복음을 전하는 자가 극복해야 될 두 번째 비인격적인 요소는 메시지와 연관된 것이다. 일반적으로 전도의 메시지는 그 내용이 단순한 것으로 여겨진다. 그뿐 아니라 전도자는 늘 새로운 피전도자를 만나게 된다. 이 두 가지 사실, 곧 단순한 메시지와 새로운 피전도자는 엄청난 함정이 될 수 있다. 많은 전도자는 그가 잘 사용하는 몇 가지 메시지만 있으면 된다고 생각할 수 있다. 실제로 많은 경우 그것도 사실이다. 그런 이유 때문에 전도자는 메시지의 개발에 게을러질 수 있다. 그는 몇 가지 메시지에 의존하면서 전도하는 얄팍한 전도자로 전락할 수 있다.

전도자는 끊임없이 새로운 메시지를 개발하는데 심혈을 기울여야 한다. 실제로 복음의 메시지는 신구약 성경 전체에서 찾을 수 있다. 그는 성경 구석구석에서 예수 그리스도의 모습을 찾아내야 하고, 하나님의 사랑을 발견해야 한다. 그의 메시지는 갈수록 심오하며 새로워야 한다. 물론 그 말은 메시지를 어렵게 전하라는 의미가 아니다. 단순하게 전하지만 심오한 내용이어야 하고, 늘 듣는 복음이지만 신선해야 한다. 그리할 때 하나님은 그 전도자를 계속해서 깊게 그리고 넓게 사용하실 것이다. 그렇지 않으면 찰락거리는 물결처럼 흐느적거리다 사라지는 전도자가 될 것이다.

그리고, 복음을 전하는 자가 극복해야 될 세 번째 비인격적인 요소는 정직과 연관된 것이다. 전도자는 하나님 앞에서 투명한 삶을 영위해야 할 뿐 아니라, 사람 앞에서 그리고 자신 앞에서 투명한 삶을 영위해야 한다. 전도자는 재정 문제에서도 투명해야 한다. 그는 금전을 사용할 때는 물론 보고할 때도 정직하게 해야 한다. 금전의 노예가 되면 그는 더 이상 하나님을 섬기는 종이 아니다. 그런 이유 때문에 주님은 분명히 말씀하셨다, "한 사람이 두 주인을 섬기지 못할 것이니, 혹 이를 미워하고 저를 사랑하거나, 혹 이를 중히 여기고 저를 경히 여김이라: 너희가 하나님과 재물을 겸하여 섬기지 못하느니라" (마 6:24).

전도자는 끊임없이 자신의 업적을 과시하려는 약점을 가지고 있다. 그는 종종 간증하면서 전도의 역사를 부풀리고 싶어 한다. 그의 전도를 통하여 예수 그리스도를 믿고 영접한 사람의 숫자를 실제보다 많게 보고할 수도 있다. 그의 전도 사역을 통하여 기적이 일어난 사건을 확대해서 묘사할 수도 있다. 이런 것들은 전도자를 연약하게 만드는 비인격적인 요소이다. 이런 약점을 극복하지 못하면 그는 이중인격자로 전락하게 된다. 거룩한 하나님의 영은 그런 전도자를 마음껏 사용하지 않으실 것이다. 진정으로 전도자가 하나님의 영광을 위하여 전도한다면, 하나님은 그의 역량에

제2부

동참(presence: P-1)

6장 동참의 의의(significance)

7장 접촉(contact)

8장 불신자의 필요(felt-needs)

9장 의사소통(communication)

10장 변증론(apologetics)

복음을 불신자들에게 전하기 위해서는 필연적으로 그들을 만나야 한다. 만남이 없다면 대화 자체가 성립되지 않기 때문이다. 그런데 처음 만나는 불신자들에게 복음을 전한다면 그들의 반응은 어떨까? 대부분의 경우 그들은 복음을 거부할 것이다. 그 이유는 간단하다! 처음 만나는 사람의 말을 믿을 수 없기 때문이다. 그런 이유 때문에 즉흥적인 전도는 십중팔구 실패할 수밖에 없다.

그러면 불신자들이 복음에 귀를 기울이게 할 수 있는 방법이라도 있단 말인가? 물론 있다! 그들이 복음 전하는 자를 신뢰하게 만들면 될 것이다. 왜냐하면 그런 신뢰를 바탕으로 복음을 전하면, 그들이 신뢰하는 사람의 입에서 나오는 말이기 때문에 귀를 기울여 들을 것이기 때문이다. 그렇다면 어떻게 그들의 신뢰를 얻을 수 있는가? 그 방법은 예수 그리스도의 생애에서 배울 수 있다.

그분은 인간을 구원하기 위하여 인간으로부터 신뢰를 구축(構築)하셨다. 신뢰를 구축하기 위하여 그분은 먼저 인간이 사는 세상으로 들어오셨다. 이것을 가리켜 성육신(成肉身)이라고 하고, 영어로는 *incarnation*이라고도 한다. 다시 말해서, 하나님의 아들인 그분이 인간의 육체를 입고 인간 속으로 들어오셨다는 말이다. 그분은 인간 속에서 무엇을 하셨는가? 그분은 인간의 희로애락

(喜怒哀樂), 곧 인간의 기쁨과 분노, 슬픔과 기쁨을 인간과 함께 맛보셨다.

이런 성육신을 성경은 이렇게 간략하게 묘사한다, "말씀이 육신이 되어 우리 가운데 거하시매...."(요 1:14). 이렇게 성육신하신 예수 그리스도는 시시때때로 인간의 아픔을 나누시면서 그들을 치료해주셨다. 때로는 귀신들린 사람들의 문제도 해결해주셨다. 또 어떤 때는 사람들의 배고픔도 해결해주셨다. 사람들이 환경의 어려움에 휩싸여서 어쩔 줄 모를 때 그들을 찾아가셔서 그들의 어려움을 해결해주셨다 (마 14:32).

예수님은 이처럼 여러 가지 방법으로 사람들이 신뢰할 수 있는 친구가 되어주셨다. 그리고 그들에게 복음을 제시하시자 많은 사람들이 적극적으로 반응하였다. 실례를 하나 들면, 결혼 잔치에 포도주가 떨어져 주인이 난감하게 되자, 그분은 물을 포도주로 만들어서 그 주인의 어려움을 해결해주셨다 (요 2:11). 그리고 나서 당신의 죽음과 부활을 전해주시자 많은 사람들이 그분을 믿었다 (요 2:22-23).

복음을 전하는 자도 이런 예수님의 생애와 사역에서 전도하는 비결을 배워야 한다. 그 비결은 사람들 속에 들어가서 그들로부터 신뢰를 구축하는 것이다. 신뢰를 구축하는 방법은 그들의 아픔, 그들의 슬픔, 그들의 필요, 그들의 고통을 한편 이해하고 함께 하면서, 또 한편 가능한 한 그들의 문제를 해결해주어야 한다. 그렇게 할 때 전도자는 그들로부터 신뢰를 얻게 되어, 복음을 전할 수 있게 된다. 이런 방법을 성육신의 방법(incarnational method)이라고 한다.

6
동참의 의의

1. 들어가면서

사람들 속에 들어가서 그들과 함께 지내면서, 그들의 눈물을 나의 눈물로, 그리고 그들의 기쁨을 나의 기쁨으로 삼는 것을 동참 또는 참여라고 한다 (롬 12:15). 이미 전도의 정의에서 서술한 것처럼, 전도에는 동참(presence), 선포(proclamation) 및 설득(persuasion)이 있다. 물론 동참 자체는 전도가 아니나, 위에서 언급한 것처럼 동참이 없는 선포는 거의 향방 없이 달리는 것과 같고, 권투 시합에서 허공을 치는 것과 같다 (고전 9:26).

그러니까 동참은 전도 이전의 전도(pre-evangelism)라고 할 수 있다. 복음전도의 목적을 가지고 사람들 속에 들어가서 한편 그들의 아픔을 듣고, 그들의 필요도 채워주는 등 그들과 함께 삶을 나누는 것이다. 그러나 결국엔 신뢰를 쌓은 후 반드시 입을 열어서 예수 그리스도의 대속적 죽음과 부활을 전해야만 한다. 왜냐하면 아무리 삶이 훌륭해도 그런 삶 자체는 복음이 아니기 때문이다. 복음은 말할 필요도 없이 선포이다.

이렇게 복음을 성공적으로 선포한 결과 불신자가 결신을 하면, 그를 갓난아이처럼 정성을 기울여 돌보면서 잘 성장하도록 도와 주어야 한다. 그것을 전도 후의 전도(post-evangelism)라고 할 수 있다. 그러므로 이 세 가지를 한꺼번에 도열(圖列)하면 다음과 같이 될 것이다:

pre-evangelism ⟶ evangelism ⟶ post-evangelism

여기에서 pre-evangelism이라는 표현은 다른 말로 하면 준비(preparation)에 해당되며, post-evangelism은 설득(persuasion)에 해당된다. 위의 도열에서 복음전도에 가장 핵심이 되는 것은 두말할 필요도 없이 선포이다. 그러나 이미 언급한대로, 적절한 준비 내지 동참을 통하여 신뢰를 쌓지 못하면 귀중한 복음을 듣는 청중을 잃게 될 것이다. 반면, 성공적인 선포 후에 적절한 설득이 없다면, 그것은 갓난아기를 낳은 후 내버려두는 것과 같다.

2. 동참의 성경적 실재

그러면 동참의 개념은 성경의 가르침과는 아무런 관련도 없는 인위적인 방법인가? 물론 그렇지 않다! 성경 전체에서 동참은 도도히 흐르는 강물처럼 여기저기에서 찾을 수 있다. 첫 번째, 하나님이 첫 인간을 창조하셨을 때를 보자. 하나님은 그 인간 속에 동참하시기 위하여 당신의 영을 주셨다. 직접 하나님의 말씀을 들어보자, "여호와 하나님이 땅의 흙으로 사람을 지으시고, 생기를 그 코에 불어넣으시니 사람이 생령이 되니라" (창 2:7).

왜 하나님은 흙으로 몸을 만드신 후 코를 통하여 당신의 영을 불어넣어주셨는가? 물론 그 인간 속에 들어와서 그와 동행동사

(同行同事)하시기 위함이었다. 이것만큼 깊은 관계와 밀접한 교제는 달리 찾을 수 없다. 창조주 하나님은 처음부터 인간 속에 동참하시면서 인간과 대화하시고, 인간과 사랑을 나누셨다. 실제로 이처럼 밀착된 교제는 인간 속에 내주(內住)하면서 인간과 함께 하는 동참이며, 이런 교제를 통하여 동참의 원리를 찾을 수 있는 것이다.

두 번째로 하나님의 임재에서 동참의 원리를 찾을 수 있다. 하나님은 모세를 통하여 성막을 지으라고 하셨는데, 그 이유는 이스라엘 백성 가운데 임하기 위함이셨다. 그런 하나님의 마음이 표현된 곳을 직접 찾아보자, "거기서 내가 너와 만나고, 속죄소 위 곧 증거궤 위에 있는 두 그룹 사이에서 내가 이스라엘 자손을 위하여 네게 명령할 모든 일을 네게 이르리라"(출 25:22). 이 말씀에 의하면, 먼저 증거궤 위에 임하시겠다는 것이다.

이런 임재를 히브리어로 *쉐키나*(שְׁכִינָה)라고 하는데, 하나님의 임재는 문자 그대로 이스라엘 백성 가운데 임하신 대역사였다 (출 40:34-35). 이와 같은 하나님의 특별한 임재는 모세 때에만 나타난 것이 아니었다. 솔로몬이 성전을 완성하고 번제를 드릴 때도 하나님의 영광이 그 성전에 충만하게 임하셨다 (대하 7:1-2). 그뿐 아니라, 선지자 이사야에게도 영광 중에 임하셔서 그를 깨끗하게 하실 뿐 아니라 크나큰 사명도 주셨다 (사 6:3).

세 번째로 하나님의 임재는 출애굽기 3장에서 자신의 이름을 모세에게 알려주실 때였다. 하나님은 그분의 이름을 묻는 모세에게 이렇게 대답하셨다, "나는 스스로 있는 자이니라"(출 3:14). 여기에서 "스스로 있는 자"는 쉽게 풀이하면 "함께 하는 자," "동참하는 자," "참여하는 자" 등이 될 수 있다. 그분은 먼저 모세에게 임하시고, 그 후 이스라엘 백성에게 임하시어 그들을 애굽에서 건져내시겠다는 것이다. 그것으로 끝이 아니라, 그들과 동행하시겠다는 것이다.[1]

넷째로 하나님의 임재는 시편 139편에서 너무나 잘 드러난다. 그 말씀을 직접 읽자: "내가 주의 영을 떠나 어디로 가며 주의 앞에서 어디로 피하리이까? 내가 하늘에 올라갈지라도 거기 계시며, 스올에 내 자리를 펼지라도 거기 계시니이다. 내가 새벽 날개를 치며 바다 끝에 가서 거주할지라도 거기서도 주의 손이 나를 인도하시며 주의 오른손이 나를 붙드시리이다. 내가 혹시 말하기를 흑암이 반드시 나를 덮고 나를 두른 빛은 밤이 되리라 할지라도, 주에게서는 흑암이 숨기지 못하며 밤이 낮과 같이 비추이나니 주에게는 흑암과 빛이 같음이니이다"(7-12).

다섯째로 하나님의 임재는 위에서 잠간 언급한대로 요한복음 1장 14절에서 나타난다. 그 말씀을 다시 인용해보자, "말씀이 육신이 되어 우리 가운데 거하시매, 우리가 그의 영광을 보니 아버지의 독생자의 영광이요 은혜와 진리가 충만하더라." 이 구절에서 "거하시매"는 헬라어 성경에 의하면 "성막이 되셨다"의 의미를 가지고 있다.[2] 그러니까 예수님이 성육신하신 것은 출애굽기 25장 22절의 실현으로써, 이스라엘 백성뿐 아니라, 온 인류에 동참하시겠다는 것이다.

---

1 David Gitari, "Theologies of Presence, Dialogue, and Proclamation," J. D. Douglas 편집, *Let the Earth Hear His Voice*, 1116.

2 "성막"은 스케노스(σκῆνοσ)이나, "성막에 거하다"는 스케누(σκηνόω)이다. 이런 의미를 위하여 다음을 보라, James Strong, *Strong's Exhaustive Concordance of the Bible.* 제36쇄 (Nashville, TN: Abingdon Press), 1977. 제목, "καταρτιζω."

이와 같이 주님이 인간 속에 들어오신 까닭은 종국적으로 인간의 구원을 위한 것이었다. 그러나 그 구원의 메시지를 효율적으로 선포하기 위하여 주님은 먼저 성육신하셔서 인간의 일상생활에 동참하셨다. 단순한 동참이 아니라 그들의 생활에 깊이 관여하시면서 동참하셨다. 그 결과 그분은 많은 믿는 자들을 얻으셨을 뿐 아니라, 그분을 따르는 제자들을 통하여 세계 복음화에 박차를 가하셨다.

이런 동참의 사역은 세계기독학생회총연맹(World Student Christian Federation)이 제시한 선언문에 잘 나타나 있다. 그 선언문을 인용해 보자:

> 우리는 '동참'(presence)이란 단어를 사용하는데, 그 목적은 그리스도의 이름으로 거기에 −종종 무명으로− 존재하려는 모험을 기술하기 위하여, 우리가 말하기 전에 그들의 말을 듣기 위하여 사용하는데, 바라기는 그 결과 사람들이 그들이 있는 곳에서 예수를 있는 그대로 인정하고, 모든 비인간화에 대한 치열한 싸움에 가담하면서, 마귀의 권세에 대항할 준비를 하면서, 그리고 버림받은 사람들과 연합하며, 현대판 우상과 새로운 신화를 무자비하게 비난하면서 말이다. 우리가 '동참'을 말할 때 우리는 우리를 두렵게 하는 것들 가운데로 들어가야 한다는 것을 의미한다. 일단 우리가 거기에 들어가면, 기회가 주어지는 대로 용감무쌍하게 그리스도를 증언해야 한다; 그러나 우리는 잠잠해야 할 때도 있을 것이다. 우리에게 동참이란 "우리의 사회라는 구체적인 구조 속으로 들어가는 것을 의미한다." 그것은 우선권의 문제이다. 우리는 우리의 임무를 분명히 보기 전에 먼저 거기로 들어가야만 한다. 그 단어의 다른 의미는 동참이 증거보다 앞서가야 한다. 어떤 의미에서, 동참 자체가 증거이다.[3]

---

3 세계기독교학생총연맹이 제시한 선언문을 Gitari, "Theologies of Presence, Dialogue, and Proclamation," 1116−1117에서 재인용함.

물론 동참에 대한 비평도 없지 않지만,[4] 그래도 복음을 효과적으로 선포하기 위하여 동참의 필요는 너무나 중요하다. 역사적으로 볼 때, 동참은 오랫동안 진보적인 신학을 견지하는 사람들의 전유물처럼 여겨 졌었다. 그러나 1974년 로잔대회에서 포괄적인 전도의 정의를 내리면서 "동참"을 선포 앞에 있어야 할 주요한 사역으로 받아들였다. 그때부터 "동참"은 복음주의의 입장에 있는 신학자들과 전도자들에게도 중요한 전도 사역의 일부로 여겨졌다.

3. 대화(dialogue)

불신자들 가운데 존재하면서 삶을 나누며 그들의 입장으로 들어가는 것이 동참이라고 했다. 그런 과정에서 필연적으로 "나와 너"의 만남이 일어나며, 그 만남에는 반드시 대화가 있게 마련이다. 그 대화는 일상생활에 관한 것이든, 아니면 이념이나 종교에 관한 것이든 자연스럽게 일어난다. 그리고 대화를 통하여 인생의 공통점도 발견하고, 또 상호간의 다른 점도 발견하게 된다. 결국 대화를 통하여 얻는 것이 여러 가지로 많을 수밖에 없다.

그런데 다른 종교를 가진 사람들과 대화하는 것이 과연 성경적이며 복음적인가 하는 질문이 있었던 것도 사실이다. 그런 질문의 직접적인 원인은 그동안 진보적인 신학자들이 대화를 중요한 선교의 도구로 사용하였기 때문이다. 그에 반하여 복음적인 신학자들 사이에서도 일방적인 복음의 선포만이 복음이라는 주장이 너무 폐쇄적일 뿐 아니라, 오히려 전도의 장을 축소시킨다는 사실이

---

4 "동참"에 대한 여러 가지 비평을 보려거든, 위의 책, 1117-1118을 보라.

강하게 대두되었다.

복음적인 신학자들과 전도자들의 국제대회인 1974년 로 잔대회는 그동안 두 진영 사이에 있었던 갈등을 극복한 중요 한 계기가 되었다. 그 대회에서 처음으로 전도와 선교에서 대 화의 중요성이 공인되었던 것이다. 그 목적을 위하여 그 대회 는 "대화"의 제목을 삽입함으로 복음주의 자들의 변화된 자세 를 보여주었다.[5] 그 이후 복음을 전함에 있어서 "대화"의 중요성 도 전도 이전의 전도(pre-evangelism)로 부각되었다.

(1) 대화의 필요

로잔대회에서 제기된 대화의 필요는 세 가지였는데, 첫째는 그 리스도인들은 더 이상 그들끼리만 사는 것이 아니라, 다른 종교를 가진 사람들과 섞여 살고 있기 때문이다. 다시 말해서, 현대는 종 교다원론적인 사회라는 사실이다. 어차피 공존(共存)해야 되는 상황에서 서로를 이해하고, 또 서로의 다른 점을 부각시키는 것은 중요한 과제이다. 그런 공존을 가능하게 하는 방법 중 하나가 바 로 대화라는 사실이다.

두 번째 대화가 필요한 이유는 타종교와의 대화를 통하여 교 회가 갱신을 경험할 수 있기 때문이다. 타종교와의 대화를 통하여 기독교의 장점이 부각될 수 있으며, 따라서 그 대화에 동참한 사 람들은 기독교에 대한 확신을 더욱 깊게 할 수 있다. 대화를 통하 여 장점만 부각되는 것이 아니라, 타종교가 그 사회와 문화에 적 응하여 뿌리를 내린 사실들도 볼 수 있다. 그렇게 깨달은 사실들

---

5 위의 책.

을 기독교에 적용시키면서 교회의 갱신에 이바지 할 수 있다.

세 번째 대화가 필요한 이유는 다른 문화권에 있는 타종교와 대화를 통하여 우주적(宇宙的)교회에게 유익을 가져오기 때문이다. 지금까지 북미의 문화와 전통에 맞춰서 해석된 복음이 다른 문화와 전통에 맞춰 해석됨으로 그 영역을 넓혔다. 그렇게 영역이 넓혀진 예수 그리스도의 복음은 빠른 기술과 여행 때문에 세계로 확산되어 왔다. 그 결과 전 세계에 산재해 있는 거의 모든 교회에게 유익이 되었다.[6]

(2) 대화의 신학적 이유

오랫동안 "대화"의 필요를 주창한 어느 학자는 그 신학적 이유를 세 가지로 들었다. 첫 번째 신학적 이유는 역시 성육신에서 찾을 수 있다. 그의 말을 직접 인용하자: "하나님이 예수 그리스도 안에서 모든 종교와 모든 나이의 사람들과 관계를 맺기 위하여 오셔서, 구원의 기쁜 소식을 제공하신다. 성육신은 사람들과 하나님의 대화이다. 그러므로 하나님과 대화한다는 것은 우리와 우리의 친구들 가운데서 계속되는 하나님의 역사이다."[7]

대화가 필요한 두 번째 신학적 이유는 신앙공동체 때문이다. 복음을 듣고 새로운 피조물이 된 사람들은 필연적으로 신앙공동체에 소속된다. 이처럼 새로운 신앙공동체에 소속된 사람들은 다른 불신자들도 그 공동체에 들어와서 죄의 용서와 화해의

---

6 위의 책, 1119-1120.

7 S. J. Samartha, "Dialogue as a Continuing Christian Concern," Gerald H. Anderson과 Thomas F. Stransky 편집, *Mission Trends,* 제1권 (Grand Rapids, MI: Wm. B. Eerdmans Publishing Co., 1974), 257.

경험을 할 수 있도록 대화해야 한다. 그런데 그런 신앙공동체는 지역교회이다. 그런 까닭에 지역교회를 중심으로 사랑과 자유를 누리며, 또 대화를 통하여 그 누림의 영역을 넓혀야 한다.

대화가 필요한 세 번째 신학적 이유는 성령이 우리를 모든 진리로 인도하신다는 예수 그리스도의 약속 때문이다. 그런데 성경적인 진리는 명제(命題)에 국한되지 않고 언제나 관계로 연장된다. 그런 이유 때문에 성경적인 진리는 다른 사람들과 고립되어서 전해지는 것이 아니라, 그들과 대면해서 대화를 통하여 전해진다. 그런 까닭에 대화는 진리 추구에 대한 주요한 수단이 될 수 있다.[8]

(3) 대화의 성경적 근거

대화라는 단어는 성경에서 찾을 수 없으나, 그래도 신약성경에는 대화의 장이 곳곳에 나온다. 어느 날 밤 니고데모가 예수님을 찾아왔을 경우를 생각해 보라. 얼마나 오랜 시간을 할애하면서 얼마나 진지한 대화를 나누었는가? 그런데 처음에는 이 대화를 주도한 사람은 예수님이 아니라 니고데모였다. 예수님은 먼저 그의 말을 경청하시면서, 그가 거듭나지 않았다는 사실을 직시하시고, 그에게 거듭남의 진리를 전하셨다.[9]

공관복음서에서도 대화의 장은 많이 기재되어 있다. 예수님은 다양한 사람들과 대화를 나누셨는데, 어떤 때는 바리새인들과 서기관들과, 어떤 때는 율법사들과 죄인들과, 어떤 때는 부자와 가난한 자와 각각 대화하셨다. 그분이 대화하신 궁극적인 목적은 그

---

8 위의 책, 257-258.

9 예수님과 니고데모의 대화와 복음 제시를 자세히 보려면 다음을 참고하라, 홍성철, 『성령으로 난 사람』 (서울: 도서출판 세복, 2009), 102이하.

들로 하여금 복음을 깨닫게 하는 것이었다. 대화의 방법도 여러 가지였는데, 어떤 때는 비유로, 또 어떤 때는 예화를 사용하셨다.

사도행전에 의하면, 예수님의 제자들도 그들의 주님의 본을 따라서 종종 대화를 깊이 나눈 것을 볼 수 있다. 요한과 베드로가 산헤드린과 나눈 격렬한 대화, 빌립이 구스 사람과 나눈 복음적 대화, 바울이 에피쿠로스와 스토아 철학자들과 나눈 대화 등이 있다. 그런데 이들의 대화는 처음에는 듣는 사람의 입장에서 시작했으나, 결론은 거의 예외 없이 예수 그리스도의 죽음과 부활이었다. 왜냐하면 그분이 모든 대화와 전도의 종착역이시였기 때문이다.

(4) 대화의 자세

대화를 방해하는 요소들은 얼마든지 찾을 수 있다. 그러나 무엇보다도 다른 사람들 내지 타종교를 경시하는 자세는 대화를 방해한다. 뿐만 아니라 고자세 또는 우월감을 갖고 있으면 진정한 의미에서 대화는 성립되지 않는다. 의미 있는 대화가 이루어지기 위해서는 서로가 확실히 의지하는 신앙도 있어야 하나, 각자를 낮추고 상대방의 이야기를 진솔하게 들을 자세도 있어야 한다.

대화에는 받아들일 만한 자세도 있고 받아들일 수 없는 자세도 있다. 후자(後者)에는 두 가지가 있는데, 하나는 상대방의 종교를 무조건 반대하거나 공격하는 자세이다. 또 하나는 대화를 위한 대화로써 기독교 대화자의 신앙의 일부를 양보하는 자세이다. 물론 다른 사람들을 공격하면서 대화가 이루어질 수 없다는 것은 너무나 분명하다. 그러나 동시에 대화를 성립시키기 위하여 나의 신앙을 양보한다면 그것도 진정한 대화의 자세가 아니다.

전자(前者), 곧 받아들일 수 있는 대화는 마음을 여는 대화, 공통 화제로 시작하는 대화 및 차이점을 대조하는 대화가 있다. 어떤 종교를 갖든 인간의 밑바닥에는 공통점이 있는데, 곧 인생의 목적, 죄의식, 죽음에 대한 두려움 등이 있다. 이런 문제들을 가지고 마음을 열기도 하고, 또 공통 화제로 삼는다면 대화는 물 흐르듯 흘러갈 것이다. 차이점을 통한 대화는 조심스럽게 접근한다면 좋은 대화의 장이 될 수도 있다.[10]

4. 나가면서

전도를 통하여 잃어버린 영혼을 구원하는 일은 너무나 중요하다. 너무나 중요하기 때문에 그리스도인은 모든 오해와 박해까지 감수하면서 불신자들 속에 들어가야 한다. 그들에게 다른 삶을 보여주고, 또 다른 인생의 목적도 보여주어야 한다. 그러면서 그들로 하여금 그리스도인에게 접근하여 그 "다름"의 이유를 묻게 해야 한다. 불신자들이 그렇게 접근해 올 때 그리스도인의 동참은 가치 있는 희생이 되는 셈이다.

그리스도인은 그들을 깔보거나 무시하지 말고 대해야 한다. 오히려 그들을 하나님의 형상으로 창조된 존귀한 사람들로 여기고 대해야 한다. 그리스도인은 그리스도가 주시는 구원을 경험한 사람이나, 불신자들은 하나님에 의해서 창조된 사람들이다. 그러므

---

10 수용할 수 없는 대화법-정면 접근법과 악수 접근법-과 수용할 수 있는 대화법-마음 대 마음의 접근법, 접촉점 접근법 및 대조 접근법-에 대하여 자세히 알려면 다음을 보라, John T. Seamands, *Tell It Well: Communicating the Gospel across Cultures,* 제2판 2쇄, 홍성철 번역 (서울: 도서출판 세복, 2004), 105이하.

로 그들도 하나님의 피조물이란 자격을 가지고 있다. 그런 이유 때문에 구원받은 그리스도인은 하나님의 피조물인 불신자의 존엄성을 인정하고 겸손한 대화를 시도해야 한다.[11]

---

11 그리스도인은 구속의 교훈을 갖는 구속의 형제들이나, 불신자는 창조의 교훈을 갖는 창조의 형제들이다. 그런 이유 때문에 그들과 같은 입장에서 대화할 수 있다. 이를 위하여 다음을 보라, Paul S. Rees, "Evangelism and Social Concern," *One Race, One Gospel, One Task*, 308.

7
접촉(contact)

1. 들어가면서

그리스도인이 복음을 불신자들에게 전하려고 할 때 접촉이 일어나지 않으면 결코 전도를 할 수 없다. 우선 접촉이 있어야 대화를 나눌 수 있다. 그리고 대화를 나누어야 불신자들과 관계를 구축할 수 있다. 다행히 신뢰할 수 있는 관계가 구축된다면 그들은 그리스도인의 말에 귀를 기울일 것이다. 그리스도인을 신뢰하기에 그에게서 나오는 말도 신뢰할 수 있다고 여기기 때문이다.

그런데 그리스도인과 불신자들 사이의 접촉이 가능한 근본적인 이유가 있다. 그 근본적인 이유는 먼저 하나님에게서 찾을 수 있다. 하나님은 방향 감각을 잃고 헤매는 불신자들을 접촉하기를 원하시기 때문이다. 그들과 접촉점을 마련하기 위하여 그들이 살고 있는 세상으로 오셨기 때문이다 (요 1:14). 이런 하나님의 마음은 강력하고도 초지일관(初志一貫)이다. 그렇지 않다면 그처럼 오랫동안 그 성육신을 예고하지 않으셨을 것이다 (창 3:15, 사 7:14, 미 5:2).

접촉이 근본적으로 가능한 그 다음의 이유가 있다. 그것은 하나님을 추구하는 인간의 마음 때문이다. 왜 인간은 하나님을 추구하려고 하는가? 그 이유는 간단하다! 인간은 무의식과 양심의 소리가 있기 때문이다. 그 소리는 물론 절대자 하나님을 찾고자 하는 절규이다. 그에게 시시때때로 닥쳐오는 모든 문제 뒤에는 절대자를 떠난 근본적인 문제 때문에 일어난다는 의식이 마음 속 깊이에 자리잡고 있다. 절대자를 향한 그의 추구가 바로 접촉을 가능하게 한다[12]

2. 접촉과 복음전도

그리스도인이 불신자들의 세계에 들어가서 함께 삶을 나누면 자연스럽게 그들과 접촉하게 된다. 접촉하면서 그리스도인은 불신자들의 생각과 느낌을 파악하여 그들에게 복음을 보다 효과적으로 전할 수 있게 된다. 그런 까닭에 접촉은 복음전파에서 첫 단계라고 할 수 있을 것이다. 물론 여기에서 접촉은 동참보다 불신자들에게 한 발 더 깊이 들어간 현상이다. 다시 말해서, 불신자들에게 복음을 구체적으로 전하기 위한 전초 작업이라고 할 수 있다.

실제로 접촉이 없는 전도는 불가능하다. 그런 이유 때문에 복음을 효과적으로 전함에 있어 접촉은 어렵기도 하지만 너무나 중요한 과정이다. 접촉은 지금까지 동참을 통하여 쌓은 신뢰를 바탕으로 시도되는 작업이다. 물론 관계가 맺어지지 않고 복음이 전해지는 경우도 있으나, 그런 전도는 십중팔구 실패로 끝난다. 실패로만 끝나는 것이 아니라 불신자로 하여금 기독교로부터 더 멀어지게 할 수도 있다.

---

12 Hendrik Kraemer, *The Christian Message in a Non-Christian World*, 제 7쇄 (Grand Rapids, MI: Kregel Publications, 1977), 130-131,

접촉이 성공적으로 일어나면 그만큼 전도가 쉬워질 것이나, 반대로 접촉이 잘 이루어지지 않으면 전도가 그만큼 어려워질 것이다. 그런 까닭에 복음을 전함에 있어서 접촉이 승패를 좌우한다고 해도 지나친 말은 아니다. 그런데 또 어려운 것은 접촉이 그리스도인과 불신자들이 처해 있는 상황에 따라 달라질 수 있다는 사실이다. 여기에서 상황은 지역과 시대를 의미한다. 그 의미를 알아보기 위하여 다음의 실례로 설명해 보자.

일반적으로 중국에서의 접촉보다 한국에서의 접촉이 훨씬 어렵다. 물론 중국에서도 늘 쉬운 것만은 아니나, 그래도 많은 농촌 사람들이 쉽게 그리스도인의 접촉에 적극적으로 호응한다. 그렇다고 중국 어디에서나 접촉이 그처럼 쉬운 것은 아니다. 큰 도시에서는 접촉이 그만큼 어려워진다. 그러나 한국에서는 접촉이 훨씬 어렵다. 불신자들의 집으로 들어가기도 어렵고, 그렇다고 바삐 돌아가는 삶의 현장에서 그들을 붙들고 복음을 전하기도 어렵다.

한국에서도 1980년대 중반까지는 접촉이 상당히 용이했었다. 그러나 적극적으로는 한국이 경제적으로 발전하면서 사람들이 영적인 일에 무관심하게 되었고,[13] 소극적으로는 사회에 비춰진 교회가 어두운 면을 많이 던진 것도 사실이다. 복음을 전하는데 접촉이 중요한 것과는 역비례해서 접촉은 그만큼 어렵다는 것을 의미한다. 그리고 접촉이 어려워졌다는 것은 그만큼 전도가 어려워졌다는 반증이기도 하다.

접촉이 복음전도에서 차지하는 비중은 아무리 강조해도 지나치지 않는다. 접촉과 복음전도의 상관 관계를 도해로 설명해 보자:

---

13 이런 것을 세속화의 과정이라고 하는데, 이것을 자세히 보기 위하여 다음을 참고하라, 홍성철, "세속적인 사람들을 위한 전도," 홍성철 편집,『전도학』개정2쇄 (서울: 도서출판 세복, 2012), 409이하.

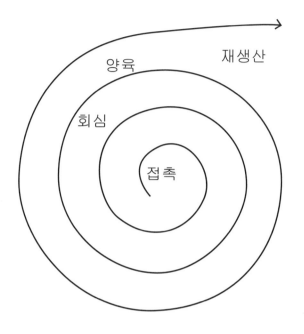

위의 그림에서 보듯, 복음전도의 중앙에는 접촉이 위치한다. 왜냐하면 전도는 접촉에서 시작되기 때문이다. 접촉이 잘 이루어 지면, 그 다음 단계로 그리스도인은 불신자를 인도하여 예수 그리스도를 그의 구세주로 영접하게 한다. 그는 이제 영적으로 다시 갓태어난 어린아이가 된 것이다. 다시 말해서, 그는 기독교로 회심을 경험한 것이다. 전도자는 그 영적 어린아이를 양육하여 돌보고 성장시킨다. 마치 해산한 엄마가 모든 수고를 불문하고 아이를 돌보듯 말이다.

그 아이가 성장하면서 그는 서서히 그의 믿지 않는 옛 친구들과 가족의 영적 상태에 관심을 갖게 된다. 왜냐하면 그들도 예수 그리스도를 만나지 않으면 죽음과 심판을 피할 수 없다는 사실을 깨닫기 때문이다. 그는 그들을 위하여 기도하면서 조심스럽게 그들을 찾아간다. 그리고 접촉하고, 회심시키고, 또 양육한다. 그는 어느 새 재생산할 만큼 훌쩍 커 버린 것이다. 그런데 이 그림이 보여 주듯, 복음전도에서 출발점은 역시 접촉이다.

3. 불신자의 자세

이렇게 접촉하면서 그리스도인은 접촉의 대상자들에 대하여 많은 것을 알게 된다. 왜냐하면 접촉이 일어나면서 그리스도인은 불신자들의 말에 진심으로 귀를 기울였기 때문이다. 일반적으로 전도자는 듣기보다는 말하기를 좋아하는 경향이 있는데, 그런 것은 훌륭한 전도자의 태도가 아니다. 그는 불신자들의 말을 경청하면서 적어도 두 가지를 얻는데, 첫째는 그들로부터 신뢰를 얻는다. 그런 신뢰를 바탕으로 전도할 수 있는 기회를 갖게 된다.[14]

둘째는 불신자들의 말을 열심히 들으면서 그들에 대하여 많은 것을 알게 된다. 왜냐하면 진솔한 경청은 그들의 말과 생각만 듣는 것이 아니라, 그들의 느낌도 듣기 때문이다.[15] 그런 까닭에 그리스도인은 경청을 통하여 불신자들의 영적 추구의 정도, 기독교에 대한 지식, 기독교에 대한 느낌, 기독교에 대한 자세 등 많은 것을 알게 된다. 그가 마침내 입을 열어 복음을 전하게 될 때 그가 알게 된 많은 정보를 십분 활용할 수 있게 된다.

---

14 *"상호간의 신뢰와 이해를 바탕으로"* 전도할 수 있다. 이를 위하여 다음을 보라, Selwyn Hughes, *The Introvert's Guide to Spontaneous Witnessing* (Minneapolis, MN: Bethany House Publishers, 1983), 53.

15 위의 책, 57.

불신자들의 기독교에 대한 자세는 대체적으로 다섯 가지로 분류될 수 있는데, 가장 호의적인 것은 기독교에 대한 수용적(receptive) 자세이다. 그 다음으로 호의적인 자세는 기독교에 대하여 관심을 갖는(interested) 자세이다. 그 다음으로 기독교에 대한 자세는 호의적이지는 않으나 그래도 적극적으로 반대하는 것이 아닌 무관심의(indifferent) 자세이다. 그 다음 두 가지 자세는 기독교를 반대하는 자세인데, 반항적인(resistant) 자세와 적대적인(hostile) 자세이다[16]

이런 다섯 가지 자세를 도해하면 다음과 같다:

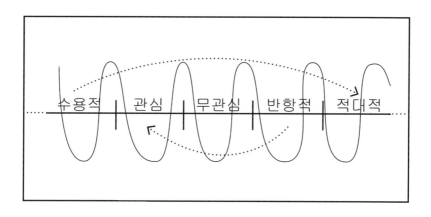

그런데 이 도해에서 중요한 사실은 사람들의 마음이 항상 변화된다는 것이다. 예를 들면, 어떤 사람이 기독교에 대하여 상당히 호감을 갖고 수용적이었다고 하자. 어느 날 그 사람이 다니는 교회의 장로가 그의 돈을 꾼 후 달아났다고 하자. 그는 그 장로에 대

---

16 Hunter, *The Contagious Congregation*, 105.

하여 너무나 실망한 나머지 기독교에 대해서도 반항적으로 바뀔 수 있다. 그 사람은 신앙도 포기하고 교회 출석도 거부한다. 어떤 교인이 그를 권면하면 반항적으로 반응한다.

그 반대도 가능하다! 어떤 사람이 기독교에 대하여 적대감을 가지고 살았는데, 갑자기 그에게 6개월 사망 선고의 암이 진단되었다고 하자. 그의 주변에 있던 그리스도인들이 그를 찾아와서 함께 눈물을 흘리면서 사랑을 나눈다면 그의 적대적인 마음이 눈 녹듯 녹아서 기독교에 대하여 수용적이 될 수 있다. 그리고 신뢰할 만한 그리스도인이 그에게 조심스럽게 복음을 전할 때, 그는 마음의 문을 활짝 열고 예수 그리스도를 그의 구세주로 받아들일 수 있다.

사람의 마음이 늘 변화되기에 그리스도인은 어떤 불신자가 기독교에 대하여 수용적이거나 관심을 갖고 있는 동안 그에게 기도하면서 조심스럽게 복음을 전해야 한다. 반면, 기독교에 대하여 무관심하거나 반항적이거나 적대감을 갖고 있는 사람들에게 그리스도인은 어떻게 접근해서 복음을 전할 수 있는가? 그런 사람들에게 복음을 전한다는 것은 시간이 걸릴 수 있다. 그러므로 그런 사람들에게 계속해서 증언하는 것은 그들로 기독교에서 그만큼 멀어지게 할 뿐이다.[17]

그런 사람들에게는 얼마동안 복음을 전하지 않도록 해야 할 것이다. 그런 사람들은 내적으로 신앙심도 깊고 인내심도 많은 그리스도인이 접촉해야 한다. 그는 즉각적인 결실에 연연하지 않고 그런 사람들의 입장에서 그들을 이해하고 끈기 있게 기다리는 그리

---

17 Donald A. McGavran, *Understanding Church Growth* (Grand Rapids, MI: Wm B. Eerdmans Publishing Co., 1970), 229.

스도인이어야 한다.[18] 그 이유는 간단하다! 그들이 아직 복음을 받아들일 준비가 되지 않았기 때문이다. 물론 그리스도인은 그들을 위하여 끈기 있는 기도를 드려야 할 것이다.

이런 기다림의 기간은 밭을 갈고, 씨를 뿌리고, 김을 매고, 물을 주는 계절이지, 결코 수확하는 계절이 아니다. 그러나 수확의 계절이 올 것을 믿으면서 기도하고 기다려야 한다. 기도와 기다림의 보상으로 적대적인 사람이 변화될 수도 있다. 일반적으로 환경이 급진적으로 변화되거나, 인생의 중요한 사건이 생기면 기독교에 대한 그들의 자세가 수용적이거나 관심 쪽으로 옮겨질 수 있다.[19]

물론 사건이나 환경의 변화 때문에 불신자들의 자세가 기독교에 대하여 호의적으로만 바뀐다는 보장은 없다. 그러나 여기에 사람이 알 수 없는 하나님의 섭리와 사랑, 그리고 성령의 신비스러운 역사로 인하여 그들의 마음이 기독교를 향하여 부드러워질 수 있다. 하나님은 그들을 사랑하신 나머지 그들의 환경의 변화와 인생의 사건을 사용하실 수 있기 때문이다.[20] 어느 날 갑자기 그들의 마음이 복음을 향하여 열려질 수 있는 것이다.

그러면 어떤 불신자들이 기독교에 대하여 호의적인 자세를 가지는가? 무엇보다도 신뢰할 수 있는 그리스도인을 만나면 그들은 십중팔구 호의적이 된다. 왜냐하면 그런 그리스도인의 삶은 그가 믿는 것의 진실성을 드러내기 때문이다. 한 마디로 말해서, 그의 행위와 말이 일치하기 때문이다. 선한 그리스도인을 가까이 할 수 있는 불신자들은 정말로 복을 듬뿍 받은 사람들이다. 그들이 거듭

18 Hunter, *The Contagious Congregation*, 111.

19 위의 책, 105–106.

20 위의 책, 106.

나서 하나님의 자녀가 될 수 있는 확률이 높기 때문이다.

둘째로 육체적인 한계에 부딪친 불신자들은 기독교에 대하여 호의적일 수 있다. 그들이 중병에 걸렸다든지, 아니면 죽음에 직면에 있으면, 그들은 자신 밖에서 해결점을 찾고자 하는 욕구를 갖게 된다. 지금까지는 자신을 의지하면서 자신 있는 삶을 영위했으나, 육체의 한계를 경험하면서 자신의 한계를 느낀다. 그런 사람들에게 신뢰 받을 수 있는 그리스도인이 복음을 제시한다면 대부분 받아들일 것이다.

어떤 이유에서건 불신자들이 교회를 찾으면 그들은 기독교에 대하여 호감을 갖는 사람들이다. 그들이 교회를 찾았다는 것 자체가 그들이 영적이거나 영원에 관한 것에 대하여 관심이 있다는 증거이다. 그리스도인은 그런 사람들에게 순수하게 접근하여 친구로 만들어야 한다. 그리고 신뢰를 쌓아가면서 그들에게 예수 그리스도를 그들의 구세주로 소개해야 한다. 그들의 영원(永遠)이 그들의 결단에 달린 것이다.[21]

4. 그리스도인의 자세

그리스도인이 불신자들과 접촉점을 찾으려는 목적은 궁극적으로 그들에게 예수 그리스도라는 복음을 전하기 위함이다. 그처럼 숭고한 목적을 가지고 있기 때문에 그는 어떤 희생을 치르고서라도 그들과 성공적으로 접촉하기를 원한다. 물론 시간도 희생해야 한다. 시간을 희생하면서 사랑도 보여주고, 삶의 목적과 영적

---

21 위의 책, 118. 이 책의 저자는 그 외에도 "불만족," "문화적 변화," "개인적인 스트레스," "성장하는 종교," "새로운 정착지," "외족의 침입," "식민지의 해방," "정치적 격변," "사회적/경제적 변화" 등을 열거한다. 이를 위하여 위의 책, 113이하를 보라.

인 문제에 대해서도 나누어야 한다.[22] 필요하다면 물질적으로도 희생을 치러야 한다.

그런데 그리스도인이 치러야 되는 것은 시간과 물질의 희생만이 아니다. 그는 무엇보다도 마음을 주어야 한다. 마음을 준다는 것은 불신자들에게 민감해야 한다는 말이기도 하다. 그들에게 민감하기 위해서는 근본적으로 사람의 심리에 대하여 어느 정도 알아야 한다.[23] 흔히 전도에 임한 그리스도인은 상대방의 심리의 추이(推移)와 변화에 대하여 민감하지 않고, 일방적으로 그가 하고 싶은 말을 하는 잘못을 할 수 있다.

뿐만 아니라, 그리스도인이 접촉하는 불신자의 종교에 대해서도 어느 정도 알아야 한다. 불신자의 종교는 그의 사고방식과 삶의 방식을 지배하기에 그 종교를 아는 것은 그 불신자를 아는 것과 거의 같다. 물론 그 종교를 알기 위해서 그 종교의 창시자에 대한 것을 읽으면 도움이 될 것이다. 최소한도 그 종교의 핵심 교리를 터득해야 한다. 그 결과 그 종교에서 접촉점과 대조점을 찾아서 상당히 깊은 대화를 할 수 있을 것이다.[24]

그리스도인이 불신자들을 성공적으로 접촉하여 대화하려면 그들과 일체감(identification)을 가져야 한다. 일체감은 동정과는 다른데, 동정은 윗사람의 위치에서 보여주는 것일 수 있다. 일체감은 "우리 자신을 다른 사람의 위치에 놓고 그의 생각과 감정을

---

22 Jerry & Marry White는 시간을 내어 사랑, 깊은 나눔, 자기희생, 격려 등을 나누어야 된다고 한다. 이를 위하여 다음을 보라, *Friends & Friendship: The Secrets of Drawing Closer,* 제14쇄 (Colorado Springs, CO: NavPress, 1994), 27이하.

23 Kraemer, *The Christian Message in a Non-Christian World,* 140.

24 Seamands, *Tell It Well,* 125이하.

발견하려는...긍정을 넘어선 감정이입(感情移入)의 차원이다. 감정이입은 이해와 동정을 갖고 그들의 삶 가운데로 들어가는 능력이며...우리가 그들을 개인으로 존중하기 시작한다."[25]

전도의 목적을 가지고 접촉을 시도하는 그리스도인이 취해야 할 자세는 많이 있다. 그러나 가장 중요한 자세는 자신이다. 다시 말해서, 자신이 접촉점이라는 사실이다. 그의 삶이 헝클어졌다면 그는 불신자들과 올바른 접촉점을 찾지 못할 것이다. 그의 말과 삶이 일치하지 않는다면 그는 불신자들에게 영향은커녕 웃음거리로 전락할 것이다. 그런 이유 때문에 가장 훌륭한 접촉점은 무엇보다도 그리스도인 자신이다.

이런 사실을 심도 있게 선언한 그리스도인이 있는데, 그의 말을 충분히 인용해 보자. 그는 접촉점에서 가장 중요한 사람은 일꾼 자신이라고 하면서 이렇게 진술한다:

이것이 황금률이다...이 황금률에 따라 사는 길은 그리스도를 위하여 그리고 그 사람들을 위하여 그들의 종교, 사상, 감정 및 제도-간단히 말해서, 일꾼이 위하여 사역하는 사람들의 모든 영역-에 인내와 순수한 관심을 갖는 것이다. 이 황금률을 어기는 사람은 누구든지 진정한 접촉점을 찾지 못한다. 누구든지 이 황금률을 지키면 그가 처한 환경에 적응하며, 또 접촉점을 찾는다. 그것에 순종하면 그는 선교사의 근본적인 의무와 열정, 곧 그리스도를 향한 길을 예비하며 동시에 하나님의 은혜로 그분을 가리키는 자가 된다. 사람들을 있는 그대로 순수하게 그리고 지속적으로 관심을 가질 때만이 실제적인 접촉점을 만드는데, 그 이유는 모든 사람은 어디에 있든 그의 실존이 인간적인 관심과 사랑의 대상인지, 그가 이론적으로가 아니라 실제적으로 동료로 여겨지는지 직감적으로 알기 때문이다. 그가 있는 그대로의 자신 때문이 아니라, 단순히 지적인 호기심이나 대화의 목적을 위한 관심의 대상이라고 느끼는 동안, 인간과 인간이 만나

---

25 위의 책, 133-134.

는 모든 종교적인 모임에서 없어서는 안 될 인간적이고도 자연적인 접촉은 일어날 수 없다. 이런 상황에서 그런 사람에게 그리고 그가 살고 있는 세상을 향해 문은 굳게 잠겨 있을 것이며, 그에게 그리스도의 사랑은 멀고도 추상적일 뿐이다. 그런 상황은 선교사가 섬기는 사람들의 삶 자체에 순수한 관심을 통하여 변화될 필요가 있다.[26]

5. 나가면서

복음전도에서 접촉은 빌딩의 기초와 같다. 기초가 약하면 그 빌딩은 아무리 겉으로 보기 좋아도 오래 가지 못할 것이다. 반면에 기초가 튼튼하면 겉모양과 상관없이 그 빌딩은 굳게 서서 오래 갈 것이다. 마찬가지로, 복음을 전하면서 접촉을 잘 하면 그 전도는 십중팔구 성공적으로 전개될 것이다. 그 결과 "온 천하보다 귀한 영혼"을 하나님의 나라로 인도하게 될 것이다 (마 16:26). 전도자에게는 물론이고 그 사람에게도 큰 기쁨이 될 것이다.

접촉을 성공적으로 할 때 전도자는 불신자들에게 대하여 많은 것을 알게 된다. 그들의 감정도 파악하여 그 감정에 걸맞은 대화로 이끌 수 있다. 그뿐 아니라, 그들이 기독교에 대하여 어떤 자세를 가지고 있는지를 알게 된다. 그런 앎을 토대로 불신자들에게 접근한다면, 그리고 그들로부터 신뢰를 얻는다면, 결국엔 그들에게 복음을 전할 수 있을 것이다. 그리고 성령도 그를 도와서 좋은 결실을 맺게 하실 것이다.

---

26 Kraemer, *The Christian Message in a Non-Christian World*, 140-141.

8

불신자의 필요(felt-needs)

1. 들어가면서

그리스도인이 불신자들에게 접촉을 시도할 때 가장 좋은 방법 중 하나는 그들의 필요에 민감하게 반응하는 것이다. 다시 말해서, 그들이 절실하게 느끼고 있는 필요를 채워줄 수 있다면 그것은 상당히 성공적인 접촉점이 될 수 있다. 복음전도의 대가이신 예수 그리스도의 접근법을 연구해 보면, 불신자들의 화급한 필요를 채워주시면서 그들을 접촉하신 사실을 쉽게 찾을 수 있다. 그런 후 그분은 하나님의 나라를 소개하셨다.

예수 그리스도는 병든 자를 고쳐주셨으며 (요 4:43-54), 장님의 눈을 뜨게 하셨다 (요 9:1-7). 그뿐 아니라, 굶주린 자들의 배를 채워주셨고 (요 6:1-11), 또 죄의식에 휩싸인 여인을 용서하기도 하셨다 (요 8:1-11). 그분은 사람들에게 버림받아 외로움을 곱씹으며 살아가는 버려진 여인을 받아주신 후, 그녀에게 자신을 계시하셨다 (요 4:1-26, 39-42). 그분은 진리를 찾아 헤매는 사람의 자랑을 들어준 후 그에게 거듭남의 비밀을 전해주셨다 (요 3:1이하).

그렇다! 예수 그리스도는 사람들이 느끼며 아파하는 깊은 내적 필요에 대하여 아주 민감하셨다. 민감하셨을 뿐 아니라, 그 필요가 무엇이든 채워주셨다. 물론 그렇게 아시고 채워주신 이면에는 아무도 흉내 낼 수 없는 따뜻하면서도 희생적인 사랑이 배어 있었기 때문이다. 한발 더 나아가서, 그분이 불신자들의 필요를 그렇게 채워주신 목적은 그들을 하나님의 나라로 인도하기 위함이셨다. 그렇다, "전도는 언제나 필요라는 상황에서 일어난다."[27]

2. 필요의 실제

사람은 누구나 기본적인 필요를 가지고 있다. 사람에게 있는 기본적인 필요를 일곱 가지로 제시한 전도자도 있는데, 그 필요는 다음과 같다: 1) 내적 공허, 2) 목적 없는 삶, 3) 죽음의 두려움, 4) 내적 평안에 대한 갈망, 5) 외로움, 6) 통제력의 부족, 7) 여러 가지 생각을 종합하고자 하는 욕구.[28] 어떤 사람에게는 타락의 결과 때문에 생긴 탐욕이나 음욕 같은 필요도 있다. 그런 사람도 복음을 필요로 하는데, 그런 욕구는 복음에 의하여 해소될 수 있기 때문이다.

사람의 기본적인 필요를 명쾌하게 설명한 심리학자가 있는데, 그는 다음과 같이 다섯 가지로 설명하였다: 첫째 육체적 필요(physiological needs), 둘째 안전의 필요(safety needs), 셋째 사랑의 필요(love needs), 넷째 자존감의 필요(self-esteem needs),

---

27 Edward R. Dayton & David A. Fraser, *Planning Strategies for World Evangelization* (Grand Rapids, MI: Wm. B. Eerdmans Publishing Co., 1980), 163.

28 Paul E. Little, *How to Give away Your Faith* (Downers Grove, IL: InterVarsity Press, 1966), 83이하.

다섯째 자기실현의 필요(self-actualization needs).[29] 그런데 이런 다섯 가지의 필요는 모두 동등한 필요가 아니다. 첫째는 가장 기초적인 필요이며, 다섯째는 가장 고상한 필요이다.

　　이와 같은 다섯 가지의 필요는 다음과 같이 피라미드의 형태로 도해할 수 있다:

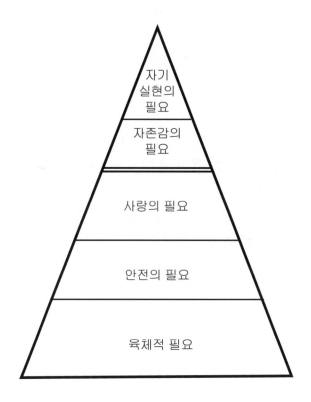

29 이를 위하여 Abraham H. Maslow, *Motivation and Personality* (New York: Harper & Row, Publishers, 1970)의 4-5장을 보라.

위의 도표가 보여 주듯, 이 피라미드의 밑층은 모든 사람이 가지고 있는 가장 기본적인 육체의 필요이다. 그런 필요에는 배고픔, 목마름, 졸림, 성적 욕구, 아픔 등이 있다. 어떤 사람이 이런 기본적인 필요가 채워지기 전에는 그 다음의 높은 필요에는 일반적으로 관심이 없다. 예를 들면, 배고파서 죽기 직전의 사람에게 전도 집회에 가자고 초청해 보라. 그에게는 무의미한 초청일 것이다. 왜냐하면 그의 관심은 오로지 음식에만 있기 때문이다.

예수 그리스도에게서 배우자! 그분은 시몬 베드로에게 "나를 사랑한다면 내 양을 치라"고 명령하시기 전에 먼저 그에게 아침 식사를 주셨다 (요 21:15). 밤새도록 물고기를 한 마리도 잡지 못한 그에게 그 순간 필요한 것은 따뜻한 아침식사였다. 그렇게 그의 배고픔을 채우신 후 그리스도는 베드로에게 세 번씩이나 물으셨다, "네가 나를 사랑하느냐?" (요 21:15-17). 그 질문에 적극적으로 답하자, 주님은 세 번씩 그에게 "내 양을 치라"고 부탁하셨다.

주님은 마지막 날 모든 민족을 심판하실 때에도 역시 심판의 기준은 작은 자에게 육체적 필요를 채워주었는지에 대해서였다. 그분의 말씀을 직접 들어보자: "내가 주릴 때에 너희가 먹을 것을 주었고, 목마를 때에 마시게 하였고, 나그네 되었을 때에 영접하였고, 헐벗었을 때에 옷을 입혔고, 병들었을 때에 돌보았고, 옥에 갇혔을 때에 와서 보았느니라....내가 진실로 너희에게 이르노니, 너희가 여기 내 형제 중에 지극히 작은 자 하나에게 한 것이 곧 내게 한 것이니라" (마 25: 35-36, 40).

이와 같이 사람의 가장 기본적인 필요가 채워지면 그는 자연스럽게 육체적 필요 위층에 있는 안전의 필요에 관심을 갖는다. 어떤 사람이 오늘의 양식을 해결했다고 하자. 그러나 내일의 양식이 어디서 올 줄 알지 못한다면 그 사람은 안전의 필요를 채우지 못한 것이다. 비록 그가 당장의 배고픔은 해결했지만, 내일에 대해선 불안하다. 그런 사람에게 오늘 저녁 전도 집회에 가자고 초청하는 것은 아무런 의미가 없을 것이다.

그런 이유 때문에 그리스도인들이 이런 육체적인 필요를 갖고 있는 사람들에게 도움의 손길을 뻗친다면 그 효과는 엄청날 것이다. 왜냐하면 전도는 필요를 채워주는 데서부터 시작되기 때문이다. 많은 사람들이 그리스도에게로 나아오는 이유는 그들의 앞날이 주님 안에서 보호와 채움을 받을 수 있다는 확신 때문이다. 그런 확신을 주는 사람들은 바로 그리스도인들이며 전도자들이다.

첫째와 둘째의 필요가 채워지면, 사람은 자연스럽게 사랑을 추구한다. 그런데 사랑은 혼자 하는 것이 아니다. 사랑의 필요는 사랑을 주며 또 받는 것을 의미한다. 그런 사랑을 맛보기 위해서는 돌봄과 나눔이 있는 지역교회가 가장 좋은 곳이며, 그런 이유 때문에 지역교회는 다른 사람을 그리스도에게로 인도할 수 있는 가장 좋은 장(場)이다. 교회에서 돌봄과 사랑을 발견한 사람은 저절로 예수 그리스도를 그의 구세주로 받아들이게 된다.[30]

비록 육체적이고 안정적인 사랑의 필요가 채워져도 열등의식에 짓눌린 사람이 얼마나 많은지 모른다. 열등의식은 다른 말로 하면 자존감(自尊感)의 결여를 의미한다. 왜 그렇게 많은 사람이 자존감을 가지지 못하는가? 그 이유는 간단하다! 자신을 있는 그대로 받아들이지 못하기 때문이다. 그런 사람은 그가 하나님의 형상으로 창조된 존귀한 인물이라는 사실과, 그도 온 천하보다 더

30 Hughes, *Spontaneous Witnessing*, 107–108.

귀한 존재라는 주님의 말씀을 모르기 때문이다.

마지막 필요는 자기실현의 필요이다. 사람마다 꿈이 있다. 그 꿈을 이루지 못할 때 일어나는 좌절감은 어떤 사람도 이해하지 못하는, 자신만의 고민이다. 뿐만 아니라, 사람마다 잠재력이 있는데, 그 잠재력이 충분히 개발되어서 많은 사람들에게 훌륭한 영향을 끼치는 사람들도 간혹 있다. 그러나 대부분의 사람들은 자신의 잠재력을 개발하지 못하고, 환경과 신세를 탓하며 주저앉는다.

3. 필요를 채움

매스로(Maslow)가 제시한 인간의 기본적인 필요는 복음전도에 적용할 수 있는 귀한 자료가 될 수 있다. 특히 그가 제시한 필요를 교회 사역과 연관시키면 더욱 큰 효과를 볼 수 있다. 왜냐하면 효과적인 전도 방법 가운데 하나는 개인전도가 아니라 교회전도이기 때문이다. 그런데 교회 사역은 여러 가지로 서술될 수 있다. 교회의 사역을 감당하는 사람이 초대교회에만 국한 되었든지, 아니면 시대를 초월한 사역에 연루되었든지 상관없이 말이다.[31]

그 이유는 종교개혁의 모토처럼 제시된 "만인 제사장"이란 사고에 근거한다. 그 표현은 거듭난 모든 그리스도인이 제사장처럼 사역자라는 개념에서 시작되었다 (벧전 2:9). 그렇다면 교회의 주된 사역은 무엇인가? 그것은 무엇보다도 전도 사역인데, 전도의 사역 없이는 어떤 교회도 창출되지 않았기 때문이다. 초대교회도

---

31 초대교회에 국한된 사역을 "특별한 사역 내지 일시적 사역"이라고 하는데, 이런 사역에 연루된 사람은 사도들과 선지자들이다. 그러나 시대를 초월한 사역은 전도자, 목사와 교사 등이 있는데, 이런 사역을 "정규적 사역 내지 항존적 사역"이라고 한다. 이를 위하여 다음을 참고하라, H. Orton Wiley, *Christian Theology*, 제3권 (Kansas City, MO: Beacon Hill Press of Kansas City, 1943), 130이하.

성령으로 충만함을 받은 베드로의 전도설교를 통하여 3,000명이
새롭게 믿어 교회를 일구었다.[32] 그런 까닭에 교회를 복음, 곧 케
류그마(κήρυγμα)의 공동체라 한다.[33]

교회는 복음만 전하면 되는 기관이 아니다. 교회를 이루고 있
는 사람들은 서로의 발을 씻기며, 그들의 도움을 필요로 하는 사
람들을 섬기는 섬김의 공동체, 곧 디아코니아(διακονία)의 공동체
이다. 이런 섬김의 본은 교회의 머리이신 예수 그리스도가 먼저
보여주셨다. 그 후 그분을 따르는 제자들도 역시 섬김의 본을 보
여준 섬김의 사람들이었다 (고전 3:5). 따라서 "불러냄을 받은 사
람들"인 교회는 자연히 섬김의 공동체가 된다.[34]

성령으로 창출된 교회는 성령의 전이며 (고전 3:16), 그 전
을 구성하는 각 그리스도인의 삶 속에 성령이 내주하신다 (고전
6:19). 그렇게 이루어진 성도들은 교회 안에서 교제를 나누면서,
서로 사랑하고, 서로 돌보며, 서로를 돕고, 함께 섬기며, 함께 예배
를 올린다. 이런 교제는 다른 어떤 곳에서도 찾을 수 없는 축복과
특권의 공동체이다. 그러므로 교회는 교제의 공동체, 곧 코이노니
아(κοινωνία)의 공동체이기도 하다.[35]

전도의 공동체는 위의 세 가지 사역을 통하여 불신자의 필요를
채워줄 수 있다. 그렇게 채워줄 때 불신자의 마음도 움직이고 또

---

32 베드로의 전도 설교를 자세히 알아보기 위하여 다음을 참고하라, 홍성철, 『성
령의 시대로! 오순절 ◇ 복음 ◇ 교제』 (서울: 도서출판 세복, 2013), 139이하.

33 Wiley는 교회를 "Institute of Evangelism"이라고 명명했다. 이를 위하여 다
음을 보라, Christian Theology, 126-127.

34 교회는 헬라어로 에클레시아(ἐκκλησία)로 불리는데, 그것이 성경에 도입되
어왔다 (행 5:11, 8:1, 11, 고전 11:16, 고후 8:18, 갈 1:22, 롬 16:4 등). 에
클레시아의 여러 가지 의미를 보려면 다음을 참고하라, Hans Küng, The
Church (Garden City, NY: Image Books, 1976), 120이하.

35 Wiley, Christian Theology, 154.

성령도 역사하시어 그가 예수 그리스도를 믿고 교회로 나올 수 있다. 이런 전도는 건강할 뿐 아니라 바람직한데, 그 이유는 온 교회가 함께 복음을 나누기 때문이다. 물론 여기에서 온 교회는 그 교회를 이루고 있는 모든 성도를 가리킨다. 그러면 어떻게 불신자의 필요를 교회가 채워주면서 복음을 전할 수 있는지 알아보자.

불신자의 가장 기본적인 육체적 필요와 안전의 필요는 *디아코니아*의 사역으로 채워줄 수 있다. 다시 말해서, 배고픈 자에게 먹을 것을 주고, 아픈 자에게 치료와 약을 공급하며, 잠자리가 없는 자에게 잠자리를 제공해준다. 그뿐 아니라, 내일을 걱정하며 두려워하는 자에게 내일에 대한 보장도 해준다. 그렇게 할 때 그들의 마음이 열려져서 주님의 말씀에 귀를 기울일 것이다. 예를 들면, "그런즉 너희는 먼저 그의 나라와 그의 의를 구하라; 그리하면 이 모든 것을 너희에게 더하시리라"가 그의 마음에 각인될 것이다 (마 6:33).

사람의 기본적 필요의 셋째 단계는 사랑이다. 사람은 사회적 동물이기에 홀로 산다는 것은 바람직하지 않다. 실제로 대부분의 사람들은 소속감을 갖기 원하며, 그 소속에서 사랑을 주고받기를 원한다. 그런 필요는 교회의 *코이노니아* 사역을 통하여 채워줄 수 있다. 이 냉혹하고도 험난한 세상에서 순수한 사랑을 찾을 수 있는가? 물론 없다! 그러나 *에클레시아*인 교회는 무조건적인 사랑을 불신자에게 나눠주어서 그로 하여금 그리스도의 사랑을 체험하게 할 수 있다.

인간의 마지막 두 가지 필요는 자존감의 필요와 자기실현의 필요이다. 이런 필요는 인간이 아무리 노력해도 채워줄 수 없는 것이다. 이런 문제를 갖는 사람은 그를 창조하신 하나님을 떠났기에 그런 해결할 수 없는 필요에 짓눌려 산다. 그런 사람에게 해결책은 그에게 복음을 들려주는 것이다. 그도 *케류그마*인 예수 그리스도를 영접하면 그의 자존감과 자기실현에 전면적인 변화가 생길 것이다. 이처럼 필요와 교회 사역의 상관 관계를 도해해 보자:

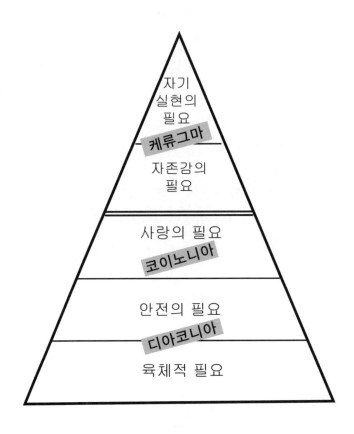

4. 나가면서

비록 사람의 기본적인 필요가 다섯 가지이나, 그 다섯 가지를 면밀히 살펴보면 크게 두 가지로 나눌 수 있다. 위의 두 가지 필요와 아래의 세 가지 필요이다. 위의 두 가지 필요를 가지고 있는 사람은 상당히 독립적이고, 자기 만족도가 높으며, 상대적으로 강하다. 반면, 아래의 세 가지 필요를 가진 사람은 상대적으로 의존적이며, 비교적 연약한 성격의 소유자일 수 있다. 그런 이유 때문에 그들에 대한 접근법도 달라야 할 것이다.[36]

연약한 사람들을 복음화하기 위하여 무엇보다도 그들의 필요를 채워주어야 한다. 그들의 감정을 민감하게 인식하고 겸손히 섬김으로 그들에게 복음을 전할 수 있을 것이다. 반면, 독립성이 강한 사람을 복음화하기 위하여 그로 하여금 다른 연약한 사람들의 필요를 채워주는 일에 동참하게 하라. 그가 다른 사람들을 돕는 차원 높은 사역에 가담하면서 자연스럽게 그리스도인들과 동화된다. 그리고 그들이 그런 섬김에 동참한 이유를 알고 그 복음을 받아들일 것이다.[37]

---

36 Joseph C. Aldrich, *Life-Style Evangelism: Crossing Traditional Boundaries to Reach the Unbelieving World*, 제4쇄 (Portland, OR: Multnomah Press, 1983), 95.

37 위의 책, 96.

9

의사소통(communication)

1. 들어가면서

그리스도인이 불신자들 가운데 들어가서 그들과 같이 하며, 접촉하여 그들의 필요를 채워주면, 복음을 나눌 수 있는 기회가 열려진다. 지금까지 삶으로 간접적인 복음을 나누었다면, 이제부터는 입을 열어서 구체적으로 예수 그리스도를 나누어야 된다. 그런데 입을 열어서 복음을 나누는 사역도 결코 쉽게 생각해서는 안 된다. 베드로는 그런 사람들에게 "대답할 것을 항상 준비하되 온유와 두려움으로 하라"고 충고한다 (벧전 3:15).

두말할 필요도 없이, 불신자들이 묻는 질문에 "대답할" 준비를 항상 하고 있어야 한다. 여기에 훈련의 필요성이 제기된다. 왜냐하면 적절한 훈련을 받지 못하면 적절하게 대답할 수 없기 때문이다. 그렇다! 그리스도인은 전도훈련도 받아야 되고, 또 제자훈련도 받아야 한다. 그래야 불신자들의 진지한 질문에 대답할 수 있는 준비가 된다. 물론 대답할 내용뿐 아니라, 대답하는 방법에 대해서도 훈련을 받아야 한다.[38]

그런데 왜 "온유와 두려움으로" 대답해야 하는가? 몇 가지 이

---

38 제5부 설득 중, 제25장 "훈련의 필요"를 참고하라.

유를 생각할 수 있는데, 베드로의 편지를 받은 그리스도인들은 그들에 대하여 적대감을 갖는 사람들에게 복음을 나누기 때문이다. 그뿐 아니라, 불신자들로 복음의 내용을 이해하게 할 뿐 아니라, 그들의 죄 많은 삶을 돌이키게 하기 위해서이다. 그들과 함께 살면서 그들과 다른 삶의 방식을 보여주며, 그들과 다른 신앙을 전한다는 것은 한편 온유해야 되고 또 한편 두려운 마음으로 해야 한다.[39]

2. 의사소통의 원리

의사소통은 말을 주고받는 사람들 간에 이루어지는 기술이다. 이 기술이 그처럼 중요한 이유는 분명하다! 쌍방의 견해도 다를 수 있으며, 감정도 차이가 있을 수 있기 때문이다. 그처럼 다른 두 사람이 의사소통하는 기술은 묘사하기 어려울 만큼 중요하다. 뿐만 아니라, 의사소통은 엄청난 모험이다. 그것이 엄청난 모험인 이유는 그 모험의 결과 한 사람의 운명—현재의 운명과 영원의 운명—이 바뀔 수 있기 때문이다.[40]

어떤 의미에서 복음이 나누어지는 방법은 이런 의사소통을 통해서이다. 복음이 일방적으로 전해질 때, 많은 경우 듣는 사람들의 견해와 감정은 완전히 무시될 수 있다. 그러나 진지하고도 열려진 의사소통을 통해서 복음이 나누어진다면, 듣는 사람들은 그

39 Karen H. Jobes, *1 Peter, Baker Exegetical Commentary on the New Testament*, Robert W. Yarbrough & Robert H. Stein 편집 (Grand Rapids, MI: Baker Academic, 2005), 230–231.

40 Kerry Patterson, Joseph Grenny, Ron McMillan, & Al Switzer, *Crucial Conversations: Tools for Talking When Stakes Are High* (New York: McGraw–Hill Companies, 2002), 3.

들의 견해와 감정을 진솔하게 표출할 수 있으며, 그렇게 표출하면서 그들은 자신도 모르게 복음에 저항하는 자신들의 전이해(前理解)를 내려놓는다.[41]

이런 의사소통에는 적어도 세 가지 요소가 내포되어 있다. 첫째 요소는 두말할 필요도 없이 복음의 메시지를 전하고자 하는 전도자이다. 둘째는 그와 의사소통을 하면서 한편 듣기도 하고, 또 한편 반응도 하는 피전도자이다. 또 한 가지 요소가 있는데, 그것은 전도자가 나누고자 하는 복음의 내용이다. 의사소통에서 이 세 가지 요소는 너무나 중요하기에 그 가운데 한 가지 요소만 잘못되어도 복음은 옳게 전달되지 못한다. 여기에다 주변의 환경과 피전도자의 피드백(feedback)을 감안하면 의사소통은 참으로 복잡다단(複雜多端)한 작업이다. 이것을 간단히 도해하면 다음과 같다:

그런데 의사소통을 어렵게 하는 것에는 전도자에게는 *에토스*(ethos)가 있고, 피전도자에게는 *파토스*(pathos)가 있으며, 메시

41 George Hunter, III, *The Apostolic Congregation: Church Growth Reconceived for a New Generation* (Nashville, TN: Abingdon Press, 2009), 87.

지에는 *로고스*(logos)가 개재하기 때문이다.[42] *에토스*는 성격이나 기질을 의미한다. 전도자의 *에토스*는 그가 예수 그리스도의 메시지를 전할 때, 그에게서 풍겨 나오는 개성 내지 인격을 의미한다. 그러니까 전도자가 잘 아는 내용을 있는 그대로 나누는 것보다 훨씬 더 중요한 요소가 될 수 있다.

만일 의사소통을 하는 중 피전도자가 전도자로부터 신뢰할 수 없거나 너무 경박하다는 인상을 받거나, 아니면 그의 인격적인 면에서 손상이 있다고 느껴지면, 그가 나누고자 하는 메시지는 있는 그대로 받아들여지지 않는다. 그뿐 아니라, 전도자가 나누고자 하는 메시지에 대하여 잘 알지 못한다는 인상을 준다면, 피전도자는 전도자에 대한 신뢰를 잃게 된다. 거기다가 전도자가 나누고자 하는 메시지가 피전도자에게 아무런 의미를 전달하지 못해도 의사소통은 어렵게 된다.

그런데 복음의 나눔을 더욱 어렵게 하는 것은 피전도자의 *파토스*이다. *파토스*는 피전도자가 복음을 들으면서 반영하는 감정이다. 물론 전도자가 그의 인격과 메시지를 통하여 피전도자의 동기를 일깨운다면, 피전도자의 감성을 자극한 셈이다. 피전도자는 그에게 전해진 메시지와 자극된 감성을 근거로 그 메시지의 주인이신 예수 그리스도를 그의 구세주로 받아들일 수 있는 준비가 된다.

피전도자가 메시지의 *로고스*를 들으면서 적극적으로 반응하려면 적어도 세 가지 측면에서 확신이 생겨야 한다. 첫째의 확신은 그 *로고스*의 내용이다. 내용에 설득되지 않는다면 적극적으로 반응을 일으키기는 어려울 것이다. 둘째의 확신은 메시지의 *로고*

---

42 Hunter, *The Contagious Congregation*, 65.

스가 그의 이성(理性)을 자극해야 한다. 셋째의 확신은 그 로고스의 내용을 뒷받침할 수 있는 실증이다. 그 메시지 때문에 변화된 사람들의 간증을 들을 수 있다면 금상첨화(錦上添花)가 될 것이다.

물론 한 사람이 예수 그리스도에게로 돌아오기 위해서는 궁극적으로 성령이 임하셔서 역사를 이루셔야 된다. 그러나 성령은 적절한 훈련을 거쳐서 준비된 사람들을 사용하신다. 왜냐하면 성령은 품위와 질서의 하나님이시지, 결코 무질서의 하나님이 아니시기 때문이다 (고전 14:40). 물론 성령은 "돌들로 아브라함의 자손을 만드실 수" 있는 분이시다 (마 3:9). 그러나 지금까지 성령은 돌들로 아브라함의 자손을 만들지 않으시고, "전도의 미련한 것"으로 믿는 사람들을 양산하셨다 (고전 1:21).

그러면 어떻게 전도자의 *에토스*와 피전도자의 *파토스* 및 메시지의 *로고스*를 준비시켜야 하는가? 먼저 전도자의 준비를 보자. 그는 그의 메시지를 잘 나누기 위하여 어떤 *에토스*를 전달해야 하는가? 그는 무엇보다도 그가 전하고자 하는 메시지를 잘 알아야 한다.[43] 그리할 때 피전도자는 그의 말을 신뢰할 수 있을 것이다. 의외로 많은 전도자들이 피전도자에게 그가 나누고자 하는 메시지에 대한 전문 지식(expertise)을 갖고 있다는 인식을 주지 못하고 있다.

신뢰를 일으킬 수 있는 두 번째 *에토스*는 전도자가 피전도자에 대하여 갖는 태도이다. 다시 말해서, 그는 피전도자와 일체감을 가져야 한다. 피전도자는 그가 고자세로 나누는지 아니면 피전도자의 입장에서 나누는지 쉽게 감지(感知)한다. 만일 전도자가 순

---

43 위의 책, 77.

수하게 피전도자의 입장에서 감정까지 나눈다면, 그는 들을 귀를 얻는 셈이다. 실제로 이런 일체감이 함께 하지 않는 설득은 의사소통에서 성공하기 쉽지 않을 것이다.[44]

신뢰를 일으킬 수 있는 세 번째 *에토스*는 진실성(credibility)의 문제이다. 피전도자는 언제나 전도자의 진실성에 대하여 의심을 품고 있다. 그가 진정으로 그의 메시지와 일치하는 삶을 사는가? 그는 그가 전하는 메시지의 주인공인 예수 그리스도를 진심으로 따르는가? 그는 정말 그런 집단에 속한 사람인가? 그는 정말로 그가 전하는 그 메시지에 생명을 걸고 있는가? 이런 질문들에 긍정적인 반응을 일으킨다면 그의 진실성은 증명된 셈이다.[45]

그 다음, 메시지의 *로고스*를 보자. 그 *로고스*가 피전도자에게 영향력을 끼치려면 다음과 같은 세 가지 측면을 고려해야 한다: 첫째는 그 메시지가 적절해야 한다. 피전도자에게 적용되는 메시지여야 한다. 둘째는 분명해야 한다. 물론 메시지가 분명하기 위해서 피전도자의 언어로, 그리고 그의 수준에 맞는 메시지여야 한다. 셋째는 그 메시지가 성경에 근거해야 한다. 물론 세상에서 예화를 끌어올 수 있지만, 그래도 성경을 중심으로 풀어가야 한다.

마지막으로, 피전도자의 *파토스*를 생각해 보자. 피전도자는 전도자가 나누는 인격과 메시지를 받아들일 수 있는지 없는지를 저울질 한다. 그러니까 전도자는 그의 메시지가 받아들일 수 있도록 나누는 것이 중요하다. 전도자는 피전도자의 입장에서 메시지를

---

44 Kenneth Burke, *A Rhetoric of Motives* (Berkeley, CA: University of California Press, 1969), 19이하.

45 이런 진실성이 없이 증언자가 될 수 없다고 선언한 사람이 있다. 이를 위하여 다음을 보라, Helmut Thielicke, *The Trouble with the Church* (New York: Harper & Row, Publishers, 1965), 3이하.

나누는 것이 말할 수 없이 중요하다. 이것은 그의 진실성과도 연결되는데, 그가 피전도자의 입장으로 들어갈 만큼 진실하게 나눈다면 듣는 귀를 얻을 것이다.[46]

피전도자의 두 번째 *파토스*는 전도자의 메시지가 구체적일 때 반응한다. 피전도자는 일반적인 정보에 감동을 받지 못한다. 예를 들면, "하나님은 모든 사람을 사랑하십니다"라고 말했다고 하자. 그 말은 진리임에도 불구하고, 냉랭한 반응을 일으킨다. 그러나 이렇게 말한다고 하자, "하나님은, xx씨, 당신을 사랑하십니다!" 내용은 같지만 그것이 주는 영향력은 하늘과 땅 차이가 될 것이다.

피전도자의 세 번째 *파토스*는 그가 기대하지 못한 새로운 측면의 통찰력과 성경 해석을 제시하면 좋다. 모든 사람에게는 영적 추구와 지적 호기심이 있다. 영적 메시지를 기대했는데, 그 외에도 생각지도 못했던 정보와 해석을 제시하면서 복음을 나눌 때, 십중팔구 피전도자의 *파토스*는 아주 적극적인 반응을 일으킬 것이다.[47] 그런 이유 때문에 전도자는 끊임없이 성경을 연구하고 또 많은 분야에서 정보를 캐내야 한다.

3. 의사소통의 과정

의사소통을 성공적으로 해야 되는 분명한 이유가 있다. 그 이유는 피전도자로 하여금 예수 그리스도를 통하여 창조주요 구속자이신 하나님에게로 나아오게 하기 위해서이다. 그런데 그와 의

---

46 Charles H. Kraft, *Communication Theory for Christian Witness* (Nashville, TN: Abingdon Press, 1983), 83-84.

47 위의 책, 86이하.

사소통을 하면서, 특히 그에게 메시지의 내용을 전하면서 한 가지 더 유념해야 할 사항이 있다. 그것은 그 피전도자가 복음의 내용에 대하여 얼마나 숙지(熟知)하고 있는지를 전도자가 알아야 한다.

전도자가 그것을 알지 못하면, 그는 피전도자의 입장에서가 아니라 자신의 입장에서 이야기를 풀어갈 수 있다. 그러면 그런 이야기는 더 이상 의사소통이 아니라, 일방적인 제시에 지나지 않는다. 이것은 피전도자의 입장에 민감하지 않은 불손(不遜)의 자세이며, 동시에 피전도자를 경시하는 교만의 태도이다. 피전도자는 교회를 다닌 경험이 있기에 복음의 내용에 대하여 제법 알고 있을 수도 있다.

그러나 피전도자는 전혀 교회와 상관없는 삶을 살았기에, 복음의 내용에 대하여 전혀 생소할 수 있다. 그리고 이처럼 두 극단적인 사람들 사이에 얼마나 여러 층의 사람들이 있겠는가? 복음의 내용을 좀 아는 사람, 많이 아는 사람, 알기는 알 되 그것이 개인의 인생과 전혀 무관하다고 생각하는 사람, 개인의 인생과 관련이 있을지도 모른다고 어렴풋이나마 느끼고 있는 사람. 이처럼 복음의 내용에 대하여 아는 지식이 사람마다 다를 수 있다.

더군다나 피전도자가 선교지의 사람일 경우, 그 다양성은 그만큼 더 복잡해진다. 예를 들면, 무슬림 국가인 말레이시아의 벽지에 사는 사람인 경우 기독교 복음의 내용에 대하여 전혀 모를 것이다. 어떤 사람은 한 발 더 나아가서 기독교의 전도자라면 무조건 적대감을 갖는 사람도 허다하다. 이처럼 다양한 문화와 종교 배경을 갖는 사람들에게 천편일률적인 고정된 복음의 내용을 전하는 것은 오히려 해가 될 수도 있다.

이 시점에서 휘튼대신학대학원(Wheaton College Graduate School of Theology)의 두 교수가 제시한 의사소통의 과정을 적용하는 것은 도움이 될 수 있다. 그들이 제시한 것은 통상적으로 엥겔의 저울(Engel's Scale)이라고 불리는데, 상당히 오랫동안 의사소통의 과정을 다루는 원리가 되었다. 이 과정은 피전도자가 복음의 내용을 아는 정도에 걸맞게 전해주어야 그가 적절하게 결단한다는 원리이다. 그의 원리를 예시한 도표를 보자.[48]

---

48 James F. Engel & H. Wilbert Norton, *What's Gone Wrong with the Harvest?: A Communication Strategy for the Church and World Evangelism*, 제2쇄 (Grand Rapids, MI: Zondervan Publishing House, 1976), 45.

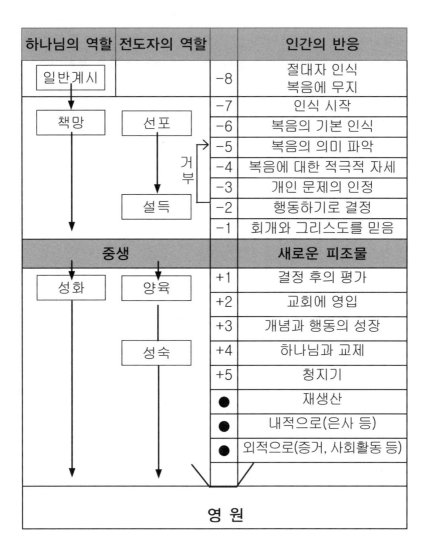

하나님의 역할	전도자의 역할		인간의 반응
일반계시		-8	절대자 인식 복음에 무지
책망	선포	-7	인식 시작
		-6	복음의 기본 인식
		-5	복음의 의미 파악
	거부	-4	복음에 대한 적극적 자세
		-3	개인 문제의 인정
	설득	-2	행동하기로 결정
		-1	회개와 그리스도를 믿음
중생			새로운 피조물
성화	양육	+1	결정 후의 평가
		+2	교회에 영입
		+3	개념과 행동의 성장
	성숙	+4	하나님과 교제
		+5	청지기
		●	재생산
		●	내적으로(은사 등)
		●	외적으로(증거, 사회활동 등)
영 원			

　　이 도표는 동참(presence)의 단계를 지나서 전도자가 복음을 선포(proclamation)하는 단계로 접어든 상황을 도표화한 것이다.

이 도표에 의하면, 전도자가 복음을 선포하는 내용의 저울을 보여준다. 이 저울에 의하면, 피전도자가 그 내용을 숙지하는 정도에 걸맞게 전도자는 전해야 한다는 사실을 가리켜 준다. 물론 전도자의 바램은 피전도자가 복음의 내용을 숙지한 후, 인격적으로 회개와 믿음을 통하여 결단하는 것이다.

물론 이렇게 결단하도록 전도자는 피전도자를 도와야 하는데, 그것을 설득(persuasion)이라고 한다. 이 단계에서 피전도자는 적극적으로 반응하지 않을 수도 있다. 그는 인격적 결단을 거부하고 부정적으로 반응할 수 있다. 그렇게 될 경우, 그 책임은 전적으로 피전도자에게 있게 되는데, 그 이유는 간단하다. 전도자가 그에게 이해할 만큼 복음의 내용을 차곡차곡 설명하였기 때문이다. 통상 이 과정을 거치면 복음을 다 전했다고 한다.

물론 이런 과정에서 성령님도 개입하신다. 그분은 피전도자에게 일반적인 계시, 곧 자연과 양심을 통하여 나타내신 하나님을 소개하신다. 그리고 피전도자에게 "죄에 대하여, 의에 대하여, 심판에 대하여" 책망하실 수 있다 (요 16:8). 성령님은 전도자를 통하여 그 피전도자를 부르시고, 그 부르심에 적극적으로 반응하면 그로 하여금 거듭나게 하신다. 그는 "새로운 피조물"이 된 것이다.

그때부터 전도자는 중요한 결단을 한 사람을 양육하여 신앙적으로 성장하게 해야 한다. 물론 이때도 성령님은 같이 역사하시어서 그 새로운 피조물로 하여금 거룩한 삶을 살아갈 수 있도록 도우신다. 그리고 마침내 그가 성결의 삶으로 들어가게 하신다. 그 과정에서 전도자는 그를 인도하여 개인적으로 하나님과 동행하는 방법과, 신앙의 공동체인 교회로 인도하고, 그리고 유혹 많은 세상에서 이기는 방법을 알려준다.

피전도자를 한 단계씩 그리스도를 향하여 이끌어가면서, 전도자는 그가 복음을 받아들일 준비가 되어 가는지 유심히 살펴야 한다.[49] 피전도자가 이처럼 중요한 결단을 내리는데 복음에 대한 최소한의 지식도 필요하다. 그러나 그것 못지않게 중요한 요소가 내재되어 있다는 사실을 간과해선 안 된다. 그것은 피전도자의 감정과 의지의 변화이다. 궁극적으로 그가 결단을 내릴 때는 복음에 대한 지식을 근거한 감정과 의지의 결단이다.[50]

4. 나가면서

복음을 전함에 동참과 접촉, 그리고 피전도의 필요를 채워주는 것은 말할 수 없이 중요한데, 그 까닭은 피전도자로 하여금 전도자를 신뢰하게 하는 훌륭한 방법이기 때문이다. 그러나 그런 접근법이 아무리 중요해도, 그 자체가 복음을 전하는 행위는 아니다. 그런 까닭에 궁극적으로 입을 열어서 복음을 상대방이 이해할 수 있도록 전해주어야 한다. 물론 피전도자가 적극적으로 결신을 하면 가장 이상적이지만, 그것은 성령님의 몫이기도 하다.

전도자가 삶을 나누고, 마침내 입을 열어서 복음의 메시지를 피전도자가 이해할 수 있도록 전했다면, 그는 임무를 충실히 수행한 셈이다. 물론 피전도자가 결신하도록 끊임없이 기도해야 하지만 말이다. 다행히 피전도자가 결신을 했다면, 그때부터 전도자

---

49 Edward R. Dayton, *That Everyone May Hear: Reaching the Unreached* (Monrovia, CA: MARC, 1979), 39.

50 Charles H. Kraft, *Communication Theory for Christian Witnesses*, 개정판, 제3쇄 (Maryknoll, NY: Orbis Books, 1995), 79.

는 그들의 성장을 위하여 해산하는 수고를 마다하지 않아야 한다. 바울의 말대로이다, "나의 자녀들아 너희 속에 그리스도의 형상을 이루기까지 다시 너희를 위하여 해산하는 수고를 하노라"(갈 4:19).

10
변증론(apologetics)

1. 들어가면서

그리스도인이 불신자의 세계에서 "소금과 빛"의 역할을 하려 할 때 (마 5:13-14), 필연적으로 기독교에 대하여 여러 가지 질문과 의문을 가진 사람들을 만난다. 그뿐 아니라, 기독교에 대하여 무관심하거나 아니면 반대하는 사람들도 만난다. 반대하는 사람들 가운데는 삼단논법의 논리를 가지고 기독교를 공격하는 사람들도 있고, 또 아무런 논리도 없이 감정적으로 기독교를 반대하는 사람들도 있다.

복음의 메시지는 그런 사람들에게도 전해져야 되는 것은 두말할 필요도 없는데, 하나님은 모든 사람이 "멸망하지 않고 회개하기를 원하시기" 때문이다 (벤후 3:9). 그러나 그들과 싸워서 믿게 할 수도 없고, 그렇다고 논쟁을 통하여 전도할 수도 없다. "때를 얻든지 못 얻든지 항상 힘써서" 말씀을 전파하라는 바울의 충고를 그들이 "듣든지 말든지" 복음을 전파해야 된다는 뜻으로 오해하고 무조건 전할 수도 없다.

결국 그런 사람들에게 기독교를 변증할 필요가 생기게 마련이다. 오해하는 사람들에게는 그 오해를 풀어주어야 한다. 반대하는 사람들에게는 그 반대의 이유를 알아보고 적절하게 편견을 풀어줄 수 있어야 한다. 무엇보다도 정말로 궁금해서 진솔한 질문을 하는 사람들에게는 질문을 풀어주어야 한다. 그리할 때 그들은 그리스도인이 전하고자 하는 메시지에 대하여 귀를 기울이게 될 것이다. 이런 목적을 위하여 변증론이 필요하다는 주장을 들어보자.

> 변증론은 불신자들과 의혹자들의 공격에 대하여 기독교 신앙과 성경에 기록된 계시를 변증하며 정당화하는 학문이다. 뿐만 아니라, 변증론은 성경에 기록된 사실들과, 성경에서 인간에게 주신 하나님 계시의 합리성(合理性)과, 그리고 인간의 모든 영적 필요를 채워줄 수 있는 성경의 완전성 등을 복음적으로 제시할 수 있는 도구이다. 그러므로 변증론은 소극적이며 방어적일 뿐 아니라, 적극적이며 공격적인 수단이다. 변증론은 복음을 변명하는데도 사용되지만, 동시에 복음을 선포하는데도 사용된다.[51]

2. 성경의 변증론

베드로는 핍박을 받으나 승리의 삶을 유지하는 그리스도인들에게 이렇게 충고하였다, "너희 마음에 그리스도를 주로 삼아 거룩하게 하고, 너희 속에 있는 소망에 관한 이유를 묻는 자에게는 대답할 것을 항상 준비하되 온유와 두려움으로 하라"(벧전 3:15). 베드로는 이 말씀에서 변증, 변호, 변명을 뜻하는 단어를 사용하였는데, 국어성경에서는 "대답할 것"으로 번역되었다. 이 단어는 영어성경에서는 *defense*, 헬라어성경에서는 *아포로기아* (ἀπολογία)이다.

그러니까 변증론은 결코 새로운 철학이나 학문 때문에 생

---

51 R. Allan Killen, "Apologetics," *Wycliffe Bible Encyclopedia*, 제1권, John Rea 편집 (Chicago: Moody Press, 1975), 131.

긴 어떤 특별한 신학이 아니라, 성경에서 복음을 전하거나 아니면 변명할 때 흔히 사용된 단어이다. 특히 이 단어는 바울이 즐겨 사용하였다. 어쩌면 그는 다른 성경의 저자들보다 보다 더 논리적으로 복음을 변명했기 때문이었을 것이다. 한 실례를 보자, "...나의 매임과 복음을 *변명함*과 확정함에 너희가 다 나와 함께 은혜에 참여한 자가 됨이라" (빌 1:7).[52]

1) 예수 그리스도

그렇다면 기독교의 주인공이신 예수 그리스도는 *아포로기아*라는 단어를 사용하지 않으셨는가? 물론 사용하셨는데, 그분이 사용하신대로 인용해보자, "사람이 너희를 회당이나 위정자나 권세 있는 자 앞에 끌고 가거든 어떻게 무엇으로 *대답하며* 무엇으로 말할까 염려하지 말라; 마땅히 할 말을 성령이 곧 그 때에 너희에게 가르치시리라 하시니라" (눅 12:11-12, 21:14). 제자들에게 적절한 때에 적절한 대답, 곧 *아포로기아*를 주시겠다는 약속이었다.

그 단어를 사용하신 것보다도 더 중요한 것은 예수 그리스도가 여러 번 변증을 하셨다는 사실이다. 한 번은 그분이 제사장들과 바리새인들 및 사두개인에게 둘러싸여 공박을 받으신 적이 있었다. 예수님은 그들과 차례로 변증하시면서 그들의 입을 막으셨다. 첫째 변증에서 그분은 천국을 혼인 잔치에 비유하시면서 그들도 준비되지 않으면 안 된다는 사실을 아주 상세히 말씀하셨다 (마 22:1-14).

---

52 그 외에도 롬 2:15, 고전 9:3, 고후 7:11, 빌 1:16, 딤후 4:16을 보라. 그리고 누가는 사도행전에서 바울이 사용한 이 단어를 반복적으로 기록한다 (행 19:33, 22:1, 24:10, 25:8, 16, 26:1, 2, 24).

둘째 변증은 바리새인들이 헤롯 당원들과 짜고 예수님을 공격했을 때였다. 그들은 가이사에게 세금을 바쳐야 하느냐 아니냐에 대한 공세였다. 그들도 대항할 수 없는 변증으로 예수님은 그들의 입을 다물게 하셨다 (마 22:15-22). 셋째 변증은 부활을 믿지 않는 사두개인들의 난감한 질문이 있었다. 그러나 예수님은 조금도 주저하지 않으시고 그들에게 변증하셨다 (마 22:23-33). 그분이 대답하실 때마다 그들은 예수님의 완벽한 변증에 놀라서 더 이상 공격을 하지 못했다 (마 22:46).

2) 스데반

일곱 집사 중 한 사람인 스데반이 "지혜와 성령으로 말함을" 예루살렘에 있던 종교지도자들도 대항할 수 없었다 (행 6:10). 그러자 그들은 거짓 증인들을 동원하여 스데반이 하나님을 모독하는 말을 하고, 또 성전과 율법을 거슬러 말했다고 고발하였다 (행 6:11-13). 그러자 유대교의 수장(首長)인 대제사장이 스데반에게 진위 여부를 물었다. 스데반은 모든 종교지도자들 앞에서 조금도 당황하지 않고 참으로 놀라운 변증을 했다. 물론 성령이 함께하신 변증이었다.

사도행전 7장에 기록된 그의 변증을 보면 성령의 도우심 없이는 불가능해 보이는 그런 놀라운 변증이었다. 그의 변증은 그 시간 그곳에 모인 모든 사람들이 유대인이요, 개중에는 지도자들인 것을 알고, 그들과 스데반이 공유할 수 있는 근거를 가지고 말하기 시작했다.[53] 그들이 공유한 근거는 물론 모세였다. 스데반은 모

---

53 변증에서 공격하는 측과 변명하는 측 사이에 공유의 근거를 가지고 시작하는 원리는 중요하다. Kenneth Hamilton, "Apologetics and Evangelization,"

세의 생애를 3단계로 나누어서 제법 자세히 설명한 후, 곧 바로 여호수아를 거쳐 다윗과 솔로몬 왕을 소개하였다.

모세와 솔로몬에게 공통점이 있었는데, 그것은 하나님이 좌정 (坐定)하실 수 있는 성막과 성전을 각각 만든 것이었다. 특히 솔로몬의 성전은 참으로 장엄한 걸작품이었다. 그러나 스데반의 결론은 하나님은 사람이 지은 곳에 머물러 계실 수 없으셨는데, 그 이유는 그 조상들의 죄 때문이었다는 것이다. 스데반은 현재 그곳에 있는 종교인들도 죄인이라는 결론을 내었다. 그의 변증은 어떤 결과를 가져왔는가? 청중의 마음이 찔렸다 (행 7:54). 아주 강력한 변증이었다![54]

3) 바울

위에서 언급한 것처럼, 바울은 많은 경우 그의 복음적 입장을 변증할 수밖에 없는 상황에 처했다. 그럴 적마다 그는 한편 예수 그리스도를 증언했지만, 또 한편 필요에 따라 변증하기도 했다. 예를 들면, 바울이 천부장인 글라우디오 루시아에게 체포되었을 때 그를 고발하는 많은 유대인들 앞에서 이렇게 말했다 "부형들아, 내가 지금 여러분 앞에서 변명하는 말을 들으라" (행 22:1). 여기에서 변명이라고 번역된 단어는 물론 변증이다.

바울이 전도하면서 변증한 귀중한 실례는 역시 아덴에서였다. 그는 유대인들과 경건한 자들에게는 물론 장터에서 만나는 대중

Let the Earth Hear His Voice, 1199.

54 스데반의 변증을 더 알기 위하여 다음을 보라, F. F. Bruce, *The Defense of the Gospel in the New Testament,* 개정판 (Grand Rapids, MI: Wm. B. Eerdmans Publishing Co., 1977), 23이하.

에게도 역시 변증하였다 (행 17:17). 그러나 본격적으로는 에피쿠로스와 스토아 철학자들과 한 변증이었다. 그들과 함께 새로운 것이 아니면 대화의 주제로 삼지 않는 사람들로 가득한 *아레오바고*로 올라갔다. *아레오바고*는 *아크로폴리스*(Acropolis) 산정(山頂)에 있는 *파르테논*(Parthenon)신전을 앞에 둔 바위 언덕이었다.

바울은 이 철학자들에게 기독교를 변증했는데, 그의 접근법은 역시 공통의 근거였다. 그의 공통의 근거는 창조주 하나님이었다. 그 이유는 간단했다! 바울이 "알지 못하는 신에게"라고 새겨진 단을 보았기 때문이다 (행 17:23). 그는 알지 못하는 신에게서 시작하여 알 수 있는 신, 곧 창조주 하나님을 제법 상세히 변증하였다. 그는 이렇게 하나님으로부터 시작하여 예수 그리스도의 죽음과 부활까지 연결시켰다. 마지막으로 그는 그들에게 회개로 초청하면서 그의 변증을 마쳤다 (행 17:34).[55]

3. 변증론의 목적

변증론도 그 당위성이 확실하다. 그렇지 않다면 기독교의 창시자인 예수 그리스도나 기독교의 확장에 앞장섰던 바울 사도가 변증을 그처럼 사용하지 않았을 것이다. 미국에 있는 많은 복음적 신학교에서 변증론을 중요하게 간주하여 가르치는 것도 그 당위성을 증명하고도 남는다. 변증론의 당위성은 위에서 언급한 것처럼, 불신자들의 반대에 대한 변명을 위한 것만이 아니다. 복음을 전하고자 하는 그리스도인들을 견고하게 하기 위한 훈련의 수단

---

55 바울의 이 변증을 위하여 위의 책, 39이하를 보라.

이기도 하다.

1) 반대의 제거

많은 불신자들은 기독교를 반대한다. 그런데 그들이 반대하는 원인을 보면 두 가지로 요약될 수 있다. 한 가지 원인은 잘못된 정보 때문일 수도 있고, 다른 원인은 잘못된 그리스도인들 때문일 수도 있다. 먼저, 잘못된 그리스도인 때문에 생긴 반대에 대하여는 진정한 그리스도인과 명목상의 그리스도인의 차이를 설명해 줄 수 있다. 다른 말로 표현하면, 성령의 내주를 경험한 거듭난 그리스도인과 거듭나지 못한 유사(類似) 교인의 차이점을 설명해 줄 수 있다.

잘못된 정보 때문에 반대하게 된 사람들에게는 올바른 기독교의 진리를 제공해야 한다. 물론 모든 기독교의 진리를 다룰 수는 없지만, 그들이 가지고 있는 반대에 집중해서 진리를 제공해야 한다. 이때 그들의 반대가 반대를 위한 반대라면 변증론은 필요하지 않다. 그러나 그들의 태도가 진지해서 진정으로 진리를 추구한다면, 정성껏 그들의 반대에 대하여 변증함으로 그들의 반대를 해결해주어야 한다.[56]

그러나 불신자가 복음에 귀를 기울일 준비가 되어 있다면, 가능한대로 논쟁을 피해야 한다. 그렇게 하기 위하여 반대의 질문

---

56 불신자들이 가장 많이 질문하는 10가지는 다음과 같다: 1) 하나님은 존재하지 않는다, 2) 창조는 신화이다, 3) 성경은 다 믿을 수 없다, 4) 성경은 다 정확하지 않다, 5) 예수는 인간이 아니다, 6) 예수가 유일한 길이 아니다, 7) 사랑의 하나님은 모든 사람을 지옥으로 보내지 않는다, 8) 인간은 근본적으로 선하다, 9) 그리스도인들은 모두 위선자이다, 10) 자비의 하나님이 고난을 허용하지 않는다. 이를 위하여 다음을 보라, Alex McFarland, *The 10 Most Common Objections to Christianity* (Ventura, CA: Regal Books, 2007).

에 적극적으로 대하면서 다음과 같은 기본적인 방법을 사용할 수 있다. 처음부터 반대를 피하는 방법을 사용하든지, 아니면 질문에 대한 대답을 연기하든지, 그렇게 할 수 없으면 빨리 대답을 해야 한다. 만일 답할 수 없는 질문이라면 연구해서 답을 하겠다고 하면서, 복음 제시에 집중할 수 있다.[57]

2) 그리스도인의 신앙

변증론의 두 번째 목적은 그리스도인의 신앙을 고취(鼓吹)시키기 위함이다. 특히 기독교의 증거를 익히게 되면 그의 신앙은 상당히 깊어질 것이다. 기독교의 증거에는 예언의 성취, 기적의 실재, 기독교의 성장, 기독교의 경험, 성경의 보급 등, 여러 방면이 있다.[58] 기독교의 이런 여러 가지 측면에 대하여 숙지(熟知)하게 되면, 그가 무엇을 믿는지 그리고 왜 믿는지를 구체적으로 알게 된다.

변증론은 그리스도인으로 하여금 깊이 생각하게 만든다. 어떤 기독교 공동체에서는 기독교에는 생각과 지식은 필요하지 않다면서, 믿음과 경험만 강조한다. 그러나 실제로 믿음은 하나님의 계시와 증거에 따라 결정된다는 사실에 비추어볼 때 그런 강조는 잘못 된 것이다.[59] 그리스도인이 지적으로도 성숙할 때, 불신자들의 지적인 질문이나 반대에도 지혜롭게 대답할 수 있다. 그러면서

---

57 Kennedy, *Evangelism Explosion*, 77-80.

58 기독교 증거의 여러 가지 측면을 보기 위하여 다음을 참고하라, Bernard Ramm, *Protestant Christian Evidences*, 제17쇄 (Chicago: Moody Press, 1977).

59 Walter Elwell 편집, *Evangelical Dictionary of Theology*, (Grand Rapids, MI: Baker Book House, 1984). 제목, "Faith" by James I. Packer.

그는 편협하지 않는 원만한 인격적인 그리스도인으로 성장한다.

변증론은 그리스도인으로 하여금 불신자의 가르침, 곧 마르크스주의, 무신론, 진화론 등이 허구(虛構)라는 사실을 깊이 보게 한다. 그런 철학은 사람이 어디에서 왔다가, 무엇을 위하여 살다가, 어디로 가는지에 대하여 답을 줄 수 없다. 그리고 그런 철학은 어떤 사람도 도덕적인 거룩한 존재로 변화시키지 못한다는 사실도 알게 된다. "기독교 이외의 철학은 사실상 사람을 혼동과 잘못으로 인도하는 막다른 골목길일 뿐이기 때문이다."[60]

3) 복음의 전파

변증론의 세 번째 목적은 그리스도인으로 하여금 보다 지혜롭게 그리고 보다 효율적으로 복음을 전할 수 있게 훈련하기 위함이다. 변증론에 익숙해진 그리스도인은 불신자들과 만나서 대화할 때 우선 여유가 생긴다. 그뿐 아니라 그들의 여러 가지 질문과 반대에 대하여 지혜롭게 대응할 수 있다. 그 이유는 분명하다! 그가 인생을 걸은 신앙이 결코 허구가 아니라는 사실을 알기 때문이다. 그것도 경험적으로 그리고 합리적으로 알기 때문이다.

베드로가 그의 복음을 전수하면서 그 복음이 인간이 만들어낸 것이 아니라 친히 경험한 사실이라고 힘주어 말했다, "우리 주 예수 그리스도의 능력과 강림하심을 너희에게 알게 한 것이 교묘히 만든 이야기를 따른 것이 아니요, 우리는 그의 크신 위엄을 친히 본 자라"(벧후 1:16). 그리스도의 복음이 인간의 머리나 지식으로 만들어낸 이야기가 아니라는 것이다. 왜냐하면 베드로는 그런

---

60 David Cook, *Blind Alley Beliefs* (London: Pickering & Inglis, Ltd., 1979), 11.

주님을 친히 경험했기 때문이었다.

이런 경험이 주는 확신 때문에 그리스도인은 담대하게 그러나 산지식을 가지고 불신자들에게 복음을 전할 수 있게 한다. 그런 산지식은 역사적인 증거와 논리적인 변론에 근거한 증거를 하게 한다. 그뿐 아니라, 그는 불신자들에게 복음을 전하면서 어떤 논쟁점이 도움이 되는지 알기에 가능한대로 그런 것을 강조하면서 복음을 증언하게 한다. 다시 말해서, 논쟁을 일으킬 수 있는 쟁점을 피하면서 복음을 전하는 지혜도 갖게 된다.[61]

4. 변증론의 쟁점(爭點)

변증론의 쟁점은 시대와 문화에 따라 다르며, 또 불신자의 반대에 따라 다르다. 예를 들면, 웨슬리는 그 당시 잘못된 관행을 가지고 있는 이신론(異神論), 영국국교회, 율법폐기론 및 칼뱅주의에 반대하는 변증론을 펼쳤다.[62] 그러나 현재 그런 이슈를 가지고 질문하고 변증하는 경우는 거의 없다. 변증론의 분야는 끝이 없는데, 그중 몇 가지만 보자: 철학적 변증론, 심리학적 변증론, 역사적 변증론, 사회학적 변증론, 우주론적 변증론, 실제적 변증론, 종교적 변증론, 성경적 변증론 등이 있다.[63]

---

61 Steve Kumar, *Christian Apologetics: Think Why You Believe* (Auckland, New Zealand: Foundation for Life, 1990), 40-41.

62 이를 위하여 다음을 보라, 홍성철,『불타는 전도자』, 288이하.

63 변증론의 다양한 분류를 위하여 다음을 보라, Ravi K. Zacharias, "How to Use Apologetics: Non-Christian Religious Background," *The Work of an Evangelist,* J. D. Douglas 편집 (Minneapolis, MH: World Wide Publications, 1984), 692이하.

1) 질문자의 입장에서

변증론을 가지고 불신자를 만나서 설득하려는 그리스도인은 대부분 그의 지식으로 상대방을 공습하려는 자세를 가지고 있다. 이런 그리스도인은 십중팔구 그가 그처럼 준비한 변증론에 깊이 들어가기도 전에 대화가 끝나거나, 아니면 논쟁으로 몰입한다. 그 후 불신자는 그처럼 "똑똑한" 그리스도인을 만나기 꺼려할 것이며, 아울러 기독교 자체로부터 멀어지려고 할 것이다. 그리고 다른 불신자 친구들과 함께 기독교를 공격할 것이다.

그리스도인은 불신자의 입장에서 대화를 풀어가야 한다. 특히 불신자가 변증을 요하는 질문을 던졌을 때, 그것을 기회로 삼아 역공하지 말고 그 질문자의 입장으로 들어가야 한다. 변증하기 전에 그가 왜 그런 질문을 했는지 알아보도록 하라. 예를 들면, 불신자가 이런 질문을 했다고 하자, "왜 하나님은 선악과를 만드셨습니까?" 그 질문자는 다른 그리스도인으로부터 깊은 상처를 받고 그렇게 질문을 던졌는지도 모른다.

변증은 이성(理性)에만 국한시키는 작업이 아니라, 질문자의 지성, 도덕성 및 사회성을 가진 인격자와의 대화라는 사실을 잊지 말아야 한다. 질문자에게 존경과 관심을 표하면서 접근해야 한다.[64] 그리할 때 관계가 이루어지면서 궁극적으로 그리스도인이 전하고자 하는 예수 그리스도를 소개할 수 있을 것이다. 변증론이란 무기를 마음대로 휘둘지 않고, 그것을 이용하여 지속적인 관계를 맺는다면 좋은 결과를 가져올 것이다.

---

64 V. S. C. Tyndale, "Apologetics in Evangelism Report," *Let the Earth Hear His Voice*, 1205.

2) 근본적인 질문으로

어떤 측면의 변증을 다루든지, 마지막에는 그리스도인이 질문자에게 가장 근본적인 질문을 던져야 한다. 그런 질문들을 통하여 그는 성경으로 그 질문자를 인도할 수 있으며, 궁극적으로 예수 그리스도에게로 인도할 수 있기 때문이다. 한 가지 강조하고 싶은 것은 지금까지 질문자의 입장에서 주로 들으면서 변증을 했기에, 그리스도인은 불신자로부터 신뢰를 얻었을 뿐 아니라, 말할 수 있는 권한까지도 허락받은 셈이다.

그러면 근본적인 질문은 무엇인가? 첫째 질문은 인생의 의미에 대하여 물어야 한다. 왜냐하면 많은 지성인 질문자들은 이 문제에 대하여 진지하게 추구했으나, 만족할만한 해답을 찾지 못했기 때문이다. 둘째 질문은 인생의 장래성에 관한 질문이다. 그 이유도 간단하다! 모든 지성인은 장래에 대하여 소망도 갖고, 또 확신도 갖기를 원하기 때문이다. 이런 질문들은 질문자를 당황하게 만들기 위해서가 아니라, 그의 논쟁을 올바른 방향으로 끌고 가기 위함이다.

셋째 근본적인 질문은 죄의식의 문제이다. 왜 사람은 시시때때로 죄의식을 가지고 괴로워하는가? 왜 사람은 수치감을 감추고 살려고 하는가? 도대체 이런 수치감과 죄의식은 어디에서 왔는가?[65] 두말할 필요도 없이 이런 질문은 정직한 질문자라면 본인의 한계와 연약을 시인할 것이다. 그리고 그 변증의 시간에 구축된 관계로 인하여 그 사람은 자신을 좀 더 솔직하게 고백할 수 있을 것이

---

65 이 세 가지 근본적인 질문을 한 사람이 있다, Zacharias, "How to Use Apologetics," 694.

다. 그렇게 되면 성경의 이야기를 시작할 수 있을 것이다.

3) 성경으로

변증론의 목적은 질문자로 하여금 기독교에 대한 반대 의견이나 질문을 해결해 줄 뿐 아니라, 궁극적으로 그로 하여금 그의 한계와 죄성을 깨닫고 예수 그리스도를 그의 구세주로 영접하게 하는 것이다. 그렇게 하기 위하여 그리스도인은 필연적으로 성경으로 돌아가야 한다. 물론 질문자가 성경을 믿지 않을 수도 있다. 그럴 때 성경의 수많은 예언들이 어떻게 구체적으로 이루어졌는지를 알려주면서 성경의 신뢰성을 변증할 수도 있다.[66]

그러나 성경이 제시하는 복음의 심장은 역시 예수 그리스도의 죽음과 부활이다.[67] 그분의 죽음을 변증하기 위하여 그분의 탄생과 기적의 삶도 제시해야 한다. 그러나 결국에는 왜 그분이 십자가에서 죽으셨는지 그 이유와 방법을 변증할 수 있어야 한다. 그분이 그처럼 십자가의 참혹한 죽음을 개의치 않으신 이유가 바로 그의 죄의식의 문제를 해결하기 위해서라는 사실은 질문자의 회심을 위한 심장이 된다.[68]

예수 그리스도의 부활은 인류 역사에서 가장 큰 기적이며, 가

---

66 이런 면을 제법 자세히 다룬 내용을 위하여 다음을 보라, Josh McDowell, *Evidence That Demands a Verdict: Historical Evidences for the Christian Faith,* 제14쇄 (San Bernardino, CA: Campus Cruse for Christ, Inc., 1977), 277이하.

67 Michael Green도 예수 그리스도의 죽음과 부활에 집중해야 된다고 강조한다. "How to Use Apologetics: Secular Background," *The Work of an Evangelist,* 702이하.

68 십자가에서의 죽음을 위하여 다음을 보라, 홍성철, 『십자가의 도』 (서울: 도서출판 세복, 2009), 13이하.

장 큰 영향력을 끼친 큰 사건이다. 그뿐 아니라 질문자의 인생을
송두리째 바꿀 사건은 바로 그분의 부활이기에 그 사실을 잘 변증
해야 한다. 그분의 부활은 한계와 허물을 안고 살아가는 사람들에
게 현재의 변화된 능력의 삶은 물론, 앞으로 다가오는 죽음과 영
원에 대한 소망과 확신을 주고도 남는다. 그런 까닭에 그리스도의
부활 사건은 확실히 변증되어야 한다.[69]

5. 비형식적(informal) 변증론

비형식적 변증론이란 변증론에 대하여 전문적으로 훈련받지
않은 그리스도인이 복음을 위하여 변증하는 것을 의미한다. 실제
로 대부분의 그리스도인은 변증론이란 학문에 노출된 적이 거의
없다. 그런 훈련은 신학이나 철학을 전공한 사람들에게 노출되는
전문적인 학문이다. 그러나 그렇게 훈련받은 그리스도인만이 변
증을 하면서 전도하는 것은 아니다. 실제로 그도 복음을 전하면서
간헐적(間歇的)으로 변증론을 사용한다.

위에서 이미 언급한대로, 변증론에서 그리스도인과 불신자 사
이의 *공통분모*는 중요하다. 왜냐하면 그 공통분모에서 시작하여
복음을 증언하는 데까지 전개될 수 있기 때문이다. 그리고 그들은
일반적으로 같은 사회와 문화에서 만나기 때문에 공통의 근거를
찾기란 그렇게 어렵지 않다. 헬라문화에 능통한 바울은 헬라문화
와 종교의 중심지인 아덴에서 철학자들을 만나서 공통분모에서
시작했는데, 그것은 바로 신의 문제였다.

---

69 부활에 관하여 역사적으로 접근하여 재구성한 우수한 걸작이 있다:
Frank Morison, *Who Moved the Stone*, 제8쇄 (Downers Grove, IL:
InterVarsity Press, 1982), 68이하.

전문적인 훈련을 받지 못한 그리스도인이라 할지라도 그는 그의 "세상"에서 자연스럽게 불신자들을 만나게 된다. 그의 마음에는 언젠가는 그가 경험한 복된 소식을 불신자에게도 들려주기를 원하는 간절한 마음이 있다. 그런데 그들에게 갑자기 공통분모가 발견되었다. 그들이 알고 있는 어느 훌륭한 분이 세상을 떠났다. 자연히 그들의 대화는 그분의 빛나는 생애에 대한 것으로 시작되었다가, 결국 죽음의 문제에 이르게 되었다.

불신자는 자연스럽게 인생의 한계에 대하여 한탄하기 시작한다. 그리스도인은 공감을 표현하면서 대화를 이끌어간다. 그는 그때부터 비형식적 변증론을 사용하여 전도하는 것이다. 결국, 전도하고자 하는 모든 그리스도인은 불신자가 제기하는 질문에 답하게 된다. 물론 불신자가 철학적인 질문이나 사회과학적인 질문을 하면, 그리스도인은 그 질문에 답할 수 있는 준비가 되어 있지 않다. 그는 더 연구해 보겠다고 답할 수 있다.

그리스도인은 그런 질문에 답할 수 있는 전문가를 소개하거나, 아니면 그 질문에 관하여 간단명료하게 설명한 책을 소개할 수도 있다. 그러나 가장 효과적인 방법은 그 자신의 견해를 피력하는 것인데, 그 이유는 전도가 일반적으로 관계에서 일어나기 때문이다.[70] 다행히도, 대부분의 경우 그들의 대화는 전문적인 데까지 가지 않고, 그들의 공통분모에 집중하면서 대화가 지속된다. 그런 까닭에 전문적으로 훈련받지 않은 사람도 변증할 수 있는 것이다.

그런데 그들의 공통분모는 과거의 이슈라기보다는 현재의 이슈에 집중된다. 예를 들면, 과거에는 한국에서 복음전도란 교회에 가자가 이슈였다면, 현재는 교회가 갈만한 곳인가 하는 문제이다.

---

70 Hamilton, "Apologetics and Evangelization," 1,200.

과거에는 복음을 전하는데 복의 개념을 집어넣는 것이 중요했지만, 지금은 그런 것은 거의 입에도 올리지 않는다. 한 발 더 나아가서 그런 사고는 오히려 비난의 대상이 된다. 그러니까 현재의 문화와 정치 및 경제 상황이 주요한 이슈가 될 수 있다.

생각하는 사람들은 대개 다음과 같은 질문을 가지고 있는 것 같다. 첫째, 왜 교회와 교회 지도자들에게 그렇게 문제가 많은가? 둘째, 성경의 말씀에는 오류가 없는가? 셋째, 세종대왕이나 이순신장군은 복음을 들은 적이 없는데, 그렇게 훌륭한 분들도 심판을 받고 지옥엘 갔는가? 넷째, 예수 그리스도를 통해서만이 천국으로 가는 길인가? 다섯째, 어느 종교든 진실하게 믿으면 되지 않는가? 여섯째, 착하게 살면 그것으로 충분하지 않은가? 일곱째, 착한 사람들이 왜 고난을 받는가?[71]

그러나 불신자도 달리 해결할 수 없는 문제들을 안고 살기 때문에 주변의 그리스도인의 비형식적 변증론을 듣고자 하는 마음이 없잖아 있다. 그들의 기본적인 문제는 다음과 같다: 첫째, 내적 공허이다. 둘째, 인생의 목적을 알지 못한다. 셋째, 중병과 죽음에 대한 두려움이 있다. 넷째, 내적 평안을 갈구한다. 다섯째, 시시때때로 외로움을 느낀다. 여섯째, 자기 절제가 부족하다. 일곱째, 생각이 너무 산발적이다.[72]

비록 변증론에 대하여 전문적으로 훈련받은 적은 없지만, 성령님과 동행하는 그리스도인은 불신자의 기본적인 인생의 문제를 이해하기 때문에, 또 그 문제를 그리스도 안에서 해결한 경험이 있기 때문에 예수 그리스도를 불신자에게 소개할 수 있다. 그렇

---

71 이와 비슷한 기본적인 일곱 가지 질문을 던진 사람이 있다. Paul E. Little, *How to Give Away Your Faith*, 67이하.

72 위의 책, 84이하.

게 소개하면서 그는 자신도 모르는 사이에 복음을 효과적으로 전달하는 전도자로 탈바꿈 되어 있다는 사실을 발견할 것이다. 그도 변증적인 전도자가 된 것이다.

6. 나가면서

변증론은 그리스도인에게 그 단어만으로도 현기증을 느끼게 한다. 왜냐하면 그 단어 자체가 신학적인 냄새를 물씬 풍기기 때문이다. 그뿐 아니라, 대부분의 그리스도인은 변증론에 대하여 전문적으로 훈련을 받은 적이 없기 때문이다. 그러나 실상은 알고 보면, 복음을 전하는 모든 그리스도인은 알게 또는 모르게 변증을 늘 사용했다는 사실이다. 왜냐하면 그렇지 않으면 어떤 의미에서는 전도가 되지 않기 때문이다.

그리스도인은 거듭나는 순간부터 계속적인 성장의 길에 들어선 순례자이다. 그가 성장하는 많은 방법 중 하나는 지성적인 측면에서도 자라는 것이다. 그는 "때를 얻든지 못 얻든지 말씀을 전파하기 위하여," 그것도 효과적으로 전도하기 위하여 준비를 게을리 해서는 안 된다. 가능한대로 불신자들의 질문들을 꼼꼼히 노트하고, 또 해답을 만들어보는 등 자기 훈련을 끊임없이 해야 할 것이다. 그리할 때 그는 능력 있는 변증적 전도자가 될 것이다.

제3부

선포(proclamation: P-2)

– 메시지(message)

누누이 강조한 것처럼, 복음전도의 심장은 결국 선포이다. 왜냐하면 어떤 사람도 선포된 메시지의 내용을 모른다면 그가 왜 하나님에게로 돌아와야 하는지 알 수 없기 때문이다. 그가 왜 하나님에게로 돌아와야 하는가? 첫 번째 이유는 그가 창조주 하나님을 떠나 있기 때문이다. 하나님을 떠난 상태가 어떤 것인지 알아야 한다. 그뿐 아니라, 하나님을 떠난 궁극적인 종말이 어떤 것인지 알아야 한다.

사람이 하나님에게로 돌아와야 하는 두 번째 이유는 창조주 하나님이 바로 구속자 하나님이라는 사실 때문이다. 비록 피조물인 사람이 하나님을 떠나갔어도, 하나님은 그를 여전히 사랑하신다. 그리고 사랑의 교제를 회복하기를 원하신다. 그런 놀라운 목적을 위하여 하나님은 구원의 계획을 이루셨고, 그리고 그 아들 예수 그리스도를 통하여 그 계획을 실천하셨다. 그런 과정을 통하여 하나님은 구속자 하나님이 되셨다.

사람이 하나님에게로 돌아와야 하는 세 번째 이유는 그의 변화 때문이다. 하나님은 멀리 떠난 그를 찾아오셔서, 인격적으로 만나기를 원하신다. 그런 하나님의 부르심에 사람이 적극적으로 반응하여 손을 뻗치면, 구속의 하나님은 그 손을 붙잡아주신다. 그리고 그에게 영광스러운 구원을 베풀어주신다. 사람이 짧은 인생을 살아가는 동안 이처럼 존귀한 변화의 경험을 하는 것보다 더 존귀한 경험은 없다.

11

인간의 죄

1. 들어가면서

의사가 환자를 만나서 제일 먼저 하는 일은 진단이다. 왜냐하면 옳게 진단하지 못하면 옳게 치료할 수 없기 때문이다. 하나님도 인간의 문제를 해결하시기 전에 인간의 문제를 진단하신다. 진단을 정확하게 할때 치료도 그만큼 정확하다. 그런데 하나님의 진단은 무서울 정도로 정확하다. 그러나 그런 진단은 결코 진단을 위한 진단이 아니라, 치료를 위한 것이다. 치료를 위하여 본 장에서는 성경에 입각한 진단이 이루어질 것이다.

2. 창조의 목적

하나님은 천지를 창조하시고 마침내 당신의 형상대로 사람을 창조하셨다. 그리고 하나님은 사람에게 "생육하고 번성하라"고 말씀하셨다 (창 1:26-28). 하나님이 사람을 그렇게 창조하신 목적은 삼중적(三重的)인 관계를 위해서였다. 무엇보다도, 사람이 하나님과 영적 교제를 누릴 수 있게 하기 위함이었다. 그런 교제를 통하여 사람은 하나님의 사랑을 경험하면서 그분의 영광을 위하여 호흡하고, 사고하고, 언행(言行)할 수 있는 것이다.

그뿐 아니라, 하나님이 사람을 창조하신 목적은 사람이 이웃과 더불어 화목하게 살게 하기 위함이었다. 그런 이유 때문에 하나님은 "남자와 여자를 창조하셨다." 마지막으로, 사람으로 하여금 자연을 다스릴 뿐 아니라 관리하게 하기 위함이었다. 그래서 하나님은 사람에게 "땅을 정복하라....다스리며 지키라"고 하셨다 (창 1:28; 2:15).[1] 본래 하나님은 이렇게 삼중적인 관계를 유지하는 사람들이 세상을 다스리게 하려고 그들을 창조하셨다.

그런 목적을 이루기 위하여 "생육하고 번성하라"고 말씀하셨다. 하나님은 이처럼 큰 뜻을 위하여 당신의 형상을 따라 사람을 창조하셨다. 물론 하나님은 육체가 없는 비가시적(非可視的) 존재, 곧 영(靈)이시기에 (요 4:24), 그분의 형상을 따라 창조되었다는 것은 영적 피조물임을 강조한 표현이다. 창세기 2장 7절은 이것을 잘 나타낸다: "여호와 하나님이 땅의 흙으로 사람을 지으시고, 생기를 그 코에 불어 넣으시니 사람이 생령이 되니라."[2]

위의 말씀을 보면 인간이 어떻게 구성되었는지 쉽게 알 수 있다. 인간은 '흙'과 '생기'로 구성되었다. 흙은 겉모습이고, 생기(生氣)는 그 겉모습 안에 내주(內住)하는 하나님의 영이다. 다시 말하면, 하나님은 먼저 흙으로 인간의 겉모습, 곧 육체를 만드셨다. 그 육체는 현재 인간의 육체와 같은 모습이다. 눈도 있고, 코도 있고, 손발이 있는 육체를 만드셨다. 그리고 그 코를 통하여 하나

---

1 Anthony A. Hoekema, *Created in God's Image* (Grand Rapids, MI: Eerdmans Publishing Co., 1986), 75이하.

2 이 구절을 원어로 보면 보다 흥미롭다: "여호와 하나님이 땅의 흙(אֲדָמָה *아담아*)으로 사람(אָדָם *아담*)을 지으시고; 생기를 그 코에 불어넣으시니 사람(אָדָם *아담*)이 생령(ה נֶפֶשׁ *하야 네페슈*)이 된지라." 여기에서 *하야*는 *생*으로 번역되고 *네페슈*는 *령*으로 번역된다.

님은 생기를 불어넣으셨다.

흙속에 생기를 불어넣었다는 것을 도해하면 다음과 같다:

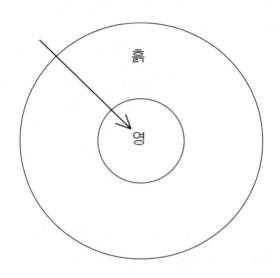

거듭 강조되어야 할 사실은 인간이 흙과 영으로 이루어졌다는 것이다. 다른 말로 하면, 인간은 두 가지 요소로 구성되었는데, 하나는 물질적 요소이고, 또 하나는 비물질적 요소, 곧 영이다. 물질적 요소는 자연적(natural)이나, 비물질적 요소는 영적(spiritual)이며 영원하다. 이렇게 두 요소가 결합됨으로 인간은 자의식(自意識)이 있으며 또한 결정할 수 있는 인격체(a person)가 되었다. 이 인격체는 일반적으로 사람 또는 인간이라고 불린다.

그러니까 인간의 마음 안에 하나님의 영, 곧 하나님이 들어오신 것이다. 그 이유는 밀접한 교제를 위함이었다. 이것만큼 가깝고 친밀한 교제는 이 세상 어디에서도 있을 수 없다. 첫 인간 아담과 하와는 이렇게 창조되어 한편 육체를 가졌으나, 또 한편 내주의 영 때문에 영이신 하나님과 아주 가까운 교제를 나누게 되었다. 바로 이런 특권을 주기 위하여 하나님은 인간을 영적 존재로 창조하셨던 것이다.

첫 인간 아담과 하와는 에덴동산에서 한편 하나님과 직접 대화하며 교제하는 특권을 누렸다. 그러나 그들에게 주어진 특권은 하나님과의 교제만은 아니었다. 그들은 서로를 간단없이 사랑하며 교제했다. 문자 그대로, 그들은 "한 몸을 이루었고"(창 2:24), 또 서로를 향하여 조금도 부끄러움 없이 사랑을 나누었다. 뿐만 아니라, 그들은 하나님이 허락하신 모든 자연과 식물도 다스리며 누렸다.

그런데 한 가지 짚고 넘어가야 할 것이 있다. 하나님의 영이 아담에게 들어오자 그는 생령(生靈)이 되었다. 도대체 생령이 무엇인가? 그것은 살아있는 영혼, 사람, 또는 인격이라는 뜻이다. 히브리어로 네페슈(נֶפֶשׁ), 국어로는 령으로 번역된 이 단어는 결코 성령을 가리키는 것이 아니라, 사람 또는 인격을 가리킨다. 그러니까 땅의 흙과 하나님의 영이 결합되었을 때, 비로소 인격을 가진 사람이 되었다는 것이다.

하나님은 이처럼 인격을 지닌 사람을 당신의 형상을 따라 창조하셨다. 그러면 하나님의 형상대로 지음을 받은 사람은 무엇을 뜻하는가? 다음과 같이 몇 가지로 나누어서 생각할 수 있을 것이다. 첫째, 하나님이 영이신 것처럼 사람도 영적인 존재이다. 그런 이유 때문에 사람은 의식주만으로 만족한 삶을 누릴 수 없다. 영이신 하나님과 교제를 나눌 때 그는 비로소 충족감을 느끼며 사람다

운 사람이 된다.[3]

둘째, 하나님의 형상대로 지음을 받은 사람은 하나님이 영원하신 분인 것처럼, 영원한 존재이다. 한 번 이 세상에 태어난 사람은 부활의 생명을 거쳐 영원한 삶을 누리도록 창조되었다. 물론 혹자는 하나님을 거부하고 하나님과 관계없는 지옥에서 영원히 살지만 말이다.[4] 셋째, 하나님이 이성적인 분이신 것처럼, 하나님의 형상대로 지음을 받은 사람도 이성적이다. 이성 때문에 사람은 배우고, 생각하고, 기억하고, 창조할 수 있다.[5]

넷째, 사람은 도덕적인 존재로 창조되었기에 빛과 어두움, 의와 죄, 그리고 선과 악을 구분할 수 있다. 다섯째, 사람은 하나님의 영으로 인하여 결단할 수 있는 능력, 곧 자유의지를 부여받았다.[6] 하나님은 사람을 창조하실 때 아무런 인격이나 자유의지가 없는 로봇으로 만들지 않으셨다. 인격적으로 선택하고 그리고 그 선택에 대하여 책임을 져야 되는 존재로 창조하셨다. 하나님이 사람에게 허락하신 가장 놀라운 선물일 것이다.

3. 인간의 불순종

하나님은 이처럼 특권과 능력을 가진 사람과 영적 교제를 유지

---

3 Robert E. Coleman, *The Heart of the Gospel: The Theology of Evangelism* (Grand Rapids, MI: Baker Books, 2011), 58-59.

4 Wiley, *Christian Theology,* 제2권, 34이하.

5 Coleman, *The Heart of the Gospel,* 59.

6 위에서 열거한 다섯 가지 하나님의 형상의 구조적/기능적 의미의 좀 더 자세한 것을 위하여 다음을 보라: 위의 책, 68이하; Kenneth Cain Kinghorn, *The Gospel of Grace: The Way of Salvation in the Wesleyan Tradition* (Nashville, TN: Abingdon Press, 1992), 27이하.

하기 원하셨다. 그리고 그런 영적 교제는 하나님의 사랑과 그 사랑에 대한 사람의 반응에 달려있었다. 왜냐하면 사람에게는 인격적으로 선택할 수 있는 자유의지가 주어졌기 때문이다. 하나님은 자유의지를 가진 사람에게 이렇게 말씀하셨다: "그 사람에게 명하여 이르시되...선악을 알게 하는 나무의 열매는 먹지 말라; 네가 먹는 날에는 반드시 죽으리라 하시니라" (창 2:16-17).

그런데 이처럼 금지의 명령과 죽음의 경고는 알고 보면 하나님 사랑의 표현이었다. 그것이 하나님의 사랑인 첫째 이유는 하나님은 사람에게 다른 모든 나무의 실과는 자유롭게 먹게 하셨기 때문이다 (창 2:16). 둘째 이유는 하나님이 선과 악의 절대 기준을 정하셨기 때문이다. 만일 사람이 선악의 기준을 정한다면 그것은 상대적이기에 상황에 따라서 그 기준이 달라질 것이며, 그러면 걷잡을 수 없는 혼란과 파괴가 따를 것이기 때문이다.

셋째 이유는 하나님의 명령을 어기면서까지 사람이 선악을 구분할 필요가 없기 때문이다. 하나님 밖에서의 자유는 진정한 자유가 아니라 자유의 남용(濫用)이 될 수 있다. 넷째 이유는 사람이 선악을 구분하면 그 결과에 대해서도 책임을 져야 하기 때문이다. 다섯째 이유는 사람이 선악의 기준을 갖게 되면 하나님의 위치에 들어가는 것이며, 그것은 결국 스스로를 우상으로 만드는 결과를 가져오기 때문이다.[7]

이런 하나님의 명령에 대하여 사람은 어떻게 반응하였는가? 사람은 뱀을 매개로 접근한 사탄의 달콤한 음성에 귀를 기울였다. 그 음성은 두 가지였는데, 하나는 "너희가 결코 죽지 아니하리라" 이다 (창 3:4). 이 사탄의 음성은 성경에 기록된 최초의 거짓말이

---

7. 홍성철, "전도학," 홍성철 편집, 『복음주의 실천신학개론』, 제9쇄 (서울: 도서출판 세복, 2011), 142.

다.[8] 이 거짓말은 하나님의 말씀을 정면으로 도전하여 사람으로 하여금 하나님을 의심하게 만들었다. 의심은 불신으로 이어졌고, 불신은 하나님과 사람 사이의 교제에 금이 가게 하였다.

두 번째 유혹은 불신 가운데 빠진 사람에게 던진 보다 차원 높은 것이었다: "너희가 하나님과 같이 되어 선악을 알 줄 하나님이 아심이니라" (창 3:5). 이것은 사람을 하나님의 위치로 격상시키는 유혹이었다. 사람은 이 유혹으로 말미암아 높아질 대로 높아졌다. 그것이야말로 자신을 신격화(神格化)시키는 유혹이었다. 이것을 다른 말로 바꾸면, 사람은 더 이상 하나님의 통치 밑에 있을 필요가 없다는 뜻이다.

이 유혹의 내용은 바로 인본주의(人本主義)의 시작이기도 했다. 사람은 이제부터 스스로 선악을 판단하며, 스스로의 운명을 개척하고, 스스로 영원의 문제까지 해결하겠다는 것이다. 과연 교만의 극치요 자기 우상의 표현이었다. 이제 무엇이든지 할 수 있다는 사악한 욕구가 발동되어, 하나님의 뜻을 어기고 금지된 실과를 따먹었던 것이다. 이것이 바로 최초의 불순종이었다. 사람은 자유의지를 사용하여 불순종의 길을 선택하였던 것이다.

첫 인간인 아담과 하와는 하나님의 지배 밑에 남아있기를 거부하였다. 그는 독립적인 인간이 되어 자유로운 삶을 영위하고자 했다. 그러나 진정한 자유는 언제나 테두리가 주어진다. 테두리 밖에서의 자유는 진정한 자유가 아니라, 방종이요 타락일 뿐이다. 아담과 하와는 바로 그런 과정을 자유의지로 선택했다. 두말할 필요도 없이 그 선택에는 하나님이 경고하신대로 엄중한 책임이 따랐다.

---

8. 그런 이유 때문에 예수님도 사탄을 "거짓의 아비"라고 지칭하셨다 (요 8:44).

아담과 하와는 엄중한 하나님의 경고를 무시하고 선악을 알게 하는 나무의 실과를 먹었다. 그 실과를 먹으면 반드시 죽는다는 경고가 있었는데도 말이다 (창 2:17). 하나님의 경고대로 그들은 죽었다. 그런데 그들은 그 후에도 오랫동안 살았으니, 하나님이 거짓말이라도 하셨단 말인가? 아니다! 하나님은 거짓말을 하실 수 없다. 아담과 하와는 영적으로 죽은 것이었다.

하나님이 "정녕 죽으리라"고 경고하신대로, 아담과 하와는 죽었다. 죽음은 분리의 의미로써 삼단계의 죽음이 그들을 엄습하였다. 첫째 죽음은 영적 죽음으로, 그들 안에 거하시던 하나님의 영이 그들을 떠났다. 둘째 죽음은 그들이 육적으로 죽을 때 일어났다. 그들의 몸을 지배하던 영혼 혹은 인격이 그 몸을 떠났던 것이다. 셋째 죽음은 주님이 재림하실 때 영적으로 죽은 사람은 하나님과 영원히 분리되는 비극을 맛볼 것이다.

이런 영적 죽음을 다시 도해로 표시해보자:

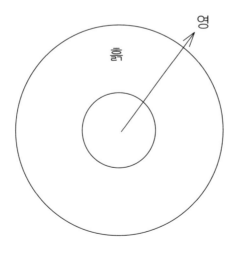

4. 영적 죽음

위의 도표에서 보듯, 아담과 하와 안에 있던 하나님의 영이 그들을 떠났다. 하나님의 영이 계셨던 곳은 진공이 되었다. 이것을 가리켜서 영적 죽음이라고 한다. 그 후 아담의 후손인 모든 인간은 영적으로 죽은 상태에서 태어나서, 영이 없는 상태에서 살고 있다. 이렇게 영적으로 죽은 사람들은 그들만이 지닌 독특한 징후가 있다. 다시 말해서, 그들이 영적으로 죽어 있기에 생기는 징후들이다.

첫째 징후는 하나님을 두려워하지 않는다. 둘째, 인생을 살아가는 기준이 자아이며 자기 유익이다. 셋째, 영적으로 죽은 사람들은 인생의 목적을 모른다. 안다면 자신들의 이익 추구일 뿐이다. 넷째, 그들은 눈에 보이는 물질이나 육체적인 쾌락이 전부인양 살아간다. 다섯째, 그들은 세상적인 원리에 따라 인생을 영위한다. 마음에 안 들면 미워하고, 마음에 들면 좋아한다. 다른 사람들에 대한 배려가 없거나 있다면 아주 적다.

여섯째, 죽음과 심판이 결코 없는 것처럼, 짧은 인생이 영원한 것처럼 생각하며 산다. 일곱째, 때때로 외로움과 두려움에 사로잡힌다. 그러나 여기에 기쁜 소식이 있다! 영적으로 죽었지만, 그래서 한계 있는 인생을 살지만, 그런 답답한 인생을 훌훌 털어버리고 싶은 욕구가 시시때때로 일어난다. 그런 욕구 때문에 창조주이신 하나님 앞으로 나온다면, 하나님은 그런 사람들에게 긍휼의 손길을 뻗치신다.

하나님은 누구든지 겸손하게 죄인이라는 사실과 자신의 한계를 인정하고 돌아오는 사람들을 따뜻하게 맞아주신다. 그리고 당신의 아들 예수 그리스도에게로 인도하신다. 그들이 하나님 앞에서 죄인이라는 사실을 시인하고 그들을 위하여 십자가에서 죽으셨다 부활하신 예수 그리스도를 마음에 영접하면, 하나님의 영이 그들의 마음과 인생 안으로 들어가신다. 그들을 떠났던 거룩한 영이 돌아오신다는 말이다.

다음의 도표가 그런 두 종류의 사람들을 잘 묘사하고 있다:

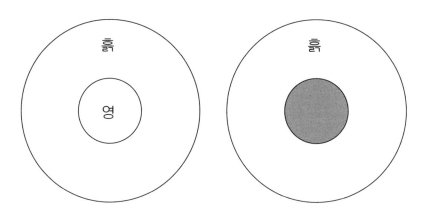

4. 나가면서

이제 왜 그렇게 많은 사람들이 인생의 목적을 알지 못하고 방황하는지 분명해졌다. 하나님과의 교제가 단절되었기 때문이다. 하나님의 영이 사람들의 마음에 머물러 있지 않기 때문이다. 그들은 진공처럼 텅 빈 마음을 채워보려고 온갖 노력을 경주하나, 그럴수록 공허만 더 커갈 뿐이다. 거기에다가 끈질기게 다가오는 죽음의 그림자가 그들을 손짓하고 있다. 당연히 두려움에 휩싸일 수밖에 없다.

그러나 죽음으로 모든 것이 끝나지 않는다. 왜냐하면 모든 사람은 언젠가 주님이 다시 오실 때 부활할 것이기 때문이다. 무엇을 위하여 부활하는가? 그들이 어떤 인생을 살았는가를 결산하기 위해서다. 그들의 불순종한 삶의 방식에 대하여 책임을 지고 심판을 받을 것이다. 그리고 하나님이 없는, 영원한 심판의 자리인 지옥으로 던져질 것이다. 거기에서 영원토록 비명을 지르면서 고통 중에 지내게 될 것이다. 이것이 불순종에 대한 결과이다!

12
하나님의 심판

1. 들어가면서

하나님이 하실 수 없는 일이 두 가지인데, 하나는 죄를 지을 수 없는 것이고, 또 하나는 약속을 깨뜨릴 수 없는 것이다. 그의 말씀을 직접 들어보자: "하나님은 사람이 아니시니 거짓말을 하지 않으시고, 인생이 아니시니 후회가 없으시도다. 어찌 그 말씀하신 바를 행하지 않으시며 하신 말씀을 실행하지 않으시랴!" (민 23:19). 이런 말씀의 하나님은 아담과 하와에게 주신 경고대로 그들을 심판하셨다.

2. 불순종에 대한 심판

외적으로, 아담과 하와는 에덴동산에서 쫓겨났는데, 그것은 하나님과 교제가 단절되었다는 사실을 의미한다 (창 3:24). 그들은 하나님과의 교제보다는 사탄의 말을 경청하는 타락한 존재가 되었다. 땅도 저주를 받아서 아담이 땀을 흘리지 않으면 양식을 얻을 수 없게 되었다 (창 3:17-19). 하와는 해산의 고통을 갖게 되었다 (창 3:16). 하나님은 인간이 "생육하고 번성하기" 위한 가장 기본적인 일에 심판을 가하셨다.

내적으로, 아담과 하와는 하나님의 은혜로부터 분리되자, 그들은 악한 양심을 갖게 되고 또 후손에게 물려주었다. 동생을 죽인 가인의 악한 행실이 그 증거였다. 그들은 수치감과 자괴감을 갖게 되었는데, 그렇지 않다면 왜 하나님을 피하여 숨으려고 했겠는가? (창 3:10). 성령의 도움 없는 그들의 기능과 능력은 잘못된 방향으로 치달으면서, 그릇된 결정과 행위에 휘말려들 수밖에 없게 되었다.[9]

"반드시 죽으리라!"는 하나님의 말씀은 엄중한 경고였다 (창 2:17). 그 경고를 무시한 아담과 하와를 하나님은 엄격하게 형벌하셨다. 그렇게 형벌하지 않으셨다면, 그분은 더 이상 공의의 하나님일 수 없으셨다. 그런데 그 형벌의 방법은 다양한데, 특히 자연의 법칙(natural laws), 도덕의 법칙(moral laws) 및 영적 법칙(spiritual laws)에 따른 심판이었다.[10] 이런 법칙들에 의한 형벌은 하나님의 거룩한 속성을 근거로 한 것이었다.[11]

자연의 법칙에 의한 형벌은 창조주이신 하나님과 피조물인 사람과의 관계에 내려진 심판이었다. 도덕적 원리에 의한 형벌은 한 마디로 말해서 죄의식이다. 영적 원리에 의한 형벌은 구체적으로 죽음에 관한 심판이다. 다시 말해서, 하나님의 경고대로 아담과 하와는 죽음이라는 형벌을 맛보지 않으면 안 되었다. 이런 심판을 차례로 살펴보면서 하나님이 말씀을 통하여 선포하신 경고의 엄

---

9 Wiley, *Christian Theology*, 65.

10 위의 책, 90.

11 위의 책.

중함을 알아보자.

1) 자연의 법칙

자연의 법칙에 따른 형벌은 하나님과 사람 사이에 맺어진 관계에 내려진 심판이었다. 원래 하나님은 당신의 형상대로 아담과 하와를 창조하셨다. 그들은 하나님이 창조하신 피조물이었다. 그러니까 하나님 앞에서 그들의 정체성은 피조물이었다. 그들은 하나님과 교제와 사랑을 나누었지만, 그래도 그들은 하나님의 피조물이었다. 그들의 행복과 미래는 그런 피조물이라는 정체성을 유지하는 데에 있었다.

그러나 아담과 하와는 그 정체성에서 탈피하기를 원했다. 그들은 사탄의 유혹에 귀를 기울이고, 선악을 아는 일에 "하나님과 같이 되기"로 결정했다 (창 3:5). 그들은 피조물이란 정체성을 버리고 창조주의 위치로 오르려 했다. 그렇게 되면 세상 위에 군림하여 행복할 줄 알았다. 하나님과 같이 되고자 하려는 결정은 "가장 높은 구름에 올라가 지극히 높은 이와 같아지리라"고 하다가 사탄으로 전락한 계명성의 전철을 그대로 밟은 교만이었다 (사 14:14).

사람으로서의 신분을 거부한 그들은 자연스럽게 비인간화(dehumanization)의 과정으로 들어가기 시작했다. 달리 말해서, 사람은 그때부터 사람다운 사람이기를 거부했다. 비록 겉모습은 하나님의 피조물인 사람이나, 속 모습은 사람이기를 포기했다. 그런 비인간화의 과정에 들어간 사람들의 모습은 모든 분야에서 찾아볼 수 있다. 혹자는 자신을 신의 자리에 올려놓고 사람답지 못한 일에 깊이 연루된다.

혹자는 성적인 도착에 깊이 들어가서 다른 사람들을 그의 성적 욕구를 채우는 도구로 취급한다. 그런 사람은 더 이상 사람이기를 거부하고, 본능대로 살아가는 동물적 삶을 따른다. 혹자는 물욕의 종이 되어 사람이기를 거부한다. 돈을 벌기 위하여 모든 수단 방법을 다 강구하면서, 다른 선량한 사람들에게 막대한 피해를 끼친다. 이 세상에 그리고 이 땅에 사람이기를 거부하면서 살아가는 사람들이 얼마나 많은가!

이렇게 하나님과 분리(alienation)된 사람은 다른 사람들로 부터 고립(estrangement)을 자초한다. 비인간화된 사람이 다른 사람을 이용의 대상으로 여기면서 그 사람은 자연스럽게 다른 사람들로부터 고립되어 간다. 하나님과 아내를 고소하던 아담처럼 (창 3:12), 그리고 제3자인 뱀을 고발하던 하와처럼 (창 3:13), 인간은 서로를 악용하고 또 비난하는 동안 점차적으로 고립되어 간다.

2) 도덕의 법칙

도덕의 법칙에 따른 형벌은 사람이 하나님 앞에서 죄를 범했다는 의식인데, 이것을 가리켜 죄의식(the guilt of sin)이라고 한다. 사람은 죄를 범하면 마음 속 깊이에 죄의식이 생기는데, 그것은 하나님이 그 죄를 아신다는 의식 때문이다. 그러니까 객관적으로 하나님 앞에서 범한 죄는 주관적으로 죄의식을 가져다주며, 그 죄의식은 다시 수치감을 안겨준다. 그런 이유 때문에 사람들은 죄를 범한 후 수치감을 덮으려고 애를 쓴다.

그런데 사람이 갖는 죄의식에는 두 가지 죄 때문에 갖게 되는데, 하나는 원죄(the original sin)이고 또 하나는 실제의 죄(actual sins)이다. 물론 원죄는 아담이 범한 죄이나, 실제로 모든 사람이 아담 안에서 같은 죄를 범한 것이다. 아담이 완전한 환경에서 하나님의 분명한 계명을 어겼을 때, 그는 혼자 죄를 범한 것이 아니었다. 아담은 모든 인간을 대표했기에, 그의 불순종은 개인의 범행이지만 동시에 인류의 범행이었다.[12]

그러니까 아담의 범행은 생물학적으로나 영적으로 모든 후손을 대표한 것이었다. 하나님은 아담의 죄의식을 인류에게 "전가시키셨다"(imputed). 그런 이유 때문에 바울 사도는 이렇게 선언하였다, "그러므로 한 사람으로 말미암아 죄가 세상에 들어오고 죄로 말미암아 사망이 들어왔나니, 이와 같이 모든 사람이 죄를 지었으므로 사망이 모든 사람에게 이르렀느니라 (롬 5:12)." 이 말씀은 원죄에 대한 "전가의 원리"를 제시하였다.

이 원죄 때문에 사람에게는 언제나 죄의 성품이 있으며, 그 성품 때문에 언제라도 실제로 죄를 범할 수 있다. 이런 죄의 성품을 완전 타락이라고 한다. 두말할 필요도 없이, 완전 타락은 인간의 모든 부분이 죄로 오염되었다는 것을 뜻한다. 오염된 머리로 그를 향한 하나님의 생각을 이해하지 못한다. 오염된 마음으로 거룩하지 않은 욕구에 휘말린다. 오염된 감정으로 혼돈에 빠져든다. 오염된 의지로 선을 선택하지 않는다.[13]

죄의식은 원죄 때문에만 생기지 않는다. 대부분의 경우 실제로 범한 죄 때문에 사람은 죄의식을 갖는다. 그러니까 죄의식의 뿌리는 원죄이고, 열매는 실제로 범한 죄들이다. 이런 죄들은 자범죄

12 Ryken, *The Message of Salvation*, 32.
13 같은 책, 34.

(自犯罪) 또는 고범죄(故犯罪)라고도 불린다. 완전히 타락하여 죄의 성품을 가진 사람이 삶의 현장에서 죄를 범하지 않는 것은 절대로 불가능하다. 사람은 죄를 지으며, 죄를 친구 삼아, 그리고 죄 속에서 살아간다. 그러니 어떻게 죄의식에서 벗어날 수 있겠는가?

세상에는 죄인들과 죄들로 가득하다. 결국 세상은 세월이 지날수록 더러워지고 악해지기만 한다. 최후의 심판을 향하여 달려가고 있는 양상이다. 그 가운데서도 다행스러운 것은 그런 불법을 막는 자들이 있다는 것이다. 바울의 선언대로이다, "불법의 비밀이 이미 활동하였으나 지금은 그것을 막는 자가 있어 그 중에서 옮겨질 때까지 하리라" (살후 2:7). 그런 불법을 막는 것은 교회일 수도 있고, 아니면 성령의 역사일 수도 있다.

3) 영적 법칙

하나님의 엄중한 경고대로 사람은 불순종의 날에 죽음을 맛보았다. 물론 그 죽음은 영적 죽음이었다. 성경에서 사용된 죽음이란 분리를 의미한다. 먼저, 사람 안에 거하던 하나님의 영이 그를 떠났으며, 그것이 바로 육과 영의 분리였다. 그 이후 모든 사람은 영적으로 죽은 상태에서 태어난다. 바울 사도는 이런 죽음의 상태를 이렇게 표현하였다: "그는 허물과 죄로 죽었다" (엡 2:1).

"허물과 죄로 죽은" 사람들, 다시 말해서, 영적으로 죽은 사람들의 모습은 어떤가? 바울이 묘사한 대로, 그들은 "세상의 풍속"을 따라 살아간다. 세상 풍속은 갖가지 형태로 드러나나, 사람들은 그것을 저항할 능력이 없다. 거기다 "공중의 권세 잡은 자"가

이 세상의 방법과 유혹이라는 미끼를 사람들의 "육체의 욕심" 앞에 던지면, 대부분은 그것을 붙잡으려고 그들의 양심을 주저하지 않고 팔아버린다.

그뿐 아니다! 그들은 하나님을 섬기지 않고 우상을 섬기면서 살아간다. 혹자는 나무나 돌을 가지고 우상을 만들고 섬긴다. 혹자는 보다 교활한 우상을 설정하고 섬긴다. 하나님이 부여하신 이성과 자유 의지를 오용(誤用)하여 간교하게 자신의 유익을 위하는 우상을 섬긴다. 결국 우상 숭배의 종착역은 언제나 자기 자신이다. 왜냐하면 우상 숭배―물질이든 권력이든 이성(異性)이든―를 통하여 자신의 이익을 도모하기 때문이다.

영적으로 죽은 사람들은 다른 사람들과 사랑의 교제를 누릴 수 없다. 그들은 필연적으로 이웃과 더불어 살면서 이웃의 유익을 위하여 희생하고 봉사하는 대신, 그들의 목적을 성취하기 위하여 이웃을 이용한다. 하나님이 주신 머리와 입술을 이용하여 이웃을 속이며, 이용 가치가 있는 동안 그들을 "친구"로 대접한다. 그러나 이용 가치가 없어지는 순간 그들은 이웃을 멀리하며, 분리하며, 모함한다. 그렇게 하는 동안 그들은 서서히 인격적으로 파괴되면서 고립된 사람들로 전락한다.

영적으로 죽은 사람들은 하나님의 영광과 이웃의 유익을 위하여 땅을 다스리는 대신, 그들의 이기적인 목적을 위하여 자원을 남용한다. 그들은 주저하지 않고 여러 가지의 이유로 삼림을 괴멸(壞滅)시키며, 공장의 폐수를 흘려보내어 물을 못 쓰게 만들며, 갖가지 방법으로 대기를 오염시킨다. 그들은 이기적인 목적을 위하여 갖가지 동물을 남획(濫獲)하여 생태계를 파괴시킨다.

그 결과는 무엇인가? 상처받은 자연은 사람들을 공격하기 시작하였다. 일기 변동으로 인한 심한 추위와 폭우, 물에서 생기는 적조와 녹조 현상, 더러운 공기로 인한 심한 질병, 미세 먼지 등 그 피해는 이루 말할 수 없다. 이것은 모두 사람을 창조하신 하나님의 삼중적 목적이 뒤틀려진 결과이며, 사람은 갈수록 악화되는 상황에서 헤어나지 못하고 있다.[14] 이런 현상은 하나님의 명령을 불순종한 인간에게 따르는 심판이었다.

기독인은 이런 비참한 상태에 빠진 비기독인들에게 복음을 전해야 한다. 그러나 그것만이 모든 이유가 아니다. 영적으로 죽은 사람들은 짧은 인생을 이처럼 허우적거리며 살다, 마침내 육체적 죽음을 맛보게 된다. 다시 말해서, 그들의 영혼이 그들의 육체와 분리되는 것이다. 성경은 분명히 이렇게 선포한다: "한번 죽는 것은 사람에게 정해진 것이요 그 후에는 심판이 있으리니" (히 9:27).

영적으로 죽은 상태에서 인생을 영위한 사람들은 그들의 삶에 대하여 책임을 추궁 당할 날이 올 것이다. 하나님이 사람을 불멸의 피조물로 창조하신 것은 사람이 영원토록 하나님을 섬기면서 살게 하기 위함이었다. 그러나 사람은 하나님의 길을 거부하고 그 자신의 길을 선택하였으며, 그 선택과 결과에 대하여 책임을 져야 한다. 성경은 그 책임을 이렇게 묘사한다, "각 사람이 자기의 행위대로 심판을 받으리라" (계 20:13; 롬 2:6도 보라).

그리고 심판을 받은 영혼은 하나님으로부터 영원히 분리된다. 분리되는 것으로 끝나는 것이 아니라는 것을 성경은 이렇게 선언

---

14 Watson은 그의 저서, *I Believe in Evangelism*, 19이하에서 영적으로 죽은 인간의 상태를 이렇게 묘사했다: 권태감, 외로움, 자기 연민, 죄의식, 영적 고갈.

한다: "그러나 두려워하는 자들과 믿지 아니하는 자들과 흉악한 자들과 살인자들과 음행하는 자들과 점술가들과 우상 숭배자들과 거짓말하는 모든 자들은 불과 유황으로 타는 못에 던져지리니 이것이 둘째 사망이라"(계 21:8). 사람이 자기의 길로 가면 "정녕 죽으리라"는 하나님의 경고가 다 이루어지는 날이다.

결국 자기의 길을 고집한 모든 영혼은 현재에도 영적으로 죽은 상태에 있을 뿐 아니라, 영원한 사망을 향하여 꿈틀거리며 가고 있다. 우리 기독인이 비기독인들에게 전도해야 하는 분명한 이유가 여기에 있다. 그들을 불순종과 많은 죄악으로부터 건져내야 한다. 그들을 영적으로 죽은 상태에서 건져내어 다시 영적으로 살려야 한다. 무엇보다도 영원한 심판을 향하여 옮겨가고 있는 그들의 방향을 바꿀 수 있는 복된 소식을 전해야 한다.

3. 나가면서

화살처럼 날라가며, 이슬처럼 없어지는 짧은 인생을 그처럼 하나님 없이 살아가다가, 사람은 마침내 하나님 없는 영원을 맞이한다. 얼마나 불행한 인생이며 비극적인 종말인가? 그러나 하나님이 성경말씀을 통하여 그런 사실들을 사람들에게 알려주시는 주된 목적은 그들이 그런 삶에서 탈피할 수 있는 길을 알려주시기 위함이다. 그뿐 아니라, 그들에게 복스럽고 놀라운 영원(eternity)이 있다는 사실을 알려주시기 위함이다. 얼마나 놀라운가!

13

원형복음

1. 들어가면서

원형복음(原型福音)은 "최초의 복음"이라는 뜻인데, "원시 복음," "원복음," "원형복음" 등으로 불리기도 한다.[15] 그러면 원형복음은 과연 무엇인가? 어떤 정황에서 이 최초의 복음이 소개되었는가? 그리고 그 복음이 원시적(原始的)으로 소개된 것이라면, 어떻게 성숙된 복음으로 전개되었는가? 원형복음에 관한 이상의 몇 가지 질문을 석의적(釋義的)인 측면과 계시적(啓示的)인 측면에서 그 해답을 찾고자 한다. 그러나 우선적으로 이 원형복음의 내용을 살펴보자.

2. 원형복음의 내용

저 유명한 라이온(Lyon)의 감독, 이레니우스(Irenaeus)가 창

---

15 원형복음은 영어의 *protevangelium*을 원문 그대로 번역해 놓은 것인데, 그 단어는 *proto*와 *evangelium*의 두 단어가 합쳐서 이루어진 합성어(合成語)이다. 이 두 단어가 합성하면서 이중모음을 피하기 위하여 *o*가 떨어져나갔다. *proto*는 헬라어 πρστσ를 소리나는 대로 번역하여 영자화(英子化)한 것으로, 그 의미는 "제일의," "최초의," "초기 형태의" 등이다. *Evangelium*은 헬라어 ευαγγελιον을 중세기적 영어로 번역한 것으로, 그 의미는 "기쁜 소식," "복된 소식," "복음" 등이다. 결국 이 두 단어가 합해서 "원형복음"의 의미를 갖게 되었다.

세기 3장 15절을 메시야에 대한 예언으로 해석한 이후 그 구절 (句節)은 원형복음으로 이해되어 왔다.[16] 이 구절에서 여호와 하나님이 친히 뱀에게 내리신 심판의 말씀은 다음과 같다:

> 내가 너로 여자와 원수가 되게 하고,
> 네 후손도 여자의 후손과 원수가 되게 하리니,
> 여자의 후손은 네 머리를 상하게 할 것이요,
> 너는 그의 발꿈치를 상하게 할 것이니라.

이 말씀 중 특히 주목해야 될 표현은 "여자의 후손"이다. 이레니우스에 의하면, "여자의 후손"은 다름 아닌 예수 그리스도를 가리키며, 사탄을 상징하는 뱀이 예수의 발꿈치를 상하게 하나, 그리스도가 사탄의 머리를 유린(蹂躪)함으로 마침내 그리스도가 승리하신다는 것이다.[2] 이러한 이해는 신구교를 막론하고 복음적인 입장에 있는 그리스도인들에게 복음 선포에 큰 영향을 끼쳤다.

이 본문에서 "후손"의 해석은 중요하다. 왜냐하면 히브리어로 제라(זרע)인 "후손"은 구약성경에서 흔히 복수형으로 쓰이나, 경우에 따라서는 단수의 의미로 사용되기도 한다. 예를 들면, 창세기 4장 25절에서 아담과 하와가 가인과 아벨을 낳은 뒤에 셋이라는 아들을 또 낳았는데, 그 아들이 죽은 아벨 대신에 하나님이 주신 "다른 씨" 곧 제라였다. 여기에서 제라는 셋이라는 한 아들을 가리키기 위하여 쓰인 단수이다.

이처럼 "후손"이 단수의 의미로 사용된 실례가 더러 있으나 한 가지 예만 더 들면 충분할 것이다. 사무엘의 어머니 한나는 오랫

---

16 Irrnaeus, *Adversus Haereses* (Philadelphia: Westminster Press, 1953), 390-391.

동안 자식을 갖지 못하여 그 괴로움을 눈물의 기도로 표현한 적이 있었다. 그 기도는 "...주의 여종을 잊지 아니하시고 주의 여종에게 아들을 주시면 내가 그의 평생에 그를 여호와께 드리고 삭도를 그의 머리에 대지 아니하겠나이다"라는 내용을 포함하고 있었다 (삼상 1:11). 그런데 이 기도에 들어 있는 "아들"은 그 기도의 응답으로 태어난 사무엘을 기르키는데, 여기에서 쓰여진 단어도 *제라*였다. 그러므로 "후손"이라고 번역된 이 단어는 복수로 사용될 뿐 아니라 단수로도 사용된다.

칼뱅의 제자이며 동시에 구약학자인 데이빗 파레우스(David Pareus: 1548-1622)는 그의 주석에서 "여자의 후손"이 단수로 해석되어야 하며, 따라서 예수 그리스도를 지칭한다고 다음과 같이 언급하였다:

(1) 명사의 반복 대신에 "그의 후손"으로 기록하면서 "그"라는 단어가 사용되었다. 그러므로, 하나님은 그 구절의 앞부분과 뒷부분을 구분하셨다. 파레우스는 이 논쟁은 그 자체만으로는 약하지만, 다른 논쟁들과 함께 생각해 볼 것을 촉구하였다. (2) 칠십인 역은 "그"를 αυτος라는 단어로 번역하였다. (3) 15절에서 "여자의 후손"을 대적하는 다른 후손이 나오지 않으며, 단지 뱀 한 마리가 나온다. (4) *콘테레레*(conterere)라는 단어, 곧 전쟁의 개념과 승리의 형태는 대체적으로 단일적인 실재를 암시하였다. (5) 사탄의 통치를 부수는 것은 하나님의 힘을 필요로 했다 (슥 3:2, 롬 16:20). (6) 하나님은 시시때때로 그리스도를 "후손"이라고 언급하셨다 (갈 3:16, 대상 17:11). (7) 창세기 3장 15절은 사탄의 권세를 깨뜨리기 위해서 그리스도의 적절한 직책을 이렇게 후손이라고 하였다 (시 68:19, 110:6). 다윗, 여호수아 및 삼손은 모형에 불과했으나; 그리스도는 사탄을 직접적으로 이기셨다. (8) 신약성경은 이 약속의 성취를 그리스도 안에서만 보여주었다 (요일 3:8, 요 14:30, 눅 10:18, 요 12:31, 고전 15:54-55, 히 2:14, 계

20:2).[17]

위의 인용문에 의하면, "여자의 후손"이 예수 그리스도라는 해석이 가능하다. 그리고 이런 해석을 뒷받침해 줄 신약성경의 말씀도 인용될 수 있다: "때가 차매 하나님이 그 아들을 보내사 여자에게서 나게 하시고..." (갈 4:4). 예수님 자신도 어머니를 여자라고 부르심으로 그가 여자의 아들임을 증언한 적이 있으셨다 (요 2:4; 19:26).

그뿐 아니라, 본문에서 뱀이 여자의 후손의 발꿈치를 상하게 하나, 여자의 후손은 뱀의 머리를 상하게 한다는 것이 시사하는 바가 크다. 이미 그 내용 자체가 함축하고 있는 것처럼, 머리를 상한다는 것은 치명적이나 발꿈치의 상해는 머리에 비하면 경미한 상처에 불과하다. 그런데 요한계시록 12장에 의하면, 창세기 3장에 나오는 옛 뱀은 마귀 내지 사탄이다 (계 12:9; 20:2도 보라).

그리고 그 뱀이 잠시 동안 공격하는 것은 "여자"와 그 "아이"이나, 그들은 궁극적으로 뱀, 곧 마귀를 이긴다 (시 8:6, 89:24, 고전 15:25 등 참조).[18] 결국, "여자의 후손은 네 머리를 상하게 할 것이요 너는 그의 발꿈치를 상하게 할 것이니라"는 마귀가 예수님을 십자가 위에서 죽게 하나, 그분이 죽은 자 가운데서 사흘 만에 다시 사심으로 마귀의 세력을 부수는 것으로 이해해야 한다.

---

17 Ken Schurb, "Sixteenth-Century Lutheran-Calvinist Conflict on the Protevangelium," *Concordia Theological Quarterly*, 제54권 1호 (1990, 1): 36.

18 Walter Wifall, "Gen 3:15--A Protevangelium?" *The Catholic Biblical Quarterly*, 제36권 (1974, 7): 365.

3. 원형복음의 전개

그러나 창세기 3장 15절이 그 자체만으로 위에서처럼 마귀와 예수 그리스도와의 갈등으로, 그리고 한 발 더 나아가서 예수 그리스도의 죽음과 부활로 이해되기는 불가능하다. 왜냐하면 그 말씀 자체는 그런 의미를 전혀 담고 있지 않을 뿐 아니라, 예수 그리스도가 인류의 구세주로 계시되는 것은 먼 훗날의 사건이기 때문이다. 그 구절이 위에서처럼 이해될 수 있는 것은 이미 완성된 신약성경의 계시에 의하여 거꾸로 추적되기 때문이다.

다시 말해서, 하나님은 성경을 파노라마식으로 펼쳐가면서 당신의 뜻을 조금씩 확대하면서, "보다 모호한 것에서 덜 모호한 것으로 전개하신다."[19] 하나님은 당신의 뜻을 점진적으로 시간이 지날수록 과거보다 분명하게, 과거의 계시보다 확대해서, 그리고 과거의 경험보다 진하게 계시하신다.[20] 그런데, "점진적 계시의 뿌리는...구속의 전개이다."[21] 하나님은 오랜 기간에 걸쳐 그리고 일련의 사건들을 통하여 점진적으로 인간의 구속을 위한 당신의 뜻을 알려주신다. 제임스 패커는 이런 하나님의 계시적 행위를 다음과 같이 명료하게 묘사한다:

> 이런 일련의 행위들은 아담에게 주어진 약속, 노아의 보존, 아브라함의 부르심, 애굽에서의 구출, 이스라엘의 많은 해방, 각종의 메시야에 대한

---

19 Antonine DeGuglielmo, "Mary in the Protoevangelium," *The Catholic Biblical Quarterly*, 제14권 (1952, 1): 108.

20 R. B. Kuiper, *God-Centered Evangelism: A Presentation of the Scriptural Theology of Evangelism* (London: The Banner of Truth Trust, 1966), 47.

21 Bernard Ramm, *Special Revelation and the Word of God* (Grand Rapids, MI: Eerdmans Publishing Co., 1961), 103.

기대에서 예수 그리스도의 생애와 죽음과 부활 및 성령의 강림에 이르기까지 펼쳐진다. 그리스도 이전에 있던 모든 사건도 그리스도의 죽음과 부활과 똑같이 구속을 위한 하나님의 계시였다; 그러나 그 모든 것은 예비적이며 일시적이나, 그리스도의 역사는 최후적이며, 확정적이며, 모든 인간을 위해 마련된 구속의 성취였다.[22]

이처럼 점진적 계시에 의하여 창세기 3장 15절이 원형복음인 사실을 차례로 살펴보자.

1) 창세기 3장 21절

창세기 3장 15절도 이처럼 구속적 입장에서 그리고 점진적 계시에 의하여 접근될 때, 그 말씀이 원형복음인 이유를 이해하게 될 것이다. 그런데 원형복음이 언어로 주어진 복음이라면, 그 언어를 실제화한 원형복음이 바로 창세기 3장 21절이다: "여호와 하나님이 아담과 그의 아내를 위하여 가죽옷을 지어 입히시니라." 그러니까 말씀과 행위가 결합하여서 완전한 원형복음을 제시했다고 할 수 있다.

아담과 하와가 하나님의 뜻을 거부한 후 제일 먼저 한 일은 "무화과나무 잎을 엮어 치마를" 만들어 입은 것이었다. 그들은 그들의 벌거벗은 모습을 가리려 했던 것이다. 다른 말로 표현하면, 그들을 엄습해오는 죄의식을 덮으려했던 것이다.[23] 그러나 그들은 그 죄의식의 문제를 해결할 수 없었는데, 그 이유는 무화과나무

22 James I. Packer, "An Evangelical View of Progressive Revelation," *Evangelical Roots*, Kenneth Kantzer 편집 (Nashville, TN: Thomas Nelson Inc., Publishers, 1978), 155.

23 Gordon J. Wenham, *Genesis 1-15, Word Biblical Commentary*, 제1권 (Waco, TX: Word Books, Publisher, 1987), 76.

잎의 한계 때문일 뿐 아니라 하나님에 대한 두려움 때문이었다.

그들이 죄의식의 문제를 해결하려고 이처럼 애를 쓰고 있을 때, 하나님이 그들을 위하여 가죽옷을 마련하셨다. 이 사건에서 몇 가지 중요한 사실을 찾을 수 있는데, 첫째는 가죽옷을 마련한 것은 아담과 하와의 노력이 아니라 하나님의 행위였다는 것이다. 둘째는 한계 있는 무화과나무의 잎으로 엮은 치마 대신에 가죽옷이었다는 것이다. 셋째는 가죽옷을 위하여 어떤 동물이 피를 흘리고 죽었다는 사실이다. 넷째는 죽은 동물은 구약성경에 나오는 최초의 대속제물이었다.[24] 다섯째는 아담과 하와의 죄의식의 문제가 덮어졌다는 사실이다.[25]

2) 창세기 4장 1-7절

가죽옷은 아담과 하와의 즉각적인 문제의 해결을 위해서도 중요했다. 그러나 그 못지않게 중요한 것은 가죽옷의 의미가 그들에게만 국한되지 않고 그들의 자녀들에게도 전수되었다는 사실이다. 아담과 하와가 가죽옷을 얻어 입은 후 두 아들을 낳았는데 바로 가인과 아벨이었다. 그 두 아들은 성장하여 각각 제물을 하나님에게 드렸는데, 성경은 그것을 이렇게 묘사하고 있다: "세월이 지난 후에 가인은 땅의 소산으로 제물을 삼아 여호와께 드렸고, 아벨은 자기도 양의 첫 새끼와 그 기름으로 드렸더니, 여호와께서 아벨과 그의 제물은 받으셨으나, 가인과 그의 제물은 받지 아니

---

24 John Wesley, *John Wesley's Commentary on the Bible*, G. Roger Schoenhals 편집 (Grand Rapids, MI: Francis Asbury Press, 1990), 29.

25 Albert F. Harper, 편집, *The Wesley Bible* (Nashville, TN: Thomas Nelson, Inc., 1990), 10.

하신지라..." (창4:3-5).

하나님은 무슨 이유로 가인과 그의 제물은 거절하셨고, 반면에 아벨과 그의 제물은 받아들이셨는가? 창세기는 그 이유를 전혀 밝히지 않고 있다. 그러나 성경의 몇 곳에서 그 이유를 간접적으로 알려준다. 히브리서 11장 4절과 요한일서 3장 12절은 각각 이렇게 언급한다: "믿음으로 아벨은 가인보다 더 나은 제사를 하나님께 드림으로 의로운 자라 하시는 증거를 얻었으니, 하나님이 그 예물에 대하여 증언하심이라....", "가인 같이 하지 말라. 그는 악한 자에게 속하여....자기의 행위는 악하고 그의 아우의 행위는 의로움이라."

이 두 말씀은 사람과 예물에 관한 내용이다. 아벨은 믿음으로 예물을 드렸으나, 가인은 악한 마음으로 드렸다. 그뿐 아니었다! 하나님은 아벨의 의로운 예물을 받으셨으나, 가인의 악한 행위는 받지 않으셨다. 물론 가인은 "땅의 소산"을 드린 악한 행위였고, 아벨은 "양의 첫 새끼와 그 기름"으로 예물을 드린 의로운 행위였다. 그 결과 하나님은 아벨을 의롭다 하시고 가인은 악하다고 선언하셨다.

그렇다면 아벨은 무엇을 근거로 양을 믿음으로 드렸으며, 또 하나님은 무엇을 근거로 아벨의 제물을 받으시고 그를 의롭다 하셨는가? 그 근거는 가죽옷의 의미, 곧 피의 제물이었다. 아담과 하와는 그들의 수치와 죄의식의 문제를 해결해준 양의 죽음을 보았고, 경험했고, 그리고 그 의미를 자녀들에게 전수해 주었던 것이다. 구약성경 학자인 글리슨 아처는 그 전수를 이렇게 설명하였다:

하나님이 아담과 하와의 나신(裸身)에 옷을 입히실 때, 동시에 대속적 희생의 구속적 피의 의미를 가르쳐주셨다는 결론을 내리는 것은 논리적이다; 왜냐하면 아담의 둘째 아들 아벨이 참된 신자로서 대속적 구속에 대하여 잘 배웠기에 제단 위에 죄 없는 어린 양을 제물로 바쳤음에 틀림없다....가인의 식물성 제물은 아버지의 승인을 결코 얻지 못했을 것인데, 그 이유인즉 가인은 속죄의 피 없이 하나님에게 나아가려고 했기 때문이다.[26]

결국, 부모가 전수해준 대로 아벨은 하나님 앞에 나아오기 위하여 믿음으로 양의 첫 새끼를 죽여 제물로 드렸고, 가인은 피 없는 식물, 곧 하나님의 뜻과 무관한 그의 '노력'의 결과를 드림으로 악한 행위로 규정되었던 것이다.[27]

3) 출애굽기 12장 1-14절

가인과 아벨이 제물을 드린 이후, 모든 인간은 가인의 길을 본받아 각자의 노력과 선행(善行)으로 하나님에게 나아오려 하든지, 아니면 아벨의 길을 따라 대속의 제물을 통하여 하나님에게 나아왔다. 물론 하나님은 언제나 아벨의 길을 따르는 사람들만을 받아주셨다. 결국, 하나님이 아담과 하와를 통하여 계시하신 가죽옷의 구속적 의미가 아벨을 통하여 모든 사람에게 전수되었던 것이다.

그런데 아벨을 통하여 전수된 것은 한 마리의 양이 죽음으로 그 제물을 드린 사람만이 하나님에게 나아올 수 있다는 것이었다.

---

26 Gleason L. Archer, *Encyclopedia of Bible Difficulties* (Grand Rapids, MI: Zondervan Publishing House, 1982), 76.

27 Alan Richardson, *Genesis I-XI: Introduction and Commentary* (London: SCM Press, 1953), 82.

다시 말해서, 양의 대속적 죽음은 오직 한 사람을 위한 것이었다. 그러나 하나님은 점진적 계시에 의하여 보다 확대된 대속적 죽음을 보여주셨다. 그것이 바로 출애굽기 12장에서 소개된 유월절의 제정(制定)이었다. 하나님은 이스라엘 백성에게 유월절을 통하여 양 한 마리가 여러 사람의 구속을 위하여 죽을 수 있다는 것을 계시하셨다. 그 계시를 직접 성경에서 찾아보자:

> ....이 달 열흘에 너희 각자가 어린 양을 잡을지니 각 가족대로 그 식구를 위하여 어린 양을 취하되, 그 어린 양에 대하여 식구가 너무 적으면 그 집의 이웃과 함께 사람 수를 따라서 하나를 잡고 각 사람이 먹을 수 있는 분량에 따라서 너희 어린 양을 계산할 것이며, 너희 어린 양은 흠 없고 일 년 된 수컷으로 하되 양이나 염소 중에서 취하고, 이 달 열 나흘날까지 간직하였다가 해 질 때에 이스라엘 회중이 그 양을 잡고, 그 피를 양을 먹을 집 좌우 문설주와 인방에 바르고....이것이 여호와의 유월절이니라 (출 12:3-7, 11).

물론 유월절 절기에 어린 양이 이스라엘 백성을 위하여 죽었고, 그 양의 피는 그 집의 좌우 설주와 인방에 뿌려졌다. 그리고 그 집안에 들어간 사람들은 양의 대속적 죽음 때문에 죽음을 극복할 수 있었다.[28] 이 양의 죽음은 아벨이 드린 제물과 똑같은 대속적 죽음이었다. 그러나 위에서 언급한 것처럼, 유월절 어린 양의 죽음은 한 사람을 위한 것이 아니었다. 그 양은 한 가족을 위하여 죽었던 것이다.

하나님의 구체적인 말씀을 들어보자: "너희 각자가 어린 양을 잡을지니, 각 가족대로 그 식구를 위하여 어린 양을 취하라" (출

---

28 유월절의 의미와 그것이 함축하고 있는 복음을 자세히 살펴보기 위하여 다음을 보라: 홍성철, "유월절에 함축된 복음," 신학과 선교, 제25집 (2000): 507-541.

12:3). 그리고 그 가족의 수가 너무 적으면 "그 집의 이웃과 함께 사람 수를 따라서 하나를 잡고 각 사람이 먹을 수 있는 분량에 따라서 너희 어린 양을 계산할 것이라" (4절). 그런데 세월이 지나면서 유월절의 어린 양을 위한 정수(定數)를 10명으로 고정시켰다.[29]

유월절의 제정은 두 말할 필요도 없이 이스라엘 백성을 애굽의 속박에서 해방시키신 하나님의 위대한 방법이었다. 유월절 양의 죽음으로 모든 애굽 백성의 장자와 동물의 첫 새끼는 죽었으나, 이스라엘 백성은 죽음을 면했다. 그뿐 아니라, 그들은 애굽을 떠날 수 있었던 것이다. 이런 이스라엘의 출애굽의 사건을 통하여 하나님은 대속적 죽음의 확대된 적용을 새롭게 계시하셨다. 이제부터는 한 사람 당 한 양이 죽을 필요가 없게 되었다. 한 양이 한 가족을 위하여 죽는 길이 열렸기 때문이었다.

4) 레위기 16장

이스라엘 백성이 애굽을 떠난 이후, 여호와 하나님은 그들에게 속죄에 관하여 보다 깊고 보다 새로운 계시를 허락하셨다. 그 계시가 바로 레위기 16장에 기록된 대속죄일이었다. 이스라엘 백성은 매년 7월 10일에 여호와 앞에서 정결케 되는 예식을 거행해야 했다 (29–31절). 그리고 이스라엘 백성을 속죄하기 위하여 대제사장은 그 날만 지성소, 곧 하나님 앞으로 나아올 수 있었다.

대제사장은 먼저 자신과 그 가족을 속죄하기 위하여 수송아지

---

29 J. Philip Hyatt, *Commentary on the Bible* (London: Liphants, 1971), 132. Keil & Delitzsch, *The Pentateuch: The Second Book of Moses*, 11도 참조하라.

를 드려야 하며, 그 후 백성을 속죄해야 한다. 대제사장은 백성을 위한 속죄제를 이렇게 드렸다:

> 또 백성을 위한 속죄제 염소를 잡아 그 피를 가지고 휘장 안에 들어가서 그 수송아지 피로 행함 같이 그 피로 행하여 속죄소 위와 속죄소 앞에 뿌릴지니, 곧 이스라엘 자손의 부정과 그들이 범한 모든 죄로 말미암아 지성소를 위하여 속죄하고, 또 그들의 부정한 중에 있는 회막을 위하여 그같이 할 것이요; 그가 지성소에 속죄하러 들어가서 자기와 그의 집안과 이스라엘 온 회중을 위하여 속죄하고 나오기까지는 누구든지 회막에 있지 못할 것이며, 그는 여호와 앞 제단으로 나와서 그것을 위하여 속죄할지니, 곧 그 수송아지의 피와 염소의 피를 가져다가 제단 귀퉁이 뿔들에 바르고, 또 손가락으로 그 피를 그 위에 일곱 번 뿌려 이스라엘 자손의 부정에서 제단을 성결케 할 것이요 (레 16:15-19).

대제사장은 이스라엘 백성을 속죄하기 위하여 염소 한 마리를 죽였다. 그리고 그 피를 속죄소, 곧 하나님 앞에 뿌리고 또 회막과 단에 뿌렸다. 하나님 앞에 뿌린 피는 이스라엘 백성의 죄와 부정을 정결케 하기 위한 것이었다. 그리고 회막과 단에 뿌린 피는 그들의 죄로 인하여 손상된 하나님과의 관계를 회복시키기 위한 것이었다.[30]

그러면, 왜 대제사장은 이스라엘 회중의 죄와 부정을 위하여 반드시 지성소에 들어가서 하나님 앞에 그 염소의 피를 뿌려야 하는가? 물론 그래야만 하는데, 그 까닭은 백성이 범한 죄와 부정을 용서하며 또 정결하실 수 있는 분은 오직 하나님뿐이시기 때문이다. 하나님이 용서하실 때만이 이스라엘 백성은 하나님과 진정으로 화목될 뿐 아니라, 하나님과 온전한 교제를 나눌 수 있기 때문

30 Martin North, *Leviticus* (Philadelphia, PA: Westminster, 1965), 124.

이다.[31]

하나님은 속죄일의 예식을 통하여 구속의 역사에서 또 한 번의 커다란 도약의 발판을 마련하셨다. 다시 말해서, 지금까지 이스라엘 백성은 한 가족을 위하여 한 마리의 양만을 희생시키면 되는 은혜를 누리면서 살았다. 그러나 하나님의 은혜는 거기에서 그치지 않았다. 속죄일을 통하여 하나님이 이스라엘 백성에게 허락하신 은혜는 한 마리의 염소가 이스라엘 온 회중을 위하여 속죄제로 희생될 수 있다는 사실이다.[32] 이것은 구속을 위하여 하나님이 점진적으로 당신의 은혜의 뜻을 보다 깊이 그리고 보다 확대해서 계시하신 사건이었다.

5) 요한복음 1장 29절

속죄일을 통한 구속의 확대된 계시는 너무나 엄청난 것이었다. 그러나 이미 언급한대로 그 계시에는 너무나 많은 제한이 있었다. 첫 번째의 제한은 대제사장만이 하나님 존전(尊前)으로 나아갈 수 있었다. 두 번째의 제한은 그것도 일 년에 한 번 지정된 7월 10일밖에 적용되지 않았다. 세 번째의 제한은 이스라엘의 백성을 속죄하기 위하여 반복적으로 염소가 희생을 당해야 했다. 그리고 네 번째 제한은 그 속죄가 이스라엘 백성에게 국한된 은혜이었다. 그런 까닭에 하나님에게는 속죄일의 계시가 놀랍고 확대되긴 했어

---

31 Keil/Delitzsch, *The Third Book of Moses*, 401.

32 레 16장에는 "백성," "회중," "이스라엘 자손" 등의 표현이 9번이나 나오는데, 그것은 염소 한 마리가 속죄의 제물로 죽는 대상이 이스라엘 백성 전체라는 사실을 강조하기 위함이었다. John E. Hartley, *Leviticus, Word Biblical Commentary*, 제4권 (Dallas, TX: Word Books, Publisher, 1992), 226을 참고하라.

도, 그것보다 더 완전하고도 새로운 계시를 필요로 했다. 그 계시
가 바로 예수 그리스도였다. 그분의 길을 예비한 마지막 선지자
세례 요한은 자기에게 오시는 그분을 가리키면서 이렇게 외쳤다:
"보라 세상 죄를 지고 가는 하나님의 어린 양이로다!" (요 1:29).

여기에서 지칭된 어린 양은 구약성경에서 속죄의 제물로 죽은
모든 양이나 염소의 총괄(總括)이다.[33] 예수 그리스도는 구약성
경에서 희생된 모든 속죄제물의 성취이시다. 그런데 이 어린 양을
속죄일과 연결시키면서 해석한 성경 말씀이 있다:

> 오직 둘째 장막은 대제사장이 홀로 일 년에 한 번 들어가되 자기와 백성
> 의 허물을 위하여 드리는 피 없이는 아니하나니....그리스도께서는 장래
> 좋은 일의 대제사장으로 오사 손으로 짓지 아니한 것, 곧 이 창조에 속하
> 지 아니한 더 크고 온전한 장막으로 말미암아 염소와 송아지의 피로 하지
> 아니 하고 오직 자기의 피로 영원한 속죄를 이루사 단번에 성소에 들어가
> 셨느니라" (히 9:7, 11-12).

예수 그리스도가 십자가에서 죽으심으로 지성소와 성소 사이
를 가로막는 휘장은 완전히 찢어졌다 (마 27:51, 히 10:20). 그러
므로 대제사장 뿐 아니라, 누구나 하나님 앞으로 나아갈 수 있는
길이 열린 것이다. 그뿐 아니라, 어떤 특정한 때에만 아니라 언제
라도 하나님 앞으로 나아갈 수 있게 되었다. 왜냐하면 거룩한 하
나님과 죄 많은 인간 사이를 갈라놓았던 휘장 가운데가 위에서 아
래로 찢어졌기 때문이다.

그렇다! 예수 그리스도는 단번에 죽으심으로 세상의 모든 죄

---

33 R. C. H. Lenski, *The Interpretation of St. John's Gospel* (Minneapolis,
MN: Augsburg Publishing House, 1943), 126-127.

문제를 영원히 해결하셨다.[34] 그 결과 이스라엘 백성은 물론 세상의 모든 사람이 하나님의 존전으로 갈 수 있는 "새롭고 산 길"이 열려진 것이다 (히 10:20). 중간에 막힌 담이 무너졌기 때문이다 (엡 2:14). 물론 그 담은 예수 그리스도의 몸을 내놓으심으로 무너뜨렸다 (엡 2:16). 왜냐하면 예수 그리스도는 세상의 모든 죄를 위하여 속죄의 피를 흘리고 죽으셨기 때문이다.

4. 나가면서

성경은 하나님의 마음을 인간에게 알려주는 편지이다. 성경을 통하여 하나님이 인간을 얼마나 사랑하시는지를 보여주신다. 하나님은 성경을 통하여 그분이 인간을 어떻게 창조하셨는지를 드러내신다. 하나님은 성경을 통하여 인간이 어떻게 불순종했는지 그리고 어떻게 심판을 자취(自取)했는지를 일깨워주신다. 동시에 하나님은 성경을 통하여 그런 인간을 버리지 않으시고 속죄를 통하여 관계 회복을 이미 마련하셨다는 놀라운 사실을 계시하신다. 그리고 그 구속에 관한 계시의 시발점이 바로 원형복음이다.

"시작한 날도 없고 생명의 끝도 없으신" 하나님은 인간이 타락한 즉시 구원의 역사를 계획하시고 또 이루어나가신다(히 7:3).[35] 그러나 인간은 그런 하나님의 구원 계획을 처음부터 충분히 이해할 수 없었다. 유한(有限)한 인간은 무한한 하나님의 계획과 뜻을 이해하는데 상당한 시간을 필요로 했을 뿐 아니라, 하나님의 도움

---

34 Andrew Bonar, *Leviticus,* 제2쇄 (London: The Banner of Truth Trust, 1972), 309.

35 Thomas C. Oden, *The Living God, Systematic Theology*, 제1권 (San Francisco, CA: Harper & Row, Publishers, 1987), 61.

을 의지할 수밖에 없었다. 그 하나님의 도움이 바로 점진적 계시였다. 하나님은 뱀에 대한 선고(宣告) 가운데 구원의 계획을 포함시키셨다. 그리고 하나님은 그 계획에 따라 점증적(漸增的)으로 당신의 뜻을 펼치셨다.

칼뱅신학교(Calvin Theological Seminary)의 조직신학 교수였던 앤도니 후크마는 그의 명저『하나님의 형상대로 창조되다』에서 구속에 관한한 모든 성경은 원형복음에 따라 전개된다고 언급한다:

> 이 아름다운 구절에서 우리는 하나님의 은혜라는 경이(驚異)를 본다. 뱀에 대한 하나님의 저주의 일부인 창세기 3장 15절은 죄로 타락한 최초의 부모를 가진 사람들의 구속을 위하여 이루기로 작정하신 모든 것을 씨의 형태로 포함하고 있다. 그 후의 모든 성경은 이처럼 놀라운 약속의 내용을 펼쳐나가고 있다.[36]

원형복음을 근거로 한 복음의 전개는 놀랍게도 죄의식과 죽음의 문제를 해결하려고 발버둥치는 사람들의 인생 현장에서 이루어진다. 첫째는 아담과 하와의 벌거벗은 수치를 덮어주는 은혜의 행위에서 드러난다. 둘째는 아벨과 가인의 제사를 통하여 하나님의 방법이 그대로 전수되어야 하는 당위성에서 나타난다. 셋째는 이스라엘 백성이 애굽에서 해방되는 과정을 통하여 보다 확대해서 보여준다. 넷째는 율법의 정죄에서 벗어나는 속죄일의 예식을 통하여 훨씬 더 확대된 은혜가 계시된다.

그러나 이 모든 계시는 "믿음의 창시자이시며 우리 믿음을 완전케 하시는 예수님"에서 완성된다 (히 12:2). 왜냐하면 예수 그

---

36 Anthony A. Hoekema, *Created in God's Image,* 135.

리스도가 온 인류를 위한 구속의 제물로 죽으셨기 때문이다. 그뿐 아니라, 그분의 죽음은 하나님의 진노를 풀어드린 속죄 제물이기 때문이다 (요일 2:2). 예수 그리스도가 십자가 위에서 죽으셨다 삼일 만에 다시 사심으로 비로소 원형복음은 완성된 복음으로 전환된다.

14
복음의 심장

1. 들어가면서

인류의 역사 가운데 들어와서 그 역사를 바꾼 분이 있는데, 그분은 바로 예수 그리스도이시다. 그분의 탄생을 기점(基點)으로 BC와 AD로 나뉜 것은 물론이고, 인류 역사의 흐름도 바뀌어졌다. 성경은 그분의 탄생을 여러 가지로 묘사하고 있으나, 사도 요한은 다른 저자들과는 다르게 묘사했다. "말씀이 육신이 되어 우리 가운데 거하시매, 우리가 그의 영광을 보니 아버지의 독생자의 영광이요 은혜와 진리가 충만하더라" (요 1:14).

영원한 말씀이 인간이 되셨다! 그리고 하나님의 로고스인 그분은 세상에 있는 인간들과 함께 사셨고, 죽으셨고, 그리고 다시 살아나셨다.[37] 그 목적은 분명했다: 잃어버린 영혼들을 구원하기 위해서였다. 그 목적을 예수 그리스도는 이렇게 말씀하셨다, "인자가 온 것은 잃어버린 자를 찾아 구원하려 함이니라" (눅19:10). 그런 이유 때문에 예수 그리스도는 복음 그 자체였다 (막 1:1).

예수 그리스도의 삶 가운데 특히 두 가지 사건은 지금까지 인류의 역사에서 없었던 너무나 현격(懸隔)한 것이었다. 그것은 그

---

37 요 1:14에 나오는 말씀은 헬라어로 로고스(λόγος)이다.

분의 성육신(成肉身)과 부활이었다. 그 두 가지 사건을 통하여 하나님에 대한 인간의 견해가 급진적으로 바뀌었다.[38] 견해만 바뀐 것이 아니었다. 제한적인 인간이 제한 없는 하나님과 새로운 차원에서 관계를 갖게 되는 놀라운 변화도 일어나기 시작했다.

하나님이 영원 전부터 품으셨던 계획대로, 인류의 구속을 실현하기 위하여 이 세상에 오신 예수 그리스도는 다음과 같은 세 가지 단계를 지나셨다: 성육신, 대속의 죽음 및 부활. *성육신*은 하나님의 아들이 인간이 되신 사건이었다. *대속적 죽음*은 인류의 죄를 대신 짊어지시고 십자가 위에서 죽으신 사건이었다. 그리고 *부활*은 예수 그리스도가 죽음의 장벽을 허무신 역사이다. 그 결과 그분은 지금도 살아계시는 주님이시다.

2. 성육신(incarnation)

예수 그리스도가 인간이 되실 때 그분은 신성(神性)과 인성(人性)을 동시에 지닌 분이 되셨다. 그분은 한편 신성을 유지함으로 하나님과의 교제를 향유하셨고, 또 한편 인성을 갖게 됨으로 인간의 입장을 깊이 경험하고 이해하실 수 있었다. 그분이 아무리 능력을 많이 행한 위대한 인물이라 할지라도, 단순한 인간이라면 인류의 구세주가 되실 수 없었다. 그러나 그분은 인간이자 동시에 하나님이시기에 인류를 죄의 구렁텅이에서 구원하시는 구세주시다.

---

38 T. F. Torrance, *Reality and Evangelical Theology* (Philadelphia, PA: The Westminster Press, 1982), 105.

1) 그리스도의 신성

예수 그리스도의 신성은 예언의 성취에서도 드러난다. 그분은 여자에게서 태어날 사실이 구약성경에서 몇 번씩 예언되었다. 소위 원형복음이라 불리는 창세기 3장 15절에서도 예수 그리스도를 *여자의 후손*이라고 하였다. 그 후 하나님은 이사야 선지자를 통하여 *처녀*에게서 태어날 아들에 대하여 예언하셨으며 (사 7:14), 그 예언은 예수 그리스도의 탄생으로 성취되었다 (마 1:22-23). 700여년의 긴 기간을 전후로 예언과 성취의 주인공이 되신 예수 그리스도는 결코 단순한 인간은 아니었다.

그분의 신성은 실제로 동정녀에게서 탄생하신 사실로도 증명된다. 예수 그리스도는 말씀과 성령의 역사로 잉태되셨다 (눅 1:32, 35). 그것은 모든 과학과 인간의 이성을 뛰어넘는 잉태였다. 다시 말해서, 그것은 창조주 하나님의 역사였다. 태초에 하나님이 천지를 창조하실 때 매개로 사용하신 똑같은 말씀과 성령의 역사였다.[39] 비록 그분은 여자의 몸을 빌렸으나, 말씀과 성령의 매개로 태어나셨기 때문에 어떤 죄성(罪性)도 물려받지 않으셨다.[40]

예수 그리스도는 비록 여자에게서 나심으로 한 인간이 되셨지만, 그래도 평범한 인간이 아니셨다. 왜냐하면 그렇게 태어나신 예수 그리스도가 바로 하나님의 아들이셨기 때문이었다 (갈 4:4). 하나님의 아들이란 하나님의 속성을 물려받은 분이라는 의미이다. 그런 이유 때문에 "그 안에는 신성의 모든 충만이 육체로 거하

---

39 창세기 1장에서 "하나님이 가라사대"가 10회나 인용되면서 창조의 매개가 말씀인 것을 드러내며, 또 "하나님의 신"의 운행으로 창조의 매개가 성령인 것을 말해준다 (창 1:2).

40 Lewis Drummond, *The Word of the Cross: A Contemporary Theology of Evangelism* (Nashville, TN: Broadman Press, 1992), 127.

셨다" (골 2:9). 그런 의미에서 하나님의 아들은 하나님과 동등한
분이다 (요 5:18).

예수 그리스도는 본래 하나님과 동등한 분으로 영원 전부터 하
나님과 함께 계셨다 (빌 2:6). 그러나 그분은 하나님과 함께 나누
셨던 모든 영광을 버리고 성육신하셨다. 비록 그분은 인간이 되어
인간들 속에 사셨지만, 그들의 병을 고치시며 동시에 그들의 죄를
용서하시는 놀라운 역사를 이루셨다. 한 번은 중풍병자에게 죄의
용서를 선포하시면서 그런 선포에 대한 증거로 병도 고쳐주셨다
(막 2:1-12를 보라).

2) 그리스도의 인성(人性)

동시에 예수 그리스도가 인성을 지닌 인간이 되셨다는 사실은
바울 사도의 언급에서도 잘 드러난다. "때가 차매 하나님이 그 아
들을 보내사 여자에게서 나게 하시고 율법 아래 나게 하신 것은
율법 아래 있는 자들을 속량하시고 우리로 아들의 명분을 얻게 하
려 하심이라" (갈 4:4-5). 위의 말씀에 의하면, 그분은 여자에게
서 나셨을 뿐 아니라, 율법 아래서 나셨다. 그분은 다른 사람들처
럼 율법의 지배를 받을 수밖에 없는 인간으로 태어나셨다.

예수 그리스도는 이스라엘 나라의 회복이 언제냐는 질문을 받
고, "때와 시기는 아버지께서 자기의 권한에 두셨다"고 말씀하셨
다 (행 1:7). 또 한 번은 나사로가 죽을 병에 걸렸는데, 예수 그리
스도는 그 죽음을 막아주지 않으셨다. 누군가가 와서 그 소식을
전하니 그때야 나사로의 죽음을 인지(認知)하셨다 (요 11:3). 이
런 사실은 전지(全知)와 무소부재(無所不在)와는 반대되는 한계

있는 인성을 말한다.

그러나 무엇보다도 예수 그리스도의 인성을 잘 드러내는 것은 그분의 감정이다. 그분은 인간만이 갖는 풍부한 감정을 시시때때로 표출하셨다. 그분은 때때로 어려운 사람들을 *불쌍히 여기셨다* (막 8:2). 죽은 나사로의 무덤 앞에서는 *눈물을 흘리셨다* (요 11:35). 그뿐 아니라, 예수 그리스도는 마귀의 세력을 이기실 사실 앞에서 *기뻐하셨다* (히 12:2). 그분은 당신의 기쁨을 제자들도 누리기를 원하셨다 (요 15:11, 17:13).

예수 그리스도가 모든 인간과 같은 성정(性情)을 지니신 인간이라는 사실을 가장 잘 나타낸 것은 역시 시험과 고난이었다. 그분이 신성만을 지닌 분이라면 굶주림과 목마름의 시험을 당하셨겠는가? (마 4:2-3, 요 19:28). 뿐만 아니라, 그분이 채찍에 맞으며 마침내 십자가에 못 박힘으로 온 몸에서 피를 쏟으신 고난은 어떤 인간도 견디기 어려운 것이었다. 오죽했으면 가능하다면 그런 고난을 피하게 해달라는 기도를 하셨겠는가? (마 26:39).

3) 성육신의 목적

바울은 예수 그리스도가 여자에게서 태어나신 목적을 분명히 기록하고 있다, *우리로 아들의 명분을 얻게 하려 하심이라* (갈 4:5). 여기에서 *우리*는 아담과 하와의 자손들을 가리킨다. 우리는 아담과 하와의 죄성을 물려받고 이 세상에 태어났다. 그런 우리가 하나님 아들의 명분을 얻는 것은 성령으로 잉태하신 예수 그리스도를 통해서이다. 그분만이 죄와 상관없이 태어나셨기에 그분을 통해 우리도 하나님의 자녀가 될 수 있다.

인류의 역사 한 가운데 태어나신 예수 그리스도는 하나님 사랑의 구현(俱現)이었다. 다시 말해서, 예수 그리스도의 탄생은 하나님이 타락한 인간들을 완전히 버리지 않으셨다는 것을 보여준 실증(實證)이었다. 우리 인간은 타락한 죄인으로 하나님을 등지고 살았다. 그럼에도 불구하고 하나님은 여전히 그런 인간을 사랑하신다. 그런 이유 때문에 인간이 아무리 타락해도 하나님의 사랑이신 예수 그리스도 앞으로 나올 수 있다.

하나님의 아들이 인간이 되어 인간들 속에 들어오셨다는 사실은 또 무엇을 의미하는가? 그분은 우리 인간들의 아픔과 슬픔, 기쁨과 행복, 눈물과 고통을 다 이해하신다는 사실을 의미한다. 예수 그리스도는 그런 우리의 입장을 이해하실 뿐 아니라, 동정하신다. 그런 까닭에 우리는 어떤 아픔과 고통을 당한다고 해도 그분에게 기도를 통하여 나올 수 있다 (히 4:14-16). 그분은 우리를 어루만지시며 위로하시고 힘을 주신다.

하늘나라의 모든 영광을 버리시고 이 세상에 오신 예수 그리스도는 그분을 따르는 우리 그리스도인들에게 본이 되신다. 우리도 우리 주변에 있는 사람들, 특히 예수 그리스도를 통하여 하나님의 자녀가 되지 못한 사람들에게 우리를 낮추고 찾아가야 한다. 그분이 자신을 낮추고 우리에게 다가오신 것처럼 말이다. 그리고 그들에게 복음의 주인공, 그들을 찾아 이 세상에 태어나신 예수 그리스도를 전해야 한다.[41]

---

41 James Montgomery Boice, *Foundations of the Christian Faith: A Comprehensive & Readable Theology* (Downers Grove, IL: InterVarsity Press, 1986), 287.

3. 대속의 죽음(substitutionary death)

예수 그리스도는 죄인들에게 하나님의 자녀라는 명분을 얻어 주시기 위하여 여자에게서 탄생하셨다. 그렇다면 그분이 그렇게 탄생하심으로 모든 죄인은 자동적으로 하나님의 자녀가 될 수 있는가? 물론 그렇지 않다! 그들은 예수 그리스도의 죽음을 기다리지 않으면 안 되었다. 왜냐하면 먼저 그들의 죄 문제가 해결되어야 하고, 그 다음 그에 따른 죽음과 심판의 문제가 해결되지 않으면 안 되기 때문이다.

그런 목적을 위하여 예수 그리스도는 십자가에서 못 박혀 죽으셨다. 그분은 한 번도 죄를 지으신 적이 없으셨건만, 가장 참혹한 죽음을 맛보셨다. 자신의 잘못을 위한 죽음이 아니라면, 그 죽음은 다른 사람들을 위한 죽음임에 틀림없다. 그렇지 않다면 왜 그분은 십자가에서 몸이 찢기시며 피를 쏟으시며 죽음을 앞에 두고 "다 이루었다"고 외치셨는가? (요 19:30). 물론 그 외침은 "구원의 사역을 완수하셨다"는 뜻이었다.[42]

그러면 어떻게 예수 그리스도가 십자가 위에서 죽으신 사실 때문에 구원의 사역이 완수되었는가? 그것은 그 죽음이 대속적(代贖的)이었기에 그렇다. 다시 말해서, 그것은 죄인들을 대신한 죽음이었다. 그뿐 아니라, 그 죽음은 동시에 화목제물(和睦祭物)이었다. 그 죽음은 하나님의 진노를 풀어드린 제물이었다는 뜻이다. 한 마디로 말해서, 예수님의 죽음은 아래로 죄인들을 위한 것이자

---

42 Kittel & Gerhard *Theological Dictionary of the New Testament,* 제8권, 59. 혹자는 이 단어를 "죄 값의 완불"(完拂)이라고 해석할 수 있다고 한다. James Kennedy,『전도폭발』, 제4판, 김만풍 역 (서울: 생명의 말씀사, 2001), 132.

동시에 위로는 하나님을 위한 것이었다.[43]

1) 구속(救贖)

예수 그리스도의 대속적 죽음을 가장 잘 대변하는 용어는 구속이다. 구속의 의미는 "몸값, 곧 속전(贖錢)을 지불하고 자유를 얻음"이다.[44] 인간은 불순종을 통하여 무죄의 상태에서 죄인의 신분으로 전락했다. 이렇게 타락한 이후 죄인이 된 인간은 죄의 굴레를 메고 사는 죄의 종이 되어버렸다. 그뿐 아니라, 죄의 열매인 죽음과 심판을 피할 수 없는 한계 있는 인생을 사는 처량한 신세가 되었다.

죄인들의 구원을 위하여 성육신하신 예수 그리스도는 마침내 그들의 속전으로 오셨다는 사실을 알리셨다. "인자가 온 것은...자기 목숨을 많은 사람의 *대속물*로 주려 함이니라" (마 20:28).[45] 문자 그대로 예수 그리스도는 죄인들을 위하여 그리고 죄인들을 대신하여 십자가를 지셨다. 그분은 죄인들의 불의를 짊어지심으로, 그들의 죄 값에 대한 모든 형벌을 받으셨던 것이다.

예수 그리스도의 이런 대속적 사역을 디도는 그들의 불법 때문이라고 밝혔다. "그가 우리를 대신하여 자신을 주심은 모든 불법에서 우리를 속량하시고...자기 백성이 되게 하려 하심이라" (딛

---

43 이런 구원의 삼각관계를 보려면 다음을 참고하라, Boice, *Foundations of Christian Faith*, 323.

44 W. E. Vine, Merrill F. Unger, & William White, Jr., 편집, *Vine's Expository Dictionary of Biblical Words* (Nashville, TN: Thomas Nelson Publishers, 1984), 515.

45 여기에서 대속물은 구속 또는 속전과 같은 원어인 *류트로시스* (λύτρωσις)이다.

2:14). 마침내 예수 그리스도는 죄인들을 대신하여 십자가 위에서 죄 값을 치루심으로 그들을 하나님의 백성으로 삼으셨다. "그 아들을 보내사 여자에게 나게 하시고...율법 아래 있는 자들을 속량하시고 우리로 아들의 명분을 얻게 하심이라"는 말씀을 이루신 쾌거였다 (갈 4:4-5).

죄의 대가는 이처럼 무섭고도 처절하다. 죄는 반드시 심판을 받아야 한다. 죄인들이 받을 죄의 심판을 예수 그리스도가 몸소 받으신 것이다. 그 값은 구체적으로 그분이 십자가에서 흘리신 피였다. 베드로는 이렇게 기록한다, "...너희 조상이 물려준 헛된 행실에서 대속함을 받은 것은...오직 흠 없고 점 없는...그리스도의 보배로운 피로 된 것이니라" (벧전 1:18-19). 그분이 흘리신 피의 대가로 죄인들은 죄에서 해방될 수 있는 것이다.

2) 화목제물

예수 그리스도가 십자가 위에서 피를 쏟으면서 죽으신 사건은 두 가지 목적을 위한 것이었다. 위에서 언급한 것처럼, 한편 죄인을 위하여 또 한편 하나님을 위한 이중적인 목적이었다; "그리스도 예수 안에 있는 속량으로 말미암아 하나님의 은혜로 값없이 의롭다 하심을 얻은 자 되었느니라. 이 예수를 하나님이 그의 피로써 믿음으로 말미암는 화목제물로 세우셨으니, 이는...자기의 의로우심을 나타내려 하심이니" (롬 3:24-25).

이 말씀에 의하면, 예수 그리스도는 죄인이 치러야 할 죄 값을 위한 구속이 되셨다. 그 결과 죄인이 의인이 될 수 있는 길이 열렸다. 그러나 동시에 그분이 흘린 피는 화목제물이 되었는데, 그것은 곧 하나님을 위한 것이었다. 그 이유는 다음과 같다. 하나님은 어떤 죄도 용납하실 수 없는 거룩한 분이시며, 모든 죄에 대하여 진노하는 분이시다. 비록 예수님이 죄 값을 지불하셨어도 죄에 대한 하나님의 진노는 여전하다.

만일 하나님이 죄에 대하여 진노하지 않으신다면 그분은 더 이상 의로운 분이 아니시다. 하나님은 죄에 대하여 진노하실 뿐 아니라, 그 죄를 반드시 심판하신다. 죄인인 자신이 심판을 받든지 아니면 누군가가 대신 심판을 받아야 한다. 그 심판을 받기 위하여 예수 그리스도는 십자가 위에서 피를 흘리고 죽으셨다. 결국, 그 피는 하나님의 거룩한 진노를 만족시킨 화목제물이었던 것이다.

하나님은 한편 당신의 아들을 심판하심으로 당신의 거룩한 속성을 유지하셨다. 동시에 하나님은 그 아들의 피를 통하여 죄인들을 용서하신 사랑을 드러내셨다. 그 아들의 피를 통하여 하나님은 당신의 도덕적 속성, 곧 거룩과 사랑을 동시에 충족시켰고, 따라서 하나님은 당신의 의를 드러내셨다. 그리고 그 의를 드러내신 곳은 십자가였다. 십자가 앞에서 하나님의 거룩한 진노를 깨달을 뿐 아니라, 하나님의 사랑도 깨닫게 된다.[46]

3) 죽음의 효력

바울 사도는 예수 그리스도의 죽음을 이렇게 언급한다, "그리스도 예수 안에 있는 속량으로 말미암아 하나님의 은혜로 값없이 의롭다 하심을 얻은 자 되었느니라"(롬 3:24). 그분이 죄인들을

---

46 John R. W. Stott, *The Cross of Christ* (Downers Grove, IL: InterVarsity Press, 1986), 11.

위하여 죽으신 것은 전적으로 하나님의 은혜이다. 왜냐하면 그들은 어떤 수단과 방법을 통해서도 그들의 죄 문제를 해결할 수 없기 때문이다. 이처럼 하나님이 구원의 길을 마련하셨기 때문에 죄인들이 할 일이란 아무 것도 없게 되었다.

여기에서 *의롭다 하심*은 죄의 용서를 의미한다. 예수 그리스도의 구속을 받아들인 사람은 모든 죄를 용서받았다. 하나님은 한 번 용서하시면 영원히 기억지도 않으신다고 선언하셨다 (히 10:17). 바울은 구속과 죄의 용서를 연결하면서 이렇게 선언한다, "우리는 그리스도 안에서 그의 은혜의 풍성함을 따라 그의 피로 말미암아 속량 곧 죄 사함을 받았느니라" (엡 1:7). 이미 언급된 것처럼, 죄 값이 치러졌기에 죄가 용서되었다.

예수 그리스도가 십자가에서 죽으심으로 죄가 용서되었으며, 따라서 죄의식도 사라졌다. 그러나 그분의 죽음은 한발 더 나아가서 인간을 지배하면서 죄를 짓게 하는 죄의 권능에서 해방시키신다. 예수님은 당신의 육체를 십자가에 못 박히는 순종을 통하여 인간이 지니고 있는 죄의 권능을 분쇄(粉碎)하셨다.[47] 그분의 죽음은 죄의 문제를 이처럼 철저하고도 완전하게 다룬 놀라운 구원의 역사였다.

이처럼 죄의 문제를 해결한 사람들은 그 은혜를 향유할 뿐 아니라, 책임 있는 삶을 영위해야 한다. 그러므로 복음은 기독교 윤리의 기초이다.[48] 그들은 한편 구속의 주님을 위하여 살아야 한다.

---

47 Rudy Budiman, "The Theology of the Cross and of the Resurrection in Our Unique Salvation," *Let the Earth Hear His Voice*, 1050-1051. 죄의식과 죄의 능력이 구체적으로 어떻게 해결되었는지를 보기 위하여 다음을 참고하라, 홍성철, 『불타는 전도자 존 웨슬리』 178이하.

48 Boice, *Foundations of the Christian Faith*, 319.

다시 말해서 구속 받은 몸으로 하나님의 영광을 위해 살아야 한다 (고전 6:20). 다른 한편 그들은 아직도 구속과 화목제물이 되신 예수 그리스도를 만나지 못한 사람들에게 그분을 소개해야 한다.

4. 영광의 부활(glorious resurrection)

예수 그리스도는 죽은 지 삼일 만에 죽은 자 가운데서 다시 살아나셨다. 인류 역사상 최초로 일어난 가장 놀라운 사건이었다. 그분은 이렇게 부활하심으로 성경의 하나님만이 참된 하나님이라는 사실을 증언했다. 왜냐하면 하나님이 그 아들 예수 그리스도를 죽음에서 다시 일으키셨기 때문이다 (히 13:20). 그리고 그 하나님은 예수 그리스도가 당신의 아들이라는 사실을 만방에 선포하셨다 (롬 1:4).

실제로 그 당시 종교 지도자들이 예수 그리스도를 십자가에 죽인 가장 큰 이유는 그분이 하나님의 아들이라는 주장 때문이었다. 그분은 하나님이 당신의 아버지라고 주장하셨다 (요 5:18). 그뿐 아니라, 그분이 아버지에게서 왔다가 다시 아버지에게로 가신다고 하셨다 (요 16:28). 한 발 더 나아가서 그분은 자기를 본 자는 하나님 아버지를 보았다고 말씀하셨다 (요 14:9).

바로 이런 주장 때문에 십자가에서 죽으신 예수 그리스도는 당신이 바로 그분이라는 사실을 만방에 증명이라도 하시듯, 삼일 만에 죽은 자 가운데서 살아나셨다. 하나님이 죽음에서 다시 일으키신 예수 그리스도는 하나님의 아들이셨다. 그러면, 부활하신 하나님의 아들이신 예수 그리스도는 복음전파를 위하여 무엇을 이루셨는가? 여러 가지 업적이 있지만, 특히 다음의 세 가지를 강조할

수 있다: (1) 죽음의 정복, (2) 용서의 확증, (3) 심판의 증거.[49]

1) 죽음의 정복

무엇보다도, 예수 그리스도가 육체적으로 부활하신 것이 그처럼 중요한 이유는 그분이 죽음을 정복하셨다는 것을 보여준 사실 때문이었다. 그분이 그처럼 부활하지 않으셨다면, 그분은 죽음의 장막에 갇혀 계셨을 것이다. 그렇다면 그분은 다른 모든 사람과 다를 것이 전혀 없는 한낱 인간에 불과했을 것이다. 그분은 승리자도 될 수 없었고, 구세주도 될 수 없었다. 그분은 당연히 하나님에게도 돌아갈 수도 없었을 것이다.[50]

그러나 예수 그리스도는 죽은 지 삼일 만에 죽은 자 가운데서 다시 살아나셨다. 아담과 하와가 하나님에게 불순종하여 죄를 지은 이후 지금까지 모든 인간은 죽음이라는 절벽을 넘지도 못하고, 더군다나 깨지도 못했다. "죄의 삯은 사망"이라는 하나님의 엄중한 선고(宣告)를 피하지 못하고 살아가는 죄인들이었다. 그 죄인들에게 놀라운 소식이 들려왔는데, 바로 예수 그리스도의 부활이었다.

이제부터는 죄인들의 종착역이 죽음이 아니다! 왜냐하면 그들의 죄를 위하여 십자가에서 죽으셨다가 다시 사신 예수 그리스도를 구세주로 받아들인 사람들에게는 죽음을 뛰어 넘는 사다리가

---

49 이 외에도 그리스도의 부활은 (1) 하나님의 신성, (2) 그리스도의 신성, (3) 새로운 탄생, (4) 새로운 영적 교제, (5) 신자의 부활 등을 다룰 수 있다. 이를 위하여 다음을 보라; Boice, *Foundations of the Christian Faith*, 341이하, 그리고 H. Orton Wiley, *Christian Theology*, 205이하.

50 Eric Sauer, *The Triumph of the Crucified* (Grand Rapids, MI: Wm. B. Eerdmans Publishing Co., 1951), 40.

생겼기 때문이다. 그 사다리는 바로 예수 그리스도이시다. 그분을 구세주로 영접한 사람들은 죽음 너머에 있는 부활을 바라보면서 그 사다리를 타고 그들을 기다리시는 하나님에게로 갈 수 있게 되었다 (요 14:3).

그렇다! 예수 그리스도는 죽음을 정복하셨다. 그 정복을 통하여 그분을 믿은 사람들은 그분과 함께 이렇게 포효(咆哮)할 수 있게 되었다: "사망아, 네가 쏘는 것이 어디 있느냐?" (고전 15:55). 물론 사망은 죄의 결과이나, 죄의 문제를 해결하시기 위하여 예수 그리스도가 십자가 위에서 피를 흘리며 죽으셨다. 그리고 그 죄의 용서를 선포하기 위하여 그분은 부활하셨다. 이제는 더 이상 죄인이 아니시기 때문에 예수 그리스도 안에서 죽음도 이기게 되셨다 (고전 15:52).

2) 용서의 확증

예수 그리스도의 부활은 죄인들을 위하여 구속과 화목제물이 되어 죽으신 예수 그리스도를 하나님이 받으셨다는 의미이기도 하다. 하나님이 그 제물을 받으셨다는 사실을 받아들이는 자들의 모든 죄들을 용서하셨다는 의미이기도 하다. 바울은 이런 사실을 이렇게 외친다, "예수는 우리가 범죄한 것 때문에 내줌이 되고 또한 우리를 의롭다 하시기 위하여 살아나셨느니라" (롬 4:25).

이 말씀을 보다 쉽게 풀어 본다면 이렇게 표현할 수 있을 것이다, "예수 그리스도는 우리가 범한 죄들 때문에 죽음을 당하셨으나, 그분이 다시 사심으로 인하여 우리는 모든 죄에서 용서를 받았고 완전히 깨끗해졌느니라." 그분은 옛 언약에 따라 모든 허물을 위하여 죽으셨으나, 부활하셔서 새 언약의 실행자가 되신 것이다.[51] 다시 말해서, 모든 죄들을 완전히 용서하신다는 새로운 약속을 실행하셨다. 이런 사실을 너무나 생생하게 묘사한 사람이 있다. 그의 묘사를 옮겨보자:

예수님이 죽으셨을 때, 그분은 나를 대신하여 죽으셨기에 나는 그분 안에서 죽었다; 그분이 부활하셨을 때, 나를 대신하여 부활하셨기에 나는 그분 안에서 부활했다; 그분이 위로 승천하여 영광 중에 하나님의 우편에 앉으셨을 때, 나를 대신하여 승천하셨기에 나는 그분 안에서 승천하고 그리스도와 함께 하늘나라에서 하나님과 함께 앉아 있다; 내가 그리스도의 십자가를 바라볼 때, 그 구속이 나의 죄들을 위하여 이루어진 것임을 나는 안다; 내가 빈 무덤과 부활하시고 승천하신 주님을 바라볼 때, 나는 구속이 수용된 것을 안다. 그러므로 나에게는 더 이상 죄가 하나도 남아있지 않다-비록 나의 죄들이 과거에는 아무리 많고 아무리 크더라도 말이다.[52]

3) 심판의 증거

예수 그리스도의 부활은 마지막 때와 연관해 볼 때 두 가지 의미를 함축한다. 하나는 믿는 자들을 위한 의미이고, 또 하나는 믿지 않는 자들을 위한 의미이다. 그분의 부활은 믿는 자들에게는 부활이라는 엄청난 소망의 소식이다. 그들은 주님이 다시 오실 때 부활의 몸으로 영광의 주님을 만나게 될 것이다 (요일 3:2). 주님은 그런 소망을 갖고 있는 사람들을 데리러 다시 오신다고 약속하

---

51 Wiley, *Christian Theology*, 207.

52 R. A. Torrey, *The Bible and Its Christ.* (Old Tappan, NJ: Fleming H. Revell Co., n.d.), 107-108.

셨기 때문이다 (살전 4:16-17).

그러나 예수 그리스도의 대속적 죽음과 부활이라는 복음을 거부한 사람들에게는 엄중한 경고가 주어졌다: 하나님이 "...천하를 공의로 심판할 날을 작정하시고, 이제 그를 죽은 자 가운데서 다시 살리신 것으로 모든 사람에게 믿을 만한 증거를 주셨음이니라" (행 17:31). 그리스도는 이 세상에서 심판에 대하여 선언하신 바 있었는데, 심판자는 바로 당신이라는 주장이었다 (요 5:21-22).

그런데 예수 그리스도가 죽은 자 가운데서 다시 살아나셨다. 두말할 필요도 없이 그분의 부활은 그분이 심판자라는 주장에 대한 확인이었다. 그분을 거부한 모든 사람들은 심판자 앞에서 그들의 행위대로 심판을 받을 것이다 (계 20:12). 그 심판은 행위에 따른 심판이기에 너무나도 공정하며 너무나도 무서운 심판이 될 것이다. 각자의 양심이 모든 행위를 증거할 것이며, 모든 사람들은 그 심판을 수용할 것이다.

심판은 그것으로 끝나지 않는다. 행위대로 심판을 받은 사람들은 지옥으로 던져질 것이다. 마치 죄수가 감방으로 던져지는 것처럼 말이다. 성경은 이렇게 경고한다; "그러나 두려워하는 자들과 믿지 아니하는 자들과 흉악한 자들과 살인자들과 음행하는 자들과 점술가들과 우상 숭배자들과 거짓말하는 모든 자들은 불과 유황으로 타는 못에 던져지리니, 이것이 둘째 사망이라" (계 21:8). 이런 심판이 부활의 주님을 거부하는 사람에게 올 것이다!

5. 나가면서

복음은 한 마디로 말해서 예수 그리스도라고 말할 수 있다. 이런 사실을 복음서는 이렇게 선언한다, "하나님의 아들 예수 그리스도 복음의 시작이라" (막 1:1). 예수 그리스도는 죄인들의 구원을 위하여 이 세상에 오셨다. 그것도 하찮은 여자에게서 태어나셨다. 그 이유는 간단하다! 하찮은 죄인들을 만나고, 용서하고, 하나님의 자녀로 삼아주시기 위해서였다. 그것이 바로 성육신이었다.

그렇게 이 세상에 오신 예수 그리스도는 의로운 삶, 남을 용서하시는 삶, 사람들의 필요를 채워주시는 삶을 영위하셨건만, 마침내 저 참혹한 십자가를 지시지 않을 수 없으셨다. 그것은 본래의 목적대로 죄인들을 구원하시기 위해서였다. 그들이 치러야 될 죄값을 그분은 친히 치루셨다. 그것도 하나 밖에 없는 당신의 생명을 주심을 통해서였다. 그분은 십자가 위에서 죄 값을 위하여 피를 쏟으셨던 것이다.

그러나 예수 그리스도의 최후의 승리는 역시 부활이었다. 부활을 통하여 죽음을 이기셨을 뿐 아니라, 죽음의 원인인 죄의 문제를 완전히 해결해 주셨다. 그리고 부활하신 예수 그리스도를 구세주와 주님으로 받아들인 사람들은 완전히 변화되었다. 그들의 인생 목적이 변화되었으며, 인생의 종착역이 새롭게 결정되었으며, 인생을 살아가는 방법도 바뀌었다. 이처럼 놀라운 변화를 그들은 경험하였다.

그런 이유 때문에 믿는 자들은 다른 사람들에게 전할 놀랍고도 깊은 메시지를 갖게 되었다. 그들은 예수 그리스도에 대한 복음을 전하지 않을 수 없게 되었다. 구체적으로 그 복음은 예수 그리스도의 성육신과 대속적인 죽음과 그리고 부활이다. 그 복음만이 죄인을 의인으로 바꾸며, 어두움을 빛으로 바꾸고, 죽음을 생명으로 바꾸기 때문이다. 이런 복음을 전하지 않는다면 그들은 직무 유기에 들어갈 뿐 아니라, 그에 대한 책임을 피할 수 없게 될 것이다.

그런 사실을 확실히 깨달은 바울 사도는 이런 고백을 하였다; "내가 복음을 전할지라도 자랑할 것이 없음은 내가 부득불 할 일임이라. 만일 복음을 전하지 아니하면 내게 화가 있을 것이로다!" (고전 9:16).

15

구원

1. 들어가면서

구원은 죄의 권능과 그 영향력에서 인간을 건져내는 것이다. 댈러스신학교(Dallas Theological Seminary)의 창립자이자 초대 총장이며 동시에 조직신학을 가르친 루이스 체퍼(Lewis Sperry Chafer)는 구원을 다음과 같이 간결하게 정의하였다:

> 성경에서 사용된 넓은 의미에 의하면, "구원"이라는 단어는 하나님의 모든 역사를 나타내는데, 그 역사를 통하여 그분은 인간을 영원한 멸망과 죄의 심판으로부터 구원하여 그 인간에게 넘치는 은혜와, 현재 영원한 생명과 하늘에서의 영원한 영광을 부여하신다. "구원은 여호와께 속하였나이다" (욘 2:9). 그러므로 구원은 모든 면에서 인간을 위한 하나님의 역사이지, 하나님을 위한 인간의 역사가 아니다. [53]

인간을 위한 하나님의 역사가 바로 구원이라면, 그 구원을 이루기 위하여 성취하신 하나님의 역사는 깊고도 넓을 수밖에 없다. 그런 역사를 여기에서 모두 다룬다는 것은 불가능하지만, 그 구원과 연관된 몇 가지 중요한 용어들을 살펴보고자 한다. 왜냐하면 그 용어들은 하나님의 구원이 함축하고 있는 다른 면들을 소개하

---

53 Chafer, *Major Bible Themes*, 154.

기 때문이다. 그렇게 함으로 하나님의 구원에 대한 보다 큰 그림을 제시하고자 한다.

2. 다른 표현

구원과 관련된 용어들은 아래에 열거된 것으로 국한되지 않는다. 예를 들면, 구원을 위하여 예수 그리스도가 십자가에서 흘리신 피도 중요하고, 하나님과 인간 사이에 세운 언약도 중요하다.[54] 그러나 필자는 구원과 긴밀히 연관된 아홉 가지의 용어들을 간단히 살펴보고자 한다. 그 결과 독자로 하여금 구원과 연관된 용어들을 분명히 구분하여 구원의 큰 그림을 갖게 되기를 바란다.

1) 관련된 용어들

(1) 구속(救贖: redemption)

먼저, 개혁한글판에서 구속으로 번역된 이 용어는 개역개정판에서 다음과 같이 여러 가지로 번역되었는데, 모두 열거하면 다음과 같다: 속량 (롬 3:24, 엡 1:7), 속죄 (히 9:12), 대속 (갈 1:4, 벧전 1:18), 대속물 (막 10:45, 딤전 2:6). 이 용어는 헬라어로는 류트론(λύτρον)인데, 그 용어는 초대교회 시대에는 널리 사용되었으나 현재는 일상생활에서 사용되지 않는 성경적 용어로 그 의미는 지불된 값이다.

초대교회 시대에는 노예가 허다했는데, 노예가 되는 길이 다

---

54 Leon Morris는 그의 저서, *The Atonement: Its Meaning & Significance* (Downers Grove, IL: Inter-Varsity Press, 1983)에서 구체적으로 8가지를 다루었다: 언약, 제물, 속죄일, 유월절, 구속, 화목, 화목제물, 칭의.

양했기 때문이었다. 노예 부모의 자녀들, 가난으로 팔려간 사람들 및 전쟁에서 패하여 잡혀간 사람들이 노예가 되었다. 어떤 통로를 통해서든 일단 노예가 되면 누군가가 노예의 값을 지불하지 않으면 그 신세를 면할 수 없었다.[55] 마찬가지로, 우리는 법적으로 노예는 아니지만 죄에 이끌리는 죄의 종이었다. 예수 그리스도가 우리의 죄 값을 그분의 피로 지불하심으로 우리는 죄에게서 해방되어 자유의 몸이 되었다 (딛 2:14).

(2) 화목제물(和睦祭物: propitiation)

예수 그리스도가 인간의 죄 값을 치루기 위하여 십자가에서 "보배로운 피"를 쏟으셨다 (벧전 1:19). 그러나 태어나면서 가지고 있는 죄의 성품과 많은 죄들에 대하여 거룩하신 하나님은 진노하셨다. 그리고 그 진노가 표출되면 그것은 심판이었다. 하나님은 도덕적인 분이심으로 어떤 잘못에 대해서도 분노하신다. 구약성경에서는 그런 하나님의 모습이 드러났는데, 사람의 피를 흘린 경우 (겔 16:38), 강간 (겔 23:25), 폭력 (겔 8:18), 복수(겔 25:17), 가난한 자와 나그네에 대한 학대 (겔 22:29) 등에 대해서였다.

그러면 하나님의 진노는 구약성경에서만 나타나는 모습인가? 그렇지 않다! 신약성경에서도 하나님의 진노는 다음과 같은 사람들에게 부어진다고 공언한다: 아들을 믿지 않는 사람들 (요 3:36), 불의로 진리를 막는 사람들 (롬 1:18), 남을 속이는 사람들 (엡 5:6), 정욕과 탐심의 사람들 (골 3:6), 바벨론 성 (계 16:19), 짐승과 그를 따르는 자들 (계 19:15). 한 마디로 말해서, 모든 죄

---

55 _____, *The Apostloic Preaching of the Cross*, 제3쇄 (Grand Rapids, MI: Wm. B. Eerdmans Publisnhing Co., 1965), 12−14.

인들은 하나님의 진노를 일으키다가 마지막에는 영원한 심판을 받는다.

여기에 복된 소식이 있다! 예수 그리스도는 당신의 피로 한편 인간의 죄 값을 치루는 속죄제물이 되셨지만, 동시에 *그 피로 하나님의 진노를 풀어드리기도 하셨다.* 그러므로 죄인이었던 인간은 하나님에게로 나아갈 수 있게 되었다. 로마서 3장 25절에서 쓰인 화목제물은 헬라어로 *힐라스테리온*(ἱλαστήριον)인데, 히브리서 9장 5장에서 같은 단어가 사용되었으나 속죄소(the mercy seat)로 번역되었다.[56] 구약시대에 함부로 들어갈 수 없었던 지성소에 누구나 언제라도 들어갈 수 있다는 사실을 알려 주는 중요한 대목이다.

(3) 칭의(稱義: justification)

예수 그리스도가 십자가에서 흘리신 피는 구속의 제물은 물론 화목제물이 되었다. 구속의 제물로 인하여 인간의 죄가 용서 받은 것이며, 화목제물로 인하여 죄인에 대한 하나님의 진노가 풀어졌다. 이제 인간은 재판관이신 하나님 앞으로 떳떳이 나올 수 있게 되었다. 다시 말해서, *하나님은 인간에게 전혀 죄가 없는, 하나님처럼 의로운 존재로 인정하실 뿐 아니라 선언도 하신다.* 그런 하나님의 선언을 의지하여 인간은 의롭게 된 사실을 믿음으로 받아들일 수 있다. 왜냐하면 "사람이 의롭다 하심을 얻는 것은 율법의 행위에 있지 않고 믿음으로 되기" 때문이다 (롬 3:28).

헬라어로 *디카이오*(δικαιόω)란 동사는 하나님만이 선언하실

---

56 구약성경에서 속죄소(the mercy seat)는 히브리어로 *카포렛*(חפרֶת)인데, 신약성경에서는 *힐라스테리온*으로 번역되었다. 이를 위하여 위의 책 187이하를 보라.

수 있는 고유 권한이기에 "의롭다 하심"이라는 존칭어로 사용된
다. 그러므로 칭의는 하나님의 은혜 때문에 가능하다 (롬 3:24).
그러나 그분의 아들이 피를 흘리시고 죽으셨다가 다시 살아나지
않으셨다면 불가능한 역사였다 (롬 5:9, 4:25). 이처럼 하나님이
다 이루었지만, 마지막으로 인간이 믿어야 된다 (롬 5:1). 그렇게
믿을 때 성령의 역사로 하나님의 의가 인간의 의가 될 뿐 아니라
(고전 6:11), 인간은 변화된 삶을 영위하기 시작한다 (약 2:24).

(4) 중생(重生: regeneration)

재판관이신 하나님이 죄인을 의롭다고 선언하는 순간 두 가지
현상이 일어난다. 첫째는 성령이 그 사람의 마음에 들어오시며,
둘째는 하나님과의 관계가 회복된다. 의롭다 하심이 과거의 모든
죄 문제를 해결하는 역사라면, 중생은 성령의 내주(內住)로 인하
여 중생을 경험한 이후에 있을 역동적인 삶을 위한 것이다. 그런
까닭에 중생의 매개는 두말할 필요도 없이 성령이다. 예수님도 니
고데모에게 "물과 성령으로 나지 않으면 천국에 들어갈 수 없다"
고 말씀하셨다.

헬라어로 팔링게네시아(παλιγγενεσία)의 방편은 하나님의 말
씀이다. 베드로는 이렇게 말한다, "너희가 거듭난 것은 썩어질 씨
로 된 것이 아니요, 썩지 아니할 씨로 된 것이니, 살아 있고 항상
있는 하나님의 말씀으로 되었느니라" (벧전 1:23).[57] 이 세상에 처
음 태어날 때는 죄인인 부모로부터 생명을 받았으나, 거듭날 때

---

57 중생은 다른 말로 하면 "거듭남"으로, 영어로는 *born-again*이나, 헬라어로
는 게나오 아노덴 (γεννάω ἄνωθεν)이고, 직역하면 "위에서 태어나다"
이다.

는 거룩하신 하나님으로부터 생명을 받았다. 그리고 처음엔 부모로부터 썩어질 씨로 태어났으나, 거듭날 때는 "썩지 아니할 씨로" 태어났다.

(5) 양자(養子: adoption)

하나님은 죄의 종인 인간을 노예의 신분에서 해방시키는 것도 큰 은혜인데, 계속해서 더 큰 은혜를 주신다. 그 은혜는 속량된 인간을 양자와 양녀로 삼으신다. 그렇게 *하나님의 자녀가 된 인간은 하나님을 "아빠 아버지라 부를 수 있다"* (롬 8:15, 갈 4:5). 이런 은혜는 하나님이 창세 전부터 미리 계획하신대로 역사하신 것뿐이다 (엡 1:5). 원래 그의 아버지는 마귀로서 (요 8:44) 하나님의 가족과는 전혀 관계가 없었을 뿐 아니라, 하나님과 원수였었다 (롬 5:8).

양자(휘오데시아: υἱοθεσία)가 된 것은 하나님의 가족으로 들어오라는 초청에 응함으로 이루어진 것이다. 가족의 일원으로서 당연히 "하나님의 자녀"라는 칭호를 얻었으며 (요 1:12), 동시에 부모가 되신 하나님의 돌보심과 훈련을 겸하여 받게 되었다. 그뿐 아니라, 그 자녀는 그때부터 하나님의 사랑, 하나님의 보호, 하나님의 교훈, 하나님의 징계를 받는 특권을 갖는다. 그뿐 아니라, 그 자녀는 아버지인 하나님에게 언제든지 담대히 나아갈 수 있으며, 그리스도와 함께 유산도 물려받을 권한을 갖는다.[58]

---

58 이를 위하여 다음을 보라, Charles M. Horne, *The Doctrine of Salvation* (Chicago: Moody Press, 1984), 69-70.

(6) 화목(和睦: reconciliation)

화목의 기본적인 의미는 관계의 변화이다. 하나님과 인간과의 관계는 죄로 깨어졌고, 따라서 "그들의 마음이 굳어짐으로 말미암아 하나님의 생명에서 떠나 있었다"(엡 4:18). 그런 분리는 나아가서 "원수"의 관계로 발전하였다 (롬 5:10). 하나님과 원수가 된 인간은 하나님을 향하여 끊임없이 반항적이 되어 악한 행실을 일삼는다. 성경의 말씀대로이다: "전에 악한 행실로 멀리 떠나 마음으로 원수가 되었던 너희[불신자]였다"(골 1:21). 그들은 늘 하나님을 미워하면서 살아간다 (롬 8:7, 약 4:4).

그러나 예수 그리스도가 값비싼 대가를 치루시고 중간에 막힌 장애물, 곧 미움을 제거하심으로, 하나님과 인간의 관계를 회복시키셨다.[59] 바울의 선언을 들어보자, "이제는 그의 육체의 죽음으로 말미암아 화목하게 하사"(골 1:22). 그러므로 헬라어로 *카타라게* (καταλλαγή)인 화목은 하나님 편에서 큰 희생을 치루고 *깨어졌던 인간과의 관계를 회복시킨 은혜의 역사이다*. 그 결과 "분리를 대신하여 기도와 친교가 들어섰고, 미움은 믿음으로 변했고, 그리고 반항은 순종이 되었다."[60]

(7) "새로운 피조물"(new creation)

하나님은 일찍이 교제를 위하여 인간을 창조하셨지만, "허물과 죄"로 하나님을 떠나갔다. 하나님만 떠난 것이 아니라, 그들 안

---

59 Morris, *The Apostolic Preaching of the Cross*, 228.

60 Elwell, *Evangelical Dictionary of Theology*, R. E. O. White, 제목, "Reconciliation."

에 있던 하나님의 영도 인간을 떠났다. 그 결과 인간은 목적을 잃고 마음대로 살다가, 마침내 하나님의 심판을 받고 영원한 지옥으로 떨어지게 됐다. 그러나 창조의 하나님은 그런 인간을 위하여 그 아들을 십자가에서 죽게 하심으로 인간을 재창조하셨다. 처음 창조 시에 하나님이 인간에게 성령을 불어넣어주신 것처럼 (창 2:7), 다시 성령을 부어주셔서 재창조를 이루셨다.

헬라어로 *카이노스 크티시스*(καινὸς κτίσις)인 "새로운 피조물"은 *성령의 내주로 새롭게 창조된 인간을 의미한다.* 그렇게 성령의 임재로 "새로운 피조물"이 된 인간은 몇 가지 면에서 급진적으로 변화된다. 첫 번째의 변화는 인생의 목적이다. 전에는 자신만을 위하여 살았으나 이제는 하나님의 영광을 위하여 살기 시작한다. 두 번째는 인생을 살아가는 방법의 변화이다. 분명한 목적을 위하여 윤리적인 방법으로 살기 시작한다. 마지막으로 인생 종착지의 변화이다. 과거의 지옥과는 달리, 이제는 하나님이 통치하시는 천국이 그의 종착역이다.

(8) 성령의 인침(the sealing of the Spirit)

인간이 의롭다 하심을 받고 거듭나는 순간 성령이 그 마음 안으로 들어오신다. 이런 중생의 역사를 다른 말로 성령의 인침이라고 한다. 헬라어로 스프라기조(σφραγιζω), 곧 "인을 치다"는 간단히 말해서 도장을 찍다이다. 중생의 성령은 그냥 인간의 마음 속으로 들어오시는 것이 아니라, 들어오셔서 그 마음에 도장을 찍*으신다.* 그런 성령의 역사를 "성령의 인침"이라고 한다 (엡 1:13,

4:30, 고후 1:22).

그럼 왜 성령은 거듭나는 사람 안에서 인을 치시는가? 다음과 같은 두 가지 이유 때문인데, 하나는 안전이고 또 하나는 소유이다. 성령으로 거듭나는 순간부터 그 사람은 성령의 인도와 보호 아래로 들어간다. 따라서 그 사람은 성령의 임재와 도우심을 따라서 안전하다. 뿐만 아니라, 성령으로 거듭나는 순간부터 그 사람은 하나님을 위하여 성별될 뿐 아니라, 하나님의 소유가 된다.[61]

(9) 성령의 보증(the pledge of the Spirit)

사람이 거듭나서 성령으로 인침을 받는 순간 성령은 또 다른 역사를 이루시는데, 바로 "성령의 보증"이다. 헬라어로 *아라본* (ἀρραβών)인 *보증은 확실한 보장을 의미한다.* 거기에서 보증서란 말도 나왔다. 아파트를 계약할 때도 보증금을 지불함으로, 잔금을 치루는 순간 그 아파트가 구매자의 소유가 될 것에 대한 보증이 바로 보증금 내지 계약금이라고 한다. 그러므로 성령의 보증은 다른 말로 하면 보증금 내지 계약금이라고 할 수 있다.

그러면 거듭난 사람에게 인을 치신 성령은 무엇을 보증하는가? 첫째는 사람이 중생하면 이 세상을 살아가는 동안 하나님이 함께 하시겠다는 약속을 실천하신다는 보증이다 (고후 1:22). 둘째, 주님이 다시 오실 때 그 사람의 몸이 영광스럽게 변화되리라는 보증이다 (고후 5:5). 셋째, 하나님의 자녀인 거듭난 사람이 장차 물려받을 기업에 대한 보증이다 (엡 1:14). 성령의 보증은 거듭나는 순간부터 마지막 날까지 모든 과정에 대한 보증이다. 그

---

61 Billy Graham, *The Holy Spirit: Activating God's Power in Your Life* (Waco, TX: Word Books, 1978), 76.

보증을 이렇게 표현한 사람이 있다: "성령의 조명은 영원한 빛에 대한 보증이며; 성결은 완전한 거룩에 대한 보증이며; 성령의 위로는 영원한 기쁨에 대한 보증이다."[62]

2) 구원

위에서 본대로, 하나님이 예수 그리스도를 통하여 이루신 구속의 은택을 표현하는 많은 용어가 있으나, 그 가운데서 가장 많이 나오는 성경의 용어는 구원이다. 헬라어로 "구원"을 의미하는 *소테리아*(σωτηρία)와 "구원하다"를 의미하는 소조(σώζψ)는 신약성경에서 각각 90여 번과 46번이나 나온다.[63] 이렇게 빈번하게 나오는 구원은 영적 구원만을 표현하기 위하여 사용되지 않는다. 그 용어는 쓰이는 용도에 따라 의미도 다양할 수 있다.

(1) 물리적 구원

구원은 모든 어려움에서 건져냄을 받는 것일 수 있다 (사 25:9, 시 20:6). 그뿐 아니라 구원은 종종 적으로부터 건짐을 받는 것이다 (삿 15:18, 삼상 11:9). 그리고 이스라엘 백성이 하나님의 권능을 힘입어 홍해를 건넌 것도 역시 물리적 구원이었다 (출 14:13). 한나도 눈물의 기도 끝에 아들을 갖게 된 것을 "주의 구원"이라고 기도하였다. 바울 사도도 풍랑을 만나 거의 죽게 되었다가 살아난 사실을 구원이라고 언급하였다 (행 27:34). 그는 개

---

62 Matthew Henry, *Commentary on the Whole Bible*, 제6권 (Old Tappan, NJ: Fleming H. Revell Co., 1950), 688이하.

63 Gerald Cowen, *Salvation: Word Studies from the Greek New Testament* (Nashville, TN: Broadman Press, 1990), 15.

인적으로도 감옥에서 풀려나는 것을 구원이라고 표현하였다 (빌
1:19).

(2) 영적 구원

그러나 성경에서 강조되는 주된 구원의 의미는 역시 영적 구
원이다. 그런 영적 구원을 위하여 예수 그리스도가 이 세상에 오
신 것이다. 그분 자신도 그 사실을 이렇게 말씀하셨다, "인자가 온
것은 잃어버린 자를 찾아 *구원하려* 함이니라" (눅 19:10). 그러면
인간은 영적으로 구원을 받는데 무엇으로부터 구원을 받는가? 무
엇보다도 인간은 죄와 죽음으로부터 구원을 받는다. 그 말은 죄에
서 해방되었을 뿐 아니라, 죽음의 문제도 해결했다는 것이다. 죽
음 너머에서 기다리는 천국을 갖게 된 것이다.

그것만이 아니다! 인간은 죄의식과 고립으로부터 구원을 받는
다. 구원을 받기 전에는 죄의식에 사로잡혀서 괴로워하고 또 고민
했다. 그런 고뇌는 인간으로 하여금 하나님으로부터의 고립은 물
론 다른 사람들로부터의 고립을 곱씹으면서 살게 했다. 그러나 구
원을 경험한 이후 죄의식으로부터 해방되었다. 그뿐 아니라, 성령
안에서 다른 그리스도인들과 교제를 나누면서 진정한 행복을 누
리기 시작한다. 얼마나 큰 구원인가!

영적 구원은 그것으로 끝나지 않는다. 무지로부터의 구원, 나
쁜 습관으로부터의 구원, 마귀의 두려움으로부터의 구원, 죽음과
삶의 두려움으로부터의 구원, 지옥의 두려움으로부터의 구원 등
얼마나 많은 두려움에 사로 잡혔다가 구원을 받았는가? 그뿐 아
니라 얼마나 많은 사람들이 자신을 포기하고 사는가? 그런 자포

자기로부터의 구원은 또 다른 측면에서의 구원이다. 세상이 주는 압박은 얼마나 큰가? 의미 없는 인생을 그런 압박 속에서 산다는 것은 지옥의 단면 같기도 하지만, 그런 압박에서의 구원은 놀랍기만 하다.[64]

(3) 구원의 영향

구원을 경험한 사람은 여러 가지 측면에서 영향을 받으며 살아간다. 구원을 경험할 때 사람은 성령의 내주로 변화된다. 그 변화는 어떤 한 측면에서만 나타나는 것이 아니다. 구원은 사람의 모든 측면에서 변화되어 그 영향을 누리며 또 다른 사람들에게 미치면서 살아가는 격변이다. 그 사람의 모든 면에서 속속들이 영향을 받는 대변화라고 말할 수 있다. 바울 사도가 그랬고, 어거스틴이 그랬다. 몇 가지 측면에서만 살펴보자.

종교적인 측면에서 보면 이미 위에서 본 것처럼 죄의 용서, 양자, 성령의 내주, 화목 등 헤아릴 수 없이 많다. 정서적인 측면에서 보면, 구원의 확신, 평안, 용기, 희망, 기쁨 등을 들 수 있다. 실제적인 측면에서 보면, 기도생활, 삶의 인도, 훈련, 헌신, 섬김 등 헤아릴 수 없이 많다. 윤리적인 측면에서 보면, 자유, 승리, 새로운 도덕적 목적을 위한 새로운 도덕적 역동성 등을 들 수 있다. 사회적인 측면에서 보면, 다른 그리스도인들과 새로운 공동체 생활을 즐기며, 모든 사람들을 사랑하며, 예수님처럼 사랑하고자 하는 마음

---

64 Elwell, *Evangelical Dictionary of Theology*, R. E. O. White, 제목, "Salvation."

을 갖는다.[65]

3) 구원의 때

그러면 이처럼 영향력이 큰 구원을 인간은 언제 얻는가? 성경 말씀에 의하면 그 때를 가늠하기가 어렵기 때문이다. 바울 사도는 에베소에 사는 사람들이 과거에 구원받은 것처럼 기록하였다: "너희는 그 은혜에 의하여 믿음으로 말미암아 구원을 받았으니..." (엡 2:8). 그런가 하면 같은 바울은 구원을 미래의 사건으로 기록하기도 했다: "그러면 이제 우리가 그의 피로 말미암아 의롭다 하심을 받았으니, 더욱 그로 말미암아 진노하심에서 구원을 받을 것이니" (롬 5:9). 그럼 구원의 때에 대하여 알아보아야 할 것이다.

(1) 과거

성경은 구원이 과거에 이루어졌다는 사실을 명기하기 위하여 과거형 동사를 사용한 경우가 적지 않다. 예를 들면, 에베소서 2장 5절은 이렇게 과거형으로 기록되었다, "허물로 죽은 우리를 그리스도와 함께 살리셨고 (너희는 은혜로 구원을 받은 것이라)."[66] 그러면 과거의 구원은 구원의 어떤 측면을 강조한 것인가? 위에서 인용한 구절이 분명히 가르치듯, 그 구원은 죄의식과 죄의 형벌에서부터 구원이었다. 다시 말해서, 그 구원은 영적으로 죽은 사람

---

65 위의 책.

66 구원의 동작이 과거형으로 쓰인 구절은 다음과 같다: 눅 7:50, 롬 8:24, 엡 2:8, 딤후 1:9, 딛 3:5.

을 영적으로 다시 살린 영적 구원이었다.

그런 영적 구원을 가능하게 한 하나님의 여러 가지 은혜가 있는데, 특히 그 은혜는 구속, 화목 및 칭의였다. 구속은 죄 값을 지불한 결과 죄에게서 해방되었다는 사실을 강조한다. 화목은 그리스도로 말미암아 하나님과 인간 사이에 깨어진 관계가 회복되었다는 사실을 강조한다. 칭의는 죄의식과 정죄로부터 벗어났다는 하나님의 선언을 강조한다. 바꾸어서 말하면, 구속은 노예를 사고파는 시장의 습관대로 값이 지불됐고, 화목은 깨어진 부자 부녀지간의 관계가 맏형의 중재로 회복되었으며, 칭의는 법정의 법규대로 재판관의 선언에 의하여 죄와 형벌이 면제되었다.[67]

그렇다! 영적 구원은 예수 그리스도가 십자가에서 몸이 찢기시고 피를 쏟으시며 죽으셨기 때문에 죄인에게 일어난 죄의식과 정죄의 용서를 의미한다. 성경은 그런 사실을 이렇게 선포한다, "또 그들의 죄와 그들의 불법을 내가 다시 기억하지 아니하리라 하셨으니, 이것들을 사하셨은즉 다시 죄를 위하여 제사 드릴 것이 없느니라" (히 10:17-18). 다시 말해서, 예수 그리스도의 완전한 희생으로 주어진 완전한 죄의 용서를 가리키는 영적 구원이다.

(2) 현재

성경은 구원이 현재 일어나고 있는, 다시 말해서 현재 진행 중이라는 사실을 강조하기 위하여 현재형 동사로 사용된 경우도 역시 적지 않다. 예를 들면, 바울 사도는 이렇게 빌립보 교인들을 권면한다: "그러므로 나의 사랑하는 자들아, 너희가 나 있을 때뿐 아

---

67 David F. Wells, *The Search for Salvation* (Downers Grove, IL: InterVarsity Press, 1978), 28-29.

니라 더욱 지금 나 없을 때에도 항상 복종하여 두렵고 떨림으로 너희 구원을 이루라. 너희 안에서 행하시는 이는 하나님이시니, 자기의 기쁘신 뜻을 위하여 너희에게 소원을 두고 행하게 하시나니, 모든 일을 원망과 시비가 없이 하라" (빌 2:12-14).[68]

이 말씀에 의하면, 그리스도인들은 현재에도 구원을 이루어나가야 한다. "구원을 이루라"는 바울 사도의 명령은 간단명료하게 해석하면 이런 뜻이다: "지금 죄의 습관과 죄의 지배로부터 구원을 받으라."[69] 비록 사람이 영적으로 구원을 경험했다손 치더라도 모든 면에서 구원을 받은 것은 아니다. 그는 영적 구원을 받은 사람답게 그의 일상생활에서도 한편 죄 된 습관과 싸워서 이겨야 한다. 그렇게 싸울 때 그리스도인들의 교제와 도움이 필요하기에 바울은 "모든 일을 원망과 시비가 없이 하라"고 권면한다.

이런 혹독한 싸움을 그리스도인이 혼자 힘으로 이길 수 있는가? 물론 없다! 그런 이유 때문에 바울은 "너희 안에서 행하시는 이는 하나님이시니"라고 하면서 그리스도인의 마음속에 거하시는 성령의 도움을 언급한다. 왜냐하면 성령의 보호가 없이 죄의 권능에서 이길 수 있는 사람이 있겠는가? 그 성령은 소극적으로 보호만 하지 않으신다. 적극적으로 능력을 부어주시어 그 사람으로 하여금 죄의 권능과 싸워서 격파하게 하신다. 그런 이유 때문에 그리스도인은 성령과 동행하지 않으면 안 된다.

---

68 그 외에도 다음과 같은 구절에서 찾을 수 있다: 고전 1:18, 15:2, 고후 2:15, 6:2, 빌 1:19, 살후 2:13, 벧전 1:9, 3:21.

69 Towns, *A Practical Encyclopedia: Evangelism and Church Growth*, 345.

(3) 미래

성경은 구원이 미래에 일어날 사건이라는 사실을 강조하기 위하여 미래형 동사로 사용되는 경우도 적지 않다. 예를 들면, 바울은 고린도교회에게 다음과 같은 말로 앞날을 준비하라고 권면한다: "이런 자를 사탄에게 내주었으니, 이는 육신은 멸하고 영은 주 예수의 날에 구원을 받게 하려 함이라" (고전 5:5).[70] 이 말에서 "주 예수의 날"은 두말할 필요도 없이 예수 그리스도가 "만주의 주요 만왕의 왕"으로 재림하시는 날을 가리킨다 (계 17:14, 19:16). 그 미래에 그리스도인에게 이루어질 구원은 구체적으로 무엇인가?

그 구원은 육체의 구원을 가리킨다. 그리스도인이라 할지라도 인간은 모두 죄의 결과물인 연약과 한계 있는 지식을 가지고 산다. 비록 성령의 도움과 능력으로 죄의 권능을 이긴다손 치더라도 그는 여전히 육체의 연약에 휩싸여서 그리고 지식의 한계 속에서 산다. 그렇지 않다면 왜 그는 정기적으로 식사도 해야 하고 화장실도 가야하는가? 그렇지 않다면 왜 그는 공부를 많이 해도 아는 것보다 모르는 것이 더 많은가? 그리고 마지막으로 육체의 죽음에 직면해야 하는가?

그러나 예수 그리스도가 재림하시는 날, 그리스도인의 육체는 연약과 한계를 뛰어넘는 완전한 몸으로 변화된다. 그는 그리스도의 형상을 완전히 닮게 된다. 그가 믿을 때 주어진 영생의 약속이 실천되는 때이기도 하다. 예수 그리스도가 십자가에서 죽고 그리고 부활하심으로 이루신 구원은 이처럼 완전한 구원이다. 그런

---

70 미래형 동사를 다음의 구절에서 찾을 수 있다: 롬 5:9-10, 13:11, 살전 5:8, 히 1:14, 9:28, 벧전 2:2.

이유 때문에 사람이 영적으로 구원을 받는 순간부터 저 영광스러운 종말을 향하여 달려가는 종말론적인 사람이 된다. 바울은 이렇게 외친다, "...썩을 것으로 심고 썩지 아니할 것으로 다시 살아나며...육의 몸으로 심고 신령한 몸으로 다시 살아나나니 육의 몸이 있은즉 또 영의 몸도 있느니라!" (고전 15:42, 44).

4. 나가면서

아담과 하와가 불순종하여 죄를 범하여 하나님을 등진 순간부터 하나님은 인간의 구원을 위하여 역사하기 시작하셨다. 예수님도 그런 사실을 이렇게 선포하신 적이 있다, "...내 아버지께서 이제까지 일하시니 나도 일한다" (요 5:17). 하나님 아버지가 하시는 일은 무엇인가? 물론 구원이다! 인간은 죄의식과 죄의 형벌로 말할 수 없이 많은 고통과 공포에 짓눌려서 살아가고 있다. 그런데 불행한 것은 그것이 전부가 아니라는 사실이다. 그 인간은 죽음이라는 장벽을 넘지 못한다.

죽으면 끝장인가? 그랬으면 얼마나 좋겠는가? 그러나 공의의 하나님은 죽은 사람이 그의 행위에 따라 심판을 내리실 수 밖에 없다 (계 20:13). 물론 하나님은 공의의 하나님이시지만, 동시에 사랑의 하나님이시다. 그 사랑의 하나님은 그처럼 인생의 목적도 모르고, 종착지도 모르는 채 죽음과 심판을 향하여 달려가는 인간을 구원하기 원하신다. 바로 그 이유 때문에 하나님은 아담과 하와가 불순종하는 순간부터 인간의 구원을 위하여 일하기 시작하셨고, 그리고 지금도 일하고 계신다.

제 4 부

선포(proclamation: P-2)

– 방법(method)

16

다양한 전도방법

1. 들어가면서

복음의 내용은 영원히 변하지 않는 진리이다. 그러나 그 복음을 전하는 방법은 시대와 사람에 따라서 변화되어야 한다. 특히 불신자들이 처해 있는 상황을 고려하지 않고 불변의 진리만을 선포한다면 그런 방법은 전도자에게는 복음을 전했다는 만족감을 줄지 몰라도, 불신자의 입장에서는 너무나 불쾌한 경험을 하는 셈이다. 그는 기독교를 더욱 경멸할 것이며, 따라서 다른 그리스도인이 복음을 가지고 접근해도 거부할 것이다.

그런 이유 때문에 복음을 전하는 자는 복음의 내용도 잘 알고 있어야 할 뿐 아니라, 다양한 방법도 알아야 한다. 그리고 상황에 맞게 각 불신자에게 적절한 방법으로 전도할 수 있어야 한다. 그와 같은 목적으로 본장에서는 먼저, 불신자를 간단히 소개할 것이며, 그 다음 역사적으로 하나님이 사용하신 여러 가지 방법들을 간략하게 고찰해볼 것이다. 그리고 마지막으로 현대에 사용되는 여러 가지 방법들을 알아볼 것이다.

1. 불신자

불신자란 믿음을 갖지 못한 사람들을 가리키며, 따라서 전도의 대상이 된다. 그러나 그들에게 효과적으로 접근하기 위해서는 무엇보다도 그들이 신앙에 대하여 어떤 자세를 가지고 있는지 알아야 한다. 그렇지 않다면 전도자는 불신자의 상태에 관계없이 일방적으로 천편일률적인 복음을 전할 수밖에 없기 때문이다. 비록 그들이 전하는 복음은 진리이나 듣는 사람들에게는 아무 의미도 줄 수 없다.

불신자는 몇 가지로 분류될 수 있는데, 첫째는 무신론자(無神論者), 둘째는 불가지론자(不可知論者), 셋째는 신은 믿지만 그 이상도 이하도 아닌 지적인 유신론자(有神論者)이다. 이런 불신자들은 인류가 시작되면서부터 형성된 인간들이다. 불신자들의 상태에 따라 이처럼 각기 다른 용어가 사용된 것은 17세기부터이다. 17세기는 계몽주의(啓蒙主義)와 과학의 시대의 시작이어서 인간은 하나님 대신 그들의 이성을 보다 중요하게 여기기 시작했다.

기독교는 본래 계시의 종교였다. 다시 말해서, 인간에게 알려지지 않은 신비의 하나님이 자신을 인간에게 나타내심으로 인간이 하나님을 알게 되었다. 하나님은 삼라만상(森羅萬象)을 창조하심으로 그분의 신성(神性)과 능력을 나타내셨다 (롬 1:20). 그뿐 아니었다! 하나님은 이렇게 객관적으로 자연을 통하여 자신을 계시하셨을 뿐 아니라, 양심이라는 주관적인 소리를 통하여 자신을 계시하셨다.

자연과 양심이 모든 사람에게 주어진 일반계시라면, 하나님의 말씀인 성경과 그 외아들 예수 그리스도는 하나님의 특별계시였다. 하나님은 자신을 인간에게 나타내실 때 특별한 방법, 곧 말씀과 그 말씀의 구현인 예수 그리스도를 통하여 알려주셨다. 그런 이유 때문에 하나님의 아들이신 예수 그리스도는 성경에서 이렇게 말씀하셨다, "너희가 나를 알았더라면 내 아버지도 알았으리로다. 이제부터는 너희가 그를 알았고 또 보았느니라" (요 14:7).

그러면 여러 부류의 불신자들에게 전도하는 방법을 살펴보기 전에 우선 그 불신자들의 특성을 살펴보아야 할 것이다. 그 이유는 간단하다! 그들이 속한 불신의 배경과 특성을 알지 못한다면 그들에게 적절하게 그리고 능력을 가지고 전도하기가 쉽지 않을 것이기 때문이다. 적을 알아야 적을 정복할 수 있다는 말이 여기에도 통할 수 있을지 모르겠다. 왜냐하면 불신자는 전도의 대상일망정 적은 아니기 때문이다.

1) 무신론자

무신론자는 문자 그대로 신이 없다고 주장하는 사람이다. 그런데 무신론은 서구의 기독교가 세속화되는 과정에서 나온 사상이다. 다시 말해서, 유일신을 섬기는 기독교라는 문화적 토양에서 떨어져 나온 사상이다. 이처럼 유신론(有神論)에서 유래된 무신론이라는 사실은 영어로 보면 더욱 분명해진다. 영어로 유신론은 *theism*인데, 무신론은 그 단어에 무(無)의 뜻인 *a*를 덧붙여서 만들어진 *atheism*이다.

그러니까 무신론은 유신론의 반대어 내지 부정어이기에 처음부터 유신론이 없다면 무신론은 없는 셈이다. 기독교와 같은 유신론의 전통이 전혀 없는 한국 사회에서나 기타 문화에서 무신론자라고 자처하는 것은 서구의 문명에서 영향을 받았기 때문이다. 비록 서구의 문명의 영향을 인식하든 못하든 상관없이 그런 사람은 서양의 문화에 깊이 젖어 있다는 사실을 간접적으로 증언하고 있는 셈이다.

이처럼 서양의 기독교 영향을 받았지만 부정적으로 무신론자라고 자처하는 사람들 가운데는 공산주의자들도 있다. 그들은 레닌주의나 스탈린주의를 받아들여, 신의 존재를 부인한다. 그들은 과학적이고도 현실적인 것만을 사실로 받아들인다. 다시 말하면, 그들은 유물론자(唯物論者), 곧 물질적이면서 가시적인 것만을 수용한다. 그들은 결코 위의 것들, 곧 형이상학적(形而上學的)인 것들을 거부하고, 현상적인 것만을 받아들인다.

서구의 기독교 영향을 강력하게 받고서도 무신론자라고 강력하게 주장하는 사람들이 또 있는데, 그들은 진화론자들이다. 다원주의에 몰입(沒入)되어 하나님의 창조와 거룩성을 거부하면서 만물이 진화의 과정을 거쳐서 생성되었다는 주장이다. 하나님의 창조와 공의를 부정하는 다원주의자들에게 삶의 기준은 오직 개인의 양심과 양식일 뿐이다. 그러니까 객관적인 도덕적 기준을 부인하면서 양심과 양식을 섬기는 인간 종교를 가질 뿐이다.

2) 유신론자

반면에 유신론자는 신의 존재를 인정한다. 그러나 더 깊이 따지고 보면 유신론은 그 다양성이 이루 말할 수 없다. 기독교에서 믿는 하나님을 받아들일 수도 있다. 그러나 유신론자라고 해서 반드시 기독교의 신앙이라고만 하는 것은 위험천만이다. 왜냐하면 신의 존재를 믿지만 그 신이 어떤 신인지를 규명하지 않으면 안 되기 때문이다. 신의 존재는 지극히 다양하기 때문이다.

그 가운데는 하나님이 이 세상을 창조하셨을 뿐 아니라, 지금도 자연계를 다스리며 개입하는 인격적인 존재로 보는 유신론자들도 있다. 그러나 그들의 하나님은 그 이상도 그 이하도 아니다. 다시 말해서, 그들의 하나님은 인간들과 인격적인 관계를 맺는 신이 아니다. 그들의 하나님은 인간을 구속하시는 구속의 관계와는 상관없으며, 기껏해야 인격적인 존재로 부각될 뿐이다.

그뿐 아니라 그 가운데는 이신론(理神論)도 있다. 이신론은 영어로 *deism*으로 라틴어의 신, *deus*에서 유래되었으나. 유신론인 *theism*은 헬라어 *theos*에서 유래되었다. 그러니까 이신론도 일종의 유신론이다. 이신론자들에 따르면 하나님이 이 세상을 창조하셨으나, 창조 이후 더 이상 세상에 관심을 갖고 있지 않는다. 그들은 초자연적인 계시나 기적 같은 것을 믿지 않고, 그들의 이성을 의지하면서 행복을 추구하였다.

그 밖에도 신의 존재를 인정하는 유신론자들 가운데 귀신을 섬기는 자들은 얼마나 많은가? 각종의 초자연적인 신을 섬기는 무속신앙도 본질적으로는 유신론에 속한다고 할 수 있다. 그럼에도 불구하고 그들은 그들이 섬기는 신을 개인적으로나 인격적으로 만날 수 없다. 그런 이유 때문에 그들은 무당이나 박수라는 매개를 이용하여 그들의 신을 만나려고 한다. 바알신 앞에서 울부짖던 바알 선지자들도 그런 부류였다 (왕상 18:26-29).

3) 불가지론자

불가지론(不可知論)은 한문을 풀어 보면 그 뜻이 분명해 진다: "알 수 없다"는 논리이다. 무엇을 알 수 없느냐는 질문에 대한 답변도 간단하다: "하나님의 실존에 대하여 알 수 없다." 불가지론자들은 하나님의 존재를 부정도 하지 않지만 긍정도 하지 않는 사람들이다. 그런 까닭에 하나님의 존재에 대하여 알 수 없다는 것이다. 그들이 알 수 있는 것은 단지 눈에 보이는 사물일 뿐이다.

불가지론은 원래 헬라어에서 유래되었는데, 그노스토스(gnostos)는 "알 수 있는"의 뜻인데, 거기에 무(無)의 의미인 a를 첨가해서 아그노스토스(agnostos)가 되었다. 그리고 그 의미는 "신의 존재에 대하여 알 수 없다"이다. 그런 자들을 불가지론자라고 불렀다. 비록 그들이 하나님의 존재를 인정도 하지 않고 그렇다고 부정도 하지 않았지만, 엄격히 따지고 보면 실제로는 하나님을 부인하는 불신자일 뿐이다.

본래 불가지론은 영지주의(靈智主義)에 반대해서 일어난 운동이었다. 영지주의는 한 마디로 영적인 지식을 통하여 하나님을 알 수 있다는 주장이다. 비록 소수의 지성인 엘리트에게 국한된 특권이었지만, 그래도 하나님을 알 수 있다는 것이다. 그러나 어떤 지식으로도 절대적인 하나님을 알 수 없다는 강력한 반론이 바로 불가지론이었다. 그러나 세월이 흐르면서 불가지론의 의미도 확대되었다.

불가지론자들에 의하면 무턱대고 알 수 없다는 고백이 아니다. 불가지론의 본질은 이성(理性)과 지성이 이끌 수 있을 때까지 최선을 다해 추구하여야 한다고 믿는다. 그러나 그 후에는 이성과 지성의 한계를 진술하게 인정하고, 더 이상 하나님의 실존에 대하여 알 수 없다고 고백하는 것이다. 무신론은 신이 없다고 하는데 반해, 불가지론자는 모른다고 주장한다. 그러나 위에서 언급한 것처럼, 불가지론자들은 신의 존재를 결국 거부하는 셈이다.

4) 효과적인 접근법

그리스도인이 불신자들에게 전도할 때 잘못된 접근법을 사용할 수 있다. 잘못된 접근법은 대략 다음과 같이 다섯 가지로 제시할 수 있다.[1] 첫째, 그리스도인은 대화를 조작하여(manipulate) 전도의 목적을 이루려고 한다. 원래 불신자와의 대화는 진술한 것이어야 하며, 인생을 함께 걸어 가는 인생의 동반자로서, 그리고 잠재력이 있는 친구로 대하면서 대화를 풀어가야 한다. 그런 대화가 계기가 되어 서로 신뢰하는 친구가 될 수 있다는 것이다.

둘째, 그리스도인은 그의 소중한 도구인 전도 내용을 가지고 논쟁을 일으키면서까지 전도하려고 한다. 예를 들면, "사영리에 대하여 들어보셨습니까?" 그는 그 내용을 수단 방법을 가리지 않고 일단 전하기만 하면 전도에 성공한다고 믿는다. 그런 방법은 전도의 성취라기보다는 오히려 많은 사람들로 하여금 기독교에 대하여 염증을 갖게 하여 더욱 멀어지게 할 수 있다.

그리스도인은 전도의 내용을 불신자들에게 일방적으로 그리고 논쟁적으로 주입시키려 하지 말아야 한다. 오히려 그들로 하여금 교회와 교인들에 대하여 알아볼 수 있는 기회를 주는 것이 좋다. 그들에게 교회들을 평가해 달라는 요청을 함으로 그들로 하여

---

1 "How to Sell Christianity? Ask an Atheist." *USA TODAY* (2010/6/28, Monday), 19.

금 교회들을 방문하게 하여 교회들을 진솔하게 평가할 수 있는 기회를 주는 것도 바람직하다. 그 결과 교회들과 교인들이 좋은 인상을 남겼다면 전도의 큰 발판이 되는 셈이다.

셋째, 그리스도인은 불신자들을 무시하면서 전도하는 경향이 있다. 다시 말해서, 나는 옳고 너는 잘못되었다는 자세를 가지고 대한다. 그런 이유 때문에 불신자들은 "잃은 자들"이며, 그들을 구원해야 된다는 오만한 태도를 가지고 접근한다. "나는 예수님이 하나님이심을 알고 내가 죽으면 천국에 간다는 확신이 있다"는 말처럼 불신자들로 하여금 그리스도인을 피하게 하는 말은 별로 없을 것이다.

그리스도인이 불신자들에게 옳고 그름을 따질 수 없다. 그나 그들이나 똑같이 하나님의 형상을 따라 지음을 받은 존귀한 자들이다. 그뿐 아니라, 그와 그들을 위해서도 하나님은 그 아들 예수 그리스도를 십자가에서 희생시키셨다. 단지 그는 그런 엄청난 사실을 그들보다 먼저 깨닫고 경험한 것뿐이다. 누군가가 그에게 그 사실을 전해주었듯, 그도 그들에게 그 구속의 사실을 공손하게 전해야 할 것이다.

넷째, 그리스도인은 불신자들을 인격적으로 대하지 않고 목적물로 대하는 경향이 있다. 그런 이유 때문에 그리스도인은 불신자들을 "연구 과제"(projects)나 "잠재 고객"(prospects)으로 간주한다. 불신자들은 이런 대우를 즉시 간파하며, 그리고 더 이상 대화하기를 원하지 않는다. 그뿐 아니라, 그들의 마음에 그리스도인을 경멸하는 마음을 갖게 된다. 그리스도인은 그들과 진솔한 대화를 할 수 있어야 한다. 그의 이야기를 들려주어야 하나, 동시에 그들의 이야기도 들어야 한다. 그 결과 불신자들도 그리스도인과 가까이 하면 여러 면에서 유익하다는 느낌을 갖게 해주어야 한다.

다섯째, 그리스도인은 불신자들을 어떤 미끼로 끌어들인 후 그 미끼로 전도를 한다. 예를 들면, 그리스도인이 불신자들을 어떤 파티나 아니면 특별 집회에 초청했다고 하자. 그리스도인은 그것을 미끼로 곧장 전도의 기회로 삼는다. 이런 공식은 당장은 어느 정도 통할지 몰라도, 나중에는 불신자들이 그리스도인의 초청에 응하지 않을 것이다. 그 "미끼"로 친구가 되려고 해야 할 것이다. 이렇게 관계를 맺으면, 그 관계가 갈수록 깊어져서 서로 신뢰하는 데까지 가게 되면 전도의 문은 저절로 열려질 것이다.[2]

3. 역사에 나타난 방법들

1) 초대교회의 전도방법

위에서 이미 언급한대로, 전도의 방법은 시대에 따라 그 상황에 걸맞게 변화되었다. 예루살렘교회의 전도방법은 사도행전 2장에서 7장에 잘 나타나 있다. 초대교회의 전도방법을 보면 대략 다음과 같은 것들을 제시할 수 있다. 첫째, 초대교인들은 복음을 전하기에 앞서 모두 성령의 충만함을 경험하였다 (행 2:4, 4:31, 7:55). 그들은 그들의 지식이나 능력이나 경험을 의지하지 않고, 오직 성령을 의지하여 많은 전도의 열매를 맺었다.

둘째, 초대교회는 대중설교를 즐겨 사용하였다. 성령의 충만을 경험한 베드로도 예루살렘에 모인 많은 유대인들과 유대교에 입교한 사람들에게 설교의 방법으로 복음을 제시하였고, 그리고 큰

---

2 Jim Henderson, *The Outsider Interviews: A New Generation Speaks out on Christianity* (Grand Rapids, MI: Baker Books, 2010), 34이하.

역사가 있어 하루에 3,000명씩, 5,000명씩 예수 그리스도를 믿었다 (행 2:41, 4:4). 이런 대중설교는 걷지 못하는 병자를 베드로와 요한이 일으켰을 때 군중 앞에서도 역시 이루어졌다 (행 3:12, 4:8이하). 그 외에 스데반 집사도 대중 앞에서 설교하였다 (행 7:2 이하).

셋째, 초대교회는 기적을 동반한 전도를 하였다. 그 당시 무식한 사람들로 여겨졌던 제자들의 전도를 유대인들이 받아들인 것은 그들을 통하여 기적이 일어났기 때문이다. 그렇게 무식한 자들이 배우지도 않은 다른 나라 말로 복음을 전하다니! (행 2:11). 일생동안 구걸로 연명하던 앉은뱅이가 그들을 통하여 일어나다니! (행 3:6-7). 투옥된 사도들이 어떤 인간의 도움도 받지 않고 그 옥에서 나올 수 있다니, 얼마나 놀라운 일인가! (행 5:18-19).

넷째, 초대교회는 가정을 중심으로 이루어진 소그룹전도를 효과적으로 사용하였다. 그 이유는 너무나 분명했다! 그들은 3,000명씩, 5,000명씩 회개하고 믿은 사람들을 모두 수용할 수 있는 장소가 없었다. 그들은 각 가정에서 "떡을 떼며 기쁨과 순전한 마음으로 음식을 먹고, 하나님을 찬미하였다" (행 2:46-47). 그들은 삶을 나누는 전도를 한 것이며, 그 결과 주님은 많은 사람들로 하여금 구원 받게 하셨다 (행 2:47).[3]

2) 바울의 전도방법

하나님이 이방인 전도를 통하여 세계를 복음화 하시는데 크게 사용하신 사람은 역시 바울 사도였다. 그러면 바울은 어떤 방법으

---

3 이런 초대교회의 복음전도 방법을 자세히 보려면 다음을 참고하라, 홍성철, 『성령의 시대로! 오순절 ◇ 복음 ◇ 교제』 (서울: 도서출판 세복, 2013), 238이하.

로 복음을 그처럼 유효적절하게 전했는가? 첫 번째 방법은 개인 전도였다. 그의 개인전도를 연속적으로 보여준 곳은 사도행전 16장이다. 그는 먼저 루디아에게 복음을 전했고, 그리고 그녀를 통하여 그 가정에게 복음을 전했다. 그뿐 아니라, 바울은 귀신들려 점치는 여인에게도 능력의 복음을 전했고, 그것이 계기가 되어 투옥되었다. 그러나 그 투옥의 결과 빌립보 간수와 그 가정이 바울의 복음을 듣고 믿었다.

바울이 복음을 전한 두 번째 방법은 도시전도였다. 바울은 그의 사역과 열정을 농촌에 붓지 않았다. 물론 농촌 사람들을 무시한 것은 결코 아니었다. 그가 도시에 집중함으로 많은 사람들에게 복음을 전할 수 있었을 뿐 아니라, 그렇게 변화된 사람들을 통하여 복음이 농촌과 각처로 전파된다는 사실을 알았던 것이다. 사도행전에 나타난 그의 전도 전략을 보면, 안디옥이란 도시에서 구부로로 (행 13:4), 그리고 다시 안디옥에서 유럽으로 들어갔다 (행 16:9). 그리고 유럽의 도시를 옮겨 다니면서 복음을 전하였다.

바울이 복음을 전한 세 번째 방법은 점진적이었다. 그는 어느 도시로 들어가자마자 이방인들에게로 가서 복음을 전하는 방법을 사용하지 않았다. 그는 먼저 유대인들의 회당으로 들어가서 복음을 전했고, 그리고 그곳을 기점으로 이방인들에게도 복음을 확대해서 전했다. 그가 데살로니가에 갔을 때 "관례대로" 회당으로 가서 삼주 연속 성경을 가르쳤다 (행 17:1-2). 그는 무엇보다도 유대인들과 자신이 가지고 있는 공통 화제로 복음의 문을 열었던 것이다.

바울이 사용한 네 번째 전도방법은 교회개척이었다. 그는 가는 곳마다 복음을 전하여 믿은 사람들이 생기면 그들을 버려두고 떠나지 않았다. 그는 그들이 함께 신앙생활을 할 수 있는 믿음의 공동체를 만들었다. 그 이유는 무엇인가? 그곳은 예배의 장소와 교제의 중심지가 되었다. 새로 믿은 사람들은 교회를 통하여 신앙이 성장했을 뿐 아니라, 한 발 더 나아가서 그들의 신앙을 다른 사람들에게 전하는 선교의 공동체를 만들게 하였다.

3) 18세기의 전도방법

초대교회의 전도와 바울의 전도에서 18세기로 훌쩍 뛰어넘는 데는 그만한 이유가 있다. 특히 18세기에 일어난 존 웨슬리(John Wesley)의 전도운동은 기독교 역사상 초대교회를 가장 많이 닮았기 때문이다. 그때의 전도방법은 첫째 야외전도설교였다. 웨슬리는 전도의 열정에 사로잡혔으나, 영국교회는 그에게 문을 열지 않았다. 하나님이 그에게 열어주신 전도의 장은 바로 야외였다. 구름처럼 몰려든 영적으로 굶주린 사람들에게 웨슬리는 자유롭게 그러나 능력 있게 복음을 전했다.

웨슬리가 복음을 전한 둘째 방법은 소그룹전도였다. 그는 야외전도설교를 할 때 그의 설교를 통하여 영적으로 깨어난 사람들을 내버려두지 않았다. 왜냐하면 그들을 방치하면 그들을 깨우치기가 갈수록 어려워지기 때문이다. 그는 그렇게 깨어난 사람들을 속회(the class meeting)에 가입시켰다. 물론 속회는 12명 이내로 모이는 소그룹이었다. 일주일에 한 번씩 모이는 그 소그룹에서 영적으로 깨어난 사람들은 마침내 확실한 회심을 경험하게 하였다.[4]

---

4 이런 복음전도를 자세히 알려면 다음을 보라, 홍성철,『불타는 전도자 존 웨슬리』, 245이하.

웨슬리가 복음을 전한 셋째 방법은 순회전도였다. 그는 결코 한 곳에 머물러 있지 않았다. 물론 그에게도 일정한 예배와 교제의 장소가 있었지만,[5] 그래도 그는 끊임없이 각처를 다니면서 복음을 전파하였다. 그뿐 아니었다! 그는 선교사들을 미국으로 파송했을 때도 역시 그들로 하여금 여러 곳으로 다니면서 복음을 전하게 하였다. 왜냐하면 그의 전도 대상은 세상이었기 때문이다. 그가 "세상은 나의 교구이다"라고 한 선언은 그의 순회전도의 근간이 되었다.

웨슬리가 복음을 전한 넷째 방법은 평신도의 활용이었다. 그 당시 영국국교회에서 자격증을 받아야 되는 상황에서 그는 과감하게 평신도를 활용하여 전도했다는 것은 가히 역사적인 운동이다. 그는 평신도를 철저히 훈련시켜서 그들로 하여금 속회에서 복음을 전하게 하였다. 한 발 더 나아가서 그는 평신도들로 하여금 각처로 다니면서 복음을 개인적으로 전할 뿐 아니라, 설교도 하게 하였다. 그 결과 참으로 많은 사람들이 복음을 듣고 회심하게 되었던 것이다.

4) 19세기의 전도방법

이 세기는 복음전도와 선교를 위해 대전환점이 되었기에 "위대한 세기"라고 불린다. 이때 하나님이 사용하신 첫 번째 전도방법은 야영천막집회(camp meeting)였다. 이 전도운동은 미국에서 일어난 제2차 대각성운동의 부산물이기도 했다. 대략 1795년에

---

5 그가 처음으로 확고하게 그리고 일정하게 예배와 교제를 나눈 곳은 파운더리 신도회(The Foundary Society)였다. 이를 위하여 다음을 보라, 위의 책, 235 이하.

서 1830년의 오랜 기간에 일어난 대각성은 야영전도집회를 일으켰다.[6] 많은 사람들이 여름에 한 곳에 모여 천막에서 숙식을 하면서 복음을 듣고 회심을 경험하였다. 그리고 이런 운동은 한국교회에도 영향을 미쳐 기도원운동으로 확산되기도 했다.

하나님이 19세기에 사용하신 두 번째 전도방법은 "새로운 형식"(new measures)으로서, 찰스 피니(Charles Finney)의 창안이었다. 그는 순회전도자이기도 했는데, 각처에서 전도 집회를 인도하면서 "갈망의 자리"(anxious seats)를 마련하였다.[7] 그의 전도 설교를 듣고 구원받기 원하는 사람들은 그 자리에 나와서 회심을 경험할 때까지 기다리며 기도하는 특별한 방법이었다. 피니의 이런 방법은 그 이후 무디와 빌리 그레이엄에게도 전수되어 유용한 복음전도의 방법으로 사용되었다.

하나님이 19세기에 사용하신 세 번째 전도방법은 문서전도였다. 문서전도의 중요성은 이루 말할 수 없는데, 그 이유는 설교나 전도는 시간과 장소의 제약을 받는데 반하여 문서는 그런 제약을 받지 않기 때문이다. 대중전도 집회는 물론 전도지향적인 주일학교에서도 문서를 크게 의지하기 시작하였다. 문서전도는 한국교회에도 큰 영향을 미쳐서 복음이 전해지는 곳이면, 반드시 문서가 따를 정도로 중요한 전도의 매개가 되었다.

하나님이 19세기에 사용하신 네 번째 전도방법은 "믿음"의 선교운동이었다. 이 방법에 의하면, 전도자나 선교사는 그들이 속한 교단이나 교회를 의지하지 않고, 하나님만을 의지하면서 사역에

---

6 Elwell, *Evangelical Dictionary of Theology*, M. A. Noll, 제목, "Great Awakening."

7 Towns, *Encyclopedia: Evangelism and Church Growth*, 235.

뛰어든 운동이었다. 그들은 "믿음"으로 재정적으로나 영적인 후원자들을 모집하고 또 그들을 의지하는 방법이었다. 그런 운동이 한국에 들어왔는데, 바로 성결교회를 시작한 "동양선교회"(The Oriental Missionary Society)가 그것이다.

4. 현대의 전도방법

현대로 들어와서도 하나님은 지금까지 각 시대에서 사용하신 방법들을 골고루 사용하신다. 하나님의 부르심에 따라 전도자들이 사용하는 방법이 다를 수 있지만, 그런 방법들은 이미 하나님이 과거에 사용하신 방법이든지 아니면 개량된 것이다. 그러나 현대에 들어와서 두드러진 전도방법은 첫째 전도훈련의 강조이다. 성령의 능력과 인도를 받는 것도 중요하나, 구체적으로 훈련을 받지 못하면 그 효과가 많이 떨어지기 때문이다.

이처럼 훈련을 강조한 전도방법 가운데는 *네비게이토선교회*(The Navigator)를 창시한 *도슨 트로트먼*(Dawson Trotman)이 있다.[8] 그는 비록 평신도였지만, 성경 암송과 철저한 훈련으로 복음을 전했고, 또 그것을 많은 사람들에게 전수했다. 그런 단체는 많지만, 전도 훈련을 강조한 교회도 적지 않다. 미국의 *코럴리지장로교회*(Coral Ridge Presbyterian Church)의 케네디(James Kennedy) 목사도 전도훈련을 통하여 그의 교회는 물론 세계적으로 많은 교회를 성장시켰다.[9]

현대의 두드러진 두 번째 전도방법은 *라이프스타일*(life style)

---

8 그의 생애를 위하여 다음을 보라, 밥 포스터, 『불타는 세계비전』(서울: 네비게이토출판사, 1983).

9 이를 위하여 다음을 보라, Kennedy, *Evangelism Explosion*.

전도이다. 이 전도방법은 어떤 격식이나 방법에 매이지 않고, 자연스럽게 삶의 현장에서 삶을 나누면서 전도하는 방법이다. 커피를 마시거나 만찬을 하면서 복음을 나눌 수 있는 방법이다.[10] 물론 이런 방법은 기독교에는 항상 있었지만, 이것을 방법으로 받아들여진 것은 현대에 이르러서이다. 특히 미국에서 이런 방법을 보편화시킨 사람이 있는데, 그는 놀랍게도 평신도였다.[11]

전도훈련과 라이프스타일을 겸한 전도방법도 창출되었는데, 그것이 세 번째 방법이다. 그 방법은 새생명축제라고 불리는데, 서울에 있는 사랑의장로교회에서 옥한흠목사가 개발한 전도방법이다. 10월에 있는 4일간의 축제를 위하여 온 성도가 훈련을 받고, 또 자연스럽게 약 10개월간 불신자들을 사귀며 동시에 그들을 위하여 기도한다. 그리고 그들을 새생명축제에 초청하여 복음설교를 듣고 예수 그리스도를 영접하게 하는 방법이다. 이 방법은 많은 교회가 효과적으로 전도하는 방법이 되었다.

하나님이 현대에 사용하신 두드러진 네 번째 전도방법은 *매스미디어*(mass media) 전도이다. 이 전도방법은 현대의 테크닉의 발전과 더불어 사용된 중요한 전도방법인데, 그 매개는 너무나 다양하다. 라디오전도, 텔레비전전도, 영상전도, 녹음전도, 카세트테이프전도 등 얼마나 그 영향력이 크고 넓은지 모른다. 특히 근자에 와서는 인터넷전도, 핸드폰전도 등 하나님은 인간의 모든 테크

---

10 조지 피터스, "현대전도의 다양한 방법," 홍성철 편집 『전도학』, 개정2쇄 (서울: 도서출판 세복, 2012), 366이하.

11 Rebecca Manley Pippert, *Out of the Salt Shaker & into the World: Evangelism as a Way of Life*, 개역확장판 2쇄 (Downers Grove, IL: IVP Books, 1999).

닉을 사용하여 복음을 만방에 전파하게 하신다.[12]

5. 나가면서

복음은 영원한 불변의 진리이다. 그러나 그 복음을 담아서 쏟아내는 그릇은 사람에 따라 다르며, 또 시대와 문화에 따라 다르다. 그런 이유 때문에 기독교 초기부터 현대에 이르는 동안 하나님이 시대마다 즐겨 사용하신 여러 가지 방법을 살펴보는 것도 나름대로 유익하다. 그러나 가장 중요한 것은 복음을 전하는 자가 분명한 복음을 붙잡고, 그리고 성령의 인도하심을 받으면서 불신자에게 걸맞은 방법을 사용하는 것이 중요하다.

---

12 복음전파를 위한 *web site*를 몇 개 소개하면 다음과 같다: www.soonn. org.uk, www.jews-for-jesus.org, www.gospelcom.net, www.ccci.org, www.cfore.com, www.celebratejesus2000.org, www.thegoodnews. org. Alvin Reid, *Introduction to Evangelism* (Nashville, TN: Broadman & Holman Publishers, 1998), 343이하.

17
전도와 하나님의 말씀

1. 들어가면서

하나님의 말씀을 깨닫지 못하고 예수 그리스도에게 나아오기 란 참으로 어렵다.[13] 그리고 예수 그리스도에게 나아오려면 회개 와 믿음을 구사(驅使)해야 하는데, 회개와 믿음도 역시 깨달음이 없이는 가능하지 않다. 예수 그리스도가 누구인지 알아야 그분에 게로 올 수 있으며, 또 그분을 구세주로 영접할 수 있기 때문이다. 결국 회개와 믿음을 일으키기 위하여 하나님의 말씀에서 제시하 는 예수 그리스도를 깨닫게 하는 것이 전도의 핵심이라고 할 수 있다.[14]

이런 과정을 누구보다도 잘 아는 분은 역시 예수 그리스도 이

---

13 지금까지 복음을 전하면서 하나님의 말씀을 가장 중요한 도구로 사용하지 않 은 이유들을 다음과 같이 찾을 수 있다: 첫째, 전도방법으로 행동과학을 강 조했기 때문이다. 둘째, 동참(presence)의 사역을 중요시하였기 때문이다. 셋째, 많은 교회들이 갈라짐으로 좋은 모습을 보여주지 못했기 때문이다. 넷 째, 하나님의 말씀보다 교회와 전통에 더 무게를 두었기 때문이다. 다섯째, 경험과 기적에 초점을 둔 전도를 했기 때문이다. 이를 위하여 다음을 보라, Arthur P. Johnstone, "The Use of the Bible in World Evangelism," *The Living and Active Word of God*. Morris Inch & Ronald Youngblood 편집 (Winona Lake, IN: Eisenbrauns, 1983), 309-310.

14 Richard V. Peace, *Conversion in the New Testament: Paul and the Twelve* (William B. Eerdmans Publishing House, 1999), 236.

시다. 그분은 일찍이 옳게 깨닫지 못하고서는 결코 하나님 나라의 백성이 될 수 없다는 사실을 강조하기 위하여 씨 뿌리는 비유를 들으셨다. 그 비유에서 깨달음의 중요성은 아무리 강조해도 지나치지 않을 것이다. 깨닫는다는 동사에 주목하면서 그 말씀을 읽어 보자:

아무나 천국 말씀을 듣고 **깨닫지** 못할 때는 악한 자가 와서 그 마음에 뿌리운 것을 빼앗나니, 이는 곧 길가에 뿌리운 자요; 돌밭에 뿌리웠다는 것은 말씀을 듣고 즉시 기쁨으로 받되, 그 속에 뿌리가 없어 잠시 견디다가 말씀을 인하여 환난이나 핍박이 일어나는 때에는 곧 넘어지는 자요; 가시 떨기에 뿌리웠다는 것은 말씀을 들으나 세상의 염려와 재리의 유혹에 말씀이 막혀 결실치 못하는 자요; 좋은 땅에 뿌리웠다는 것은 말씀을 듣고 **깨닫는** 자니 결실하여 혹 백 배, 혹 육십 배, 혹 삼십 배가 되느니라 (마 13:19-23).

그러면 왜 하나님의 말씀을 깨달으면 변화되어 결실을 맺는가? 그 이유는 너무나 분명하다! 하나님의 말씀은 복음전도의 내용을 전해주기 때문이다. 그뿐 아니라, 하나님의 말씀은 복음전도를 위하여 권위와 능력을 부여(賦與)하기 때문이다. 그러므로 이처럼 불가분의 관계에 있는 복음전도와 하나님의 말씀의 역학 관계를 살펴보는 것이 이 장의 목적이다. 그 목적을 위하여 다음과 같이 두 가지 면을 다룰 것이다: (1) 말씀의 권위, (2) 말씀의 능력.

2. 말씀의 권위

하나님의 말씀은 전도자에게 그 전도의 내용을 제공할 뿐 아니라, 말씀의 권위를 부여한다. 그런 이유 때문에 전도자는 복음에 대하여 변증하기보다는 복음을 있는 그대로 전하는 사람이다. 복음을 전하는 전도자는 복음을 결코 부끄러워하지 않을 뿐 아니라, 복음이 모든 믿는 자들을 구원하는 하나님의 능력임을 잘 안다(롬 1:16). 그러므로 전도자는 하나님의 말씀을 명확하게, 확신을 가지고, 그리고 용감하게 전해야 한다.[15]

복음을 전하는 사람은 하나님의 말씀에 권위가 있는 사실을 믿기 때문에 하나님을 알지 못하는 세상을 향하여 하나님의 말씀을 전해야 한다. 두말할 필요도 없이, 그 자신에게는 아무런 권위가 있지 않다는 사실을 인식하면서 하나님 말씀의 권위를 의지해야 한다. 그렇게 할 때 하나님은 전도자에게 권위를 부여하신다. 이런 말씀의 권위에 굴복한 결과 큰 능력의 사역자가 된 빌리 그레이엄(Billy Graham)의 경험담은 도움이 될 것이다.

빌리 그레이엄은 20세기 중 반 세기, 다시 말해서 50년이란 긴 세월에 걸쳐 하나님에 의하여 쓰임 받은 전도자이다. 그의 복음전도를 통하여 예수 그리스도를 구세주로 믿고 변화된 사람은 그 수를 헤아릴 수 없을 정도이다. 그처럼 하나님에 의하여 크게 쓰임 받은 빌리 그레이엄도 하나님 말씀의 권위에 대하여 확신은커녕 의심하면서 방황하던 때가 있었다. 그의 갈등은 갈수록 커져만 갔는데, 1949년 어느 날 저녁에는 더 이상 견딜 수 없었다.

빌리 그레엄은 캘리포니아(California)에 있는 어느 산속으로 혼자 들어갔다. 거기서 그는 무릎을 꿇고, 그리고 성경을 펴고서 이렇게 하나님에게 말했다:

나는 성경에서 계시된 살아 계신 하나님에게 나의 의지를 드립니다. 지금

15 John R. W. Stott, "Evangelist's Message Is Bible-Based," *The Mission of an Evangelist* (Minneapolis, MN: World Wide Publications, 2001), 58.

이 순간, 믿음으로 나는 성경을 하나님의 말씀으로 받아드립니다. 나는 그 말씀을 남김없이 받아들입니다. 내가 이해할 수 없는 것에 대해서는 더 빛을 받을 때까지 판단하지 않겠습니다.[16]

얼마 후 로스앤젤레스전도대회(the Los Angeles Crusade)가 개최되었는데, 빌리 그레이엄은 더 이상 성경을 증명하려하지 않고, 진리로 선포하기 시작했다. 그는 "성경이 말씀하시기를" 반복하면서 하나님의 말씀을 인용했다. 그는 더 이상 그의 의견을 개진하거나 자신의 웅변술을 의지하지 않았다. 무수한 사람들이 하나님의 말씀을 들었는데, 그 말씀에는 성령이 함께 하시는 하나님의 권위가 있었다. 그리고 그 권위의 말씀은 많은 호응을 일으키고도 남았다.[17]

1) 권위의 근원

그렇다면 하나님의 말씀은 무엇 때문에 이런 권위를 지니고 있는가? 그 권위는 어디에서 오며, 도대체 누구의 권위인가? 어떤 의미에서 하나님의 말씀에는 권위가 있다고 믿는가? 이런 모든 질문에 대한 해답을 찾기 위하여 하나님의 말씀인 성경의 권위를 찾아야 하며, 또 성경의 권위를 찾기 위해서는 성경의 저자를 알아야 한다. 왜냐하면 저자(author)와 권위(authority)는 같은 뿌리에서 나온 단어들이기 때문이다.[18]

성경의 저자는 물론 하나님이시다. 그런 까닭에 바울 사도는

---

16 Billy Graham, "Biblical Authority in Evangelism," *Christianity Today* (Oct. 15, 1956): 6. Coleman, *Good News from Heaven*, 61에서 재인용.

17 위의 책.

18 Samuel O. Libert, "The Evangelist's Authority: The Word and the Spirit," *The Calling of an Evangelist*, 114.

하나님의 말씀에 대하여 목회자인 디모데에게 이런 가르침을 주었다; "또 어려서부터 성경을 알았나니, 성경은 능히 너로 하여금 그리스도 예수 안에 있는 믿음으로 말미암아 구원에 이르는 지혜가 있게 하느니라. 모든 성경은 하나님의 감동으로 된 것으로 교훈과 책망과 바르게 함과 의로 교육하기에 유익하니, 이는 하나님의 사람으로 온전하게 하며 모든 선한 일을 행할 능력을 갖추게 하려 함이라" (딤후 3:15-17).

이 말씀에 의하면, 어떤 특정한 성경만이 아니라 *모든* 성경이 하나님의 감동으로 기록되었다. 쉽게 말해서 모든 성경의 저자는 하나님 자신이라는 것이다. 물론 하나님은 각기 다른 시대에 사는 사람들을 사용하셨지만, 하나님이 그들에게 영적으로 감동을 주셔서 기록하게 하셨다. 그 목적도 분명히 진술하고 있는데, 너무나 중요한 두 가지 목적을 위함이라고 바울 사도는 힘주어 말한다.

첫 번째 목적은 그 성경, 곧 하나님의 말씀을 통하여 "구원에 이르는 지혜가 있게 하기" 위함이다. 그 구원을 이루는데 없어서는 아니 될 분이 있는데, 바로 예수 그리스도이시다. 왜냐하면 예수 그리스도를 통하지 않고서는 구원에 이를 수 있는 방법이 달리 없기 때문이다 (요 14:6, 행 4:12). 그런 까닭에 하나님의 말씀인 성경은 인간의 구원을 이루기 위하여 몸소 십자가에서 이루신 예수 그리스도를 소개하는 것이다 (요 5:39, 20:31).

하나님이 영적으로 감동을 주셔서 성경을 기록하게 하신 두 번째 목적은 구원받은 하나님의 사람들이 *온전케* 될 뿐 아니라, 선한 일을 행하는 일에도 *온전케* 되게 함이다. 죄인들에게는 구원을 이루고 또 구원받은 사람들을 온전케 할 수 있는 성경이라면, 그 성경의 저자는 하나님이라고 밖에는 달리 말할 수 없다. 왜냐하면 인류 역사에서 어떤 인간의 저술도 죄인을 구원하지도 못했고, 또 구원받은 사람을 온전케 하지도 못했기 때문이다.

성경의 저자가 하나님이라고 단호하게 선언한 또 한 사람이 있는데, 그는 예수님의 수제자인 베드로이다. 그의 말을 직접 인용해보자, "먼저 알 것은 성경의 모든 예언은 사사로이 풀 것이 아니니, 예언은 언제든지 사람의 뜻으로 낸 것이 아니요, 오직 성령의 감동하심을 얻은 사람들이 하나님께 받아 말한 것임이라" (벧후 1:20-21). 이 말씀에서도 예언, 곧 성경의 저자가 바로 하나님이라는 사실을 강조하고 있다.

하나님이 성경의 저자라는 사실은 성경이 바로 하나님의 말씀이라는 것이다. 따라서 하나님의 말씀은 하나님의 권위, 곧 절대자의 권위를 갖는다. 그런 이유 때문에 하나님의 말씀은 헛된 말씀이 될 수 없다. 선지자가 외친 그대로이다, "내 입에서 나가는 말도 이와 같이 헛되이 내게로 되돌아오지 아니하고 나의 기뻐하는 뜻을 이루며 내가 보낸 일에 형통함이니라" (사 55:11). 이런 하나님의 말씀은 사람들로 하여금 떨며 나오게 하는 권위를 동반한다 (사 66:2).

실제로 무식한 분으로 여겨졌던 예수 그리스도가 산상수훈을 가르치셨을 때 사람들의 반응은 어떠했는가? "예수께서 이 말씀을 마치시매 무리들이 그의 가르치심에 놀라니 이는 그 가르치시는 것이 권위 있는 자와 같고 그들의 서기관들과 같지 아니함일러라" (마 7:28-29). 그분의 말씀에는 권세, 곧 권위가 있었는데, 그 이유는 하나님의 말씀을 가르치셨기 때문이다. 과연 하나님의 말씀이기에 당연히 하나님의 권위가 있을 수밖에 없다.

성경은 하나님의 말씀이기 때문에 인간의 말이 섞이지 않았다. 하나님의 말씀은 확실히 "영적으로 감동을 받았으며, 완전하며, 충분하며, 틀림없으며, 잘못이 없으며, 절대로 신뢰할 수 있으며, 권위로 충만하다."[19] 그 이유는 너무나 분명하다! 하나님이 기록하게 하신 하나님의 말씀이기 때문이다. 물론 저자들의 인격이나 개성이 들어가긴 했지만, 그래도 단어와 표현과 사고는 모두 하나님이 불어넣으셨다.

2) 권위의 표출(表出)

그렇다, 하나님의 말씀에는 권위가 있다! 그렇다면 전도자가 하나님의 말씀을 근거로 복음을 전할 때마다 그런 권위가 표출되는가? 다른 말로 표현하면, 복음을 전할 때마다 구원의 역사가 능력 있게 일어나는가? 그렇지 않다면 그 원인은 어디에서 찾아야 하는가? 물론 복음의 내용에서는 그런 실패의 원인을 찾을 수 없다. 그렇다면 복음을 전하는 전도자에게서 그런 실패의 원인을 찾을 수 있는가?

하나님의 말씀이 권위를 지니고 있는 사실은 이런 성경 말씀을 보더라도 분명하다, "그러므로 믿음은 들음에서 나며, 들음은 그리스도의 말씀으로 말미암았느니라" (롬 10:17). 이 말씀에 의하면 그리스도의 말씀, 곧 복음이 전해지면 당연히 믿음이 창출(創出)되며, 따라서 구원의 역사가 일어나게 되어 있다. 그럼에도 불구하고 시시때때로 복음전도는 믿음과 구원을 창출하지 못하는

---

19 위의 책.

경우가 있다. 그 원인과 해결책을 제시해 보자.

하나님의 말씀은 다음과 같이 크게 세 가지로 표현된다: 기록된 말씀(The Written Word), 살아있는 말씀(The Living Word) 및 선포된 말씀(The Spoken Word)이다.[20] 기록된 말씀은 두말할 필요도 없이 성경 자체를 가리킨다. 전도자가 권위를 가지고 복음을 전하기 위하여 기록된 말씀에 정통해야 한다. 그리고 기록된 말씀에 정통하기 위해서는 끊임없이 말씀을 연구하고, 묵상하고, 암송하고, 그 약속을 믿고, 전해야 한다. 그렇게 할 때 그가 전하는 복음은 능력을 동반한다.[21]

기록된 하나님의 말씀은 살아있는 말씀, 곧 예수 그리스도를 소개한다. 왜냐하면 태초부터 있는 하나님의 말씀이 육체를 입은 몸으로 오셨기 때문이다. 사도 요한은 이런 사실을 분명히 증언했다, "태초에 말씀이 계시니라...말씀이 육신이 되어 우리 가운데 거하시매, 우리가 그의 영광을 보니 아버지의 독생자의 영광이요 은혜와 진리가 충만하더라" (요 1:1,14). 한 마디로 말해서, 기록된 말씀이 살아있는 말씀, 곧 육체를 가진 예수 그리스도가 된 것이다.

전도자는 기록된 말씀을 깊이 연구할 뿐 아니라, 그 말씀에서 예수 그리스도를 찾고 또 만나야 한다. 그렇지 않다면 어떻게 복음의 주인공인 예수 그리스도를 권위와 능력을 가지고 전할 수 있단 말인가? 그분은 엠마오로 가던 두 제자에게 "모세와 모든 선지

---

20 이 세 가지 말씀의 역학 관계에 대하여 더 알아보려면 다음을 참고하라, 홍성철, 『이렇게 예수 그리스도의 제자가 되자』, 제2쇄 (서울: 도서출판 세복, 2005), 26이하.

21 Billy Graham, "Preaching the Word--Reaching the World," *The Calling of an Evangelist*, 132.

자의 글로 시작하여 모든 성경에 쓴 바, 자기에 관한 것을 자세히 설명하셨고"(눅 24:27), 그들은 그렇게 풀어진 말씀을 들을 때 마음이 뜨거워졌다 (눅 24:32).

이렇게 기록된 하나님의 말씀을 통하여 살아있는 예수 그리스도를 만난 전도자는 당연히 그 마음속에 뜨거운 불을 지니게 된다. 그런 모습은 예레미야의 고백과 일치한다, "여호와의 말씀이니라, '내 말이 불 같지 아니하냐? 바위를 쳐서 부스러뜨리는 방망이 같지 아니하냐?'"(렘 23:29). 전도자의 입을 통하여 나오는 복음이 불같이 사람들의 죄를 드러내며, 반석같이 굳어진 마음을 부스러뜨리며, 태울 때, 그는 많은 영혼이 구원받는 것을 보게 될 것이다.

기록된 말씀에서 살아있는 말씀, 곧 예수 그리스도를 만나고 그분을 선포된 말씀으로 전할 때, 성령님이 함께 하시면서 그 전도자로 하여금 많은 열매를 맺게 하신다. 그 열매를 통하여 그는 하나님 아버지에게 영광을 돌리고, 동시에 예수 그리스도의 제자로 입증(立證)된다. 예수님의 말씀을 직접 들어보자, "너희가 열매를 많이 맺으면 내 아버지께서 영광을 받으실 것이요 너희는 내 제자가 되리라"(요 15:8).

3. 말씀의 능력

하나님의 말씀은 복음의 내용을 제시할 뿐 아니라, 복음전도에서 권위와 능력으로 나타난다.[22] 전도자가 복음을 전파할 때 하나

---

22 진정한 복음전도는 권위와 능력을 수반하는데, 권위는 전도자의 확신과 관련되기에 보통 주관적이나, 능력은 복음을 듣는 사람에게 미치는 영향과 관련되기에 객관적이다. 이를 위하여 다음을 보라, Stott, "The Evangelist's Message Is Bible-Based," 60.

님의 말씀을 근거로 복음을 전한다면 반드시 권위와 능력을 수반하기 마련이다. 바울 사도가 데살로니가에서 복음을 처음 전할 때도 역시 그랬다, "이는 우리 복음이 말로만 너희에게 이른 것이 아니라, 오직 능력과 성령과 큰 확신으로 된 것이니, 우리가 너희 가운데서 너희를 위하여 어떤 사람이 된 것은 너희 아는 바와 같으니라" (살전 1:5).

그와 같은 성령의 능력이 불신자에게 나타나서 그들이 회개의 반응을 거쳐 믿음으로 구원을 경험하는 놀라운 계기가 되었다. 그뿐 아니라, 그렇게 구원을 경험한 사람들이 모여서 교회를 이루었는데, 그 가운데 하나가 바로 데살로니가교회였다. 그런데 여기에서 간과해서는 아니 될 중요한 것이 있는데, 그것은 말씀의 능력이 불신자에게 나타나기 전에 전도자를 사로잡았다는 사실이다.

그렇지 않았다면 바울은 이렇게 고백했을 이유가 없었다, "우리가 너희 가운데서 너희를 위하여 어떠한 사람이 된 것은 너희 아는 바와 같으니라." 여기에서 말씀의 능력을 깨닫고 경험한 초대교회가 어떻게 하나님의 말씀을 의지했는지 살펴볼 것이다. 그 다음, 그 말씀이 성령과 밀접한 연관을 가지고 능력을 나타냈는지도 볼 것이다. 그리고 마지막으로 그 말씀이 변화의 능력으로 임한 과정을 조사해 볼 것이다.

1) 초대교회와 말씀

초대교회는 예수 그리스도의 말씀에 따라 태어난 신앙 공동체이다. 그분은 최초의 교회가 될 120명의 성도에게 이렇게 말씀하셨다, "예루살렘을 떠나지 말고 내게서 들은 바 아버지께서 약속하신 것을 기다리라. 요한은 물로 세례를 베풀었으나 너희는 몇 날이 못되어 성령으로 세례를 받으리라"(행 1:4-5). 이 말씀은 두 가지를 포함하고 있는데, 하나는 예루살렘을 떠나지 말라는 명령이고, 또 하나는 성령세례를 받으리라는 약속이다.

그들이 예수 그리스도의 약속을 믿고 명령에 순종하자, 성령이 강림하여 교회를 일구었던 것이다. 그러니까 초대교회는 처음부터 말씀의 공동체이자 동시에 성령의 공동체였다. 초대교회는 처음부터 능력의 말씀을 전하면서 세계 복음화의 첫 걸음을 힘차게 내딛었다. 그들이 말씀을 전했을 때, "그 말을 받은 사람들은 세례를 받으매 이 날에 신도의 수가 삼천이나 더하더라"(행 2:41). 이처럼 엄청난 결과는 초대교회가 누린 능력의 말씀 때문이다.

초대교회는 그렇게 엄청난 말씀의 능력을 소지했음에도 불구하고 이렇게 기도하였다, "또 종들로 하여금 담대히 하나님의 말씀을 전하게 하여 주시오며..."(행 4:29). 물론 초대교회가 그렇게 기도한 직접적인 이유는 그들이 많은 핍박을 받기 때문이었다. 그러나 더 중요한 이유는 하나님의 말씀에 능력이 있다는 것을 이미 알고, 또 경험했기 때문이었다. 그들은 그처럼 능력 있는 하나님의 말씀을 계속 전하기를 원하였던 것이다.

그들은 어디에 있든지 하나님의 말씀을 전했다. 그들이 예루살렘에 있든지, 아니면 예루살렘에서 쫓겨나든지 그들은 그 능력의 말씀을 전했다. 한 번은 예루살렘에 큰 핍박이 일어나서 사도들 이외에는 모든 그리스도인들이 그 핍박을 피하여 각처로 흩어진 적이 있었다. 그 상황에서도 하나님의 말씀을 전했다, "그 흩어진 사람들이 두루 다니며 복음의 말씀을 전할새"(행 8:4), 많은 무리가 그 도를 받아들였다.

초대교회가 몇 사람을 선발하여 전도 여행을 보낸 적이 있었다. 처음으로 선발된 사람은 바나바와 사울이었는데, 그들은 두말할 필요도 없이 하나님의 말씀에 근거하여 복음을 전했다. 구브로에 있는 "살라미에 이르러 하나님의 말씀을 유대인의 여러 회당에서 전할새...." (행 13:5). 역시 하나님의 말씀은 능력이 있어서 그곳의 총독을 비롯한 많은 사람들이 예수 그리스도를 받아들이는 역사가 있었다.

그 후 바울이 고린도에서 18개월을 머물면서 전한 것도 역시 하나님의 말씀이었다 (행 18:5). 초대교회의 특징은 능력의 말씀과 능력의 기도였다. 그 이유는 간단하다! 그들은 말씀과 기도에 전적으로 매달렸기 때문이다. 초대교회의 대표 중 한 사람인 베드로의 고백을 들어보자: "우리는 오로지 기도하는 일과 말씀 사역에 힘쓰리라 하니" (행 6:4). 이런 자세가 있었기에 초대교회는 능력 있는 말씀을 경험했고 그리고 전했던 것이다.

2) 말씀과 성령

하나님의 말씀은 능력이지만 성령의 임재가 없다면 그 말씀은 구원의 능력을 발휘하지 못한다. 실제로 성령의 임재가 없이 전해지는 말씀은 영혼 없는 육체와 같다. 육체의 가치가 그 안에 있는 영혼 때문에 있는 것처럼, 말씀의 가치와 능력은 성령의 임재 때문에 생긴다. 바울 사도도 이 점을 강조하였다. "그가 또한 우리를 새 언약의 일꾼 되기에 만족하게 하셨으니 율법 조문으로 하지 아니하고 오직 영으로 함이니, 율법 조문은 죽이는 것이요 영은 살리는 것이니라" (고후 3:6).

예수님도 이런 사실을 염두에 두시고 이렇게 말씀하셨다, "살리는 것은 영이니 육은 무익하니라. 내가 너희에게 이른 말은 영이요 생명이라" (요 6:63). 결국 전도자는 하나님의 말씀을 연구하고, 묵상하고, 암송함으로 말씀의 사람이 된다. 그러나 그는 한 발 더 나아가서 하나님 앞에서 심각하게 기도해야 한다. 그리할 때 성령이 그를 찾아오셔서 전도자가 전하는 말씀을 축복하신다. 그 말씀을 들은 불신자는 예수 그리스도를 그들의 구세주로 영접할 수 있다.

그러니까 복음을 전할 때 성령이 반드시 임해야 사람이 영적으로 살아나서 구원을 받는다. 결국 복음이 능력과 더불어 전해지기 위해서 하나님의 말씀과 성령은 반드시 같이 가야 한다. 성령이 같이 동행하지 않으면 말씀은 죄인을 살리기는커녕 오히려 그 영혼을 죽일 수 있다. 말씀과 성령의 관계를 잘 요약한 사람이 있는데, 그는 스트라스부르대학교(the University of Strasbourg)의 신학부 학장인 프랑스와 벤델(Françios Wendel)이다.

> 성경 자체만으로는 다른 역사 문헌처럼 죽은 문자에 지나지 않는다. 우리가 성경 안에서 하나님의 살아있는 말씀을 발견하기 전에, 그리고 이 말씀이 우리 각자에게 인격적으로 전해지기에 앞서, 성령의 개재가 있어야 한다. 성경을 통하여 우리로 하여금 하나님의 말씀을 접하게 하는 분도 성령이시며, 동시에 우리가 성경 안에 있는 이런 말씀을 발견하며 또 그 말씀이 하나님으로부터 온 사실을 받아들이게 하는 분도 역시 성령이시다.[23]

초대교회가 한편 하나님의 말씀에 근거한 복음을 전하면서, 또 한편 성령의 역사를 절대적으로 의지하기 위하여 열심히 기도한

---

23 Watson, *I Believe in Evangelism*, 44에서 재인용.

것처럼,[24] 복음을 전하는 사람은 하나님의 말씀과 성령의 임재에 절대적으로 의존해야 한다. 그러기 위하여 하나님의 말씀에 깊이 들어가면서 기도 생활에 충실해야 한다. 이런 균형을 잃으면, 하나님의 말씀에 치우치면서 기도를 게을리 하든지, 아니면 기도는 많이 하지만 하나님의 말씀을 소홀히 하는 양극단에 치우칠 수 있다.

3) 변화의 능력

성령이 동반된 하나님의 말씀은 그것을 듣고 적극적으로 반응하는 사람들을 변화시키는 능력을 가지고 있다. 왜냐하면 성령과 말씀의 역사는 하나님이 그 백성에게 주신 언약이기 때문이다. "...내가 그들과 세운 나의 언약이 이러하니, 곧 네 위에 있는 나의 영과 네 입에 둔 나의 말이 이제부터 영원하도록 네 입에서와 네 후손의 입에서와 네 후손의 후손의 입에서 떠나지 아니하리라" (사 59:21).

이처럼 성령과 말씀이 같이 역사할 때 일어나는 변화의 능력을 여러 가지 비유로 설명한 학자가 있다. 그의 말을 직접 인용해보자:

성경은 부요한 비유나 그림으로 하나님 말씀의 능력을 강조한다. 하나님의 말씀은 불과 같아서 쓰레기를 태운다. 하나님의 말씀은 방망이와 같아서 바위조차 산산조각으로 낸다. 하나님의 말씀은 씨와 같아서 발아(發芽)시키고 또 열매를 맺는다. 하나님의 말씀은 양식과 같아서 우리를 기른다. 하나님의 말씀은 좋은 목장 같아서 양들이 안전하게 풀을 뜯게 한다. 그리고 무엇보다도 하나님의 말씀은 칼과 같다. 사실, 그것은 "성령의

---

24 Green, *Evangelism in the Early Church*, 235.

검, 곧 하나님의 말씀이다" (엡 6:17).[25]

초대교회가 하나님의 말씀을 신실하게 전했다고 위에서 언급한 바 있었다. 그렇다면 그 결과는 무엇인가? 성경에서 직접 그 해답을 찾아보자: "하나님의 말씀이 점점 왕성하여 예루살렘에 있는 제자의 수가 더 심히 많아지고...." (행 6:7). "하나님의 말씀은 흥왕하여 더하더라" (행 12:24). "주의 말씀이 그 지방에 두루 퍼지니라" (행 13:49). "이와 같이 주의 말씀이 힘이 있어 흥왕하여 세력을 얻으니라" (행 19:20).

하나님의 말씀에 근거한 복음이 성령의 역사를 동반하는 것은 초대교회의 특징이기도 했다. 초대교회를 대표하는 바울 사도는 성령의 능력이 나타나서 사람들을 변화시키지 않을 바에는 차라리 복음을 전하지 않는 것이 더 좋다고까지 언급하였다. 그런 정신으로 복음을 전한 결과는 무엇인가? 우상 숭배로 가득했던 고린도인들조차 복음으로 변화되어 교회를 이룬 사실을 볼 수 있다. 바울 사도의 간증을 직접 들어보자:

> 내가 너희 중에서 예수 그리스도와 그가 십자가에 못 박히신 것 외에는 아무 것도 알지 아니하기로 작정하였음이라. 내가 너희 가운데 거할 때에 약하고 두려워하고 심히 떨었노라. 내 말과 내 전도함이 설득력 있는 지혜의 말로 하지 아니하고 다만 성령의 나타나심과 능력으로 하여 너희 믿음이 사람의 지혜에 있지 아니하고 다만 하나님의 능력에 있게 하려 하였노라 (고전 2:2-5).

바울이 한 이 고백에 의하면, 그는 무엇보다도 십자가의 도만을 전했다. 그 다음 그는 두렵고 떨리는 마음으로 고린도에 갔다.

---

25 Stott, "The Evangelist's Message Is Bible-Based," 61.

그리고, 그런 마음으로 그는 기도를 열심히 했을 것이다. 마지막으로 그는 그 자신의 지혜를 의지하지 않고 성령의 능력으로 복음을 전했다. 그 결과 하나님의 능력이 나타나서 고린도인들조차 예수 그리스도를 구세주로 받아들이고 변화된 것이다 (고전 1:9).

이처럼 복음이 성령의 능력으로 전해질 때 많은 사람들이 한 순간에 변화된 것도 사실이다. 그러나 어떤 사람들은 시간이라는 과정을 거쳐서 변화된 것도 사실이다. 사마리아인들과 에베소의 교인들이 대표적인 실례가 될 것이다 (행 8:16-17, 행 19:1-6). 그들은 일차적으로 예수 그리스도의 이름을 믿고, 그리고 후에서야 성령을 받아서 거듭났던 것이다. 이처럼 여러 가지 시간과 과정을 거쳐서 사람이 변화되는 것도 역시 성령의 능력임에 틀림없다.[26]

5. 나가면서

초대교회는 복음을 전할 때 하나님의 말씀을 크게 의존하였다. 그리고 기독교 역사에서 볼 때, 교회가 갱신 내지 부흥을 경험할 때는 언제나 하나님의 말씀에 근거한 복음을 강력하게 전하였다. 종교개혁의 시기에도, 영국의 청교도 시절에도, 그리고 독일의 경건주의 시대에도 역시 복음과 하나님의 말씀이 강조되었다. 그뿐 아니라, 19~20세기에 미국의 부흥운동은 다시 하나님의 말씀과

---

26 피스(Peace)는 이런 과정을 삼 단계로 설명하면서, 추구의 단계, 결단의 단계, 형성의 단계로 나누었다. 추구의 단계에서는 일반적으로 하나님에 대한 추구를 한다. 결단의 단계에서는 예수 그리스도를 구세주로 영접한다. 형성의 단계에서는 성령의 도움으로 삶의 변화를 추구한다. 이를 위하여 다음을 보라, Peace, *Conversion in the New Testament*, 317.

복음으로 돌아가는 운동이라 해도 과언이 아니었다.[27]

하나님의 말씀에는 사람을 변화시키는 능력이 있다고 누구이 언급하였다. 이 시점에서 실례를 들어보는 것도 좋을 것 같다. 몽고에 토머(Tommer)라는 지성인이 있었다.

> 토머는 태어나면서부터 마음이 굳고 고집스러운 사람이었는데, 두 선교사를 돕기로 1943년에 약속하였다. 두 선교사는 몽고 신약성경을 수정하고 있었는데, 토머는 완전히 닫힌 마음으로 뛰어들었다. 그의 임무는 수정되어야 할 단어들에 밑줄을 긋고 설명하는 것이었다. 그러나 성경의 진리를 그에게 설명하려는 의도가 엿보이면 즉시 그는 얼굴이 굳어지고 강철같이 차갑고 딱딱해졌다. 그런 식으로 마태복음, 마가복음 및 누가복음을 끝냈는데, 마침내 누가복음 23장 34절을 만나게 되었다: "이에 예수께서 가라사대, '아버지여, 저희를 사하여 주옵소서. 자기의 하는 것을 알지 못함이니이다.'" 갑자기 그는 두 선교사에 대해서는 완전히 잊어버리고, 그 구절을 반복해서 읽었다. 그는 눈물을 펑펑 쏟으면서 무릎을 꿇고 이렇게 말했다, "오 주님, 이제 알겠습니다; 모두 나를 위해서였습니다." 그 날 이후로 그는 변화되었고 성경을 사랑하는 사람이 되어 사람들에게 감동적인 증거를 하기 시작했다.[28]

하나님의 말씀은 얼마나 능력이 있는가? 그런 변화의 역사는 세계 어느 나라에서도 찾아볼 수 있다. 하나님의 말씀은 복음을 듣는 사람만 변화시키는 것이 아니다. 그 말씀은 복음을 전하는 사람도 변화시킨다. 한 번은 필자가 군대에 복음을 전하러 간 적이 있었다. 닷새 동안 각 부대를 다니면서 복음을 전했는데, 하루에도 몇 번씩 전하는 특권을 가졌다. 며칠이 못 가서 불행하게도 필자는 목도 쉬고 지칠 대로 지쳤다. 더 이상 복음을 전하고 싶지

---

27 이를 위하여 다음을 보라, A. M. Chirgwin, *The Bible in World Evangelism* (New York: Friendship Press, 1954), 32이하.

28 위의 책, 66-67.

않았으나, 약속의 날짜는 아직도 며칠이나 남아 있었다.

그날의 경험은 잊을 수가 없다. 오전 집회와 이른 오후 집회를 마치고, 늦은 오후 집회에 가기 위하여 또 장소를 이동했다. 지금까지 별로 하나님의 말씀이 능력으로 역사한 것 같지도 않았고, 그렇다고 성령이 강하게 임재하신 것도 아니었다. 필자는 모든 사람을 집회 장소로 들여보냈다. 잠시 차 안에 혼자 앉아 있으면서 하나님에게 부르짖었다,

> "하나님, 난 더 이상 복음을 전할 수 없어요!"
> "하나님, 난 더 이상 아무 것도 할 수 없어요!"
> "아니, 하나님, 난 더 이상 아무 것도 하기 싫어요!"

그 순간 하나님의 말씀이 필자에게 임하셨다, "내게 능력 주시는 자 안에서 내가 모든 것을 할 수 있느니라"(빌 4:13). 그 말씀과 함께 성령이 강력하게 임하셨다. 그 능력에 압도되어 눈물과 콧물을 쏟으면서 필자는 어정쩡한 태도를 회개했을 뿐 아니라, 복음을 전하지 않으면 안 된다는 다짐을 다시 하였다. 그리고 집회 장소로 들어갔다. 군인들과 함께 간 민간인들이 찬송을 부르면서 강사를 기다리고 있었다.

그날 메시지는 간단했다. 단 20분에 끝났다! 그러나 말씀과 성령의 능력이 강하게 임하였다. 많은 군인들이 그들의 죄를 회개하고 예수 그리스도를 그들의 구세주로 영접하였다. 주님이 승리하신 전도 집회였다! 과연 하나님의 말씀에는 능력이 있었다. 문제는 그 말씀을 전하는 전도자에게 있었다. 필자가 그 경험을 통해서 배운 귀중한 교훈은 이것이었다: 하나님의 말씀을 전적으로 신뢰하고 성령을 의지하여 복음을 전하자!

18

전도를 위한 성령의 역할

1. 들어가면서

예수 그리스도는 죄인을 구원하시기 위하여 이 세상에 오셨다. 그분은 이 세상에서 짧은 인생을 끝내시고 마침내 십자가 위에서 처절하게 죽음을 당하셨다. 그분의 죽음이 그처럼 처절한 것은 죄인들의 심판을 모두 짊어진 대속의 죽음이었기 때문이었다. 그뿐 아니었다! 예수 그리스도는 죄인들의 죄와 심판의 문제가 해결되었다는 엄청난 사실을 실증(實證)하기 위하여 죽으신 지 사흘 만에 부활하셨다. 인류의 역사에서 이만큼 역사의 방향을 바꾸었고 또 이만큼 많은 영향력을 끼친 기적은 과거에도 없었고 또 그 후에도 없었던 사건이었다.

부활하신 예수 그리스도는 이 세상에서 40일이나 더 머무셨다. 그러나 이상하게도 그 기간 동안 어떤 죄인도 죄를 회개하고 예수 그리스도를 구세주로 믿고 영접하지 않았다. 그 분이 승천하신 후 10일 동안에도 마찬가지였다. 어떤 죄인도 그분 앞에 나아와서 죄를 용서받은 사람이 없었다. 그렇다면 예수 그리스도의 죽음과 부활은 죄인의 구원을 위한 것이 아니었던가? 물론 그분의 죽음과 부활은 죄인을 위한 복음이었다. 왜냐하면 그 죽음과 부활이 없었다면 어떤 인간도 죄와 심판의 문제를 해결할 수 없었기 때문이었다.

그렇다면 저 40일이란 기간 동안에 그리고 예수 그리스도가 승천하신 후 10일 동안 왜 아무도 그분이 일구신 구속 사역의 혜택을 누리지 못했는가? 그 이유는 아직 성령이 강림하지 않으셨기 때문이었다. 그러면 왜 성령의 강림이 있어야 복음이 전해지는가? 그 이유는 간단하다! 예수 그리스도의 죽음과 부활을 증언하실 분은 바로 성령이시기 때문이다. 예수 그리스도는 제자들에게 일찍이 당신을 증언하실 분이 바로 성령이라고 언급한 바 있으셨다. "내가 아버지께로부터 너희에게 보낼 보혜사 곧 아버지께로부터 나오시는 진리의 성령이 오실 때에 그가 나를 증언하실 것이요"(요 15:26).

약속대로 오순절에 성령이 강림하자, 복음이 힘 있게 전파되기 시작했다. 예수 그리스도의 제자들은 담대하게 그분의 죽음과 부활을 전했고, 많은 죄인들이 반응을 보였다. 그들 가운데 많은 사람들이 회개하고 예수 그리스도를 그들의 구세주로 믿고 받아들였고, 그 결과 그들의 생애도 변화되었다. 성령의 강림은 이처럼 불신자들에게만 영향을 미친 것은 아니었다. 성령은 이미 믿고 예수 그리스도를 따르는 제자들의 생애도 변화시키셨다. 그들은 그때부터 담대하게 복음을 전하기 시작했다. 예수님이 예언하신 대로였다, "너희도 처음부터 나와 함께 있었으므로 증언하느니라"(요 15:27).

결국, 성령의 임재와 역사가 없는 복음전도란 불가능하다. 어느 신학자가 말한 것처럼, "성령 없는 전도는 영혼 없는 육체와 같다."[29] 다른 말로 말해서, 성령이 수반하지 않는 전도는 어떤 죄인도 구원할 수 없다. 바울 사도가 말한 대로, 그런 전도는 영혼을 죽이는 조문(條文)에 불과한데, 그 이유는 성령만이 죽은 영혼을 살리시기 때문이다 (고후 3:6). 이처럼 불가분의 관계에 있는 복음전도와 성령의 역할을 살펴보는 것이 이 장의 목적이다. 그 목적을 위하여 다음과 같이 세 가지 측면에서 접근할 것이다. (1) 전도자를 위한 성령의 역사, (2) 피전도자를 위한 성령의 역사, (3) 회심을 위한 성령의 역사.

2. 전도자를 위한 성령의 역사

복음전도는 한 마디로 말해서 성령의 역사이다. 그러나 성령은 불신자들에게 직접 전도하기보다는 인간이라는 매개(媒介)를 통해서 역사하신다. 그런 이유 때문에 성령은 당신이 자유롭게 사용할 수 있는 사람들을 찾으신다. 성령은 그런 사람들을 찾으면 그들을 전도자로 준비시키신다. 그리고 그들과 함께 역사하면서 잃은 자들에게 은혜의 복음을 전하게 하신다. 그러면 성령은 그런 사람들을 어떻게 준비시키는가? 다음과 같이 세 가지로 준비시켜 효율적인 전도를 하게 하신다: (1) 능력, (2) 인도, (3) 전달.

1) 능력(empowering)

복음전도와 연관시켜서 능력이 처음으로 언급된 것은 누가복음에서였다 (눅 24: 46-49). 그 복음서의 저자인 누가는 복음전파의 내용을 예시(豫示)하고 또 그 복음전파의 결과를 예측(豫

---

29 Delos Miles, *Introduction to Evangelism* (Nashville, TN: Broadman Press, 1983), 199.

測)한 후, 능력의 절대적인 필요성을 강조하였다. 그렇지 않았다면 그 능력을 받을 때까지 예루살렘을 떠나지 말라고 했을 리가 없었다. 누가가 언급한 능력은 두말할 필요도 없이 성령의 능력이었고, 예루살렘을 떠나는 것은 복음전파를 의미했다.

성령의 능력이 동반하지 않는 복음전도는 인간의 노력과 방법에 불과하기에 어떤 결실도 맺을 수 없다는 사실을 누가만큼 잘 아는 사람도 많지 않을 것이다.[30] 그런 이유 때문에 누가는 사도행전도 기록하면서, 성령이 임해야 제자들이 능력을 받고, 그 결과 예수 그리스도를 증거하는 증인이 될 수 있다고 힘주어 말했다 (행 1:8). 그리고 누가는 예수 그리스도의 제자들이 어떻게 성령의 능력을 받았으며, 또 어떻게 그들이 힘 있게 복음을 전파했는지를 사도행전에서 제법 소상하게 묘사했다.

예수 그리스도의 제자들은 어떻게 성령의 능력을 받았는가? 한 마디로 말해서, 그 방법은 순종이었다. 그들은 능력을 받을 때까지 예루살렘을 떠나지 말라는 명령을 받은 바 있었다 (행 1:4). 그 명령에 따라 제자들은 그곳에 머무르면서 성령을 기다렸다. 그들은 성령의 임재(presence)와 능력(power)을 기다리는 동안 열심히 기도했고 (행 1:14), 또 결원이 된 사도의 수를 채우면서 조직을 완성하였다 (행 1:25-26).

제자들이 10일 동안 순종하면서 기다리고 있을 때 갑자기 그들에게 성령이 임하셨고, 약속대로 그들은 성령의 충만을 경험하였다 (행 2:4). 그 후 그들이 한 것은 무엇이었는가? 그들은 말씀도 가르치고 떡을 떼면서 예배도 드렸다. 그들은 기도도 하고 교제도 했다 (행 2:42). 그러나 그런 것들은 적어도 사도행전에 의

---

30 홍성철, 『주님의 지상명령』, 116.

하면 모두 부수적(附隨的)이었다. 성령의 충만을 경험한 후 그들이 가장 우선적으로 한 것은 복음전도였다.

실제로 복음전도가 없었다면 교회도 탄생되지 않았을 것이다. 그렇다면 말씀의 가르침과 예배는 물론, 기도와 교제도 없었을 것이다. 이런 모든 영적이고 성경적인 행위의 밑받침은 역시 복음전도였다. 그런 이유 때문에 복음의 주인이신 예수 그리스도는 제자들에게 반복적으로 복음전도와 성령의 역할을 동전의 양면처럼 불가분의 관계로 묶어서 말씀하셨다. 특히 복음전파를 유언처럼 남기신 지상명령에서 그런 관계를 두드러지게 언급하셨다.[31]

그렇다면 성령의 능력은 구체적으로 어떻게 드러났는가? 사도행전에 의하면 크게 두 가지 방법으로 드러났다. 첫 번째 성령의 능력이 드러난 방법은 폭발력을 통해서였다. 예를 들면, 베드로와 사도들이 예수 그리스도의 죽음과 부활을 전파했을 때, 죄를 회개하면서 그분을 구세주로 받아들인 사람들이 어떤 때는 3,000명이나 되었고 (행 2:41), 또 어떤 때는 5,000명이나 되었다 (행 4:4). 이런 현상은 진정으로 성령의 폭발력이라고 아니할 수 없다.

두 번째 성령의 능력이 드러난 방법은 변화된 삶을 통해서였다. 성령의 충만을 받은 사람들은 반드시 삶이 변화된다. 그리고 주변의 불신자들은 그처럼 기적적으로 변화된 사람들을 보면서 그렇게 놀랍도록 변화시킨 주님에게로 끌릴 수밖에 없다. 그런 이유 때문에 변화된 삶처럼 각처에 사는 각종의 사람들에게 복음을 편만하게 그리고 능력 있게 전할 수 있는 방법은 없다 해도 과언이 아닐 것이다. 제자들의 삶이 이처럼 변화됨에 따라 (행

---

31 이를 더 자세히 보기 위하여 다음을 참고하라, 위의 책, 36-37.

2:44-46), 구원의 역사도 날마다 일어났다 (행 2:47).[32]

예수 그리스도의 제자들은 성령의 능력을 경험했을 때 모든 두려움을 극복하고 담대하게 복음을 전하였다 (행 4:31). 이런 변화도 기적이라 아니할 수 없는데, 한 발 더 나아가서 그들은 서로를 뜨겁게 사랑하기 시작했다. 그들의 사랑은 구체적으로 서로의 물질적 필요까지도 채워주는 것을 포함했다 (행 2:45). 그뿐 아니었다! 그들의 삶은 깨끗하게 변화된 나머지 아무리 적은 불의라도 용납되지 않았다 (행 5:2 이하).[33]

2) 인도(guiding)

성령은 이처럼 깨끗해진 그릇을 당신의 도구로 사용하신다. 특히 복음전도를 위한 도구로 사용될 사람은 두말할 필요도 없이 성령의 능력을 체험하여 깨끗해진 그릇이어야 한다. 그렇지 않다면, 어떻게 하나님을 알지 못할 뿐 아니라, 하나님을 거부하던 불신자들이 복음으로 변화될 수 있겠는가? 바울 사도는 디모데에게 "전도자의 일을 하라"고 충고한 적이 있었다 (딤후 4:5). 그런데 바울은 그 충고에 앞서서 디모데가 갖추어야 될 자격들에 대하여 언급한 바 있었는데, 그 가운데 가장 중요한 자격이 바로 깨끗한 그릇이 되는 중요성을 힘주어 말했다 (딤후 2:21).

이처럼 깨끗하여진 전도자가 효과적으로 전도할 수 있도록 성령은 여러 모양으로 인도하기 시작하신다. 성령은 전도자의 발걸음을 인도하여 준비된 영혼을 만나게 하실 수도 있다. 성령은 그

---

32 위의 책, 142-143.

33 Delos, *Introduction to Evangelism*, 201.

영혼에게 적절한 성경 말씀을 인용하도록 인도하실 수도 있다. 성령은 그 영혼을 위하여 어떤 특별한 예화를 사용하도록 인도하실 수도 있다. 성령은 전도자의 표정과 표현을 통하여 피전도자가 하나님의 사랑을 느끼도록 인도하실 수도 있다.

물론 성령은 모든 전도자를 천편일률적(千篇一律的)으로 인도하지 않으신다. 어떤 전도자에게는 개인전도에, 또 어떤 전도자에게는 대중전도에, 또 어떤 전도자에게는 문서전도에 각각 헌신하도록 인도하실 수 있다. 그뿐 아니다! 어떤 전도자는 학교에서 가르치면서 전도하도록, 또 어떤 전도자는 교회에서 목회하면서 전도하도록, 또 어떤 전도자는 길거리에서 모르는 사람에게 전도하도록 각각 인도하실 수 있다.

그렇다면 성령은 전도자를 어떻게 인도하시는가? 시시때때로 성령은 아주 구체적으로 전도자를 인도하실 수도 있다. 빌립의 예를 들어보자. 그는 사마리아에서 대중에게 전도한 결과 굉장한 역사가 있었다. 그의 복음전도는 표적과 신유와 축귀(逐鬼)의 역사가 수반되었다. 많은 사람들이 예수 그리스도를 그들의 구세주로 믿고 성령만이 주시는 기쁨을 누렸다 (행 8:5이하).

그때 성령은 빌립에게 가사로 가라는 지시를 하셨다 (행 8:26). 에디오피아의 내시에게 개인적으로 복음을 전하게 하기 위함이었다. 그 후 다시 성령은 빌립을 아소도의 여러 성에서 대중전도를 하도록 인도하셨다 (행 8:40). 성령은 베드로에게도 특별한 지시를 내리시고 이방인인 고넬료에게 복음을 전하도록 인도하셨다 (행 10:19-20). 그와 같은 구체적인 인도가 없었다면 베드로는 유대인과 이방인 사이에 가로놓인 절벽을 결코 뛰어넘

을 수 없었을 것이다.[34]

바울도 그처럼 구체적으로 성령의 지시를 받으면서 성공적으로 전도한 적이 있었다. 그는 아시아에서 복음을 전하려는 마음을 가지고 있었다. 그러나 성령은 그의 방향을 바꾸셨고, 따라서 유럽에서 복음을 전하도록 인도하셨다 (행 16:7-10). 아무도 성령이 그렇게 복음의 흐름을 바꾸신 이유를 알 수 없지만, 그로 인하여 인류의 역사가 바뀐 엄청난 사건이었다.[35]

그러나 성령은 언제나 이렇게 구체적으로 그리고 특별한 방법으로만 인도하시는 것은 아니다. 어떤 때는 가장 상식적인 방법으로도 인도하신다. 예를 들면, 바울이 데살로니가에서는 "관례대로" 회당에 들어가서 전도했다 (행 17:2). 회당에는 종교적인 사람들이 모이는 곳이기에 전도하기에 안성맞춤이었다. 바울은 그때 성령의 구체적인 인도는 못 받았으나 상식적으로 회당을 선택했다. 그리고 성령은 "능력과 확신으로" 그들 가운데서 역사하셨다 (살전 1:5).

성령은 또 다른 방법으로도 인도하실 수 있다. 그것은 신앙공동체의 결정을 통한 인도이다. 복음과 성령의 역사로 일구어진 교회나 교제권을 통하여 인도하시는 분은 두말할 필요도 없이 성령이다. 비록 그런 신앙공동체는 성령의 구체적인 지도나 음성을 듣지 못할 수 있다. 그러나 그 구성원들이 성령의 인도를 구하면서 결정할 때, 그 결정은 성령의 인도일 수 있다. 예루살렘에 있는 신앙공동체는 구원과 할례의 관계를 토론을 통해 민주적으로 결정

---

34 베드로가 이런 장벽을 넘게 된 과정을 자세히 알아보기 위하여 다음을 보라, 홍성철, "고넬료의 회심," 『신학과 선교』 제28권 (2003): 363이하.

35 Watson, *I Believe in Evangelism*, 179-180.

했으며, 그 결정은 성령의 인도로 간주되었다 (행 15:28).

3) 전달(communicating)

전도자가 성령의 능력을 받았을 뿐 아니라, 성령의 인도를 따라 준비된 영혼을 만났다손 치더라도, 그는 주의 깊게 수행해야 할 일이 있다. 그것은 복음의 내용을 유효적절하게 전달하는 일이다. 복음의 내용 자체는 능력이 있으나, 그래도 피전도자에게 그 내용을 이해시키고 또 설득시키는 전달자를 필요로 한다.[36] 그리고 그 전달자는 바로 전도자이다. 그 전도자가 비록 능력으로 채움을 받고 또 성령의 인도를 받았어도 올바르게 전달하지 못하면 아무런 결실을 맺지 못할 수 있다. 그런 이유 때문에 복음을 전달하는 일에도 성령은 전도자를 준비시키신다.

복음을 유효적절하게 전달하기 위해서는 적어도 세 가지 요소가 필요하다. 그것은 지적, 영적, 육적 요소이다.[37] 이런 세 가지 요소는 예수 그리스도의 사역에서도 찾을 수 있다. 그분은 제자들과 함께 하는 최초의 사역에서 이 세 가지 요소를 포함시키셨다. "...그들의 회당에서 가르치시며, 천국 복음을 전파하시며, 백성 중의 모든 병과 모든 약한 것을 고치시니라" (마 4:23, 9:35).

지적인 요소는 피전도자가 복음이 필요한 이유, 복음의 내용, 복음을 수용한 결과, 복음을 거부한 책임 등을 알려주는 행위이다. 이런 사실들을 전달하지 않으면 피전도자는 하나님이 누구인

---

36 Hunter, *The Contagious Congregation*, 64-65.

37 물론 복음을 전함에서 다른 세 가지 요소는 전달자, 수용자, 내용이나, 여기에서는 전달자의 입장에서 세 가지 요소를 다룬다. 이를 위하여 다음을 보라, 위의 책, 65.

지, 인간은 어떤 존재인지, 인간이 허무하게 살다가 죽은 후 있을 영원한 심판에 대하여 알 수 없다. 피전도자는 왜 죄를 회개하고 예수 그리스도를 믿어야 하는지도 알 수 없다. 죄악 가운데서 태어나서 (시 51:5), 어두움 가운데서 살고 있는 피전도자는 스스로 이런 사실들을 깨달을 수 없기에 전도자의 도움을 필요로 한다.

성령은 전도자가 이런 진리들을 배우고 또 마음 판에 새길 때 그를 도우신다. 왜냐하면 진리의 영이신 성령은 그 전도자 속에 계시기 때문이다 (요 14:17). 진리의 영이신 성령은 그 전도자에게 성경의 많은 진리를 알려주시나, 무엇보다도 복음의 진리를 가르쳐주신다 (요 16:13). 그리고 진리의 영이신 성령은 그 전도자에게 예수 그리스도를 증거하면서 그분의 영광을 드러내신다 (요 15:26, 16:14).

많은 경우 불신자들은 복음을 들어도 그 진실성에 대하여 의심한다. 그런 이유 때문에 그 복음이 진실하며 하나님으로부터 유래한 굉장한 진리라는 사실을 확신시킬 필요가 있다. 바로 그런 확신을 위하여 복음은 종종 기적을 동반하기도 한다. 왜냐하면 기적은 복음의 신빙성을 가져다주기 때문이다.[38] 그런 이유 때문에 위의 세 가지 요소 가운데 마지막이 질병의 치유이다. 물론 병든 사람들의 필요를 채워주는 행위이기도 했으나, 그런 기적보다 더 중요한 이유는 역시 복음의 신빙성을 위한 것이다.

위의 세 가지 요소 중에서 중심에 자리 잡고 있는 것은 영적인 것이다. 왜냐하면 지적 동의도 중요하지만 그렇다고 그것이 구원으로 간주될 수 없기 때문이다. 그렇다고 육체적인 치유가 영적 구원이라는 것은 더욱 아니다. 그런 이유 때문에 예수 그리스도도

---

38 Ramm, *Protestant Christian Evidences*, 126.

가르침과 치유 사이에서 천국복음을 전파하셨다. 먼저 지적으로 복음의 내용을 깨닫고 그리고 기적을 통해 그 복음의 신빙성이 증명되면, 피전도자는 영적으로 구원을 받을 준비가 되었기 때문이다.

이상의 세 가지 요소가 균형을 이루지 못한다면 어떤 의미에서 진정한 복음전도라고 할 수 없다. 복음의 내용이 강조되나 구원의 경험이 결여되면, 생명 없는 뼈대와 같게 된다. 경험은 강조되나 복음의 내용이 결여되면, 그것은 뼈대 없는 살과 같게 된다. 복음과 경험은 있는데 그에 대한 신빙성이 없으면 그것은 뼈와 살은 있는데, 피가 없는 것과 같다. 그런 이유 때문에 완전한 전도자이신 예수 그리스도는 이 세 가지 요소를 골고루 사용하셨던 것이다.

이런 요소를 염두에 두고 다음과 같이 적절하게 묘사한 사람이 있다: "말씀만 있고 성령이 없으면, 우리는 메말라버린다; 성령만 있고 말씀이 없으면, 우리는 터져버린다; 말씀과 성령이 함께 있으면 우리는 성장한다."[39] 복음을 유효적절하게 전할 수 있도록 성령은 전도자를 적절하게 준비시켜주신다. 먼저는 그에게 능력을 부어주신다. 그 다음으로는 그를 올바른 환경에서 올바른 사람에게 인도하시며, 그에게 준비시킨 복음을 전달하게 하시는 것이다.

3. 피전도자를 위한 성령의 역사

성령에 의하여 준비된 전도자가 복음을 전할 때 같은 성령은 피전도자를 위해서도 역사를 이루신다. 그렇지 않다면 어떤 영혼

---

39 Watson, *I Believe in Evangelism*, 173-174.

도 회심을 경험할 수 없기 때문이다. 그렇다면 성령은 피전도자의 회심을 위하여 어떤 역사를 이루시는가? 그 역사에 대하여 예수 그리스도는 너무나 중요한 가르침을 주신 바 있으셨다. 예수님은 제자들을 떠나 다시 하나님 아버지에게로 돌아가시기 전에 당신을 대신하여 오실 성령에 대하여 예언적으로 말씀하시면서 피전도자를 위한 가르침도 포함시키셨다.

복음전도와 성령의 역사에서 없어서는 결코 안 될 중요한 그분의 가르침을 직접 인용해보자: "그(보혜사)가 와서 죄에 대하여, 의에 대하여, 심판에 대하여 세상을 책망하시리라. 죄에 대하여라 함은 그들이 나를 믿지 아니함이요, 의에 대하여라 함은 내가 아버지께로 가니 너희가 다시 나를 보지 못함이요, 심판에 대하여라 함은 이 세상 임금이 심판을 받았음이라" (요 16:8-11).

물론 성령만 죄인을 책망하는 것은 아니다. 죄인의 마음속에 있는 양심도 그를 책망한다. 그러나 양심의 책망과 성령의 책망은 너무나 다른 결과를 가져온다. 양심은 지금까지 지은 죄를 꾸짖는 것이 전부다. 반면에 성령은 지금까지의 죄를 꾸짖지만 동시에 그 죄를 용서받는 길을 제시하신다. 양심은 지금까지 이루지 못한 의를 보여준다. 반면, 성령은 동시에 새로운 의를 제시하신다. 양심은 앞으로 다가올 심판을 보여주나, 성령은 동시에 심판을 받지 않는 길을 알려주신다.[40]

1) 죄에 대한 책망

먼저 *책망*의 의미를 알아보는 것이 순서이다. 왜냐하면 피전도자

---

40 M. R. DeHaan, *The Holy Spirit: His Person and Work* (Grand Rapids, MI: The Radio Bible Class, n.d.), 8-9.

를 위하여 성령은 책망의 역사를 하시기 때문이다. *책망*의 의미는 간단히 말해서 "누군가에게 그의 죄를 보여줌으로 그로 하여금 회개케 하는 것이다."[41] 그 의미를 좀 더 구체적으로 설명하면 다음과 같이 3단계로 표현할 수 있다: 1단계-죄를 드러내다; 2단계-죄를 꾸짖다; 3단계-죄를 떠나 회개하게 하는 길을 가리키다.[42]

성령이 죄를 드러내고 그 죄를 꾸짖을 때 사람에 따라 죄책에 대한 정도는 다를지 몰라도, 근본적으로 괴로워하는 모습은 같다. 피전도자는 자신의 벌거벗겨진 도덕적 모습을 인하여 괴로워하며, 거룩하고 의로우신 하나님 앞에서 떨게 된다. 이와 같은 성령의 책망 앞에서 자신의 왜소(矮小)함을 느끼며 하나님에게 나아오는 사람은 얼마든지 찾아볼 수 있다. 그 가운데서 유명한 설교자가 된 스펄전(Spurgeon)의 간증을 들어보자:

> 나는 책을 통해 죄의 의미를 알고 있었으나, 내 자신이 불뱀에게 물려서 그 독이 나의 혈관에서 끓는 것처럼 죄에 물릴 때까지는 내 죄의 추함과 무서움을 알지 못했습니다. 성령이 죄가 죄로 드러나게 하시자, 나는 그 모습에 압도되었으나, 그처럼 견딜 수 없는 모습에서 피하려 해도 피할 수 없었습니다. 노출된 죄로 인하여 어떤 핑계도 댈 수 없었으며, 진리의 빛 안에서 그 죄는 마귀보다 더 흉악한 모습이었습니다. 죄란 의롭고 거룩한 하나님에 대하여 나같이 교만하고 무의미한 존재가 지은 범행이라는 사실을 알게 되자, 나는 놀라움을 금할 수 없었습니다.[43]

"죄에 대한 책망"에서 *죄*가 복수형이 아니라 단수형인 사실은

41 Kittel, *Theological Dictionary of the New Testament*, 제목 "ἐλέγκω" by Buchsel.

42 위의 책. 이런 책망이 실제로 적용된 사례를 위하여 다음을 보라; 홍성철, "태국 불교인도 '엘렝틱스'를 경험할 수 있는가?" 홍성철 편집 『불교권의 선교 신학과 방법』 (서울: 기독교대한성결교회 출판국, 1993), 136이하.

43 Charles H. Spurgeon, *Twelve Sermons on the Holy Spirit* (Grand Rapids,

의미심장하다.[44] 그 이유는 간단하다! 이 죄는 피전도자가 그의 일상생활에서 범하는 각종의 *죄들*을 의미하지 않는다. 그는 간음, 도적질, 거짓말, 탐욕, 질투, 노름, 만취(滿醉), 사기, 살인 등 각종의 죄들을 범할 수 있다. 물론 그런 모든 것들도 심판을 피할 수 없는 죄다. 그러나 그보다 더욱 심각한 죄는 그 모든 죄들을 유발시키는 원죄, 곧 죄의 근원이다. 성령이 죄에 대하여 책망하실 때 그것은 바로 이 죄의 근원에 대한 것이다.

그러면, 죄의 근원은 무엇인가? 그것은 한 마디로 말해서 불신이다.[45] 불신은 하나님의 실존을 거부하는 것일 수도 있고, 하나님에 대하여 의심하는 것일 수도 있다. 불신은 하나님을 다른 인간이 만든 신들과 대등하게 여기는 것일 수도 있다. 불신은 하나님에게 굴복하지 못하는 교만일 수도 있다. 한 마디로 말해서, 불신은 하나님을 거부하는 행위를 의미한다.[46]

하나님은 죄인들을 사랑하시기 때문에 그 아들 예수 그리스도를 보내셨다. 그들을 위하여 그분은 십자가의 처형도 마다 않으셨다. 그러나 죄인들이 그들의 죄와 심판을 짊어지고 죽음까지도 받아들이신 예수 그리스도를 거부한다면 그것은 불신의 극치라고 할 수 있다. 그런 이유 때문에 그분을 믿는 것이 곧 하나님의 일이라고 말씀하셨다 (요 6:29). 결국 불신은 예수 그리스도를 통하여

MI: Wm. B. Eerdmans Publishing Co., 1971), 137.

44 여기에서 사용된 헬라어는 *하마르티아스*(ἀμαρτίας)인데, 그 의미는 "표적을 놓치다"로서 "하나님의 법을 깨뜨리다"는 것을 함축한다. 이를 위하여 다음을 보라, Drummond, *The Word of the Cross*, 174.

45 John Wesley, *Explanatory Notes upon the New Testament*, 제1권 (London: The Wesleyan-Methodist Book-Room, n.d.; reprint, Peabody, MA: Hendrickson Publishers, Inc., 1983), The Gospel of John 16:9.

46 Drummond, *The Word of the Cross*, 175.

주시는 구원의 선물을 의도적으로 거부하는 행위이다.[47]

그러나 성령이 피전도자를 이처럼 죄에 대하여 책망하신다면, 그에게는 희망이 있다. 성령이 그에게 죄를 드러내면, 그는 하나님 앞으로 나아와 그분에게 긍휼을 간구할 수 있기 때문이다. 그는 복음이라는 좋은 소식을 깨닫기 위하여, 그가 범한 죄라는 *나쁜* 소식을 깊이 이해하지 않으면 안 된다. 결국, 죄를 책망하시는 성령은 그 죄인을 용서하겠다는 깊은 의도를 가지고 있는 것이다. 그런 이유 때문에 예수 그리스도는 책망의 성령을 보혜사, 곧 위로자 내지 변호사로 불렀다.[48] 한 마디로 말해서 성령은 사랑 때문에 피전도자를 책망하신다.

2) 의(義)에 대한 책망

성령이 피전도자를 위하여 이루시는 두 번째 역사는 "의에 대한 책망"이다. 성령이 피전도자의 불신과 거부의 죄를 심각하게 드러내면서 동시에 그에게 알려주시는 것이 있다. 그것은 그의 의가 기껏해야 "더러운 옷 같다"는 사실이다 (사 64:6). 그런 옷을 입고는 의로우신 하나님 앞에 결코 설 수 없다는 것을 적나라하게 보여주신다. 성령은 그런 쓸데없는 인간적인 의를 보여주실 뿐 아니라, 호되게 꾸짖으신다. 동시에 그가 하나님 앞에 서기 위해서는 그 자신의 의가 아니라, 다른 분의 의를 필요로 한다는 사실을 지적해주신다.

두말할 필요도 없이 다른 분은 예수 그리스도이시다. 그분은 모든 죄인의 헛된 의 대신에 자신의 완전한 의로 덧입혀 주기 위

---

47 위의 책.

48 위의 책, 173.

하여 십자가에서 죽으셨다. 그분의 죽음은 모든 죄 값을 하나도 남김없이 치른 완전한 것이었다. 그러므로 그분은 십자가 위에서 "다 이루었다"고 선언하셨다 (요 19:30). 그러나 이와 같은 예수 그리스도의 대속적 죽음이 완전했는데도 불구하고 여전히 피전도자를 의롭게 하지 못했다. 또 무엇을 기다려야 하는가?

예수 그리스도는 죽은 자 가운데서 삼일 만에 다시 살아나셨다. 그러나 여전히 피전도자는 의롭게 될 수 없었다. 비록 그분은 "모든 믿는 자에게 의를 이루기 위하여 율법의 마침"이 되시어 죽음과 부활을 맛보셨지만 (롬 10:4), 실제로 그분의 의가 피전도자의 의가 되기 위해서는 한 단계를 더 통과하셔야 했다. 그 마지막 단계는 바로 승천이었다. 예수 그리스도가 승천하시어 다시 하나님 곁으로 가시기까지는 그 의가 전가(轉嫁)될 수 없었다.

그러면 왜 그리스도의 승천을 기다려야 하는가? 거기에는 두 가지 이유가 있는데, 하나는 예수의 대속적 죽임이 하나님 아버지로부터 수용되었다는 확인 때문이었다. 다음 이유는 그 확인과 더불어 그리스도는 아버지로부터 받은 성령을 세상에 보내셔야 하기 때문이었다 (행 2:33). 바로 이 이유 때문에 예수 그리스도는 다음과 같이 약속하셨다, "의에 대하여라 함은 내가 아버지께로 가니 너희가 다시 나를 보지 못함이요" (요 16:10). 그런 이유 때문에 예수 그리스도의 죽음은 그분의 승천과 분리될 수 없다.[49]

성령이 강림해서 제자들을 충만케 하신 후 제일 먼저 하신 역사는 역시 죄와 의를 책망하는 것이었다. 제자들이 전한 복음을

---

49 Leon Morris, *Commentary on the Gospel of John of The New International Commentary*, F. F. Bruce 편집 (Grand Rapids, MI: Wm. B. Eerdmans Publishing Co., 1982), 698.

들은 사람들의 반응은 다음과 같았다, "그들이 이 말을 듣고 마음에 찔려...우리가 어찌할꼬?" (행 2:37). 이런 반응은 성령이 죄를 드러내시고, 그 죄를 꾸짖으시는 역사였다. 그리고 한 발 더 나아가서 이런 성령의 역사는 그 사람들에 대해 보여주는 하나님의 사랑이요, 동시에 그들을 구원하시겠다는 하나님의 마음이었다.

피전도자가 이처럼 드러난 죄를 회개하고, 죄 문제의 유일한 해결책인 예수 그리스도를 믿으면, 그는 하나님 앞에서 의로운 사람으로 설 수 있게 된다. 왜냐하면 하나님은 예수 그리스도의 구속적 죽음과 부활을 통하여 그 피전도자를 의롭다고 여겨주시기 때문이다. 다시 말해서, 예수 그리스도의 의가 그의 의로 전가되었기(imputed) 때문이다. 그는 진정으로 복을 받은 사람이 된 것이다. 바울 사도는 그런 사람이 받은 복을 이렇게 언급했다, "일한 것이 없이 하나님께 의로 여기심을 받는 사람의 복에 대하여..." (롬 4:6).

그러나 이렇게 받은 피전도자의 복은 거기에서 끝나지 않는다. 예수 그리스도의 의가 그의 의로 전가되었을 때 (고후 5:20), 그의 삶 속에 성령이 들어오신다. 다시 말해서, 그는 "물과 성령으로 난" 것이다 (요 3:5). 그가 이처럼 중생의 은총을 경험하는 순간, 그는 동시에 의로워진다.[50] 그리스도의 의가 성령으로 말미암아 그의 삶 속에 주어지는 것이다(imparted). 그에게 주어진 의 때문에 그는 동일한 성령의 역사로 의로운 삶을 영위하기 시작한다.

---

50 Drummond, *The Word of the Cross*, 177.

3) 심판에 대한 책망

전도자가 피전도자에게 복음을 전할 때, 성령이 피전도자를 위하여 이루시는 세 번째 역사는 "심판에 대한 책망"이다. 예수 그리스도는 이 책망을 다음과 같이 구체적으로 설명하여주셨다, "심판에 대하여라 함은 이 세상 임금이 심판을 받았음이라." 이 말씀에 의하면 세상을 다스리는 왕이 이미 심판을 받았다. 그렇다면 이 왕은 도대체 누구이며, 또 언제 그리고 어떻게 심판을 받았는지 알아보자.

"세상 임금"은 "이 세상의 신" 이라고 불리며 (고후 4:4), "이 어둠의 세상 주관자"라고도 불린다 (엡 6:12). 세상 임금이 어떻게 불리든지 상관없이 그는 바로 사탄이다. 그리고 그는 세상의 왕으로서 인간들의 마음을 지배하고 있다.[51] 어떻게 사탄이 인간의 마음을 지배하는지에 대한 해답은 간단하다. 인간이 육체의 욕심을 추구하면서 스스로 사탄에게 굴복하며, 따라서 인간은 그의 지배를 받는다.[52]

사탄의 통치와 인간의 굴복이 협동(協同)하여 악을 이룬 것을 보여주는 대표적인 실례는 가룟 유다가 예수님을 배반한 모습에서 찾을 수 있다 (요 13:27). 인간의 손을 빌어 예수 그리스도를 십자가에서 죽인 사탄은 엄청난 승리에 도취하는 듯 했다. 그러나 그 십자가에서 예수님이 죽으심으로 그가 완전한 패배를 맛보게 될 줄을 사탄은 알지 못했다. 예수 그리스도는 죽은 지 삼일 만에 부활하심으로 완전한 승리를 선포하셨다. "예수님은 겉으로 보기에는 패배하신 것 같았으나 실제로는 승리하셨다; 사탄은 겉으로

---

51 Morris, *Commentary on the Gospel of John*, 597-598.

52 Lenski, *The Interpretation of St. John's Gospel*, 1088.

298 제4부 선포 - 방법

보기에 승리한 것 같았으나 실제로는 패배하였다."[53]

결론적으로 말해서, 심판은 십자가를 통한 사탄의 패배를 가리킨다.[54] 예수 그리스도는 당신의 죽음을 근거로 사탄과 그의 지배 밑에 있는 세상이 이미 심판을 받았다고 선언하셨다. 물론 사탄의 궁극적 심판은 미래에 실행될 사건이나 (계 20:1-3을 보라), 그분은 이미 심판이 끝난 것처럼 선언하셨다.[55] 그 때에 사탄과 함께 예수 그리스도를 거부하고 그분의 죽음을 초래한 세상 사람들도 역시 같은 운명이었다 (요 8:23).[56]

전도자가 피전도자에게 십자가의 이중적인 의미-예수 그리스도의 승리와 사탄의 패배-를 전해줄 때, 성령은 그 피전도자에게 심판의 실제를 드러내며 동시에 꾸짖으신다. 물론 성령은 그것으로 끝나는 것이 아니라, 한 발 더 나아가 그가 돌아올 수 있는 길도 제시하신다.[57] 이제 그의 운명은 그의 선택에 달리게 된다. 만일 그가 이런 꾸짖음을 무시하고 계속해서 사탄의 지배를 받아들이면 그는 영원히 사탄의 종으로 남게 된다.[58] 그리고 이미 사탄과 세상에 선고된 심판을 피할 수 없게 된다.

그러나 만일 피전도자가 이미 선고된 심판에 대하여 깨닫고 돌이킨다면, 그는 심판을 면한다. 물론 돌이킨다는 것은 소극적으로는 사탄의 지배에서 벗어나는 것이며, 적극적으로는 십자가에서

---

53 위의 책.

54 Morris, *Commentary on the Gospel of John*, 699.

55 Lenski, *The Interpretation of St. John's Gospel*, 1088.

56 George R. Beasley-Murray, *John* (Waco, TX: Word Books Publisher, 1987), 282.

57 Drummond, *The Word of the Cross*, 179.

58 Wesley, *Wesley's Notes on the New Testament*, 요한복음 16:11.

죽으셨다가 다시 사신 예수 그리스도를 신뢰한다는 의미이다. 그런 이유 때문에 "이 세상 임금이 심판을 받았음이라"는 선언은 "구원 받은 자들에게는 용서의 선고요, 잃은 자들에게는 정죄의 선고이다."[59]

성령은 피전도자가 복음을 들을 때 삼중적(三重的)으로 역사하신다. 먼저 죄에 대하여 책망하심으로 그로 하여금 죄에 대하여 슬프고 또 괴로워하게 하신다. 그러나 의에 대하여 책망하심으로 피전도자가 그의 의가 아니라 예수 그리스도의 의를 받아들일 수 있는 사실에 대하여 기쁘게 하신다. 마지막으로 성령은 심판에 대하여 책망하심으로 그가 받을 심판이 영원히 지나갔다는 사실 때문에 안도감을 갖게 하신다. 예수님이 말씀하신대로이다, "...믿는 자는 영생을 얻었고 심판에 이르지 아니하나니, 사망에서 생명으로 옮겼느니라"(요 5:24).

4. 회심을 위한 성령의 역사

피전도자는 성령의 책망을 받고 두 가지를 해야 한다. 하나는 회개이며, 또 하나는 믿음이다. 회개는 지금까지 지은 죄와 그 죄에 대하여 임할 심판을 인식하고 그 죄로부터 돌아서는 것이다.[60] 그리고 믿음은 하나님의 아들이신 예수 그리스도가 인류의 죄를 위하여 대속적인 죽음을 죽으셨고 또 다시 살아나신 사실을 받아들이는 것이다. 성령은 이처럼 회개와 믿음을 구사한 피전도자를

---

59 Lenski, *The Interpretation of St. John's Gospel*, 1089.

60 회개에 대하여 자세히 알려면 다음을 보라, 홍성철, 『불타는 전도자 존 웨슬리』, 150이하.

회심시키신다.

이미 언급한대로, 피전도자가 복음을 들을 때 성령은 그에게 책망의 역사를 일으키신다. 물론 그는 세 가지 책망의 단계 어디에서든지 구원의 주인이신 예수 그리스도를 거부할 수 있다. 그러나 성령이 책망하신다는 것은 성령이 피전도자에게 가까이 있다는 것을 의미한다. 뿐만 아니라, 그가 적극적으로 반응만 하면 회심을 경험할 수 있다는 것을 의미한다. 그런데 "죄에 대한 책망," "의에 대한 책망," "심판에 대한 책망"의 세 단계를 회심과 연관시켜 보면, 거기에는 시간의 개념도 함축되어 있는 것을 알 수 있다.

죄에 대한 책망은 지금까지 지은 죄를 다루는 것이기에 과거를 함축한다고 할 수 있다. 의에 대한 책망은 그리스도인의 삶에 필요한 예수 그리스도의 의를 다루는 것이기에 현재를 함축한다고 할 수 있다. 심판에 대한 책망은 이미 심판은 선고되었으나, 그래도 실제로 사탄과 세상에 대한 최후의 심판이 이행되는 시기는 주님이 다시 오실 때이다. 그러므로 심판에 대한 책망은 미래를 함축한다고 할 수 있다.

1) 성령의 세례

지금까지 지은 모든 과거의 죄가 용서되는 순간 피전도자는 회심을 경험한다. 그 회심은 두말할 필요도 없이 성령의 역사이다. 그리고 회심을 위한 성령의 역사를 강조한 표현이 다양하나,[61] 그 중 하나는 성령의 세례이다. 성령의 세례는 상당히 포괄적인 표현

---

61 다른 표현으로는 다음과 같은 것이 있다: 칭의(고전 6:11), 중생, 성령의 내주(內住), 성령의 인침, 성령의 보증, 성령의 증거, 성령의 초기 성화 등.

으로, 바울 사도는 다음과 같이 그런 표현을 사용했다, "우리가 유대인이나 헬라인이나 종이나 자유인이나 다 한 성령으로 세례를 받아 한 몸이 되었고 또 다 한 성령을 마시게 하셨느니라" (고전 12:13).

성령의 세례는 크게 두 가지 의미를 지니고 있다. 첫째 의미는 개인적으로 성령을 받아들였다는 것이다. 다시 말해서, 피전도자가 회개와 믿음을 통하여 예수 그리스도를 구세주로 영접할 때, 성령이 그의 마음과 삶에 들어오신다. 다른 말로 말하면 그는 "성령으로 난"것이다 (요 3:5). 이런 의미를 강조하기 위하여 바울 사도는 "성령으로 세례를 받았다고" 언급한 후 "성령으로 마시게 하셨느니라"는 보충 설명을 덧붙였다.[62]

이처럼 성령을 받아들인 피전도자는 삶의 변화를 경험한다. 성령이 그의 마음에 들어오셔서 그에게 인(印)을 치셨기 때문이다 (엡 1:13). 그 결과 그는 하나님의 소유가 되었을 뿐 아니라, 다른 사람을 위한 삶을 살기 시작한다.[63] 그러므로 그의 인생 목적은 위로 하나님의 영광이요, 아래로 인간 사랑이다 (고전 10:31-32). 문자 그대로, 그는 완전히 새로운 사람이 된 것이다 (고후 5:17).

성령 세례의 둘째 의미는 피전도자의 마음 안에 들어오신 바로 그 성령이 그로 하여금 교회의 일원이 되게 하신다는 것이다. 그런 이유 때문에 "성령으로 세례를 받아 한 몸이 되었다"고 바울은 언급하였다. 여기에서 사용된 "몸"은 두말할 필요도 없이 교회를

---

62 R. C. H. Lenski, *The Interpretation of I & II Corinthians* (Minneapolis, MN: Augsburg Publishing House, 1963), 516.

63 성령의 인치심은 네 가지 뜻이 있다: (1) 하나님의 소유, (2) 칭의의 확실, (3) 안전의 보장, (4) 봉사의 삶. 이를 위하여 다음을 보라, Drummond, *The Word of the Cross*, 186이하.

의미한다. 바울은 에베소서교회에게 보낸 편지에서 이렇게 분명히 말했다, "교회는 그의 몸이니...."(엡 1:23). 그는 다른 곳에서도 몸을 같은 의미로 설명했다, "그는 몸인 교회의 머리시라"(골 1:18).[64]

결국, 성령의 세례를 통하여 피전도자는 개인적으로 회심을 경험했을 뿐 아니라, 집합적으로는 교회의 구성원이 되었다. 성령이 그로 하여금 회심의 순간에 교회의 일원이 되게 한 이유는 분명하다. 그는 장성한 그리스도인들로부터 보호와 사랑을 받아야 한다. 그뿐 아니다! 그는 다른 그리스도인들과 교제를 나누면서 신앙적으로 성장해야 한다. 피전도자가 회심을 경험하는 순간 종족의 차이와 사회적 신분의 차이를 초월하여 한 몸을 이룬 유기체가 되기 때문이다.[65]

피전도자는 회심의 순간 교회에 귀속(歸屬)되어, 그 교회의 머리 되신 예수 그리스도에게 예배를 드린다. 그렇게 할 때 그는 그분의 모습을 닮아가면서 그분의 뜻을 점증적(漸增的)으로 깨닫고 또 자신의 뜻으로 받아들인다. 그리고 마침내 그분의 가장 큰 뜻은 이 세상에 사는 모든 사람에게 복음이 전해져야 된다는 사실을 깨닫는다 (막 16:15). 바로 그것을 위하여 예수 그리스도가 죽으시고 부활하셨다는 것을 깊이 깨달으면서 믿지 않는 사람들의 복음화를 위하여 시간과 마음을 바치기 시작한다.[66]

---

64 몸의 우주적교회와 지역적교회를 아울러 의미하는 것을 위하여 다음을 보라, 홍성철,『주님의 지상명령』, 85이하.

65 Aarchibald Robertson & Alfred Plummer, *A Critical & Exegetical Commentary on the First Epistle of St. Paul to the Corinthians*, 최근판 (Edinburgh: T. & T. Clark, 1975), 272.

66 홍성철,『주님의 지상명령』, 50이하.

바울 사도가 사용한 *성령의 세례*의 의미는 이제 분명해졌다. 그러나 그만이 그런 용어를 사용한 것은 아니었다. 요한과 예수님도 사용하시긴 했으나, 그 강조점은 서로 달랐다. 바울은 피전도자가 경험하는 회심을 강조한데 반하여, 요한과 예수님은 이미 회심한 사람들이 경험하는 성령의 충만을 강조하였다. 그런 이유 때문에 세례 요한은 말했다, "나는 너희에게 물로 세례를 베풀었거니와 그는 너희에게 성령으로 세례를 베푸시리라" (막 1:8; 마 3:11, 눅 3:16, 요 1:33). 예수님도 같은 말씀을 승천하기 직전에 제자들에게 말씀하셨고 (행 1:5), 마침내 그 약속대로 그들은 성령의 충만을 받았다 (행 2:4).[67]

2) 성령의 충만

피전도자가 예수 그리스도의 십자가를 통하여 죄를 용서받는 순간 성령이 그의 마음과 삶에 들어와서 그를 변화시키셨다. 인생의 목적이 자신의 이익에서 하나님의 영광으로 바뀌었다. 그가 인생을 살아나가는 방향과 종착지도 바뀌었다. 그는 하나님을 등지고 심판을 향하여 가고 있었으나, 이제는 하나님을 향하여 가게 되었다. 그뿐 아니라, 그의 종착지도 지옥에서 천국으로 바뀌게 되었다. 성령의 역사가 이처럼 큰 것이었다!

그는 이제 주님의 재림이라는 소망을 바라보면서 현재를 살아가는 그리스도인이 된 것이다. 이제부터 그는 신앙인다운 삶을 영위하면서 위로 하나님에게 영광을 돌리고 아래로 다른 사람들에게 영향을 끼쳐야 한다. 그렇다면 그가 변화되었으니 이제부터는

---

67 본문에서는 *성령의 세례* 대신에 *성령의 충만*으로 표현되었다.

혼자의 힘과 결단으로 그런 삶을 영위할 수 있는가? 물론 아니다! 그의 모든 죄를 책망하시는 분이 성령인 것처럼, 그 자신의 노력과 열심만으로는 결코 의롭게 살 수 없다는 것을 책망하시는 분도 역시 성령이시다.

피전도자의 삶속에 들어가서 그 죄인을 성도로 바꾸신 성령은 그가 성도다운 삶을 영위할 수 있도록 그를 위하여 계속 역사하신다. 그런 현재의 역사를 일컬어서 성령충만이라고 한다. 다시 말해서, 성령의 역사로 시작된 변화의 삶은 성령의 도우심으로 변화된 삶이 유지되고 또 깊어진다. 그런 이유 때문에 "너희 안에서 착한 일을 시작하신 이가 그리스도 예수의 날까지 이루실 줄을 우리는 확신하노라"(빌 1:6)는 바울의 고백은 이와 같은 성령의 도우심을 피력(披瀝)한 말씀이다.[68]

예수 그리스도가 피전도자를 위하여 십자가에서 죽으셨다가 부활하신 목적은 물론 그의 회심을 위해서이다. 그러나 그것만은 아니다! 그가 회심 이후 거룩한 삶을 살게 하기 위함이다. 그런 이유 때문에 성경의 저자들은 반복적으로 거룩하게 살아야 된다고 명령한다 (살전 4:3, 고전 7:1, 벧전 1:15-16, 히 12:14). 그가 이처럼 거룩하게 살 때, 그는 성령의 도구가 되어 다시 불신자들에게 복음을 힘 있게 전할 수 있는 것이다. 그러므로 성령은 그 회심한 사람이 전도할 수 있도록 돕기를 원하시며, 그 도움이 바로 성령충만이다.[69]

그러나 피전도자가 중생을 경험하여 성령의 내주를 경험했는

---

68 웨슬리는 "착한 일"을 해석하면서 "성결을 시작한 일"이라고 해석하였다. 이를 위하여 다음을 보라, Wesley, *Explanatory Notes upon the New Testament*, 제2권, *Romans to Revelation*, 빌립보서 1:6.

69 거룩과 전도의 불가분의 관계를 위하여 다음을 보라, Alexander L. Boraine,

데도, 그에게는 여전히 성령의 인도를 거부하려는 성품이 남아있다. 바울 사도는 그것을 "육체의 소욕"이라고 하였는데, 그 소욕은 항상 성령을 거스르고 대적하려 한다 (갈 5:17). 바울이 말한 대로, "성령의 법"과 "죄와 사망의 법"이 서로 주도권을 잡으려고 쟁투를 한다 (롬 8:2). 그는 여전히 그의 의지와 상관없이 죄를 지으며 살아간다 (롬 7:21). 이것은 신자의 죄라고 불린다.

피전도자가 예수 그리스도를 구세주로 받아들일 때 그 안에 임하신 성령은 그를 성령으로 충만케 하고 지배하기를 원하신다. 그런 이유 때문에 "오직 성령으로 충만을 받으라"는 명령을 주셨다 (엡 5:18). 그가 성령으로 충만을 받으려면 적어도 두 가지 조건을 성취해야 한다. 첫째 조건은 신자의 회개이다. 회개는 그의 마음에 여전히 죄가 남아있으며, 그 자신의 힘으로는 죄의 문제를 해결할 수 없는 무기력한 존재라는 사실을 깨닫는 것이다. 그리고 성령의 충만이라는 은혜를 받기 위하여 하나님의 은총을 바라고 나오는 것이다.[70]

둘째 조건은 믿음이다. 그가 중생의 경험을 위하여 하나님이 예수 그리스도를 통하여 죄를 용서하신 은혜를 받아들인 것처럼, 예수 그리스도를 통하여 그의 마음이 깨끗하게 될 수 있는 하나님의 은혜를 믿음으로 받아들여야 한다.[71] 그뿐 아니라, 그는 그를 위하여 간구하면서 순간마다 도움을 주시는 예수 그리스도의 은혜를 믿어야 한다 (롬 8:34). 물론 이처럼 은혜를 받아들이기

"The Nature of Evangelism in the Theology and Practice of John Wesley" (Ph.D. 논문, Drew University, 1969), 126.

70 위의 책, 97.

71 위의 책, 99.

위하여 그는 그 자신을 하나님에게 맡기지 않으면 안 된다. 다시 말해서 그 자신을 하나님이 받으실만한 제물로 드려야 한다 (롬 12:1).

3) 성령과 부활

지금까지 회심을 위한 성령의 역사를 과거와 현재라는 시간의 개념과 연결시켜서 살펴보았다. 성령은 과거의 모든 죄를 책망하실 뿐 아니라, 성령의 세례를 통하여 그 죄의 문제를 해결해 주셨다. 또한 성령은 현재의 의 문제를 책망하실 뿐 아니라, 성령 충만을 통하여 그 문제를 해결해주셨다. 그렇다면 이제 회심을 위한 성령의 역사는 완전히 끝났는가? 물론 그렇지 않다! 피전도자 "안에서 착한 일을 시작하신 이가 그리스도 예수의 날까지 이루실" 것이다(빌 1:6).

여기에서 사용된 "그리스도 예수의 날"이란 두말할 필요도 없이 그분이 미래 어느 날 다시 이 세상에 오실 종말적인 시간을 가리킨다.[72] 이런 종말적인 미래가 없다면 성령이 이루신 회심도 불완전한 것일 수밖에 없다. 그러나 성령이 피전도자의 마음속에 들어와서 그를 회심시키셨기에 그 회심은 완전할 수밖에 없다. 성령은 그가 과거에 저지른 범죄에 대한 형벌로부터 구원하셨을 뿐 아니라, 현재의 삶을 위하여 죄의 권능으로부터도 구원하셨다.[73]

그러나 성령은 한발 더 나아가 피전도자가 경험한 회심을 미래로 연결시키신다. 위에서 이미 살펴본 대로, 어느 날 세상과 사탄

---

72 Green, *Evangelism through the Local Church*, 32.
73 위의 책, 33.

은 심판을 받지만, 회심을 경험한 사람들은 바로 그날 육체의 굴레로부터 해방을 받게 된다. 결국, 세상에 대한 심판은 회심을 경험한 사람들에게는 육체적 구원의 증거이다. 그의 육체가 갑자기 완전한 몸으로 변화되어 하나님의 나라에서 영원한 생명을 향유(享有)하게 될 것이다.

그럼 그때 그의 육체가 완전하게 부활될 것을 어떻게 알 수 있는가? 그것을 알 수 있는 것은 그 안에 내주한 성령 때문이다. 이런 사실을 확증하기 위하여 바울은 다음과 같이 말했다, "예수를 죽은 자 가운데서 살리신 이의 영이 너희 안에 거하시면, 그리스도 예수를 죽은 자 가운데서 살리신 이가 너희 안에 거하시는 그의 영으로 말미암아 너희 죽을 몸도 살리시리라"(롬 8:11).

이 말씀에 의하면, 십자가에서 죽으신 예수 그리스도를 사흘 만에 다시 살리신 분은 성령이었다.[74] 그런데 같은 성령이 회심을 경험한 사람 안에 들어가서 내주하신다. 비록 그의 몸은 죄로 말미암아 죽음을 피할 수는 없지만,[75] 그 성령이 그의 죽은 몸도 다시 살리실 것이다. 그리고 그 부활의 몸은 바울이 묘사한대로, "썩지 아니할 것을 입겠고...죽지 아니함을 입을 것이다"(고전 15:53).

비록 피전도자가 회심을 통하여 성령의 내주와 역사로 중생과 성령충만을 경험하였으나, 그래도 여전히 육체의 한계를 벗어날 수는 없다. 그는 여전히 많은 유혹과 시험에 시달릴 수밖에 없다.

---

74 물론 예수님을 살리신 분은 성령 이외에 성부와 성자도 함께 역사하셨다 (히 13:20, 요 10:18).

75 "죽을 몸"은 "육체의 한계"를 가리킨다. 이를 위하여 다음을 보라, Thomas R. Schreiner, *Romans*, 제6권, *Baker Exegetical Commentary on the New Testament* (Grand Rapids, MI: Baker Books, 1998), 416.

그뿐 아니라, 그는 무지(無知)와 실수를 초월할 수도 없다. 무엇보다도 그는 인격이 그리스도처럼 변화된 것도 아니다. 비록 성령의 인도와 지배를 받지만, 여전히 육체의 많은 한계에서 벗어나지 못한다.[76]

그렇다면 성부 하나님이 계획하시고, 성자 하나님이 이루시고, 성령 하나님이 경험케 하신 회심이 그처럼 많은 한계를 지닌 것인가? 물론 그렇지 않다! 그런 이유 때문에 성령은 과거의 죄에 대하여, 현재의 의에 대하여, 그리고 미래의 심판에 대하여 책망하신다. 그 성령은 회심자 안에 내주하실 뿐 아니라, 성령으로 충만케 하신다. 그리고 어느 날 그 성령은 그의 죽을 몸을 영광스럽게 변화시킴으로 구원을 완성하신다. 결국, 성령 세례로 시작된 회심은 성령의 충만을 거쳐, 육체의 부활에서 그 절정을 이룬다. 비록 인간의 안목에는 이와 같은 세 시제(時制), 곧 과거와 현재와 미래가 있으나, 영원하신 성령에게는 동시적인 사건일 뿐이다.

5. 나가면서

복음전도에서 성령의 역할은 절대적인데, 그 이유는 분명하다! 성령이 과거의 죄에 대하여, 현재의 의에 대하여, 그리고 미래의 심판에 대하여 책망하시기 때문이다. 그뿐 아니라, 동시에 예수 그리스도를 피전도자에게 소개하시기 때문이다 (요 16:14). 그렇다면 성령은 불신자에게 예수 그리스도를 어떻게 소개하시는가? 성령은 그분을 메시야, 곧 그리스도로 소개할 뿐 아니라, 그의 구세주로

---

76 성령충만 후에 있는 여러 가지 제한을 위하여 다음을 보라, Donald S. Metz, *Studies in Biblical Holiness* (Kansas City, MO: Beacon Hill Press of Kansas City, 1971), 228이하.

소개하신다.

예수 그리스도를 메시야로 소개한다는 사실은 복음전도에서 너무나 중요한 사실이다. 왜냐하면 "기름부음"의 의미인 메시야는 구약성경의 세 가지 직분과 밀접한 관계가 있기 때문이다. 구약성경에서 기름부음을 받은 대표적인 세 가지 직분은 선지자, 제사장 및 왕이다. 그런 직분을 신약성경에 적용하면 예수 그리스도는 선지자이시자, 동시에 제사장이시며 왕이시다.

그런데 예수 그리스도를 구세주로 모신 사람 안에 성령이 들어와서 인을 치셨다는 것은 이미 언급한 바 있다. 다른 말로 하면, 그 사람에게도 기름부음이 있었다는 뜻이다 (요일 2:20, 27). 그것은 그도 예수 그리스도와 같이 성령의 기름부음을 받았다는 의미이다. 그렇다면 그는 이런 세 가지 직분을 행한다는 의미인가? 물론 그는 결코 예수 그리스도가 될 수는 없지만, 그래도 복음을 전할 때 유사한 사역을 할 수 있는 특권을 갖는다.

그리스도인이 예수 그리스도의 대속적 죽음과 부활을 죄인들에게 전할 때, 그는 선지자의 역할을 감당하고 있는 것이다. 그러나 그는 어떤 사람에게도 결실을 맺는 전도는 하지 못할 것이다. 성령이 그와 함께 하면서 죄인들을 책망하지 않으시면 말이다. 그런 이유 때문에 그는 죄인들을 위하여 중보기도를 해야 한다. 그가 이처럼 기도할 때 그는 제사장의 역할을 감당하는 것이다. 그러므로 선지자의 사역은 제사장의 사역과 분리해서 말할 수 없다.

전도자가 성령의 도우심을 받으면서 복음을 전할 때, 죄인들의 운명은 그 복음에 대하여 어떻게 반응하느냐에 달려있다. 만일 그들이 복음을 거부하면, 어두움과 죄악 가운데 살아갈 것이다. 그뿐 아니라, 이 세상을 떠날 때 영원히 하나님과 분리되는 심판을 받는다. 반면, 그들이 복음을 받아들이면, 죄를 용서받고 희망에 가득찬 삶을 영위하기 시작한다. 그뿐 아니라, 이 세상을 떠날 때 하나님과 영원한 생명을 누리게 된다.

그러므로 복음전도는 필연적으로 죄인들의 운명과 심판을 결정한다. 다시 말해서, 복음전도는 왕의 역할도 포함된다. 그런 이유 때문에 복음전도는 선지자, 제사장 및 왕의 역할을 동시에 하는 중요한 사역이다. 모든 그리스도인은 성령의 기름부음을 소유한 자들이다. 그러니 당연히 죄인들에게 복음을 전해야 한다. 그렇게 할 때만이 그는 한편 성령의 도구가 되어 죄인들을 회심시키며, 또 한편 선지자와 제사장과 왕의 역할을 감당하는 것이다.

19

포스트모던시대의 전도

1. 들어가면서

중세기를 마감하고 현대로 들어가게 하는 요인들이 여기저기에서 일어나기 시작했다. 첫 번째 요인은 문예부흥(renaissance) 운동이다. 그때까지 약 1,000년간 유럽을 지배하던 신본주의와 권위주의에 대한 반란으로, 사람들의 관심이 하나님에게서 떠나 인간에게로 집중하기 시작하였다. 사람들의 세계관이 교회 중심에서 벗어나 헬라철학으로 복귀하면서, 그들의 사고에는 하나님에 대한 질문과 의심이 깃들기 시작했다.

그뿐 아니라, 그 운동은 필연적으로 인본주의의 발아(發芽)가 되어 다른 운동을 촉진시켰다. 예를 들면, 계몽주의(enlightenment) 운동은 문예부흥운동의 여파로 일어난 운동으로서, 인간의 이성(reason)을 극대화하였다. 하나님의 계시 없이, 인간의 이성만으로 도덕의 기준을 삼을 수 있다는 확신이 편만해졌다. 이성의 확대는 또한 과학의 융기(隆起)를 가져왔다.[77] 이것이 바로 옛것 대신에 새것을 중요하게 여기는 현대주의(modernism)의 시작이었

---

77 George Hunter, III, *How to Reach Secular People* (Nashville, TN: Abingdon Press, 1992), 26-28.

다.

이런 현대주의가 가져온 부산물은 적지 않았다. 문학과 문화가 획기적으로 발전하고, 의학 개발이 촉진되었으며, 교육의 중요성이 널리 펴져나갔다. 그뿐 아니라, 과학의 발전은 그야말로 눈부셨다. 왜냐하면 이성의 개발은 교육을 통하여 이루어지기 때문이라고 믿었기 때문이었다. 사람들은 과학의 이기(利器)들을 즐기기 시작했고, 자유를 만끽하였다. 마치 현대주의가 인간의 유토피아를 만들어내는 것 같았다.

2. 포스트모던시대로!

그러나 과거를 버리고 현대를 숭배하던 현대주의는 서서히 후기현대주의(post-modernism)로 옮겨지기 시작했다. 과거를 종교와 미신으로 결부시키면서, 현대를 이성(理性)과 발전으로 연결시켰던 현대주의도 어느덧 슬며시 포스트모던시대로 연결되었다. 여러 원인 중 첫째는 세계1, 2차 대전에서 찾을 수 있다. 마치 인간의 이성과 교육이 "지상천국"을 만들 수 있다는 꿈은 이 두 전쟁을 통하여 산산이 부서졌다. 인간적 이성의 한계를 자인하지 않을 수 없는 계기였다.

둘째 원인은 현대주의의 열매였다. 거의 200년의 오랜 기간에 숙성된 현대주의의 열매는 1960년대 중반부터 나타나기 시작했다. 이것은 어떤 특정한 지성인들만이 보인 열매가 아니라, 각계각층의 사람들이 동시에 토해 낸 것들이었다. "성적 혼란, 낙태, 약물 오용, 에이즈(AIDS)" 등은 그런 일에 연루되지 않은 모든 사람들로 하여금 구역질나게 만든 열매들이었다.[78] 이런 열매들은

---

78 Thomas C. Oden, *After Modernity...What?* (Grand Rapids, MN:

자연스럽게 사람들로 하여금 현대주의에 대하여 회의를 품게 하였다.

셋째 원인은 현대주의가 가져온 불만이었다. 위에서 언급한대로, 현대주의가 가져온 사회적 발전, 의학의 진보, 정치적, 경제적 세습의 감퇴, 부(富)의 증가 등은 어떤 사람도 부인할 수 없는 적극적인 성과임에 틀림없다. 그러나 이런 성과에도 불구하고 그런 것들이 남겨놓은 불만의 문제는 사람들로 하여금 그런 성과가 큰 대가를 치루지 않고는 이루어지지 않았다는 사실을 깨닫게 하는 계기도 되었다.[79]

그렇다면 현대주의에 대한 구체적인 불만은 무엇인가? 그 불만을 직접 인용해 보자.

불만의 목록은 길고 복잡하며 예외 없이 서로 연관되어 있다. 웨버 (Weber)가 주장한대로, 이성화(理性化: rationalization)는 세계를 질서 있게 그리고 의지할 수 있게 만드나, 그렇다고 세계를 의미 있게 만들지는 못한다. 실제로, 이성은 '세계의 환멸'을 깊게 하는데, 그 세계에서 '궁극적이며 가장 숭고한 가치를 대중의 삶에서 물러나게 하였다...' 우리에게 주어진 특별한 기동성은 우리로 하여금 친척과 공동체라는 유익한 관계를 해치게 하였다. 한 때 우리가 당연시하던 의미는 이제 급진적으로 도전을 받는다. 그 결과, 무서운 외로움이 자리한다. 이 외에 현대주의는 종종 사람들안에서 형이상학적인 노숙자로 만든다[80]

다음의 원인 몇 가지는 영국의 유명한 복음 전파자인 도널드 소퍼(Donald Soper)가 제시한대로, 현대주의의 결과가 초래한

Zondervan Publishing House, 1990), 45.

79 James D. Hunter, "What Is Modernity? Historical Roots and Contemporary Features," *Faith and Modernity*, Philip Sampson, Vinay Samuel, Chris Sugden 편집 (Irvine, CA: Regnum Books International, 1994), 21.

80 위의 책, 21-22.

세속주의 때문에 생긴 것들이다. 그의 첫 번째 진단이자 넷째 원인은 특히 주일성수를 가볍게 여기는 풍조이다. 물론 이것도 이성의 극대화의 산물이지만 말이다. 주일뿐 아니라 기독교의 절기를 경시하면서, 많은 경우 그런 사람들은 하나님의 말씀은 물론 예수 그리스도의 복음을 들을 기회를 잃는다. 자연히 그들은 현대주의에서 포스트모던시대로 옮겨가게 된다.[81]

소퍼의 두 번째 진단이자 다섯째 원인은 죽음과 생명의 문제이다. 위에서 언급한 것처럼, 현대주의는 의학의 발달을 가져왔고, 그 결과 사람들의 건강이 좋아졌고 생명이 길어졌다. 그러나 그 악폐(惡弊)도 있는데, 사람들은 죽음을 별로 의식하지 않게 되었다. 중세 때에는 사람들이 죽음을 친구삼아 살았기에 하나님을 두려워하였으나, 이제는 인생을 즐기는 포스트모던시대의 특징을 갖는 사람들로 바뀌어가고 있다.[82]

소퍼의 세 번째 진단이자 여섯째 원인은 죄의식과 의심의 문제이다. 중세의 세계관은 하나님과 교회였기에 사람들은 죄의식 속에서 살면서 그리스도를 그들의 구세주로 받아들여야 된다고 생각했다. 그러나 그들의 세계관이 바뀌면서 그들은 더 이상 죄의식을 가지고 살지 않는다. 그들은 이성과 교육을 의지하면서 의심하는 사람들이 되었다. 현대주의의 산물인 교육을 통하여 절대적인 권위를 부인하는 포스트모던시대의 사람으로 바뀌어가고 있는 것이다.[83]

---

81 Soper, "The Setting for Making Christians Today," 72-73.

82 위의 책, 73이하.

83 위의 책, 75-76.

소퍼의 네 번째 진단이자 일곱째 원인은 하나님의 필요와 기독교에 대한 호기심이다. 중세에는 거의 모든 사람들이 하나님을 필요로 하였다. 그러나 현대주의에 들어가면서 그들은 기독교에 대하여 호기심을 가지나, 기독교에 대하여 잘 알지 못한다. 그들이 갖는 호기심은 포스트모던시대의 두드러진 특징이기도 하다. 왜냐하면 포스트모던시대의 특징 중 하나가 단편적인 지식이지, 통합적인 지식이 아니기 때문이다.[84]

3. 포스트모던시대의 특징

포스트모던시대의 특징은 여러 가지 측면으로 접근할 수 있다. 그러나 여기에서는 전도학을 오랫동안 가르친 교수이며, 특히 전도신학에서 크게 공헌한 해리 포우(Harry Lee Poe)의 개요를 따르려고 하는데, 그 이유는 그는 개요와 동시에 해결 방법도 제시하기 때문이다.[85] 포우에 의하면, 포스트모던시대의 특징은 네 가지 측면에서 접근될 수 있다: (1) 개인에 집중된 모습, (2) 정치적으로 고립된 현상, (3) 철학적으로 혼돈된 사고, (4) 신학적으로 무지한 마음.[86]

---

84 위의 책, 76이하.

85 Harry L. Poe, *The Gospel and Its Meaning: A Theology for Evangelism and Church Growth* (Grand Rapids, MI: Zondervan Publishing House, 1996). 이 저서는 전도신학의 주제로 저술된 저서로서, Drummond, *The Word of the Cross*와 더불어 그 분야에 공헌한 저술이다. 근자에 보다 성경적이며, 조직신학적인 Robert E. Coleman의 *The Heart of the Gospel: The Theology of Evangelism*이 출판됨으로 전도신학의 금자탑이 되었다.

86 Poe, *Christian Witness*.

1) 개인에 집중된 모습

포스트모던시대의 사람들은 그들이 개인적으로 경험하지 못한 어떤 것을 그리워한다. 그 어떤 것이 과연 무엇인가? 본래 현대주의가 시작되기 전에는 사람들이 관계 속에서 인생을 살았었다. 그러나 산업화운동이 전개되면서 그런 관계는 깨어지기 시작했다. 많은 사람들이 직업을 찾아 도시로 몰리면서 고향과의 관계는 산산조각 났으며, 도시에 몰려온 그들은 이웃을 알지 모르는 채 살아가고 있다. 관계의 문화가 개인 중심의 문화로 바뀌면서 사람들은 관계를 그리워한다.

관계를 잃어버린 시대의 모습은 외로움이다. 그들은 경쟁적인 하루를 보낸 후 관계의 상징인 집으로 돌아온다. 그러나 자녀들은 현대주의의 산물인 인터넷에 빠지고, 어머니는 드라마에 몰입하고, 아버지는 다시 내일을 준비하기 위하여 컴퓨터 앞에 앉아야 한다. 가정에서도 관계회복이 없는 시대에 접어든 것이다. 어디에서나 각자는 해결할 수 없는 외로움을 곱씹으면서 살아갈 수밖에 없다. 그러나 그들 모두는 관계를 그리워한다.

이성을 최고의 가치 기준으로 삼은 결과 포스트모던시대에 사는 사람들에겐 절대적인 가치가 사라지게 되었다. 한때는 부모의 훈계, 학교의 가르침, 종교의 권위가 새로운 세대에게 가치의 기준을 알려주는 매개였으나, 이제는 그렇지 않다. 그들에게 가치 기준을 전해 주는 매개는 영화, 음악, 친구들, 인터넷, 핸드폰이 되었다. 그 결과 젊은이들은 "사람마다 자기 소견에 옳은 대로 행한" 사사기시대처럼 되었다 (삿 17:6, 21:25).

그 결과는 무엇인가? 자유분방한 삶의 방식, 성적 오용과 남용,

폭행, 살인, 자살 등 수많은 문제들이 사회를 뒤엎고 있다. 그뿐 아니라, 거짓과 사기가 횡횡하여 음식물 장난, 통제되지 않는 데모, 끊임없는 노동자들의 파업, 정치가들의 무법한 행위들, 학생들의 속임수! 이런 모든 것들이 기준과 제한 없는 자유의 열매이다. 그뿐 아니다! 누구나 자동차를 타면서 일어나는 피해들, 곧 교통 체증, 대기 오염, 유사 휘발유의 판매, 만취 운전 등 속박 없는 자유의 피해는 너무나 엄청나다!

포스트모던시대의 또 다른 특징은 분업화 내지 세분화이다. 지식의 발달로 인하여 사람마다 각자의 전문 분야에 능통하며, 따라서 그 분야를 위하여 생애를 보낸다. 예를 들면, 자동차 조립원은 한 부품을 일정한 장소에 삽입하는 일을 한다. 항문의사는 일생 내내 다른 사람들의 항문을 본다. 여기에서 지식의 단편화가 일어나며, 동시에 깊은 권태감을 갖게 된다. 이성과 교육의 극치가 가져다 준 현상이다. 그들은 무엇인가를 그리워하는데 그것이 무엇인지는 모른다.

2) 정치적으로 고립된 현상

어느 시대에서나 정치적으로 정신적 지주(支柱)는 권위와 이데올로기(ideology)이다. 교황과 군왕들의 권위가 현대주의시대에 들어서면서 민중에게로 돌아갔다 민중이 그들의 이데올로기에 따라 정치적 지도자를 선택하면 지도자들은 그들이 내세운 이데올로기로 정치를 이끌어간다. 자연스럽게 그들에게는 민중이 부여한 권위를 가지고 국가를 운영한다. 이와 같은 정치적인 과정을 성공적으로 성취하기 위하여 그들은 정당을 만든다.

이런 이데올로기에 따라 많은 조직과 단체가 우후죽순처럼 여기저기에서 일어났다. 예를 들면, 정당, 시민 단체, 인권 운동, 환경 단체, 병원, 사립대학교 등은 모두 이데올로기에 의거해서 생겨난 현대주의의 특징 가운데 하나였다. 그뿐 아니라, 교회도 역시 현대주의를 거치면서 많은 변화가 일어났다. 성경만이 최후의 권위라고 믿던 개신교에서 이성만능주의의 결과로 고등비평이 일어나면서 성경의 권위가 많은 신학교와 교회에서 흔들리고 있는 것도 사실이다.

특히 권위의 추락을 가져온 사건이 각처에서 일어났다. 정치지도자들의 타락상이 폭로되고, 국회의원들이 이데올로기에 집착한 나머지 국민의 행복을 등한시하는 추태가 드러났다. 사업가들은 수단방법을 가리지 않고 개인의 이익과 정치적 연루로 인한 투옥 사건들, 빈자를 대변한다는 노동자 지도자들의 축적과 자기방어가 대중의 편의보다 앞선다는 횡포, 교회 지도자들의 많은 스캔들─이런 것들이 지도자에 대한 신뢰를 잃게 하는 요인들이 되었다.

특히 이데올로기의 갈등은 외국에서 시작된 것인데, 한국 사회에 깊이 침투했다. 국제적으로 자본주의적 민주주의와 유물론적 공산주의의 대립은 어떤 폭풍보다도 강하게 한국을 내리쳤다. 그 결과 나라가 둘로 갈라졌고, 민주주의를 표방하는 남한에서는 아직도 이데올로기의 싸움이 도처에 무서울 정도로 횡횡하고 있다. 정당 간의 이데올로기 싸움, 종교지도자들의 이데올로기 표현, 주민들 간의 이데올로기 싸움─끝이 없는 이런 싸움에 한국의 청소년들은 이데올로기와 권위를 부정하기에 이르렀다.

이런 시대에 성장하는 청소년들에게는 불행하게도 그들이 마땅히 존경할만한 영웅도 없다. 그들은 의식적이든 무의식적이든 권위와 지도자를 거부한다. 어느 사회이건 권위가 인정되어야 자연스럽게 훈련과 절제도 따른다. 권위가 인정되지 않는 사회에서 오직 자신의 생각과 느낌만이 기준이기에 거기에는 절제도 없고, 징계도 없다. 결국, 어떤 청소년들도 자기의 언행(言行)에 책임을 지지 않는다. 불행하게도 그들은 다른 사람들의 입장에 들어갈 줄도 모르고, 다른 사람들의 필요를 채워줄 여력도 없다.

권위의 부정과 이데올로기의 싸움은 많은 청소년들로 하여금 혼동에 빠지게 만들었으며, 한 발 더 나아가서, 그들의 존재 가치를 상실하게 만들었다. 존재 가치를 잃은 그들이 선택할 수 있는 길은 많지 않다. 그들은 그들을 낳아 준 부모와 가정을 버리거나, 아니면 부모에 대한 증오심을 가지고 하루하루 살아간다. 가정을 떠난 그들은 사회에 대한 거부감을 갖는 그룹에 들어가든지, 아니면 연명을 위하여 몸을 파는 처지가 된다. 이런 것들이 정치적으로 고립된 포스트모던시대의 모습이다.

3) 철학적으로 혼돈된 사고(思考)

중세시대의 철학적 특징은 두 가지 사상으로 대표될 수 있는데, 하나는 이성론(rationalism)이고, 또 하나는 경험론(empiricism)이다. 이성론의 근원은 플라톤(Plato)이고, 경험론의 시작은 아리스토텔레스(Aristoteles)이다. 이 두 철학자의 사상은 문자 그대로 서양의 중세와 현대시대의 철학과 신학을 장악했다. 그들이 제시한 철학에 따라, 많은 사람들이 철학을 설명했고, 또 신학에 접근하였다.

플라톤은 이상(ideas)을 강조하면서 눈에 보이는 감각적인 세상은 그 이상의 복제(複製)에 지나지 않는다고 가르쳤다. 그 이상을 확실히 알기 위하여 이성(理性)을 의지해야 한다는 플라톤의 주장은 중세와 현대시대에 성경 해석의 두 축 중 하나였다. 과학과 배치되지 않는 그의 이상론과 이성론에 의하여 영향을 받아 그리스도인이 된 아우구스티누스(Augustine)는 이성적이면서도 과학적인 성경 해석의 틀을 놓았다.

반면, 플라톤의 제자였던 아리스토텔레스는 스승의 가르침에 반기를 들었다. 그는 거꾸로 이상이 감각적인 세상의 복제라고 하였다. 그의 주장에 의하면, 인간은 아무 것도 모른 채 태어나 성장하면서 보고, 듣고, 느끼고, 발견한 것을 안다. 다시 말해서, 진정한 지식은 오감(五感)을 통하여 온다는 경험론의 주창자가 되었다. 아리스토텔레스는 관찰의 대상으로 세상을 포함시켰는데, 그 이유는 하나님이 창조하신 세상을 버려두지 않고 돌보는 귀중한 실존이기 때문이었다.

아리스토텔레스의 가르침은 토머스 아퀴너스(Thomas Aquinas)를 통하여 역시 중세와 현대시대의 성경 해석에 지대한 영향을 끼쳤다. 그의 관찰을 통한 과학적 접근법은 계몽주의와 현대과학의 발달로 더욱 확고해졌다. 거기다가 관찰을 통하여 해가 움직이지 않고 지구가 움직인다는 지동설(地動說)을 주장한 코페르니쿠스(Copernicus)와 갈릴레오(Galileo)의 출현은 경험적이면서도 조

직적인 접근법을 더욱 확고히 하는 계기가 되었다.[87]

한국의 상황은 어떠한가? 서구에서 공부를 한 많은 신학자들이 이런 서구의 접근법을 그대로 학생들에게 전수하고 있다. 그들은 조직적, 이성적 방법으로 성경을 접근하여 비신화신학과 양태신학 같은 신학을 소개하기에 이르렀다. 그러나 그들로부터 신학을 전수받은 목사들은 성경을 그처럼 분석하고 공격하는 방법이 일반 성도들에게는 의미가 없다는 것을 안다. 그러므로 그들은 현대신학의 산물을 버리고 포스트모던시대의 사람들에게 접근하는 방법을 찾아 헤맨다.

서양의 중세와 현세를 사로잡은 이성론과 경험론은 포스트모던시대의 한국 사람들에게는 오히려 혼돈을 초래하고 있다. 특히 청년들은 조직과 이성을 부인하진 않지만, 그렇다고 거기에 매달리지도 않는다. 현대의 테크놀로지와 함께 성장한 그들에게는 절대적인 조직도 이성도 없다. 그들은 필요하면 어떤 지식이든 어디에서나 찾을 수 있다. 그들에게 조직과 이성은 지식을 습득하는 아주 많은 방법 중 하나일 뿐이다. 그런 정보의 홍수 속에서 그들은 혼동되어 있다.

4) 신학적으로 무지한 마음

포스트모던시대에 속한 사람들은 절대적인 진리를 거부하면서, 각자의 견해에 따라 진리와 거짓을 구분한다. 그 이유가 몇 가지 있는데, 우선 각자가 직접 경험한 것만이 진리라는 경험론 때

---

87 지동설은 신앙과 과학의 갈등을 보여준 중요한 사건이었다. 이를 더 알려면 다음을 보라, Dinesh D'souza, *What's So Great about Christianity* (Carol Stream, IL: Tyndale House Publishers, Inc., 2007), 106이하.

문이다. 그 다음, 실제로 쓸모가 있으면 진리라고 주장하는 실용주의(pragmatism)도 그런 사고를 진작시킨다. 실용주의자들에게 절대적인 가치나 도덕은 있어도 좋고 없어도 괜찮은 장식품에 지나지 않는다.

절대적인 진리를 거부하는데 기여한 신학은 이신론(理神論)과 실존론(實存論)이 있다. 이신론은 창조주 하나님을 자연과 분리시킴으로 도덕을 학문으로 전락시켰다. 실존론은 개인의 중요성을 극대화한 나머지 절대적 진리를 거부하기에 이르렀다. 실존론의 일부이기도 한 신정통파도 마찬가지이다. 칼 바르트(Karl Barth)는 하나님이 인간을 만나주는 순간이 계시라고 함으로, 성경의 절대적인 진리를 개인의 경험으로 바꾸었다.

이렇게 여기저기에서 단편적으로 듣고 알게 된 신학 때문에 포스트모던시대의 사람들은 실제로는 알지 못하면서 안다는 착각에 머물러 있다. 그리고 그런 착각은 신앙추구에 절대적인 영향을 준다. 예를 들면, 절대적인 진리를 거부한다는 것은 성경의 절대성과 절대적인 하나님을 거부하는 꼴이 된다. 그들에게는 율법도 없고, 따라서 죄의식 같은 것은 없다. 오로지 각자의 생각과 느낌에 따라 행동하면 되는 것이다.

현대시대의 과학적 방법을 도입한 소위 복음적인 사람들도 이런 추세에 기여를 했다. 세대주의자들은 성경 연구에 과학적인 방법을 도입하였다.[88] 그뿐 아니라, 전도자요 신학자인 찰스 피니(Charles Finney)는 "부흥의 법칙"을 제시하였다. 교회성장운동은 전도의 목적을 이루기 위하여 과학적인 방법을 제시하였다. 이런 모든 과학적인 방법은 동기는 순수했지만, 결과적으로는 하나

---

88 *C. I. Scofield Study Bible*과 *Ryrie Study Bible*이 대표적인 실례이다.

님의 개입 없이도 성경연구, 부흥 및 교회 성장을 일으킬 수 있다는 풍조를 일으켰다.

포스트모던시대의 사람들의 진리와 가치는 각자에게 그리고 그들이 속한 사회에 따라 다르다. 그들은 그들의 마음 깊이에 있는 외로움과 비참한 모습을 탈피하여 행복을 찾기 위하여 그들의 방법을 선택한다. 그들은 자유분방한 복장, 성생활, 술, 자동차, 게임에 몰두한다. 좀 더 생각하는 사람들은 올바른 친구, 올바른 복장, 올바른 성생활, 올바른 직업, 올바른 이웃, 올바른 종교를 통하여 행복을 찾으려고 한다.

그러나 그런 것들은 결코 그들에게 행복을 주지 못한다. 그들은 끝없는 촛불집회, 폭력적인 파업, 이념적인 집회, 반정부운동을 통하여 인생의 의미를 찾고자 하나, 그런 어떤 것도 그들에게 진정한 행복을 주지 못한다. 포스트모던시대의 사람들은 영적으로 굶주려 있다. 왜냐하면 그들은 절대적 진리와 가치를 거부하면서 하나님과 교회를 멀리했기 때문이다. 그들은 여기저기에서 주위들은 신학적인 무지로 인하여 답답한 마음을 가지고 하루하루를 지내고 있다.

4. 포스트모던을 위한 전도

포스트모던시대에 속한 사람들에게 복음을 전한다는 것은 결코 쉬운 작업은 아니다. 조지 바나(Goerge Barna)는 복음전도의 어려움을 다음과 같이 네 가지로 설명하였다: (1) 그들은 절대적 진리를 거절한다. (2) 그들은 절대 진리의 강요를 싫어한다. (3) 그들은 전문적인 회의자들이다. (4) 그들은 다르게 생각한다. 다시 말해서, 그들은 그들 나름대로의 생각과 결론을 가지고 있다는 말이다.[89] 그럼에도 불구하고 그들은 행복을 추구하는 영적 빈곤 자들이다. 그들에게 어떻게 접근하느냐에 따라 복음전도가 가능할 것이다.

1) 관계 구축

포스트모던시대의 사람들은 외로운 사람들인데, 그 이유는 의미 있는 관계를 모르고 성장했기 때문이다. 다시 말해서 그들은 개인의 중요성을 중요하게 여기면서 사는 사람들이다.[90] 비록 개인을 중시하지만, 마음속 깊이에 자리한 외로움은 어떤 방법으로도 해결되지 않는다. 그런 사람들에게 그리스도인은 먼저 관계를 구축해야 한다. 관계를 통하여 서로를 나누어야 하며, 그 결과 그들이 그 그리스도인을 신뢰하도록 한다.

실제로 예수 그리스도가 이 세상에 오신 목적은 아주 간단하긴 하지만, 그래도 다음과 같은 두 가지를 위해서였다: 첫째는 "인자가 온 것은 잃어버린 자를 찾아 구원하려 함이니라"(눅 19:10). 물론 이 말씀에서 "잃어버린 자"는 하나님에게 이르는 절대적인 진리와 길에서 벗어났다는 뜻이다. 그 결과 그런 사람은 혼자의 방법으로는 도저히 그 진리와 길을 찾을 수 없는 상태에 처해 있다.

예수 그리스도가 이 세상에 오신 둘째 목적은 관계를 구축하기

---

89 Goerge Barna, *Evangelism That Works* (Ventura, CA: Regal Books. 1995). 108-109.

90 David F. Wells, *The Courage to Be Protestant* (Grand Rapids, MI: Wm. B. Eerdmans Publishing Co., 2008), 69이하.

위함이었다. 요한의 말을 직접 들어보자: "우리가 보고 들은 바를 너희에게도 전함은 너희로 우리와 사귐이 있게 하려 함이니, 우리의 사귐은 아버지와 그의 아들 예수 그리스도와 더불어 누림이라" (요일 1:3). 이 말씀에 의하면, 관계는 횡적인 교제와 종적인 사귐을 통하여 일어난다. 종적으로 성부와 성자 하나님과 관계를 갖고, 또 횡적으로 사람들 사이에 일어나는 사귐을 통하여 일어난다.

그리스도가 그런 사귐을 갖기 위하여 사람들 가운데로 들어오신 것처럼 (요 1:14), 그리스도인도 그들 속에 들어가야 한다. 그리고 인간들의 깨어진 관계를 회복하고 또 구축하기 위하여 자신의 몸을 내놓으신 것처럼 (엡 2:14), 우리도 우리의 시간과 마음과 물질을 내놓아야 한다. 그렇게 할 때 "외로움"에 휩싸여 있는 그들은 조금씩 자신을 열면서, 그리스도인을 신뢰하게 될 것이다. 그들의 신뢰를 얻으면, 그 신뢰를 바탕으로 복음을 조심스럽게 전할 수 있다.

2) 올바른 질문

포스트모던시대의 사람들은 다른 사람이 그들에게 주입식으로 강의하는 것을 원하지 않는다. 왜냐하면 그들도 충분한 정보를 통하여 나름대로의 진리를 갖고 있다고 믿기 때문이다. 그러나 그들은 그들의 이야기를 떠들어대기 좋아한다. 그런 이유 때문에 그들에게 접근하면서 그들에게 올바른 질문을 던지는 것은 중요하다. 다시 말해서, 그리스도인이 강의하는 대신 그들로 말하게 하

는 것이다. 이런 것은 "상호적인 신뢰와 이해"를 바탕으로 이루어 질 수 있다.[91]

그러면 어떤 질문이 좋은가? 논쟁을 일으키거나 의견을 들으려는 질문이 아니라, 궁극적인 질문을 해야 한다. 그리할 때 그들은 자신의 실존에 대해서도 깊이 생각할 수 있을 뿐 아니라, 그들이 지금까지 가지고 있는 사고가 잘못 되었다는 것도 인식할 수 있다. 왜냐하면 어떤 사람도 하나님 앞에서 자신을 볼 수 없다면 결코 그 하나님에게로 돌아올 수 없기 때문이다.[92] 그런 질문은 오히려 간단하다.

첫째 질문: "나는 누구인가?" 둘째 질문: "나는 왜 지금 여기에 있는가?" 셋째 질문: "어떻게 이 세상은 이 지경이 되었는가?" 넷째 질문: "어떻게 잘못된 것을 바로 잡을 수 있는가?"[93] 그들의 대답은 그들의 믿음의 표현이다. 우연히 여기에 있다고 말하면 그들은 진화론을 믿는 사람들이다. 그들이 행복을 추구하기 위하여 여기에 있다면, 절대적인 진리와 가치를 모르는 사람들이다. 그들에게는 어떤 목적도 없이 일시적인 존재일 뿐이다.

이 시점에서 그리스도인은 인간의 존엄성과 창조의 원리를 제시할 수 있다. 위에서 언급한 대로, 포스트모던시대의 사람들은 단편적인 지식은 있을지라도, 그 단편적인 것들을 묶어줄 수 있

---

91 Hughes, *Spontaneous Witnessing*, 53.

92 이런 실례를 보려면 다음을 참고하라, Brad J. Kallenberg, *Live to Tell: Evangelism for a Postmodern Age* (Grand Rapids, MI: Brazos Press, 2002), 67이하.

93 이 네 가지 질문에 대하여 깊이 알려면 다음을 보라, Voddie Baucham Jr., "Truth and the Supremacy of Christ in a Postmodern World," *The Supremacy of Christ in a Postmodern World*, John Piper & Justin Taylor 편집 (Wheaton, IL: Crossway Books, 2007), 55이하.

는 전체 내지 완전(whole)을 가지고 있지 못하다. 그렇기에 창조의 원리가 설명된다면 그들은 결코 우연한 존재나 목적 없이 닥치는 대로 살아가는 부평초(浮萍草)와 같은 인생이 아니라는 사실을 발견할 것이다. 그들은 그리스도인의 말에 더 귀를 기울일 것이다.

3) 개인 간증

인생의 존엄성을 말하면서, 그리스도인이 어떻게 그의 존엄성을 알게 되었는지 간증한다면 능력의 전도가 된다. 특히 평범한 그리스도인이 그의 이야기를 한다면 굉장한 영향력을 끼칠 수 있는데, 그 이유는 대부분의 포스트모던시대의 사람들도 평범한 사람들이기 때문이다. 물론 개인 간증은 본인의 이야기를 나누는 것이지만, 그 이야기 안에는 그에게 인간의 존엄성을 찾아주신 예수 그리스도를 소개하는 것이 있다. 얼마나 자연스러운 전도인가!

그뿐 아니라, 그런 변화된 이야기 자체가 능력이 있지만, 그것을 더욱 능력 있게 하는 것은 그 간증에 성령이 함께 하신다는 사실이다.[94] 예수님은 성령의 임재와 역사에 대하여 이런 약속을 하신 적이 있었다, "그 때에 너희에게 주시는 그 말을 하라; 말하는 이는 너희가 아니요 성령이시니라" (막 13:11). 성령은 어떤 간증이라도 그 간증이 구세주이신 예수 그리스도를 소개하면서, 그분을 통하여 일어난 변화를 말하여 그분에게 영광을 돌린다면 반드시 임하신다.

비록 간증은 개인에 따라 다르지만, 그래도 모든 간증은 포스

---

94 Poe, *Christian Witness*, 40.

트모던시대의 사람들에게 흥미를 일으킨다. 그 이유는 간단하다! 간증은 한 인생에서 일어난 한편의 사실적인 드라마이기 때문이다. 그뿐 아니라, 2,000여 년 전에 일어난 예수 그리스도의 죽음과 부활의 사건이 지금도 여전히 적용되기 때문이다. 시간과 공간을 뛰어넘는 주님의 사랑과 능력의 역사라고밖에는 달리 설명할 수 없다. 그 역사가 21세기의 포스트모던시대에도 적용되는 것이다.

개인 간증은 인간의 기본적인 질문에 대한 해답이요 경험이기에, 모든 사람들은 그 간증에 빨려들어 갈 수밖에 없다. 모든 사람의 궁극적인 질문, 곧 인생의 목적과 의미의 추구가 어떻게 응답되었는지에 대한 이야기이기에 어떤 사람도 거절할 수 없다. 물론 그 간증을 듣는 모든 사람이 예수 그리스도를 구세주로 믿지 않을 수는 있어도 간증 자체를 거부할 수는 없다. 왜냐하면 그것은 한 인격자의 살아있는 이야기이기 때문이다.[95]

4) 예수 그리스도 소개

개인 간증은 사람의 생애를 바꾸신 주님의 이야기이다. 그러므로 간증과 더불어 예수 그리스도를 소개해야 한다. 그러나 그분을 소개할 때에도 절대로 강의식이나 주입식으로 하면 십중팔구 실패할 것이다. 그때도 역시 이야기 식으로 풀어서 그분을 소개해야 한다. 왜냐하면 위에서 이미 언급한 것처럼, 이야기에는 능력이 있기 때문이다. 실제로 예수 그리스도의 사역은 이야기로 가득했

---

95 간증의 유익을 자세히 보기 위하여 다음을 참고하라, 위의 책, 136.

다.[96]

예수 그리스도의 생애와 사역을 이야기 식으로 전해야 하는 또 다른 이유가 있다. 포스트모던시대의 사람들은 단편적인 지식 때문에 그분에 대하여 단편적으로만 알고 있다. 이야기를 통하여 그분의 삶, 가르침, 기적 등을 들려준다면 그런 이야기 자체가 기독교의 진리를 가장 잘 증명하는 셈이다. 그리고 무엇보다도 그분의 이야기에서 여러 종류의 사람들이 그분을 만나서 변화된 사실을 들려준다면 그리스도인은 증언의 내용을 강화시킬 것이다.

그분의 이야기가 그처럼 큰 매력과 능력을 지닌 이유는 바로 모든 이야기의 주인공이신 예수 그리스도 때문이다. 그분이 세상에 오신 목적, 그분이 그 목적을 이루신 방법, 그분이 갖가지 문제들로 신음하고 있는 사람들을 만나 주시고 또 해결해 주신 내용―이런 모든 것은 이야기를 좋아하는 포스트모던시대의 사람들에게 매력적으로 다가갈 수 있다. 그들이 이런 놀라운 주인공을 듣고, 접하면서―비록 그리스도인을 통해서지만―그들은 그분을 만나고 싶어할 것이다.[97]

예수 그리스도의 모든 이야기 가운데 가장 큰 전환점은 두말할 필요도 없이 그분의 죽음과 부활이다. 그리스도인은 그가 어떻게

---

96 예수 그리스도를 이야기 식으로 전하는 유익을 보면 다음과 같다: (1) 듣는 사람으로 하여금 그 이야기 속으로 들어가게 한다. (2) 그 이야기에 몰입하게 한다. (3) 묘사된 하나님을 알게 된다, (4) 듣는 사람으로 하여금 말하는 자의 공동체에 쉽게 들어오게 한다. 이를 위하여 다음을 보라, Henry H. Knight III, *A Future for Truth: Evangelical Theology in a Postmodern World* (Nashville, TN: Abingdon Press, 1997), 100이하.

97 James W. Sire, "On Being a Fool for Christ and an Idiot for Nobody," *Christian Apologetics in the Postmodern World*, Timothy R. Phillips & Dennis L. Okholm 편집 (Downers Grove, IL: InterVarsity Press, 1995), 122.

십자가에서 죽으신 예수님이 그의 모든 죄의 문제를 해결해주셨는지 말해야 한다. 그뿐 아니라, 그는 그 그리스도가 부활하셔서 그 자신은 물론 그처럼 많은 사람들을 만나주셨는지 묘사하라. 그렇다! 예수 그리스도는 모든 죄인을 위하여 십자가에서 죽으셨다 다시 살아나셨다!

5. 나가면서

포스트모던시대의 사람들에게 복음을 전하기 위해서 우선 그들이 처해 있는 상황을 알아야 한다. 그렇지 않으면 우리는 맹인과 같이 헤매다가 말 것이다. 예수님의 말씀과 같다, "또 비유로 말씀하시되 맹인이 맹인을 인도할 수 있느냐 둘이 다 구덩이에 빠지지 아니하겠느냐?" (눅 6:39). 그러나 그들의 과거 배경과 현재의 상황을 이해할 때 그리스도인은 보다 지적으로, 그리고 영적으로 전도할 수 있게 된다.

20
효과적인 전도방법

1. 들어가면서

전도의 방법은 그 내용을 불신자가 수용하기 좋도록 포장한 접근 방법 내지 기술이라고 할 수 있다. 그러므로 어떤 방법이 활용되든 그 방법은 복음의 내용을 전달하기 위한 수단일 뿐이다. 다른 말로 하면, 방법이 강조된 나머지 복음의 본질이 변화되어서는 안 된다. 만일 그 방법이 복음의 내용을 "진실히 그리고 충분히 설명해 주지 않았으며 동시에 정확하고 깊게 적용해 주지 않았다면," 그 방법은 더 이상 전도의 방법일 수 없다.[98]

2. 제자훈련을 통한 전도

이십 세기 전도의 한 가지 특징은 제자훈련을 통한 복음전파이다. 청년들 중심의 선교회에서 시작된 이러한 복음전도의 방법은 교회에도 깊은 영향을 미쳤으며, 그 결과 제자훈련을 강조하는 교회가 우후죽순(雨後竹筍)처럼 일어났다. 이 전략은 오랫동안 잠자던 화산이 갑자기 용암(熔岩)을 뿜어내어 많은 것들을 변질시키는 것처럼 많은 사람들을 변화시켰다. 그런데 이처럼 변화와 훈

---

98 James I. Packer, *Evangelism & the Sovereignty of God*, 제7쇄 (Downers Grove, IL: InterVarsity Press, 1976), 86.

련을 통한 전도 방법은 이미 예수님이 제자들에게 주신 지상명령에 포함되어 있었다:

> 열한 제자가 갈릴리에 가서 예수께서 지시하신 산에 이르러, 예수를 뵈옵고 경배하나 아직도 의심하는 사람들이 있더라. 예수께서 나아와 말씀하여 이르시되, '하늘과 땅의 모든 권세를 내게 주셨으니, 그러므로 너희는 가서 모든 민족을 제자로 삼아, 아버지와 아들과 성령의 이름으로 세례를 베풀고 내가 너희에게 분부한 모든 것을 가르쳐 지키게 하라. 볼지어다, 내가 세상 끝 날까지 너희와 항상 함께 있으리라' 하시니라 (마 28:16-20).

전도자 마태를 통하여 전수된 지상명령은 특히 전도의 방법이 구체적으로 제시되었는데, 그 방법은 한 마디로 말하면 "제자를 삼으라"이다. 주님은 "제자를 삼으라"고 제자들에게 명령하시기에 앞서 그런 명령을 내릴 수 있는 당위성을 선언하셨다. 그 당위성은 "하늘과 땅의 모든 권세"였다. 죽음과 심판의 문제를 해결하고 우주적 권세를 부여받은 주님은 승리를 구가하는 기독인과 의심 속에서 낙담하는 기독인에게 똑같이 명령을 주셨던 것이다.

그러나 주님은 제자훈련을 통한 세계의 복음화가 결코 제자들의 기교만으로는 불가능하다는 사실을 너무나 잘 아시기에 명령 후에는 놀라운 약속을 주셨다. 그 약속은 주님이 함께 하시면서, 연약할 때 힘을 주시고, 지혜가 부족할 때 인도해 주시고, 외로울 때 위로해 주시겠다는 것이었다. 주님의 임재와 동행이야말로 제자들로 하여금 제자화를 통한 세계복음화를 가능하게 할 것이기 때문이었다.[99]

그렇다면 제자훈련이 왜 전도의 방법인가? 그 이유는 분명하

---

99 Stott, "The Great Commission," *One Race, One Gospel, One Task*, 44에서 마태복음의 지상명령을 "선포, 명령, 약속"의 세 가지로 세분하였다.

다. 첫째는 그 방법이 가장 효과적이기 때문이다. 이 방법의 효과를 예시(例示)하면 그 이유가 분명할 것이다. 만일 한 사람이 일년에 한 사람에게 전도할 뿐 아니라, 그 사람을 집중적으로 양육하여 성장할 수 있도록 도울 수 있다면, 그 사람은 일년 후 제법 성장한 기독인이 될 것이다. 그리고 그 두 사람이 같은 사역을 반복한다면, 이년 후에는 네 사람으로 증가할 것이다. 이런 식으로 매년 갑절로 증가한다면, 33년 만에 팔십억의 숫자로 불어나 세계 인구를 능가할 것이다.[100]

제자훈련이 효과적인 전도방법인 둘째 이유는 그것이 주님의 명령이기 때문이다. 물론 마태에 의해서 기록된 주님의 구체적인 명령은 네 가지이다. 그러나 헬라어에 의하면 본동사는 "제자를 삼으라" 뿐이다. 나머지 "가라, 세례를 주라, 가르치라"는 세 명령형 동사는 분사형 동사로써 본동사인 "제자를 삼으라"를 수식한다. 다른 말로 말하면, 제자를 삼는 구체적인 방법이 바로 세 가지, 곧 가며, 세례를 주며, 가르치는 행위라는 사실이다. 그렇다면 이 세 가지 동사가 함축하고 있는 것들을 알아보면, 제자화를 통한 전도방법이 보다 구체적으로 제시될 것이다.

---

100 이런 개념을 명시한 사람들 가운데는 다음의 저자들과 그 저서들이 있다: Ford, *Good News Is for Sharing*, 83-84. Walter A. Henrichsen, *Disciples Are Made-Not Born*, 제6쇄 (Wheaton, IL: Victor Books, 1976), 139이하; Bill Hull, *The Disciple Making Pastor* (Tarrytown, NY: Fleming H. Revell Co., 1988), 141이하; Lehtinen Kalevi, "The Evangelist's Goal: Making Disciples," *The Work of An Evangelist*, J. D. Douglas 편집 (Minneapolis, MN: World Wide Publications, 1984), 193이하; Carl Wilson, *With Christ in the School of Disciple Building* (Grand Rapids, MI: Zondervan Publishing House, 1976), 17.

3. 제자훈련과 전도

1) 가라

우선, 가라는 동사는 얼른 보기에는 평범하게 "출발하다"로서 장소를 옮기는 행위를 의미한다.[101] 그러나 성경적으로 좀 더 깊이 관찰하면 굴복의 의미를 포함하고 있다는 것을 쉽게 알 수 있다. 하나님이 인류의 구속(救贖)을 위하여 아브람을 부르실 때, "너는 너의 고향과 친척과 아버지의 집을 떠나 내가 네게 보여 줄 땅으로 가라"고 명령하셨다 (창 12:1). 이 명령은 얼른 보아도 굴복이 없으면 따를 수 없는 불가능한 것이었다.

무엇보다도 지금까지 안주하던 삶의 방식을 포기하지 않으면 아니 되었다. 그것도 물론 어렵지만, 그보다 더욱 어려운 것은 분명한 목적지도 없이 하나님의 지시를 따라야 한다는 것이다. 그분의 지시를 따르기 위해서는 그분을 매일, 아니 매 순간 의지하지 않으면 아니 된다. 그리고 한 발 더 나아가서 그분이 지시하는 곳이라면 어디든지 가야 한다. 이렇게 떠나고, 의지하고 그리고 따르기 위해서는 처음부터 마지막까지 굴복하지 않으면 불가능한 삶의 방식이다.

이방인의 구원을 위하여 하나님이 요나에게 명령하신 적이 있었다: "너는 일어나 저 큰 성읍 니느웨로 가서 그것을 향하여 외치라...." (욘 1:2). 요나는 가긴 갔으나 하나님의 명령에 굴복하지 못했다. 자신의 종교적, 종족적, 문화적 아성(牙城)을 넘지 못하고

---

101 이 세 동사의 의미를 보다 자세히 보려면 다음을 참고할 수 있다: 홍성철, "주님의 지상명령에 대한 소고." 로버트 콜만 편집, 『오늘의 전도 어떻게 볼 것인가?』 (서울; 죠이선교회, 1993), 187이하.

다른 곳으로 갔다. 굴복하지 못하는 삶의 암흑과 나락(奈落)을 경험한 후에야 비로소 요나는 회개하였고, 그리고 하나님에게 굴복할 준비가 되었다. 그 때 하나님은 요나에게 다시 그 곳으로 가라고 명령하셨으며, 마침내 그는 니느웨로 갔다 (3:1-2). 이런 굴복의 결과로 십 이만 여명이 하나님의 재앙을 피할 수 있었던 것이다.

"가라"는 동사는 이외에도 도덕적인 의미를 함축한 "행하다"로 번역될 때도 있다 (눅 1:6, 벧전 4:3). 바울 사도는 이런 의미로 다음과 같이 에베소의 기독인들에게 충고한 적이 있었다: "그리스도께서 너희를 사랑하신 것 같이 너희도 사랑 가운데서 행하라...."(엡 5:2). 물론 여기에서 "행하다"는 삶의 현장에서 일어나는 모든 행위를 포함한다. 그렇게 볼 때 "행하다"는 기독인의 삶 자체를 의미한다. 결국 "행하다"는 삶의 현장에서 그의 삶을 다른 사람들에게 보여주어야 하는 것을 의미한다. 그렇게 할 때 다른 사람들이 기독인을 통하여 나타난 삶의 방식을 닮는 변화를 경험할 것이다.

"가라"는 동사는 제자훈련에서도 핵심적인 명령이지만, 복음을 전파하는 일에도 역시 중요한 명령이다. 이 명령이 중요한 이유는 현재 너무나 많은 그리스도인들이 실제로 복음을 전하지 않는 것을 보아도 분명하다. 그렇다! 하나님의 명령에 대한 굴복의 삶을 가지고 불신자들에게로 다가갈 때, 그들은 전도자의 변화된 삶을 보게 된다. 그들은 자연스럽게 그들을 그처럼 변화시키신 예수 그리스도에게 끌리기 시작한다.

2) 세례를 주라

다음으로, "세례를 주라"는 명령형 분사 동사도 제자를 삼고 또 전도하는데 중요한 방법이다. 성경적으로 볼 때 세례는 두 가지인데, 하나는 성령 세례이고 다른 하나는 물세례이다. 성령 세례는 바울 사도 이전과 그 후의 언급으로 나뉘는데, 그 의미와 강조가 다르다. 바울 사도 이전에 언급된 성령 세례는 모두 오순절의 경험에 대한 예언 내지 묘사이다.[102] 그러나 바울 사도는 성령의 세례를 다른 의미로 언급하였다: "우리가 유대인이나 헬라인이나 종이나 자유인이나 다 한 성령으로 세례를 받아 한 몸이 되었고 또 다 한 성령을 마시게 하셨느니라" (고전 12:13).

바울 사도는 성령의 세례를 받음으로 한 몸이 되었다는 사실을 강조하는데, 여기에서 몸은 두 말할 필요도 없이 우주적교회를 의미한다. 왜냐하면 그 몸은 민족("유대인이나 헬라인")과 신분("종이나 자유자")을 초월한 모든 사람들로 구성되어 있기 때문이다. 다시 말해서, 우주적교회는 시간과 공간을 초월하여 죄를 회개하고 예수를 구세주로 받아들인 거듭난 사람들의 집합체이다. 그러므로 제자를 삼는 방법으로 세례를 포함시킨 까닭은 복음전도를 강조하기 위함이다. 복음을 전하지 않는다면 결코 세계를 복음화할 수 없기 때문이다.

그러나 세례를 주라는 명령은 복음전도로 끝나지 않는다. 복음을 수용하여 중생한 기독인은 그의 "구주 예수 그리스도의 은혜와 그를 아는 지식에서 자라"야 하기 때문이다 (벧후 3:18). 여기에 물세례의 중요성이 있다. 물세례는 전도를 통하여 우주적교회

---

102 마 3:11, 막 1:7-8, 눅 3:16, 요 1:33, 행 1:4-5, 11:15-16 등을 보라.

의 일원이 된 사람을 지역교회의 일원으로 영입시키는 예식이기
도 하다. 그는 지역교회에서 그를 구원하기 위하여 십자가에서 죽
으셨다 다시 사신 주님에게 예배도 드리며, 다른 기독인들과 교제
도 나누며, 또 양육도 받으며 신앙적으로 성장해야 한다. 결국 세
례를 주라는 명령은 전도와 양육을 강조하는, 그래서 "모든 족속
으로 제자를 삼는" 중요한 방법이다.

3) 가르치라

마지막으로, "가르치라"는 분사형 동사도 역시 제자를 삼는데
없어서는 아닐 될 중요한 요소이다. 전도를 통하여 거듭나서 우주
적교회의 일원이 된 기독인은 필연적으로 지역교회에서 신앙적
으로 그리고 인격적으로 성숙해야 한다. 그런데 그 성숙의 과정에
서 없어서는 안 될 중요한 요소는 교육이다. 주님은 그 교육의 내
용을 마태복음의 지상명령에서 분명히 언급하신 바 있다: "내가
너희에게 분부한 모든 것을 가르쳐 지키게 하라." 그러면 주님이
분부한 것은 무엇인가? 그것은 물론 하나님의 뜻이다. 그리고 하
나님의 뜻은 하나님의 말씀, 곧 구약과 신약 전체에서 찾을 수 있
다.[103]

제자훈련과 전도에서 하나님의 말씀은 가장 중요한 요소 가운
데 하나이다. 왜냐하면 말씀을 통하여 기독인은 하나님의 뜻도 알
게 될 뿐 아니라, 성부, 성자, 성령 하나님에 대하여 배울 수 있기
때문이다. 그리고 그 말씀을 통하여 기독인은 잘못된 삶의 방식을
바로 잡을 수 있으며, 동시에 새로운 삶의 방식, 곧 거룩과 사랑의

---

103 David J. Bosch, *Transforming Mission: Paradigm Shifts in Theology of
Mission*, 제4쇄 (Maryknoll, NY: Orbis Books, 1992), 67-68.

삶이 무엇인지를 배우고 적용할 수 있게 된다. 한 발 더 나아가서, 기독인은 말씀을 통하여 천국에 대한 소망 때문에 이 세상의 한계 너머를 바라보면서 적극적인 삶을 영위할 수 있게 된다.

그런데 제자훈련과 전도의 과정에서 필수적인 가르침은 단순한 지식 전달만은 아니다. 왜냐하면 성경의 가르침을 받는 기독인은 스승의 성경적 지식만을 배우기를 원하지 않기 때문이다. 그는 스승이 가르치는 내용을 먼저 그의 삶에 적용하고 있는지를 관찰할 것이다. 그런 까닭에 가르치라는 주님의 명령은 성경적인 삶의 전수(傳授)를 포함하는 것이다. 이런 삶의 전수를 깊이 경험한 바울 사도는 이렇게 선언한 적이 있었다: "내가 그리스도를 본받는 자가 된 것 같이 너희는 나를 본받는 자가 되라" (고전 11:1). 결국 가르치라는 명령은 올바른 가르침과 올바른 행위를 다 포함한다.[104]

4. 나가면서

제자훈련을 통한 세계의 복음화가 바로 주님의 전도방법이었다. 만일 기독인이 매일의 삶에서 위로는 하나님에게 굴복하며, 그리고 아래로는 다른 사람들에게 성경적인 삶을 보여준다면, 그만큼 좋은 전도방법은 없을 것이다. 만일 그리스도인이 불신자들에게 진정으로 관심과 사랑을 가지고 복음을 전한다면, 그리고 복음을 깨달은 사람들을 엄마가 아기를 품에 품듯 양육한다면, 그만큼 좋은 전도방법은 없을 것이다.

만일 그리스도인이 회심을 한 사람들에게 성경적인 삶을 보여

---

104 그러므로 지상명령에서 *가르치라*는 정통(orthodoxy)과 정위(orthopraxis)를 포함한다. 위의 책, 68.

주면서 하나님의 말씀을 가르친다면, 그들도 오래지 않아 성경적인 삶을 영위할 것이다. 만일 그리스도인이 복음을 전하는 삶을 보여준다면, 그들도 조만간 다른 불신자들에게 복음을 전할 것이다. 그리고 그들은 거기에 머물지 않고 그들이 전도한 사람들을 전도자로 만드는 일에 뛰어들 것이다.

제5부

설득(persuasion: P-3)

복음을 아무리 분명하게 그리고 능력 있게 전했다손 치더라도, 들은 사람을 구체적으로 그리고 경험적으로 예수 그리스도를 받아들이게 하지 않는다면 그 복음은 무위(無爲)로 끝난다. 그런데 단순하게 무위로만 끝나는 것이 아니다. 왜냐하면 복음을 들은 불신자에게 복음에 대하여 면역을 시켜준 셈이기 때문이다. 다음 번에 그가 복음을 또 들어도 먼저 만큼 감동을 받거나 결단하고자 하는 마음이 생기지 않을 것이다.

그런 까닭에 복음을 전하는 자는 정성스럽게 복음을 전하고 나서, 조심스럽게 그 불신자가 예수 그리스도를 받아들일 준비가 되어 있는지 살펴야 한다. 그리고 그가 준비되었다면 전도자는 그로 하여금 적극적으로 반응하도록, 다시 말해서, 회개와 믿음을 구사하여 예수 그리스도를 그의 구세주로 영접하게 해야 한다. 이런 과정은 복음전도에 있어서 지극히 중요하다. 그리고 그런 과정을 설득의 첫 단계라고 할 수 있다.

그 후 그의 반응에 대하여 하나님이 어떻게 그를 포용하시는 지를 알려주어야 한다. 다시 말해서, 무조건적으로 그를 받아들이시는 하나님의 사랑의 세 가지 국면, 곧 칭의, 중생 및 양자에 대하여 차근차근 설명해준다. 이런 과정은 설득의 둘째 단계라고 할 수 있다. 그러니까 복음을 전하는 것 못지않게 그를 설득하여 결단하게 하고, 그리고 그 결단의 결과가 무엇인가를 알려주는 사역은 아무리 강조해도 지나치지 않는다.

설득의 셋째 단계는 구원의 확신 문제이다. 이것이 중요한 사실은 너무나 많은 교인들이 구원의 확신 없이 교회에 출석하고 있는 것으로도 증명된다. 그런 사람들은 이단에게 쉽게 넘어가기도 한다. 그러므로 전도자는 어렵게 결단한 초신자에게 구원의 확신을 잘 설명해주어야 한다. 물론 이런 설명은 불신자가 복음을 받아들인 순간에 하지 않아도 된다. 양육을 위하여 다시 만날 때 알려주어도 늦지 않을 것이다.

설득의 넷째 단계는 이제 신자가 된 그 사람이 신앙적으로 성숙해야 된다는 사실을 알려주어야 한다. 그렇게 하기 위하여 그가 반드시 지역교회의 일원이 되어야 하는 이유를 설명해주고 몸소 지역교회로 안내해야 한다. 그때 전도자는 꼭 그의 교회로 인도해야 된다는 강박관념을 가지고 있으면 안 된다. 그 초신자가 건강하게 성장할 수 있는 성경적인 교회를 소개해야 한다.

설득의 마지막 단계는 그 초신자에게 신앙의 초기부터 훈련의 필요를 알려주어야 한다. 초신자는 어떻게 신앙생활을 해야 할지 모른다. 그러나 그가 신뢰하는 전도자가 그리스도인의 삶이란 훈련의 삶이라는 사실을 처음부터 알려준다면, 그 초신자는 훈련된 삶을 살기 시작할 것이다. 그리고 결국 다른 사람들에게 영향을 끼치는 훌륭한 그리스도인으로 성숙하게 될 것이다. 그는 그도 모르는 사이에 재생산을 하는 건강한 성도가 되어 있을 것이다.

21

인간의 반응

1. 들어가면서

기독교는 하나님이 자신을 계시(revelation)하심으로 시작된 종교이다. 그러나 기독교는 계시로 시작되었지만, 구속(redemption)으로 끝나는 종교이다. 다시 말해서, 하나님이 자신을 계시하신 만큼 인간은 하나님을 알 수 있는데, 그 하나님 안에서 비추어진 자신도 알게 된다. 그렇게 자신을 알게 된 인간에게 하나님은 은총으로 다가오셔서 구속의 은총을 베푸신다. 그런 이유 때문에 기독교는 계시의 종교 또는 은총의 종교라고도 불린다.

그 계시를 좀 더 구체적으로 표현하면 다음과 같이 상술(詳述)할 수 있을 것이다. 먼저, 전혀 자격이 없는 죄인인 인간을 위하여 은총으로 성부 하나님은 구원을 계획하셨다. 그 다음, 성자 하나님은 그 구원을 이루셨고, 그리고 마지막으로 성령 하나님은 그것을 인간에게 적용하신다. 인간이 하나님을 추구하기 전부터 하나님은 은총으로 먼저 찾아와서 부르시고, 용서하시고, 거듭나게 하시는 것이다.

그러면 하나님이 계시하신 은총은 모든 사람에게 자동적으로 적용되는가? 다시 말해서, 모든 사람이 하나님의 넘치는 은총 때문에 저절로 구원을 경험하는가? 물론 그렇지 않다! 하나님이 인간에게 나타내신 계시, 곧 하나님의 은총을 인간이 적극적으로 반응하면서 받아들여야 한다. 그런 까닭에 기독교의 계시는 반응을 전제조건으로 삼는다. 결론적으로 말해서 "모든 하나님의 계시는 부르심이다."[1] 물론 이런 하나님의 부르심은 모든 사람들을 위한 초청이기에 각자가 그 초청에 응할 수도 있고 거절할 수도 있다. 다시 말해서, 이 초청은 은혜의 초청이기에 결코 강제성이 없다.[2]

그러면, 구체적으로 하나님의 부르심과 명령은 무엇인가? 그것은 두 단어로 표현될 수 있는데, 곧 회개와 믿음이다. 회개와 믿음은 동전의 양면과 같아서 서로 분리될 수 없다. 예수 그리스도는 대중사역의 첫 메시지에서 이 두 가지를 포함시키셨다: "때가 찼고 하나님의 나라가 가까이 왔으니 회개하고 복음을 믿으라" (막 1:15). 이처럼 회개와 믿음이 강조된 것은 바울 서신과 히브리서에서도 찾을 수 있으며, 따라서 회개와 믿음은 신약성경의 메시지라고 할 수 있다.[3]

회개와 믿음은 분리될 수 없다고 했는데, 그 이유는 무엇인가? 그 이유는 간단하다! 믿음이 따르지 않는 회개나 혹은 회개 없는 믿음은 회심을 유발(誘發)하지 못한다. 믿음 없는 회개는 가룟 유다에서처럼 순간적인 양심의 가책에 불과하다. 이것은 도덕적으로 잘못된 행위에 대한 자책이며 자기 비하(卑下)에 지나지 않는다. 그러므로 믿음을 동반하지 않는 "회개"는 결코 구원을 이루지

---

1 W. T. Purkiser, 편집, *Exploring Our Christian Faith* (Kansas City, MO: Beacon Hill Press of Kansas City, 1960), 26.

2 위의 책, 274.

3 사도행전 20:21과 히브리서 6:1을 보라. 예수님의 선포는 복음서를 대표하고, 바울의 선포는 사도행전 후반부와 바울 서신을 대표하고, 히브리서는 일반서신을 대표한다고 할 수 있다.

못한다.[4]

반면, 회개 없는 믿음은 부자 청년에서처럼 변화 없는 지적 동의에 불과하다 (막 10:17-22). 그러면 왜 신약성경의 여러 곳 중 어떤 곳에서는 믿음만을 강조하고 또 어떤 곳에서는 회개만을 강조하는가? 그 이유는 간단하다! 회개만을 강조하는 표현은 사도행전 2장 38절과 3장 19절에서 찾을 수 있다. 거기에서 회개해야 될 사람은 유대인들로서 이미 예수 그리스도가 그들의 메시야인 사실이 증언되었기 때문에 방향만 그들의 메시야에게로 돌이키면 되기 때문이었다.

믿음만을 강조하는 많은 구절도 있는데, 그 대부분은 이방인들에게 주어진 편지에서 주로 발견된다. 이방인들이 성령의 역사가 없이 예수 그리스도를 그들의 구세주로 영접한다는 것은 불가능하다. 그런 이유 때문에 바울 사도는 "성령으로 아니하고는 누구든지 예수를 주시라 할 수 없느니라"고 힘주어서 말했다 (고전 12:3). 그러니까 그들의 믿음에는 이미 회개가 내포되어 있었다.

2. 회개

존 웨슬리(John Wesley)는 회개와 믿음의 관계를 상당히 의미 있는 비유를 들어 알기 쉽게 설명하였다. 그는 회개를 종교의 현관으로, 믿음을 종교의 문으로 각각 비유하였다.[5] 그런 비유를

4 마태복음 27:3-5를 보라. 이런 회개를 자연적 회개(natural repentance)라고 명명한 사람도 있다. 이를 위하여 다음을 보라, Akbar Haqq, "The Evangelist's Call to Conversion," *The Work of an Evangelist*, 121.
5 웨슬리는 자연인을 회개에 이르게 하는 성령의 역사를 선행은총이라고 하면서, 그 선행은총에 반응하면 점증적(漸增的)인 은총에 의하여 회개에 이르

사용하면서 웨슬리는 회개가 믿음보다 먼저 와야 하나, 그래도 구원을 경험하기 위해서는 반드시 믿음이라는 문을 통과해야 한다고 강조했다. 웨슬리는 회개에 대하여 다른 어떤 사람보다도 탁월하게 묘사했는데, 그 이유는 그가 강력한 복음전파와 반응을 경험했기 때문일 것이다.

> 회개 내지 죄의 책망은 언제나 믿음 앞에 오는데....우리는 이러한 취지로 묘사할 수 있을 것이다-사람들이 자신들 안에서 죄의 무거운 짐을 느끼고, 저주가 그 보상이라는 것을 보고, 마음의 눈으로 지옥의 두려움을 볼 때; 그들은 떨며, 전율(戰慄)하며, 내적으로 마음의 슬픔으로 가득 차게 되며, 자신들을 정죄하면서, 자신들의 슬픔을 전능하신 하나님 앞에 열고, 긍휼을 위하여 그분에게 부르짖는다. 심각하게 이처럼 행한 후, 그들의 마음은 한편으로는 슬픔과 근심에 너무 깊이 사로잡히고, 또 한편으로는 지옥과 저주라는 이 위험에서 해방 받고자 하는 간절한 소원에 사로잡혀서, 육식과 음주와 같은 모든 욕망도 사라지고, 모든 세상 것들과 쾌락을 증오하게 된다. 그 결과 그들이 할 일이란 흐느끼고, 울고, 애통하는 것뿐이며, 말과 육체의 행위는 삶에 지쳐버린 것만을 보여 줄 따름이다.[6]

"두 번째 설명된 감리회원의 원리들"(The Principles of a Methodist Farther Explained)에서 인용된 위의 글은 회개에서 없어서는 안 될 몇 가지 중요한 것들을 강조하고 있다. 첫 번째의 강조는 죄의 사실이다. 두 번째의 강조는 죄의 결과로 저주와 지옥이 따른다는 심판의 사실이다. 그리고 마지막 강조는 죄와 심판에서 해방되고자 하는 소원을 가지고 하나님 앞으로 나오고자

게 된다고 하였다. 이를 위하여 다음을 보라, John Wesley, *Wesley's Works*, 제8권 (London: Wesleyan Methodist Book Room 1872; 재인쇄, Peabody, MA: Hendrickson Publishers, Inc., 1984), 472.

6 위의 책.

하는 마음의 자세이다.

이렇게 죄에 대하여, 심판에 대하여 그리고 하나님 앞으로 나오고 싶어하는 열망을 주신 이는 두말할 필요도 없이 성령이시다. 그러나 그런 성령의 깨우침과 책망에 대하여 인간이 적절하게 반응해야 하는데, 소극적인 반응이 바로 회개이며 적극적인 반응은 믿음이다.[7] 그러면 어떻게 반응하는 것이 적절한 회개이며 믿음인가? 그것은 인간이 인격적으로 반응해야 한다는 것을 의미한다.

인간은 본래 인격적인 존재인데, 그 인격에는 지성(知性), 감성(感性) 및 의지가 있다. 그러니까 인격적으로 반응한다는 사실은 무엇보다도 지적으로 알아야 하고, 일단 알고 나면 그 앎에 따라 감정의 반응이 일어난다. 그리고 마지막으로 그 앎과 감정에 의거해서 의지적으로 결단하는 행위이다. 이런 사실에 비추어 볼 때, 앞에서 인용한 웨슬리가 설명한 회개는 진정으로 인격적인 것이라 할 수 있다. 이제 인격적인 반응에 대하여 살펴보자.

먼저, 지적인 회개는 인간이 자신 안에 있는 죄를 보는 것이다. 물론 죄로 물든 인간은 너무나 어두운 곳에서 살기에 혼자의 힘으로는 결코 자신의 죄성과 타락을 볼 수 없다. 그런 까닭에 세상에 속한 사람은 성령의 조명(照明)이 있을 때만이 하나님이 보시는 자신의 적나라한 상태, 곧 자신 안에 있는 죄와 타락상을 보기 시작한다.[8] 다른 말로 하면, 자신을 이렇게 보기 시작했다는 것은 거

---

7 회개와 믿음이 하나님의 역사라는 사실은 (1) 그리스도의 희생을 통하여, (2) 성령의 깨닫게 하는 역사를 통하여, (3) 성경의 기능을 통하기 때문이며; 동시에 죄인의 책임이라는 사실은 (1) 그가 죄를 버리고 그리고 (2) 그가 그리스도에게로 돌아와야 하기 때문이다. 이를 위하여 다음을 보라: David F. Wells, *Turning to God: Biblical Conversion in the Modern World* (Grand Rapids, MI: Baker Book House, 1989), 21과 27. 또한 Packer, *Evangelism & the Sovereignty of God*, 25.

8 Coleman, *The Heart of the Gospel*, 155.

룩하신 하나님을 깨닫게 되었다는 말이다. 왜냐하면 거룩하신 하나님 앞에 나타난 자신이 얼마나 죄에 깊이 휩싸여 있는지를 보기 때문이다.

그 다음, 이렇게 자신의 죄를 보게 되었을 때 감정적인 회개가 뒤따르게 마련이다. 왜냐하면 지식은 감정을 자극하기 때문이다. 진정으로 하나님이 보시는 자아를 본 사람은 필연적으로 괴로워하게 되어있다. 그렇지 않다면 그는 여전히 자신의 죄성과 타락성을 제대로 보지 못한 것이다. 실제로 죄에 대하여 감정적으로 얼마나 괴로워하느냐는 그가 하나님 앞에서 드러난 죄의 깊이에 비례한다고 해도 과언이 아니다.

존 웨슬리의 묘사는 참으로 처절하다. 한편 두렵고 떨리고, 또 한편 슬퍼서 울부짖는다. 실제로 하나님에게 귀하게 사용된 존 번연(John Bunyan)이 경험한 두려움과 슬픔은 거의 극에 달했다고 할 수 있다. 그는 그의 죄가 너무 크다고 느꼈기에 예수 그리스도가 하늘로부터 다시 세상에 와서 십자가에서 다시 돌아가지 않으시면 용서받을 수 없다고 믿었었다. 말할 수 없는 두려움과 슬픔에 사로잡혔다가 마침내 예수 그리스도만이 그의 의(義)라는 사실을 깨닫고 변화되었던 것이다.[9]

물론 감정적인 회개는 사람에 따라서 다르다. 구원을 받기 전 번연과 웨슬리의 감정적인 상태는 달랐다. 물론 웨슬리도 제법 오랫동안 자신의 불신앙에 대하여 괴로워하면서 구원을 추구했지만, 그렇다고 번연처럼 거의 정신적으로 깨어질 지경까지는 가지 않았다. 혹자는 감정의 표현이 격렬할 수 있으나, 혹자는 그렇게 격렬하지 않을 수 있다. 그렇지만 자신의 죄성과 심판을 깨달은

9 Bill Freeman 편집, *How They Found Christ in Their Own Words* (Scottsdale, AZ: Ministry Publications, 1998), 44이하.

사람이 아무런 감정의 요동도 없이 덤덤하게 지나갈 수는 없는 법이다.

마지막으로, 구원을 경험하기 위하여 의지적으로 결단해야 하는데, 그런 결단의 열망을 웨슬리는 앞에 나온 대로 이렇게 표현했다: "지옥과 저주라는 이 위험에서 해방 받고자 하는 간절한 소원에 사로잡혀서, 육식과 음주와 같은 모든 욕망도 사라지고, 모든 세상 것들과 쾌락을 증오하게 된다. 그 결과 그들이 할 일이란 흐느끼고, 울고, 애통하는 것뿐이며, 말과 육체의 행위는 삶에 지쳐버린 것만을 보여 줄 따름이다."

성경은 이런 결단을 종종 "돌아서다," "돌이키다"로 표현한다. "돌아서다"의 시발은 구약성경의 *슈브* (שׁוּב)라는 단어이다. 이 단어는 하나님과 언약 관계에 있는 이스라엘 백성이 죄를 범한 후 그 죄를 깨닫고 하나님에게 돌아올 때 쓰이는 동사이다. 이스라엘 백성은 하나님에게로 돌아올 뿐 아니라, 어떤 때는 하나님의 율법으로, 또 어떤 때는 하나님이 제정하신 제사로 돌아와야 했다.[10]

*돌아오다*의 신약성경 상당어는 두 동사가 있는데, 하나는 *에피스트레포* (ἐπιστρέφω)이고, 또 다른 동사는 *메타노에오* (μετανέω)이다. 우선 앞의 동사는 방향을 바꾸기 위하여 돌아서는 것을 강조한다. 예수님도 당신에게 오는 어린아이들과 같이 돌이키지 않으면 천국에 갈 수 없다고 말씀하셨다, "진실로 너희에게 이르노니 너희가 돌이켜 어린 아이들과 같이 되지 아니하면 결단코 천국에 들어가지 못하리라" (마 18:3).

이 동사는 이처럼 방향을 바꾼다는 의미로만 쓰인 것은 아니다

---

10 Paul Löffler, "The Biblical Concept of Conversion," *Mission Trends*. 제2권: *Evangelization*, Gerald H. Anderson & Thomas F. Stransky 편집 (Grand Rapids, MI: Wm. B. Eerdmans Publishing Co., 1975), 27.

(마 13:15, 막 4:12, 눅 22:32, 행 3:19). 이 단어는 특히 ~에게서 (from), ~에게로(to) "돌아가다"의 의미로도 쓰였다. 바울 사도는 데살로니가 교인들이 회심을 경험했을 때 이런 의미를 분명히 부각시켰다: "그들이 우리에 대하여 스스로 말하기를...너희가 어떻게 우상을 버리고 하나님께로 돌아와서 살아 계시고 참되신 하나님을 섬기는지와"(살전 1:9). 물론 그들은 우상에게서 돌이켜 하나님에게로 돌아간 것이었다.

그 다음 동사 *메타노에오*도 "돌아서다"의 뜻을 가지고 있으나, 신약성경에서 "회개하다"로 번역되었다. 원래의 의미는 "마음이나 목적을 바꾸다"이나, 죄로부터 돌아서는 행위를 강조할 때도 있다. 예를 들면, 누가복음 17장 3~4절을 보자: "너희는 스스로 조심하라. 만일 네 형제가 죄를 범하거든 경고하고 회개하거든 용서하라. 만일 하루에 일곱 번이라도 네게 죄를 짓고 일곱 번 네게 돌아와 내가 회개하노라 하거든 너는 용서하라." 여기에서는 *에피스트레포*, 곧 "돌아와"도 함께 쓰임으로 "돌아오는" 행위를 강조한다.

메타노에오, 곧 회개는 한 순간이나 그 순간의 경험은 반드시 성결과 연결되어야 한다. 그런 이유 때문에 회개와 성결을 분리해서 생각할 수 없다.[11] 성경도 그렇게 가르치고 있다: "그러므로 우리가 그리스도의 도의 초보를 버리고 죽은 행실을 회개함과 하나님께 대한 신앙과...교훈의 터를 다시 닦지 말고 완전한 데로 나아갈지니라"(히 6:1-2).[12] 그러니까 신앙생활의 시작은 회개와 믿

---

11 위의 책, 39.

12 원어 성경 10절은 다음과 같다: "그러므로 죽은 행실에 대한 회개와 하나님에 관한 믿음의 기초를 다시 쌓지 말고, 그리스도의 말씀의 초보를 버리고 완전으로 나아가자."

음이나 거기에 머무르지 말고 거룩하게 성장하라는 것이다.

*메타노에오*는 하나님의 나라와도 깊이 연관되어 있다. 예수님이 선포하신 최초의 말씀을 다시 생각해보자: "이르시되 때가 찼고 하나님의 나라가 가까이 왔으니 회개하고 복음을 믿으라 하시더라"(막 1:15). 회개와 믿음의 메시지를 전파해야 되는 이유는 무엇인가? 그 이유는 예수 그리스도의 초림과 더불어 하나님의 나라가 시작되었기 때문이다. 그리고 누구든지 그 하나님의 나라에 들어가려면 반드시 회개와 믿음이라는 관문을 통과해야 한다(요 3:3, 5).

그러면 예수 그리스도의 초림과 더불어 시작된 하나님의 나라는 언제 완성되는가? 물론 그분이 재림하실 때이다. 그런 이유 때문에 이미 시작된 하나님의 나라와 아직 완성되지 않은 하나님의 나라 사이에 있는 신앙인은 끊임없이 회개의 메시지를 전파해야 한다. 그렇지 않으면 어떻게 하나님의 나라가 완성될 수 있겠는가? 예수님도 이렇게 말씀하셨다, "또 그의 이름으로 죄 사함을 받게 하는 회개가 예루살렘에서 시작하여 모든 족속에게 전파될 것이 기록되었으니"(눅 24:47).

하나님의 나라는 미래와 종말을 향해 움직이는 현상이다. "하나님의 나라는 온 우주의 회복으로, 만물의 갱신으로 인도한다. 그런 까닭에 *메타노에오*는 종말론적인 특징을 갖는다. 그러나 그 말은 회개 자체가 끝이라는 것이 아니라, 재창조의 시작일 뿐이다."[13] 다시 말해서, 회개는 재창조의 시작일 뿐 아니라, 그 시작으로 인하여 재창조가 완성된다. 그러니까 회개의 메시지를 땅 끝

---

13 Löffler, "The Biblical Concept of Conversion," 40.

까지 전하여 만민이 하나님의 나라에 동참하게 해야 할 것이다.

3. 믿음

위에서 이미 언급한대로, 회개는 소극적으로 죄에서 돌이키는 결단이고, 믿음은 적극적으로 하나님에게 자신을 맡기는 결단이다. 존 웨슬리의 말에 의하면 회개는 반드시 믿음으로 연결되어야 한다. 그렇지 않으면 어떤 누구도 의롭다 하심을 얻을 수 없다. 위에서 인용한 웨슬리의 비유를 다시 들어서 회개와 믿음의 관계를 설명해보자. 믿음은 회개라는 현관을 지나 종교의 문에 이르게 되는데, 그 문이 바로 믿음이다.

웨슬리의 말을 보다 더 직설적으로 표현하면, 죄인은 회개를 통하여 믿음으로 인도되며, 그리고 그는 다시 그 믿음을 통하여 칭의의 경험으로 인도된다. 그렇다면 죄를 회개한 사람은 칭의라는 은혜의 언덕에 이르기 위하여 믿음이라는 징검다리를 딛고 건너뛰지 않으면 안 된다. 한 마디로, 웨슬리에게는 믿음이 칭의의 조건이었다. 회개와 믿음의 조건에 대하여 웨슬리의 설교, "구원의 성경적 길"(Scriptural Way of Salvation)에서 직접 인용하여 보자:

> 마찬가지로, 어떤 사람이 그토록 많이 회개하였으며, 그토록 많은 회개에 합당한 열매를 맺었다고 합시다. 그러나 이 모든 것들은 전혀 아무런 유익도 되지 못합니다. 그 사람이 믿을 때까지는 의롭다 하심을 받지 못합니다. 그러나 그가 믿는 순간-열매가 있든지 없든지, 그렇습니다, 회개의 다소를 막론하고 믿는 순간-그는 의롭다 하심을 받습니다...회개와 그 열매는 단지 원격적(遠隔的)으로 필요합니다;....반면에 믿음은 칭의(稱義)를 위하여 즉각적으로 그리고 직접적으로 필요합니다. 불변의 진리는 믿

음이 유일한 조건인데, 그 믿음은 의인을 위하여 *직접적*으로 그리고 *근접적(近接的)*으로 필요합니다.[14]

위의 인용문에 의하면, 칭의의 경험을 위한 유일한 조건, 곧 믿음이 무엇인지를 알아보아야 한다. 이처럼 중요한 믿음에 대하여 잘못 알고 있다면 그 결과는 너무나 엄청나기 때문이다. 그뿐 아니라, 무엇을 믿어야 하는지도 분명해야 한다. 믿음의 대상이 분명치 않다면 믿음 자체가 의미를 상실하기 때문이다. 그리고 잘못된 믿음이 무엇인지도 알아야 한다. 그리할 때 옳은 믿음을 가지고 하나님과 옳은 관계를 갖게 되기 때문이다.

믿음은 무엇인가? 이 질문에 대답하기 위하여 우선 모든 사람이 갖는 믿음에 대하여 알아보자. 모든 인간은 신앙인이든 아니든 믿음을 소유하고 있으며 또 사용한다. 모든 인간은 어떤 사람이나 사물에 대한 믿음을 근거로 사고하고 행동한다. 행동할 뿐 아니라 그 믿음을 근거로 인간은 인생을 건다. 실제로 어떤 사람이나 사물에 대하여 믿을 수 있는 능력이 있기에 인간이기도 하다. 다시 말해서 믿을 수 없다면 인간이 아니다.[15]

예를 들면, 사람이 사는 아파트를 믿지 못하면 결코 그곳에 들어갈 수 없다. 이것은 사물에 대한 믿음이다. 아내가 정성껏 차려 주는 음식을 대할 때 남편과 자녀들은 반찬의 성분을 따지지 않고 감사함으로 먹는다. 이것은 사람에 대한 믿음의 표현이다. 한 가지 더 실례를 든다면, 인간이 타고 다니는 자동차를 생각해보라. 그것을 만든 사람들도 믿고, 또 그 자동차도 믿기에 인간은 그의 생명을 거기에 건다. 그러나 이런 믿음은 죄인을 구원에 이르게

---

14 Wesley, *Wesley's Works*, 제6권, 48.
15 V. Bailey Gillespie, *The Experience of Faith* (Birmingham, AL: Religious Education Press, 1988), 24.

하는 믿음은 아니다.

일반적인 믿음은 위에서 기술된 것만이 아니다. 야고보가 제시한 또 다른 일반적인 믿음을 보자. "네가 하나님은 한 분이신 줄을 믿느냐? 잘하는도다; 귀신들도 믿고 떠느니라" (약 2:19). 이 믿음도 확실한 믿음임에는 틀림없으나, 결코 죄인을 구원에 이르게 하지는 않는다. 그 이유는 무엇인가? 이런 믿음은 단순히 지적 동의에 지나지 않기 때문이다. 죄인을 구원하는 믿음은 단순한 지적 동의를 뛰어 넘어야 한다.

그러면 죄인을 구원에 이르게 하는 믿음은 무엇인가? 이미 위에서 언급한 것처럼, 하나님의 계시에 대한 인간의 믿음도 역시 인격적이어야 한다. 다시 말해서, 인격적인 믿음은 지적 요소와 감정적 요소와 의지적 요소를 내포해야 된다는 말이다. 먼저, 믿음의 지적 요소는 무엇인가? 이것은 이해를 기초로 한 지적 동의를 의미한다. 그러나 지적 동의가 중요한 믿음의 요소이나, 그 자체만으로는 구원받을 수 없다는 사실을 기억해야 한다. 지적 동의는 그리스도에 대한 신뢰를 수반해야 된다. 반대로, 그 신뢰도 역시 지적 동의를 수반하지 않는다면 온전한 구원이라고 할 수 없다.

그러면 무엇을 지적으로 동의해야 하는가? 이미 앞에서 복음의 심장을 기술한 바 있지만, 다음과 같이 요약해서 말할 수 있을 것이다. 첫째, 하나님의 거룩에 대하여 알아야 한다. 둘째, 인간의 죄를 깨달아야 한다. 셋째, 그리스도가 누구이며 또 무엇을 이루셨는지를 알아야 한다. 넷째, 하나님의 초청을 인지해야 한다. 마지막으로 일단 예수 그리스도를 구세주로 받아들일 때 거기에 따

르는 대가도 알아야 한다.[16]

죄인을 구원에 이르게 하는 두 번째 요소는 감정적인 요소이다. 감정적인 믿음은 회개와 연결시킬 때 쉽게 이해할 수 있다. 감정적인 회개는 죄와 그 결과에 대하여 진정으로 아파하며 하나님에게 죄송한 마음을 갖는 것이다. 그런 회개와는 반대로, 믿음의 감정적인 요소는 예수 그리스도가 그의 모든 죄 값을 치루기 위하여 십자가에서 죽음을 마다하지 않으신 사랑의 희생에 대하여 고마워하는 마음이다. 고마워하는 감정의 표현도 물론 사람에 따라 다르다. 혹자는 너무나 감사해서 눈물을 쏟으며 자신을 주님에게 드린다. 혹자는 그 감사를 덤덤하게 표현할 수도 있다.

죄인을 구원에 이르게 하는 세 번째 요소는 의지적인 것이다. 위에서 언급한대로, 지적 동의는 신뢰를 수반해야 한다. 신뢰는 이중적인 결단으로, 한편 자신의 구원을 위하여 그리스도에게 온전히 맡기는 것이다. 또 한편 그렇게 맡기기 위해서는 자기를 포기해야 한다. 물론 자기를 포기할 수 있는 사람은 자신의 노력이나 의를 의지할 수 없다는 사실을 깨닫고, 자기 신뢰를 완전히 거부하는 사람이다.

그런 사람은 "잃어지고, 비참하고, 포기되고, 정죄되어서, 망하게 된 무기력한 죄인으로서" 하나님에게 나아올 뿐이다. 그러나 동시에 그리스도만이 그를 구원하여 주실 수 있다는, 말로는 표현할 수 없는 충분한 확신을 가지고, 그 구원을 간절히 바라면서 나아온다. 이처럼 한 편으로는 완전한 절망 때문에, 그러나 동시에 다른 한 편으로는 그리스도가 구원하여 주실 수 있다는 확신을 가

---

16 이런 내용을 자세히 알려면 다음을 보라; John F. MacArthur, Jr., *Faith Works: The Gospel according to the Apostles* (Dallas, TX: Word Publishing, 1993), 200이하.

지고 그분에게 나아오는 것이 믿음이다.[17]

그러나 믿음을 가지고 있다고 생각하는 사람들 가운데 잘못된 믿음, 곧 구원에 이르지 못하는 믿음을 가진 사람들도 있다. 다음과 같은 세 범주의 믿음이 구원에 이르지 못하는 것이다. 첫째, 행함이 없는 믿음이다. 신앙생활의 규범인 성경에는 명령들로 가득하다. 그러나 그런 명령들 중 마음에 드는 것은 행하고, 그렇지 않은 것에는 무관심하다. 예를 들면, 원수를 사랑하라는 주님의 명령을 지키는 사람이 얼마나 될까? 성경의 경고를 들어야 할 사람들이 없잖아 많이 있다: "영혼 없는 몸이 죽은 것 같이 행함이 없는 믿음은 죽은 것이니라" (약 2:26).

둘째, 공적이 믿음인양 착각하는 믿음이다. 혹자는 세례를 받았기 때문에 구원에 이른다고 여긴다. 혹자는 교회에서 부여하는 여러 가지 직분 때문에 믿음이 있다고 생각한다. 혹자는 교회에서 열심히 봉사하기 때문에 믿음이 좋은 것으로 여긴다. 또 혹자는 어떤 기적을 체험한 것이 마치 구원에 이르는 믿음인양, 그 기적을 의지한다. 위의 모든 것들은 모두 신앙생활에 없어서는 안 될 요소이나, 결코 구원의 믿음과 바꿀 수 없다. 그런 모든 신앙 행위는 믿음으로 구원을 얻은 후에 일어나는 열매이다.

셋째, 잘못된 믿음에는 신조를 믿는 믿음도 있다. 사도신경의 내용을 주일마다 암송하면 그것이 마치 믿음인양 착각할 수 있

---

17 Wesley, *Wesley's Works*, 제5권, 213-14. 웨슬리는 "믿음에 관하여"(On Faith)라는 설교에서 이러한 믿음을 "종의 믿음"이라고 했는데, 이 믿음은 선행은총에 의하여 죄인이 하나님이 보시는 자신의 상태를 보고 죄의 길에서 돌아서기를 원하는 결단이라고 하였다. 위의 책, 제7권, 199를 보라. Colin W. Williams는 그의 저서, *John Wesley's Theology Today* (Nashville, TN: Abingdon Press, 1960), 65-66에서 이러한 믿음을 "회개의 믿음"이라고 하였다.

다. 물론 사도신경의 내용은 중요하지만, 그것을 지적으로 암송하는 것은 지적 동의에 지나지 않을 수 있다. 불행하게도 어떤 사람들은 그들의 "열심 있는" 믿음 때문에 구원에 이른다고 생각한다. 그런 이유 때문에 그들은 열심히 "믿는다." 죄인이 구원 받는 것은 "믿음 때문이" 아니다. 믿음은 성경이 상용하시는 방편일 뿐이다.[18]

4. 나가면서

하나님이 계시로 자신을 사람에게 보여 주시면, 그는 반응을 보여야 한다. 그 반응은 회개와 믿음이다. 소극적으로 죄로부터 돌아서고, 적극적으로 하나님이 보내신 예수 그리스도를 받아들이는 것이다. 물론 그런 반응도 성령의 이끌림이 없다면 불가능하다.[19] 그런 이유 때문에 구원은 하나님의 은총이다. 처음부터 끝까지 하나님이 부르시고, 하나님이 회개와 믿음으로 이끄시고, 그리고 하나님이 예수 그리스도를 영접하게 하시기 때문이다.

---

18 이를 위하여 믿음에 대하여 획기적인 공헌을 한 다음의 저술을 보라, J. Gresham Machen, *What Is Faith?* (Carlisle, PA: The Banner of Truth Trust, 1991), 180.

19 웨슬리에 의하면, 성령이 끌어당기는 선행은총의 역사를 통하여 회개에 이른다. 이를 위하여 다음을 보라, Wesley, *Wesley's Works*, 제4권, 44이하.

22
하나님의 역사

1. 들어가면서

　예수 그리스도가 대속(代贖)의 죽음과 승리의 부활을 통하여 인간의 사망과 심판의 문제를 해결하셨다는 기쁜 소식은 사람으로 하여금 반응을 일으키게 한다. 그 반응은 회개와 믿음이다. 간단히 말해서, 회개는 죄의 길에서 하나님에게로 돌이키는 행위이며, 믿음은 예수 그리스도를 구세주로 영접하는 것이다 (행 20:21). 사람이 그렇게 할 때 하나님은 그를 위하여 다음의 세 가지 역사를 이루신다.

2. 칭의(justification)

　첫째, 하나님은 그 사람을 의롭다 하신다. 의롭다 하심, 곧 칭의는 한 마디로 말해서 하나님이 선언하시는 죄의 용서이다.[20] 과거

---

20 John Wesley, "Justification by Faith," *The Works of John Wesley*, 제1권. Albert C. Outler 편집 (Nashville, TN: Abingdon Press, 1984), 189. 실제로 칭의는 기독교의 기초가 되는, 그래서 기독교의 모든 영역에 영향을 준다: "이 주제는 신학적으로, 놀라운 은혜의 역사를 선포한다; 인류학적으로, 우리가 스스로를 구원할 수 없음을 보여준다; 기독론적으로, 성육신과 구속에 의지한다; 성령론적으로, 성령으로 역사하는 믿음에 의하여 예수와의 연합

와 현재의 죄를 모두 용서하셨기에 예수 그리스도를 구세주로 믿은 사람은 하나님처럼 의로워진 것이다. 뿐만 아니라, 미래의 죄도 용서받을 수 있는 법적 조처가 끝난 것이다. 그러므로 그는 앞으로 죄를 범할 때마다 예수 그리스도를 통하여 하나님 앞에 나아와 그 죄를 고백하면 용서를 경험하게 된다 (요일 1:9, 2:1-2).

그렇다면 어떻게 온전히 타락한 사람이 의롭다 하심을 받을 수 있는가? 그것은 사람의 방법으로는 불가능하다. 사람은 자기의 의로 의롭다 하심을 받을 수 없다. 그런 이유 때문에 사람의 노력이나 공적이 전적으로 배제된, "하나님의 큰 은혜와 긍휼, 하나님의 공의를 만족시켜드린 그리스도의 역할, 그리고 그리스도의 공적에 대한 우리의 믿음"에 근거한 것이다.[21]

위의 인용문에 의하면, "의롭다 하심"에서 하나님의 은혜가 없어서는 안 되었다. 왜냐하면 하나님이 먼저 칭의를 계획하셨고 또 당신의 아들을 통하여 그 계획을 이루셨기 때문이다 (롬 3:24). 하나님이 창세전에 이루신 계획대로 칭의를 위하여 예수 그리스도는 십자가 위에서 죽으셨고 또 부활하셨다 (롬 5:9, 4:25). 그렇다고 모든 사람이 저절로 의롭다 하심을 받는 것은 아니다. 여기에 전도의 필요가 있고 동시에 믿음의 반응이 요구되는 것이다 (롬 5:1). 그리할 때 성령은 믿는 사람 안에 내주(內住)하시여 그

을 결정한다; 교회적으로, 교회의 정의와 건강을 결정한다; 종말적으로, 믿는 자들을 위하여 현재와 내세에 하나님의 궁극적 판결을 선포한다; 전도적으로, 괴로운 영혼이 영원한 평강으로 들어오라는 초청이다; 목회적으로, 용서받은 죄인들이라는 신분을 교제의 근거로 삼는다; 예배적으로, 성예식을 해석하고 실행하는 결정적 요인이다. 성경의 어떤 교리도 이것만큼 귀하고 생동적인 것은 없다." James Packer, *Here We Stand* (London: Hodder and Stoughton, 1986), 5.

21 Wesley, "The Lord Our Righteousness," *The Works of John Wesley*, 456.

로 하여금 변화된 삶을 영위하게 하신다 (고전 6:11, 약 2:24).

칭의는 재판관인 하나님이 믿는 사람을 위하여 법적으로 선언하신 행위이다. 하나님은 율법에 의하여 재판하면서 정죄의 선언을 하시나, 모든 율법의 요구를 이루신 그리스도 예수를 의지한 사람을 위하여 무죄(無罪)를 선언하신다. 왜냐하면 하나님의 의가 그 사람의 의로 전가(轉嫁)되었기 때문이다. 그러므로 그는 하나님 앞에 떳떳한 의인(義人)으로 나아올 수 있는 특권을 부여받는다. 그러나 이런 신분의 변화는 도덕적 변화를 의미하지 않는다. 다시 말해서, 그가 실제로 의로워졌다는 것은 아니다. 그는 여전히 하나님의 도움을 필요로 하는 연약한 인간에 불과하다.

3. 중생(重生: regeneration)

그런 이유 때문에 하나님은 회개와 믿음을 구사한 사람을 위하여 두 번째의 역사를 이루시는데, 그것이 바로 중생(重生)이다. 칭의가 죄인의 용서를 위한 하나님의 법적 선언이라면, 중생은 성령이 그 사람 안에서 이루시는 내적 역사이다. 다시 말해서, 죄인이 하나님에 의하여 의롭다 하심을 받는 순간 하나님 앞에서 깨끗한 그릇이 되며, 따라서 성령이 그의 마음 안에 들어와서 거주하신다. 그리고 성령의 내주(內住)로 인하여 그는 도덕적인 변화를 경험한다.

물론 이 도덕적 변화는 영적 변화이기에 육체와 정신의 변화는 아니다. 그래도 영적 변화는 당연히 육체와 정신에 영향을 미친다. 그 이유는 간단하다! 성령의 내주는 육체와 정신에 새로운 방향을 제시하기 때문이다. 그런 까닭에 중생에 의한 변화는 인간 전체에 영향을 주는 급진적인 것이라고 할 수 있다. 이런 급진적인 변화는 어떤 학문이나 종교나 아니면 인간의 결단으로는 결코 가능하지 않다.

성경적으로 볼 때, 중생의 경험은 새로운 마음의 부여이다. 그리고 "성경에서 마음은 인간의 내적 중심이요, 외적 행위의 근거요, 모든 지적, 영적 경험–사고, 느낌, 의지, 믿음, 기도, 찬양 등–이 흘러나가는 샘물이다.[22] 중생의 경험의 결과 이처럼 인격의 중심부인 마음이 새로워지는 것이다. 이렇게 새로워진 마음에서 흘러나오는 영적 삶은 그 사람의 구석구석에 영향을 끼칠 수밖에 없다.

물론 중생은 전적으로 성령의 역사이다. 그러나 그 성령의 역사는 반드시 말씀이라는 매개를 통하여 이루어진다. 야고보는 말씀의 매개를 이렇게 언급한다: "그가 그 피조물 중에 우리로 한 첫 열매가 되게 하시려고 자기의 뜻을 따라 진리의 말씀으로 우리를 낳으셨느니라"(1:18). 이 말씀은 중생의 매개가 하나님의 말씀이라고 선언한다. 그러나 그렇기 때문에 말씀만으로는 거듭날 수 없으며, 반드시 성령이 내주하셔야 된다 (요 3:5, 딛 3:5 참고). 그러므로 성령은 하나님의 말씀을 의지해서 중생의 역사를 이루신다고 할 수 있다.

위에서 언급한 것처럼, 이 변화는 급진적인데 그 이유는 그것이 성령의 역사이며 동시에 즉각적인 역사이기 때문이다. 우선 "죄와 허물로 죽은" 자들이 성령의 내주로 다시 "살아나는" 성령의

---

22 Anthony A. Hoekema, *Saved by Grace* (Grand Rapids, MI: Eerdmans Pub. Co., 1989), 104.

역사이다 (엡 2:1). 뿐만 아니라, 이러한 성령의 역사는 오랜 과정을 통하여 일어나는 것이 아니라, 죄인이 의롭다 하심을 받는 순간 즉각적으로 마음 안에서 일어난다. 그렇다고 이런 경험을 한 사람들이 그때부터 완전하게 되지는 않는다. 그 때부터 점진적인 과정을 통하여 보다 깊은 영적 경험을 해야 되지만 말이다.[23]

칭의로 인하여 죄책감의 문제가 제거되었다면, 중생의 경험은 부패의 문제를 해결하고 동시에 영적 생명을 부여한다. 그렇다면 하나님과 깨어진 인간의 관계 문제는 어떻게 해결될 수 있는가? 이 문제의 해결을 위하여 하나님이 세 번째로 이루신 역사가 바로 양자이다. 하나님과 아무런 관계도 없던 죄인이, 아니 하나님과 원수 관계였던 죄인이 하나님의 은혜로 입양(入養)된 것이다.

4. 양자(重生: adoption)

양자는 하나님의 자녀가 아닌 죄인이 의롭다 하심을 얻을 때 당신의 자녀로 받아주시는 하나님의 은혜의 행위이다. 그는 하나님과 분리되어 전혀 아무런 관계도 갖지 못했던 남남이었으나, 이제는 그도 하나님을 아버지로 모시는 부자지간의 관계를 갖게 되었다. 바울 사도는 이처럼 새롭게 맺어진 관계를 이렇게 묘사하였다: "때가 차매 하나님이 그 아들을 보내사 여자에게서 나게 하시고 율법 아래에 나게 하신 것은 율법 아래 있는 자들을 속량하시고 우리로 아들의 명분을 얻게 하려 하심이라. 너희가 아들이므로 하나님이 그 아들의 영을 우리 마음 가운데 보내사 아빠 아버지라

---

23 이와 같이 중생이 성결과 깊은 관련을 가지고 있기 때문에 중생은 성결의 시작 내지 초기성결이라고도 불린다. 위의 책, 423-424.

부르게 하셨느니라. 그러므로 네가 이 후로는 종이 아니요 아들이니, 아들이면 하나님으로 말미암아 유업을 받을 자니라"(갈 4:4-7).

위의 말씀에 의하면, 하나님의 참 아들은 예수 그리스도 뿐이시고, 우리는 모두 그리스도 때문에 양자가 되었다. 그리고 우리를 양자로 삼으시기 위하여 하나님은 참 아들을 희생시키셨다. 그 결과 우리는 율법의 속박에서 해방되었을 뿐 아니라, 성령으로 거듭나서 하나님의 자녀가 되었다. 그리고 하나님의 자녀가 되었다면 그 신분에 걸맞은 명분, 곧 특권을 부여받는다.

그렇다면 양자의 명분은 무엇인가? 먼저, 우리는 언제든지 담대하게 하나님 앞으로 나아갈 수 있게 되었다. 이러한 특권을 성경은 이렇게 언급한다: "그러므로 우리가 긍휼하심을 받고 때를 따라 돕는 은혜를 얻기 위하여 은혜의 보좌 앞에 담대히 나아갈 것이니라"(히 4:16). 자녀가 된 우리는 아버지 앞으로 필요시에는 언제라도 나아갈 수 있는 것이다. 나아갈 수 없다면 어떻게 부자(父子)의 관계라고 할 수 있겠는가?

그 다음, 우리는 아버지 하나님의 보호와 관리를 받는 특권을 누린다 (마 6:25-30을 보라). 그런데 우리를 보호하시는 아버지는 우주의 창조주이실 뿐 아니라 우주를 붙잡고 계시는 전능자이시니, 그 보호와 관리가 얼마나 큰 것인지를 가히 짐작할 수 있다. 한 발 더 나아가서, 하나님 아버지는 우리가 어떤 고난과 역경을 당해도 우리를 버리지 않고 붙잡아 주신다. 아버지는 성령의 임재를 통하여 힘을 주실 뿐 아니라, 우리로 하여금 그리스도의 모습으로 닮아가게 하신다 (히 12:5-11, 롬 8:28-30).

마지막으로, 하나님 아버지는 자녀들에게 그리스도와 함께 나눌 유산을 약속하셨다 (롬 8:17). 그 유산은 "나라"이며 (히 12:28), "더 나은 본향"이요 (히 11:16), "생명의 면류관"이다 (약 1:12). 이 모든 유산을 물려받을 수 있게 하기 위하여 아버지는 자녀들에게 완전한 육체를 허락하실 것이다. 바울 사도는 이렇게 묘사하였다: "그뿐 아니라 또한 우리 곧 성령의 처음 익은 열매를 받은 우리까지도 속으로 탄식하여 양자 될 것 곧 우리 몸의 속량을 기다리느니라" (롬 8:23). 우리는 죄의 결과인 육체의 연약(軟弱)과 한계를 극복하는 그 날을 대망(待望)하는 종말적인 하나님의 자녀가 된 것이다!

우리가 불신자에게 복음을 전해야 하는 당위성은 너무나 분명해졌다. 우리는 인간이 불순종의 결과 하나님과 분리되면서부터 바로 관계의 회복을 위하여 역사하신 하나님의 사랑을 보았다. 그 *아가페* 사랑에 압도되어 회개와 믿음을 통하여 십자가 앞으로 나아왔을 때 하나님은 우리의 죄책감의 문제를 해결해 주셨다. 동시에 하나님은 성령을 통하여 우리의 삶을 변화시키셨을 뿐 아니라, 자녀가 된 모든 특권을 누리게 하셨다. 이런 깨달음과 경험은 우리로 하여금 감사와 환희 가운데 복음을 전할 수밖에 없게 하는 놀라운 동기가 되는 것이다[24]

---

24 그밖에도 전도의 동기를 위하여, Towns, *Evangelism and Church Growth*, 304-305를 참고할 수 있다: (1) 그리스도의 명령 (마 28:19; 막 16:15); (2) 구원에 대한 사람들의 필요 (롬 3:10, 23); (3) 그리스도에 대한 우리의 사랑 (고후 5:14); (4) 다른 사람들에 대한 우리의 사랑 (요 1:41); (5) 구령자로서 그리스도와 제자들의 본보기 (요 4); (6) 청지기로서 우리 기독인의 의무 (고전 4:1); (7) 하나님에게 영광을 돌리고자 하는 우리의 갈망 (요 15:8); (8) 수확의 밭에 늘 부족한 일꾼들 (마 9:37); (9) 보상의 약속 (룻 2:12).

5. 나가면서

　사람 편에서 두 가지, 곧 회개와 믿음을 구사하면 하나님 편에서 세 가지 역사를 이루신다. 그 세 가지는 칭의, 중생, 양자이다. 성령의 이끌리심을 따라 적극적으로 반응하면, 하나님은 엄청난 역사를 세 가지나 하신다. 죄로 인한 사람의 소원(疏遠: alienation)의 문제를 칭의로, 쫓겨남(expulsion)의 문제를 중생으로, 그리고 분리(estrangement)의 문제를 양자로 각각 해결하여 주셨다. 과연 하나님의 큰 은총이라고 말할 수밖에 없다!

23
구원의 확신

1. 들어가면서

　한 번은 예수 그리스도가 38년 된 병자를 고쳐주신 적이 있으셨다 (요 5:5이하). 그분은 그 환자를 고치신 후 내버려두지 않으셨다. 얼마 후 성전에서 그 환자였던 사람을 만나 후속 조처를 하심으로 그가 신앙적으로 성숙할 수 있게 하셨다. 그런 두 번째의 만남이 없었다면, 그 환자였던 사람은 그를 고쳐주신 분이 누군지도 알지 못했을 것이다. 뿐만 아니라 그 사람은 죄와 싸우는 거룩한 삶에 대해서도 배우지 못했을 것이다. 예수님은 그 사람에게 신앙 성숙에 꼭 필요한 두 가지—자신에 대한 계시와 거룩한 삶의 실제—를 알려주셨다.[25]

　어떤 사람이 예수 그리스도의 복음을 듣고 회개와 믿음을 구사하여 그분을 구세주로 받아들였다면, 그는 하나님의 자녀가 된 것이다 (요 1:12). 그러나 그는 영적으로 갓 태어난 아기일 뿐이다. 만일 갓 태어난 영적 아기가 돌봄을 받지 못한다면 그 아기는 십중팔구 성장하지 못하고 다시 옛 습관과 세상으로 돌아갈 것이다.

---

25 이런 두 가지를 더 알아보기 위하여 다음을 참고하라, 홍성철, 『현대인을 위한 복음전도의 성경적 모델』, 147이하.

그런 이유 때문에 갓난아기로 하여금 성장하도록 돌보고 양육하는 것은 복음전도에서 없어서는 안 될 중요한 사항이다.[26]

그러면 양육에서 제일 먼저 다루어야 될 것은 무엇인가? 그것은 역시 구원의 확신일 터인데, 그 까닭은 많은 "교인"들이 구원의 확신도 없는 상태에서 적당히 신앙생활을 하고 있기 때문이다. 구원의 확신을 가져야 신앙이 성장할 수 있는 것은 두말할 필요도 없다. 그러면 어떻게 구원의 확신을 가질 수 있는가? 다음과 같은 세 가지를 근거로 확신을 가질 수 있다. 첫째는 구원의 근거가 말씀이라는 사실이다. 둘째는 성령의 증거 때문이다. 셋째는 경험의 증거 때문이다. 그러면 이 세 가지를 하나씩 다루어보자.

2. 말씀의 증거

인간의 감정은 늘 변화되나, 하나님의 말씀은 결코 변화되지 않는 진리이다. 하나님의 말씀은 어떤 폭풍에도 끄떡하지 않는 아름드리의 떡갈나무와도 같다.[27] 그런 이유 때문에 구원의 확신은 무엇보다도 하나님의 말씀에 근거한다. 말씀에 바탕을 둘 때 어떤 바람과 폭풍이 닥쳐와도 흔들리지 않는 구원의 확신을 유지할 수 있다. 그런 목적을 위하여 베드로도 신앙에서 아직 어린아이들과 같은 사람들에게 이렇게 충고한다, "갓난아기들 같이 순전하고 신령한 젖을 사모하라. 이는 그로 말미암아 너희로 구원에 이르도

---

26 George E. Sweazey는 양육을 전도의 절반이라고 한다. 이를 위하여 다음을 보라, *Effective Evangelism* (New York: Harper & Brothers, 1953), 216.

27 다음의 두 단어, 진리(true)와 나무(tree)는 같은 어원에서 출발한다. 이를 위하여 다음을 보라, *Webster's Third New International Dictionary* (Cambridge, MA: Merriam Webster Mass Market, 1961). 제목, "true."

록 자라게 하려 함이라" (벧전 2:2).

이 말씀에서 갓난아기는 생후 6개월 미만의 어린아이를 가리킨다. 그런 어린아이가 밤낮을 가리지 않고 울어대는 것은 바로 젖을 위해서이다. 어린아이는 절대로 배고픈 것을 참지 못한다. 그 애기는 젖을 물릴 때까지 울어댄다. 그런 울음은 실제로 그 아기의 생존을 위해서이다. 생존을 위한 울음이라면 생명을 걸지 않을 수 없다. 마찬가지로 영적으로 갓난아기는 "순전하고 신령한 젖"인 하나님의 말씀을 사모해야 한다. 사모한 나머지 그 아기는 성경을 듣고, 읽고, 암송하고, 묵상하고, 순종하면서 자라가야 한다.

갓난아기는 본능적으로 하나님의 말씀을 사모할 수 있는 잠재력이라도 가지고 있는가? 물론이다! 하나님은 그 아기를 당신의 말씀으로 거듭나게 하셨기 때문이다. 야고보도 이런 사실을 분명히 표현하고 있다, "그[아버지]가 그 피조물 중에 우리로 한 첫 열매가 되게 하시려고, 자기의 뜻을 따라 진리의 말씀으로 우리를 낳으셨느니라" (약 1:18). 그 아기는 영원히 변치 않는 진리의 말씀으로 거듭났기에, 그 말씀으로 성장할 수 있는 놀라운 잠재력을 가지고 있는 것이다.

"순전하고 신령한 젖을 사모하라"는 베드로도 역시 같은 맥락에서 그와 같은 권면을 하였다. 베드로는 베드로전서 1장에서 구원의 근거인 예수 그리스도의 죽음과 부활을 강력하게 설명한 후 (벧전 1:3과 1:18-19), 그는 이렇게 갈파한다: "너희가 거듭난 것은 썩어질 씨로 된 것이 아니요 썩지 아니할 씨로 된 것이니, 살아 있고 항상 있는 하나님의 말씀으로 되었느니라 (벧전 1:23).

"썩어질 씨"는 은이나 금 같은 물질을 가리킬 수도 있다 (벧전

1:18). "썩어질 씨"는 육체의 정욕으로, 인간의 방법으로 거듭나려는 일체의 행위를 가리킬 수 있다 (벧전 2:11). "썩어질 씨"는 물세례를 가리킬 수 있는데, 교회에서 너무나 많은 사람들이 "물과 성령으로" 거듭나지 않고 (요 3:5), 단지 세례를 받음으로 거듭났다고 착각하고 있다 (벧전 3:21). "썩어질 씨"는 고난을 피하기 위하여 타협하는 신앙일 수도 있다 (벧전 4:15−16). 또 "썩어질 씨"는 직분 때문에 거듭났다는 착각일 수도 있다 (벧전 5:1).

그렇다! 어떤 사람이 예수 그리스도를 영접함으로 거듭난 것은 영원히 변치 않는 하나님의 말씀으로 이루어졌다. 그런 이유 때문에 그 아기는 진리의 말씀으로 신앙이 자라야 한다. 처음에 전도자는 엄마가 아기에게 젖을 주듯, 신앙의 어린아이에게 말씀을 나누어 주어야 한다. 물론 가르치는 것도 중요하지만, 무엇보다도 삶과 사랑을 나누면서 말씀을 주어야 할 것이다. 그리할 때 그 갓난아기는 건강하고 튼튼하게 성장할 것이다.

3. 성령의 증거

구원의 확신의 두 번째 근거는 성령의 증거이다. 이미 앞장에서 언급한 것처럼, 어떤 사람이 회개하고 믿으면 성령님이 그의 삶과 마음속으로 들어오신다. 이것을 가리켜서 거듭남 또는 중생이라고 한다. 실제로 성령 하나님이 사람의 마음으로 들어오신다는 것은 생각하면 할수록 너무나 엄청난 사건이다. 어떻게 그렇게 크고도 위대하신 성령 하나님이 사람 안에 들어오실 수 있단 말인가?

그러나 그것은 이미 살펴본 대로, 하나님이 처음 인간을 창조하실 때부터 이루신 역사였다. 하나님은 흙으로 사람을 빚으시고, 그 안에 성령을 부어 넣어주셨다 (창 2:7). 그것은 목적이 있는 하나님의 역사였는데, 곧 창조주 하나님이 피조물인 사람과 사랑의 교제를 나누시기 위해서였다. 그러나 인간이 불순종하여 죄를 범한 후 성령은 그를 떠나 가셨다. 하나님은 잃었던 교제를 회복하기 위하여 그 아들의 희생을 근거로 성령을 다시 인간에게 부어주셨던 것이다.

그런 역사 때문에 그리스도인의 몸을 성령이 거하시는 성전이라고 성경은 선언한다: "너희 몸은 너희가 하나님께로부터 받은바 너희 가운데 계신 성령의 전인 줄을 알지 못하느냐?" (고전 6:19). 이것 만큼 밀접한 교제가 달리 있겠는가? 물론 없다! 하나님이 그 아들 예수 그리스도를 희생시키신 결과인 것이다. 그리고 그런 교제를 실제로 이루시는 성령은 그리스도인의 마음에서 그의 영과 더불어 놀라운 증거를 하신다.

바울 사도는 그런 성령의 증거를 이렇게 언급한다, "성령이 친히 우리의 영과 더불어 우리가 하나님의 자녀인 것을 증언하시나니" (롬 8:16). 그리스도인 안에서 증언하시는 성령의 증거는 구체적으로 무엇인가? 무엇보다도 성령의 증거는 그가 하나님의 자녀가 되었다는 사실이다. 그렇지 않다면 한 때 그렇게 미워했거나 무관심했던 하나님을 어떻게 "아빠 아버지"라고 부를 수 있단 말인가? 바울의 증언을 들어보자, "너희가 아들이므로 하나님이 그 아들의 영을 우리 마음 가운데 보내사 아빠 아버지라 부르게 하셨느니라" (갈 4:6, 롬 8:15 참고).

그러니까 성령의 첫 번째 증거는 그가 하나님의 자녀인 사실에 대한 것이다. 다시 말해서, 예수 그리스도가 그를 사랑하셨다는 사실에 대한 증거이다. 그뿐 아니라, 그 자신을 바로 그 사람을 위하여 주셨다는 것에 대한 증거요, 아울러 그의 모든 죄가 모두 사해졌다는 증거이다. 그 결과 그도 하나님과 화목 되었다는 사실에 대한 증거이다.[28] 이런 성령의 증거가 없다면 어떻게 그리스도인은 그가 하나님의 자녀인 사실을 그처럼 분명히 알 수 있겠는가?

성령의 두 번째 증거는 하나님에 대한 사랑이다.[29] 하나님의 자녀가 된 그리스도인은 하나님을 사랑하게 되며, 그런 사랑은 또 하나의 강력한 증거이기도 하다. 물론 이런 사랑은 자연스럽게 하나님의 계명을 사랑하며 순종하는 것으로 나타난다. 사도 요한도 이렇게 말한 바 있다, "우리가 그의 계명을 지키면 이로써 우리가 그를 아는 줄로 알 것이요, 그를 아노라 하고 그의 계명을 지키지 아니하는 자는 거짓말하는 자요 진리가 그 속에 있지 아니 하니라"(요일 2:3-4).

하나님 사랑은 당연히 이웃 사랑으로 연결된다. 그 이유는 너무나 간단하다! 사람들은 모두 하나님의 형상대로 창조되었을 뿐 아니라, 그들을 위하여 예수 그리스도가 십자가에서 죽으셨기 때문이다. 실제로 요한은 하나님과 사람을 동일선상에 놓고서 하나님 사랑은 이웃 사랑이라고 힘주어 말하는데, 그 말씀을 보자: "누구든지 하나님을 사랑하노라 하고 그 형제를 미워하면 이는 거짓말하는 자니, 보는 바 그 형제를 사랑하지 아니하는 자는 보지 못

---

28 Wesley는 그의 표준설교에서 "성령의 증거"를 세 편이나 담아서 그 중요성을 분명히 했는데, 그에 의하면 첫 번째 성령의 증거가 바로 그리스도인이 하나님의 자녀가 된 사실이라는 것이다. 이를 위하여 그의 설교, "The Witness of the Spirit," N. Burwash 편집, *Wesley's 52 Standard Sermons* (Salem, OH: Convention Book Store, 1967), 95를 보라.

29 위의 책, 96.

하는바 하나님을 사랑할 수 없느니라"(요일 4:20).

성령의 세 번째 증거는 내적인 열매를 가리키는데, 그 열매는 기쁨과 평안이다.[30] 물론 그리스도인이 내적으로 즐기는 이런 기쁨과 평안은 결코 자연적인 것이 아니라, 초자연적인 것이다. 이와 같은 기쁨과 평안은 하나님에게 순종할 때, 특히 그의 계명을 지킬 때 주어지는 것이다. 물론 그리스도인이 하나님의 계명을 지키지 않을 때 성령이 주시는 기쁨과 평안을 잃을 수 있으나, 회개를 통하여 다시 회복될 수 있는 열매이다.

성령의 네 번째 증거는 도덕적인 것으로 선과 악에 대한 분별력이다.[31] 물론 이런 분별력은 세상의 기준이나 양심의 판단에 따른 것이 아니라, 하나님의 말씀에 따른 것이다. 그리스도인은 하나님의 말씀이 "그 발의 빛이며 그 길의 등이다"(시 119:105). 영적 갓난아기가 말씀 안에서 성장해감에 따라, 선과 악에 대한 그의 분별력은 점점 더 날카로워진다 (히 5:14). 그 결과 그는 세상의 잘못된 것을 판단할 수 있는 능력을 갖게 된다 (고전 6:2).

성령의 다섯 번째 증거는 외적인 것으로, 다른 사람들과의 관계에 대한 것이다. 성령은 거듭난 그리스도인으로 하여금 다른 사람들에게 악을 행하지 않고 선을 행하게 하신다.[32] 하나님이 그와 같은 악한 사람을 조건 없이 사랑하시고 용서하셨기에 그도 다른 사람들을 위하여 무엇인가 선행을 하고 싶은 것이다. 물론 이런 마음은 거듭나기 전 자연인의 마음에서 나오는 것이 아니라, 내주하시는 성령의 증거에서 나오는 것이다.

---

30 위의 책, 116.
31 위의 책, 110-111.
32 위의 책, 100.

4. 경험의 증거

누구든지 소극적으로 죄를 회개하고 적극적으로 그를 위하여 십자가에서 죽으셨다가 다시 살아나신 예수 그리스도를 믿을 때 그의 모든 죄는 씻어진다. 하나님이 그를 의롭다고 법적으로 선언하셨기 때문이다. 그 순간 하나님의 영이 그의 삶과 마음 안으로 들어오셔서 거듭나게 하신다 (롬 8:9). 칭의가 하나님과의 관계를 회복시킨 하나님의 객관적인 역사라면, 중생은 성령이 임재하시는 하나님의 주관적인 역사이며, 동시에 그 사람의 내적 경험이다.

이런 내적 경험은 그 사람의 삶에 엄청난 영향과 변화를 가져다 주었다. 그는 그렇게 싫어하던 성경과 찬송을 좋아하게 되었다. 그뿐 아니라, 교회도 좋아하게 되어 경건하게 예배도 드리며, 다른 그리스도인들과 교제하는 것도 기쁜 경험이 되었다. 교회에서 봉사하는 것도 기쁨이요, 다른 사람들을 섬기며 또 불신자들에게 복음을 전하는 것도 기쁨이 되었다. 얼마나 놀라운 변화인가! 한 순간에 일어난 이런 변화는 성령의 임재와 역사가 없으면 결코 가능하지 않은 것이다.

그런데 그 그리스도인에게 이상한 일이 생기기 시작한다. 갑자기 그는 그가 원하지 않은 죄를 범하기 시작하면서, 죄의식에 사로잡히게 된다. 거듭난 사람도 또 죄를 지을 수 있는가? 죄의식에 사로잡힐 수 있는가? 이미 예수 그리스도가 나의 모든 죄, 곧 과거의 죄와 현재의 죄는 물론 미래의 죄까지 다 속죄하지 않으셨던가? 성경도 "영원한 속죄"라고 말씀하지 않던가? "염소와 송아지의 피로 하지 아니하고 오직 자기의 피로 *영원한 속죄*를 이루사 단번에 성소에 들어가셨느니라" (히 9:12).

물론 그리스도인이 죄를 범할 때마다, 하나님과의 관계가 끊어지지는 않으나, 하나님이 그렇게 원하신 밀접한 교제는 이루어지지 않는다. 그러면 그런 교제를 어떻게 회복할 수 있단 말인가? 그 방법을 사도 요한은 분명히 제시하는데, 곧 죄의 자백이다. 그가 죄를 범할 적마다, 십자가 앞에 나와서 그가 범한 죄를 진솔하게 자백하면 그는 용서를 받는다. "만일 우리가 우리 죄를 자백하면 그는 미쁘시고 의로우사 우리 죄를 사하시며 우리를 모든 불의에서 깨끗하게 하실 것이요" (요일 1:9).

물론 이처럼 자백한 죄가 용서되는 것도 비싼 대가를 치루었기 때문에 가능하다. 예수 그리스도가 그 죄를 위해서도 십자가 위에서 피를 쏟으셨기 때문이고 (요일 1:7), 또 그분이 지금도 하나님 우편에서 그를 위하여 대언하시기 때문이다 (요일 2:1). 결국, 그리스도인이 죄를 짓고 자백할 적마다, 그는 예수 그리스도의 보혈과 중보를 힘입어 죄를 용서받는 것이다. 그러면 왜 그는 거듭난 이후에도 죄를 범하는가?

그 이유는 거듭난 그리스도인 안에 죄의 성품이 남아 있기 때문이다. 바울 사도의 고백을 들어보자, "내가 원하는 바 선은 행하지 아니하고 도리어 원하지 아니하는 바 악을 행하는도다. 만일 내가 원하지 아니하는 그것을 하면 이를 행하는 자는 내가 아니요 내 속에 거하는 죄니라" (롬 7:19-20). 바울은 원하지도 않는데 악을 행한다고 한탄하면서, 그 원인을 그의 마음속에 잔재(殘在)하는 죄 때문이라고 고백하였다.

실제로 한편 선을 행하기 원하는 마음과 또 한편 악을 행하기 원하는 마음이 그리스도인의 마음속에는 존재하는 것이다. 그리고 악이 드러나는 것은 그 사람이 진정으로 거듭난 경험적 증거라고 힘주어 말한 전도자가 있다. 그의 말을 직접 인용해보자:

실제로, 이상하게 들릴지는 몰라도 이런 상태는 오히려 감사해야 될 문제이다. 그것은 성령이 당신의 삶속에 들어오셨다는 증거이며, 그 성령이 죄의 어두움을 밝히고, 당신의 양심을 죄에 대하여 예민하게 만들며, 하나님 앞에서 깨끗하고 죄를 짓지 않고자 하는 새로운 열망을 당신 안에서 일으키고 있다는 증거이다.[33]

그러면 언제부터 그리스도인에게는 이런 두 가지 성품이 존재하기 시작하는가? 믿음으로 예수님을 구세주로 영접하여 성령이 그의 마음에 들어오신 순간부터이다. 성령이 그의 삶속에 들어오셨으나, 아담이 물려준 죄의 성품을 제거하지는 않으셨다. 그런 이유 때문에 거듭난 모든 그리스도인의 마음속에는 두 가지 성품이 상존(常存)하는데, 곧 죄의 성품과 성령의 성품이다. 이것을 도해하면 다음과 같다:

33 Graham, *The Holy Spirit*, 82.

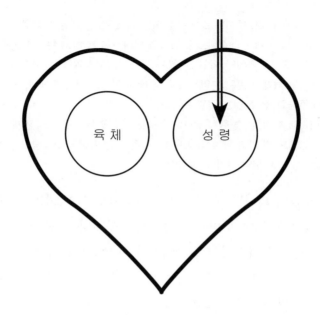

　위의 마음 판 왼쪽의 원은 태어나면서부터 부모에게서 물려받은 죄의 속성이며, 오른 편의 원은 사람이 거듭날 때 밖에서 들어오신 성령을 가리킨다. 이 그림에서 보듯, 모든 그리스도인의 마음 안에는 두 가지 성품이 서로 대치하고 있다. 그리고 그 두 가지 성품 가운데서 나, 곧 자아(自我: self, ego)가 양쪽의 눈치를 보고 있다. 만일 자아가 죄를 선택하면, 그의 신앙생활은 밑으로 내려가나, 성령의 요구를 선택하면 그의 신앙생활은 위로 올라간다.

　그리스도인의 마음에 있는 이 두 가지 성품은 서로를 극복하고 승자(勝者)가 되려고 필사의 노력을 하고 있다. 그런 싸움을 바울 사도는 갈라디아서에서 명쾌하게 그러나 너무나 사실적으로 묘사한다. 그의 말을 직접 들어보자:

　내가 이르노니 너희는 성령을 따라 행하라. 그리하면 육체의 욕심을 이루지 아니하리라. 육체의 소욕은 성령을 거스르고 성령은 육체를 거스르나니, 이 둘이 서로 대적함으로 너희가 원하는 것을 하지 못하게 하려 함이니라. 너희가 만일 성령의 인도하시는 바가 되면 율법 아래에 있지 아니하리라. 육체의 일은 분명하니 곧 음행과 더러운 것과 호색과, 우상 숭배와 주술과, 원수 맺는 것과 분쟁과 시기와 분냄과 당 짓는 것과 분열함과 이단과 투기와, 술 취함과 방탕함과 또 그와 같은 것들이라. 전에 너희에게 경계한 것 같이 경계하노니 이런 일을 하는 자들은 하나님의 나라를 유업으로 받지 못할 것이요 (갈 5:16-21).

이 말씀에 의하면, 거듭난 그리스도인도 여러 가지의 죄를 범할 수 있는데 크게 네 범주에 속하는 죄들이다. 첫째 범주는 성적 범죄이다. 성은 하나님이 인간에게 주신 아름다운 선물로 부부 간의 사랑을 표하며 동시에 후손을 양산하는 방편이다. 그러나 성령의 지배를 받지 못하는 그리스도인은 성적 범죄를 행할 수 있다. 둘째 범주는 우상숭배의 문제로서, 그의 삶에 주님보다 더 귀한 것이 끼어들게 하는 범죄이다.

셋째 범주에 속하는 죄는 인간 관계에 관한 것으로서, 위로 하나님과의 관계가 깨어질 때 따라오는 너무나 당연한 결과이다. 진정으로 하나님을 경외하며 사랑한다면 하나님의 사람을 사랑하게 되어 있기 때문이다. 그러나 육체의 소욕을 따르는 그리스도인은 의례히 깨어진 인간 관계를 가지고 있을 수밖에 없다. 넷째 범주는 그의 의지력으로 통제할 수 없는 죄로, 술 취하는 죄는 물론, 게임, 도박, 텔레비전 등에 지나치게 탐닉하는 죄들을 가리킨다.

거듭난 그리스도인이 이와 같은 육체의 일에 빠져들 때, 두 가지 심판이 따를 수밖에 없다. 하나는 현재적인 것으로 "경건의 능력을 부인하는 자"로 전락한다 (딤후 3:5). 다시 말해서, 사람들 보기에는 경건해 보여도 그의 마음은 주님으로부터 멀리 떠나 있는 위선자가 된다. 또 하나는 미래적인 심판으로 그런 자들은 "하나님의 나라를 유업으로 받지 못한다." 이런 엄중한 경고는 하나님이 사랑하는 종 바울을 통하여 모든 그리스도인들에게 주신 것이다.

이처럼 분명한 하나님의 경고를 무시하고 하나님의 뜻을 저버린 자들을 하나님은 반드시 심판하실 것이다. 왜냐하면 그들은 하나님이 그들을 구원하여 깨끗한 삶을 유지하면서 죄로 찌든 세상에 "소금과 빛"이 되라고 하신 부탁을 저버렸기 때문이다 (마 5:13-16). 그들은 그들을 위하여 하나님이 독생자인 예수 그리스도를 그처럼 처참한 십자가의 처형을 감수하면서 보여주신 하나님의 사랑을 저버렸기 때문이다.

결국, "물과 성령"으로 거듭난 사람에게는 치열한 싸움터가 있는데, 바로 그의 마음이다. 물론 그리스도인에게 사탄이 밖에서 넘실대는 유혹의 손길을 뻗치는 것도 사실이다 (엡 6:12). 그것도 심각한 싸움이긴 하나, 그보다도 훨씬 심각하고 훨씬 더 아프게 하는 싸움은 마음속에서 일어나는 죄의 성품, 곧 육체의 소욕과 성령의 소욕 간의 싸움이다. 이 싸움 때문에 거듭난 그리스도인은 삶의 현장에서 영적으로 *업 앤 다운*(up & down)을 반복적으로 경험하면서 많은 경우 지쳐버린다.

이미 위에서 언급한 것처럼, 육체의 소욕에 따라 행함으로 패배하는 것은 너무나 서글픈 경험일 수밖에 없다. 그럴 적마다 그리스도인은 그가 범한 죄를 구체적으로 자백하면서 십자가 앞에 나아와 그 죄를 용서받아야 한다. 동시에 그럴 적마다 그 안에 성령이 계시기 때문에 일어나는 싸움이라는 사실을 인식하고 다시 한 번 거듭난 사실을 확인할 수 있으니, 감사할 수밖에 없다. 그러면서 다음부터는 죄를 범하지 않겠다는 각오를 가지고 다시 시작해야 할 것이다.

5. 나가면서

구원의 확신은 객관적인 진리인 변하지 않는 하나님의 말씀 때문에 가능하다. 그리스도인들은 아무리 정서적으로 밑바닥에서 굴러도, 움직이지 않는 떡갈나무가 눈으로 덮어버린 벌판길에서 길잡이가 되듯, 그들의 길잡이가 되어준다. 다시 말해서, 변하지 않는 하나님의 말씀은 그들의 감정과 환경에 관계없이 그들에게 구원의 확신을 준다. 마치 마틴 루터(Martin Luther)와 존 웨슬리가 로마서 1장 17절의 말씀에 의지하여 구원의 확신을 확고하게 한 것처럼 말이다. "복음에는 하나님의 의가 나타나서 믿음으로 믿음에 이르게 하나니 기록된바 오직 의인은 믿음으로 말미암아 살리라 함과 같으니라."

그리스도인들에게만 있는 성령의 증거도 말할 수 없는 구원의 확신을 주는 확실한 근거이다. 그들이 하나님을 "아빠 아버지"라 부를 수 있다니! 그들을 위하여 십자가에서 그처럼 죽으신 예수 그리스도에게 감사한 마음을 갖다니! 그들이 유행가 대신 찬송가를 좋아하다니! 그들이 술꾼들과 시간을 보내면서 시간과 돈과 건강을 허비하는 대신, 다른 그리스도인들과 사랑의 교제를 나누다니! 이런 것들은 모두 그들이 구원받은 확신을 주는 성령의 확실한 증거이다.

구원의 확신을 주는 증거에는 이처럼 적극적인 말씀과 성령만 주는 것이 아니다. 그 증거에는 너무나 소극적인 그리스도인들의 경험도 있다. 물론 그들의 경험이 독수리처럼 위로 비상(飛上)하는 경우도 많다. 그러나 그 못지않게 아래로 곤두박질하는 아픈 경험도 많다. 누가 말했듯, 기독교는 역설적이다! 너무나 그리스도인들이 연약하여 어쩔 수 없이 죄를 범하여 죄의식에 휩싸일 때도 그것이 구원의 확신에 대한 경험적 증거라니! 얼마나 놀라운 확신인가!

24
성숙의 과정

1. 들어가면서

그리스도인들은 거듭난 후 언제까지 *업 앤 다운*이라는 불행한 경험을 하면서 살아야 하는가? 과연 그런 경험만을 갖게 하기 위하여 예수 그리스도는 겟세마네동산에서 땀이 피가 되도록 갈등하시면서 자신을 포기하셨는가? 그리고 저 처참한 십자가의 처형을 마다하지 않으셨는가? 영원 전부터 한 번도 깨어지지 않은 하나님 아버지와의 관계가 단절되면서까지 심판을 받으신 결과가 고작 그들의 연속적인 갈등을 위함이었단 말인가?

물론 아니다! 예수 그리스도가 십자가에서의 죽음을 당하시고 그 후 부활의 영광을 드러내신 목적은 그분을 따르는 그리스도인들의 패배를 위한 것이 아니다. 오히려 승리의 삶으로 인도하기 위해서이다. 그렇다면 왜 그처럼 많은 그리스도인들이 연속적인 패배의 삶에서 허우적거리고 있는가? 그 이유는 간단하다! 그들이 영적으로 성장하지 못하고 있기 때문이다. 그들이 여전히 영적으로 갓난아기의 상태에 머물러 있기 때문이다.

그렇다면 어떻게 해야 그리스도인들은 갓난아기의 상태에서

벗어나 건강하게 성숙한 신앙인들이 될 수 있는가? 그들이 신앙
적으로 성숙하기 위하여 다음과 같은 세 가지 측면, 곧 경건의 측
면, 교리의 측면 및 훈련의 측면에서 자라야 된다고 주장하는 사
람도 있다.[34] 물론 그런 측면에서도 성장해야 한다. 그러나 여기에
서는 관계의 측면을 강조해서 성숙의 과정을 제시할 터인데, 곧
개인의 삶, 공동체의 삶 및 세상에서의 삶이다.

2. 개인의 삶

어떤 사람이 예수 그리스도를 구세주로 영접한 순간 그에게 성
령이 임하신다. 그 결과 그는 엄청난 변화를 맛보기 시작한다. 그
는 그의 삶속에 내주하시는 성령의 도움과 능력으로 한편 죄와 싸
우기 시작하며, 죄를 지을 때는 갈등하면서 괴로워한다. 그러면서
그는 보다 깨끗하고 보다 거룩하게 살고픈 간절한 마음을 갖기 시
작한다. 이런 마음은 두말할 필요도 없이 내주하시는 성령의 증거
이다. 그런 이유 때문에 중생의 경험은 거룩한 삶의 시작이기도
하다.[35]

그는 거룩한 삶을 영위하기 위하여 부단히 성경을 읽고 또 기
도를 해야 한다. 성경에서 그는 하나님의 뜻을 찾아내야 하며, 찾
아낸 그 뜻을 따라야 한다. 그리할 때 그는 그리스도를 닮아가는
과정에 들어간다. 이처럼 성경말씀을 하루도 빠지지 않고 읽고 묵
상하면서 그는 하나님의 마음에 드는 사람으로 성장한다. 베드로

---

34 양육에 관한 한 훌륭한 내용을 제시한 저자가 있다: Gary W. Kuhne,
   The Dynamics of Personal Follow-up (Grand Rapids, MI: Zondervan
   Publishing House, 1976), 75이하를 보라.

35 Wesley, *Works*, 제6권, 45.

도 성경을 아는 지식에서 자라가라고 간곡히 부탁하면서 그의 편지를 마쳤다: "오직 우리 주 곧 구주 예수 그리스도의 은혜와 그를 아는 지식에서 자라 가라. 영광이 이제와 영원한 날까지 그에게 있을지어다"(벧후 3:18).

그리스도인은 하나님의 말씀에 근거해서 기도를 해야 한다. 말씀 읽기는 호흡에서 숨을 들여 마시는 것과 같고, 기도는 그 숨을 내뿜는 것과 같다. 그런 이유 때문에 예수님도 이렇게 기도하라고 권면하셨다, "너희가 내 안에 거하고 내 말이 너희 안에 거하면, 무엇이든지 원하는 대로 구하라. 그리하면 이루리라"(요 15:7). 특히 "내 말이 너희 안에 거하면"을 주목하라. 그분의 말씀에 깊이 젖어 있는 그리스도인은 중언부언의 기도나, 다른 사람들의 귀를 즐겁게 하는 기도를 하지 않는다.

그는 하나님의 말씀 때문에 하나님의 뜻을 알게 되며, 따라서 그의 기도는 그 하나님의 뜻 안에서 기도하게 된다. 그런 이유 때문에 주님은 이렇게 약속하셨다, "무엇이든지 원하는 대로 구하라. 그리하면 이루리라." 주님의 가르침을 깊이 받은 사도 요한도 같은 맥락에서 이렇게 말했다, "그를 향하여 우리가 가진 바 담대함이 이것이니 그의 뜻대로 무엇을 구하면 들으심이라. 우리가 무엇이든지 구하는 바를 들으시는 줄을 안즉 우리가 그에게 구한 그것을 얻은 줄을 또한 아느니라"(요일 5:14-15).

그리스도인의 성장에서 하나님의 말씀과 기도는 절대적으로 중요하다. 이 두 가지를 매일 실시하지 않는 그리스도인은 정상적인 신앙생활을 할 수 없다. 왜냐하면 하나님의 말씀은 그의 매일의 영적 양식이기 때문이며, 기도는 하나님과의 끊이지 않는 교제이기 때문이다. 양식을 규칙적으로 먹지 않고 건강을 유지할 수 없으며, 교제하지 않고서 좋은 관계를 유지하고 있을 수 없다. 그러면 성경 읽기와 기도를 규칙적으로 하면 승리의 삶으로 들어갈 수 있는가?

승리의 삶에 없어서는 아니 될 또 한 가지 중요한 경험이 있다. 그것은 십자가의 의미를 새롭게 깨달아야 하는 것이다. 그리스도인은 죄를 용서받고 하나님의 자녀가 될 때 이미 십자가의 의미를 깨닫지 않았는가? 물론이다! 십자가 앞에 나와서 그분이 흘리신 보배로운 피로 모든 죄를 용서받았다. 예수 그리스도가 그리스도인의 모든 죄와 허물을 대신 짊어지고 십자가의 처형을 받으셨기 때문에 그는 거듭난 것이다.

그런데 왜 또 십자가인가? 그 이유는 간단하다! 예수 그리스도가 십자가에서 죽으실 때, 그리스도인이 지금까지 지은 죄들을 위해서만 죽으신 것이 아니기 때문이다. 그분은 그리스도인이 지니고 있는 죄의 성품의 문제를 위해서도 죽으셨던 것이다. 바울은 이런 사실을 이렇게 소개한다, "죄에 대하여 죽은 우리가 어찌 그 가운데 더 살리요?" (롬 6:2). 이 말씀에서 주목해야 될 표현은 *우리가 죄에 대하여 죽었다*는 사실이다.

바울 사도는 지금까지 예수 그리스도가 인간의 죄들을 위하여 죽으셨다고 누누이 강조해서 말했다: "이 예수를 하나님이 그의 피로써 믿음으로 말미암는 화목제물로 세우셨으니, 이는 하나님께서 길이 참으시는 중에 전에 지은 죄를 간과하심으로 자기의 의로우심을 나타내려 하심이니, 곧 이 때에 자기의 의로우심을 나타내사 자기도 의로우시며 또한 예수 믿는 자를 의롭다 하려 하심이라" (롬 3:25-26).

바울의 이런 표현은 여러 곳에서 찾을 수 있으나 한 군데만 더 찾아보자, "우리가 아직 죄인 되었을 때에 그리스도께서 우리를 위하여 죽으심으로 하나님께서 우리에 대한 자기의 사랑을 확증하셨느니라" (롬 5:8). 그렇다! 예수 그리스도는 인간의 죄를 위하여 십자가에서 피를 흘리고 돌아가셨는데, 그 동기는 인간에 대한 사랑 때문이었다. 그 결과 그분을 믿고 받아들인 사람은 의롭다 하심을 얻은 것이다.

그런데 "죄에 대하여 죽은 우리가...."는 무슨 말인가? 예수 그리스도가 우리의 죄를 위하여 죽으셨는데, 어떻게 우리가 죄에 대하여 죽었단 말인가? 이런 선포는 바울만의 전유물이 아니었다. 베드로도 이렇게 말했다, "친히 나무에 달려 그 몸으로 우리 죄를 담당하셨으니, 이는 우리로 죄에 대하여 죽고 의에 대하여 살게 하려 하심이라...." (벧전 2:24). 예수님이 십자가에서 그분의 몸으로 우리의 죄를 담당하시고 돌아가셨다. 그런데 그 목적은 무엇이었는가?

베드로는 그 목적을 너무나 분명히 언급하고 있다, "우리로 죄에 대하여 죽고 의에 대하여 살게" 하기 위함이었다. 그렇다면 바울은 "죄에 대하여 죽은 우리"의 목적을 어떻게 설명하고 있는가? 베드로의 설명과 같은 내용이다, "이와 같이 너희도 너희 자신을 죄에 대하여는 죽은 자요 그리스도 예수 안에서 하나님께 대하여는 살아 있는 자로 여길지어다" (롬 6:11). 결국 죄에 대하여 죽었다는 것은 의로운 삶, 곧 죄를 이기는 삶을 가리킨다.

그렇다면 어떻게 "의에 대하여 살 수" 있는가? 그것을 설명하기 위하여 바울은 믿는 자가 그리스도와 연합된 사실을 설명한다. 다시 말해서, 예수 그리스도가 십자가에서 죽으셨을 때 그리스도인도 그분과 함께 죽었다는 것이다. 왜냐하면 세례를 통하여 그분과 함께 죽었기 때문이다 (롬 6:3). 그리고 세례를 통하여 그분과 함께 죽었기에 그분과 함께 장사지낸바 되었다는 것이다 (롬 6:4). 그분과 함께 장사지냈기에 그분이 부활하실 때 그분과 함께 그리스도인도 부활하였다는 것이다 (롬 6:5).

그리스도인이 예수 그리스도를 믿을 때, 그는 그분과 연합되었던 것이다 (롬 6:5). 사도 요한이 말한 것처럼, 믿는 자는 그리스도 안에, 그리고 그분은 믿는 자 안에 계심으로 연합된 것이다 (요 14:20). 그렇다면 연합의 열쇠는 무엇인가? 그 열쇠는 예수 그리스도를 믿는 순간 그 그리스도인은 예수 그리스도와 함께 십자가에 못 박혔다는 것이다. 바울은 그 사실을 이렇게 분명히 말한다, "우리가 알거니와 우리의 옛 사람이 예수와 함께 십자가에 못 박힌 것은 죄의 몸이 죽어 다시는 우리가 죄에게 종노릇 하지 아니하려 함이니라" (롬 6:6).

그러나 예수 그리스도를 처음 믿을 때 대부분의 그리스도인들은 이런 비밀을 알지 못한다. 그분이 그들의 죄를 위하여 죽으신 사실만을 감사한다. 그런 이유 때문에 바울은 그처럼 죄와 싸우면서 시시때때로 패배하는 그리스도인들에게 이미 이루어졌으나 아직 깨닫지 못하고 있는 사실을 알려준다. 그런 목적을 위하여 그는 이렇게 강조한다, "우리가 알거니와...." 이런 표현은 이미 그리스도와 함께 십자가에 못 박힌 사람들에게는 알려진 사실이나, 그렇지 않은 사람들에게는 새로운 가르침이다.

그리스도인이 이처럼 그가 그리스도와 함께 십자가에서 못 박혀 죽은 사실을 깨닫고 경험할 때 (갈 2:20), 그의 삶은 다시 한 번 영광스럽게 변화된다.[36] 그는 지금까지 "육체의 소욕"과 "성령의

---

36 이런 경험을 위하여 다음을 보라, 홍성철, 『십자가의 도』, 136이하.

소욕" 사이에서 갈등하면서 살았지만, 이제부터는 그런 패배의 삶을 뒤로 한 채 승리의 삶이 펼쳐진다. 그 이유는 간단하다! 그가 그리스도와 십자가에 못 박히는 순간 성령 충만을 경험하기 때문이다. 그는 이제부터 자신의 삶이 아닌, 그리스도의 삶 그리고 성령이 지배하는 삶을 영위하면서 승리를 구가(謳歌)하기 시작한다.[37] 그리스도인이 되면서부터 승리의 삶에 이르기까지를 다음과 같이 도해한 후 설명해보자:

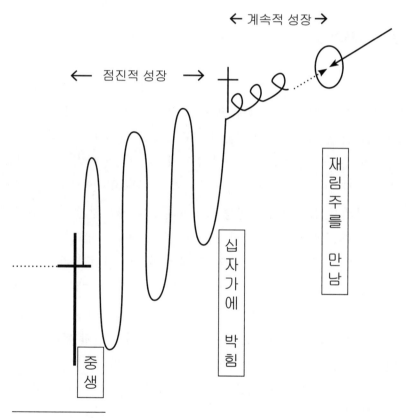

---

37 십자가에 못 박힌 후 승리의 삶을 구체적으로 제시한 저서가 있다. Leslie E. Maxwell, *Born Crucified*, 홍성철 번역 『거듭나서 십자가에 못 박히다』 (서울: 도서출판 세복, 2013).

위의 도해에 의하면, 중생을 경험한 이후 비록 업 앤 다운의 삶을 살지만 그래도 점진적으로 성장한다. 그러던 어느 날 자신이 십자가에 못 박힌 사실을 깨닫고 경험하여 한계 있는 신앙생활을 청산한다. 그 이후에도 계속적으로 성장하면서 충만한 삶을 영위하다가 마침내 다시 오시는 예수 그리스도를 만나서 신령한 몸으로 변화된다 (고전 15:44). 그때에는 모든 인간의 제한과 연약을 초월한 몸으로 변화되는 영광에 들어간다 (계 21:3).

3. 공동체의 삶

그리스도인은 개인적으로 성장해야 한다. 그러나 그런 개인의 성장은 공동체의 삶을 나눌 때 더욱 건강하고 튼튼하다. 실제로 건강한 신앙공동체를 갖지 못한 그리스도인은 대개 건강하게 성장하지 못한다. 건강하기는커녕 오히려 교만하고, 인격적으로 삐뚤어진 신앙인이 되다가 종국에는 신앙도 삐뚤어지게 된다. 한 마디로 말해서, 올바른 신앙공동체에 속해 있지 않으면 올바른 신앙도 갖기 어려울 뿐 아니라, 건강한 신앙의 성장도 어렵다.

그러면 왜 신앙성장과 신앙공동체는 이처럼 밀접한 관계를 가지고 있는가? 그 이유는 무엇보다도 성경의 가르침 때문이다. 어떤 사람이 죄를 회개하고 예수 그리스도를 그의 구세주로 받아들일 때, 그는 죄를 용서받고 거듭나서 하나님의 자녀가 된다. 그런데 실제로는 그에게 일어난 놀라운 일은 그것만이 아니다. 그는 자기도 모르는 사이에 교회의 일원이 되어 있는 것이다. 그런 사실을 확인해 주는 성경말씀을 보자.

바울은 고린도교회에게 보내는 편지에서 이렇게 말한다, "우리가 유대인이나 헬라인이나 종이나 자유인이나 다 한 성령으로 세례를 받아 한 몸이 되었고, 또 다 한 성령을 마시게 하셨느니라" (고전 12:13). 이 말씀에 의하면, 다른 문화와 배경을 불문하고 예수 그리스도를 구세주로 받아들이는 순간 그 사람은 성령의 세례를 받아 한 몸을 이루었다.[38] 물론 여기에서 한 몸은 교회를 가리킨다. 바울은 다른 곳에서 "교회는 그의 몸이라"고 분명히 선언하였다 (엡 1:23).

그런데 성경에서 교회를 가리키는 "몸"에는 두 가지 교회가 존재하는데, 하나는 우주적교회 또는 비가시적(非可視的)교회라고도 하며, 또 하나는 지역교회 또는 가시적교회라고도 한다. 고린도전서 12장 13절에 제시된 "몸"은 우주적교회를 가리키는데, 그이유는 그 몸을 이룬 사람들이 다양한 종족적 배경과 신분의 차이를 포함한 모든 사람들이라고 언급하고 있기 때문이다. 그러니까, 어느 나라 사람이든 그리고 어떤 사회적 신분의 사람이든 거듭나는 순간 우주적교회의 일원이 된다.

그러나 이런 우주적교회는 영적인 교회이며 시공(時空)을 초월한 교회이기에 함께 모일 수도 없고 교제를 나눌 수도 없다. 그런 교제는 주님이 다시 재림하실 때 이루어지는 종말론적인 현상이다. 그런 이유 때문에 모든 거듭난 사람은 눈에 보이는 지역교

---

38 성경에서 성령의 세례는 두 가지 의미로 사용되는데, 하나는 세례 요한이 예언하고 (마 3:11, 막 1:7-8, 눅 3:16, 요 1:33, 행 1:4-5, 15-17) 그리고 오순절에 성취되었다 (행 2:1-4). 또 하나는 오늘의 본문에 나오는 대로, 모든 믿는 자가 거듭나는 순간 우주적교회에 가입되는 현상을 가리키는 성령의 세례를 의미한다.

회에 속하여야 한다. 바울은 그런 지역교회를 다시 몸에 비유하고 있다. 바울의 말을 인용해 보자, "몸은 하나인데 많은 지체가 있고 몸의 지체가 많으나 한 몸임과 같이 그리스도도 그러하니라"(고전 12:12).

이 말에 의하면, 몸은 많은 지체로 구성되어 있다. 다시 말해서, 지체들이 없으면 몸이 이루어지지 못하며, 반대로 몸이 없으면 지체들도 없는 것이다. 그러니까 몸과 지체들은 서로 분리될 수 없는 유기적(有機的)인 관계를 이루고 있다. 그리고 그 몸이 건강한 상태를 유지하려면 모든 지체가 건강해야 하며 동시에 각 지체의 역할을 충실히 해야 한다. 다시 바울의 말을 인용해 보자, "만일 발이 이르되 나는 손이 아니니 몸에 붙지 아니하였다 할지라도 이로써 몸에 붙지 아니한 것이 아니요"(고전 12:15). 이 말씀에 의하면, 손도 발도 한 몸에 붙어있으면서, 각자의 역할을 담당하고 있어야 한다.

이런 말씀은 무엇을 가르치는가? 그리스도인이 일단 지역교회의 일원이 되면 그 안에는 필연적으로 다양한 배경을 가진 사람들이 모인다. 거기에는 각기 다른 역할 때문에 교만과 열등감이 교차될 수도 있다. 거기에는 은혜로 구원받은 죄인들이 모였기에 여러 가지 갈등도 존재할 수 있다. 그럼에도 불구하고 모든 지체들이 유기적인 관계를 유지하면서 그 교회를 건강하게 만들 수 있다. 그리고 건강한 교회는 지체들을 건강하게 유지시킬 수 있다.

어떤 지체가 열등의식을 가지고 이렇게 말할 수 있다, "만일 발이 이르되 나는 손이 아니니 몸에 붙지 아니하였다 할지라도 이로써 몸에 붙지 아니한 것이 아니요....그뿐 아니라 더 약하게 보이는 몸의 지체가 도리어 요긴하고"(고전 12:15, 22). 얼른 보기에

손에 비하여 발은 보이지도 않고 늘 땅만 밟고 있으니, 그 중요성은 아주 낮은 것 같다. 그러나 실제로 보이지 않는 발의 역할이 얼마나 큰가? 발이 없다면 손이 할 수 있는 일이 얼마나 줄어들 것인가?

결국 어떤 지체도 혼자서 몸을 이룰 수 없으며, 모든 지체들은 서로를 필요로 한다. 실제로 몸의 머리이신 예수 그리스도는 사람이 보기에 연약한 지체들을 도리어 요긴한 지체로 삼으신다. 여기에서 "너와 나"는 한 몸에 붙은, 그런 이유 때문에 "너는 나를 필요로 하고, 나는 너를 필요로 한다." 바울은 그런 지체 간의 연합을 이렇게 묘사했다, "만일 한 지체가 고통을 받으면 모든 지체가 함께 고통을 받고, 한 지체가 영광을 얻으면 모든 지체가 함께 즐거워하느니라"(고전 12:26).

이런 모습이야말로 지역교회의 특징이다. 이런 신앙 공동체에서 지체들은 그들의 죄 된 모습을 더욱 절실하게 보게 된다. 다른 지체들과 갈등을 하면서 그들은 서서히 자신을 돌아보게 되고 그래서 마음이 상하기 시작한다. 그리고 죄성으로 가득한 자신의 모습을 보면서 주님 앞에 나오게 된다. 그리할 때 그는 예수 그리스도가 십자가에서 죽으실 때 그처럼 추악한 자신의 죄성을 위해서도 죽으신 사실을 깨닫게 된다. 그리고 그는 자신이 십자가에서 그리스도와 함께 못 박혔다는 사실을 깨닫고 경험하게 된다.

그렇게 십자가에서 죽으실 때 그는 다른 지체들을 귀하게 여길 뿐 아니라, 자신보다 더 귀한 존재로 보기 시작한다. 그는 자신도 모르는 사이에 다음과 같은 바울의 충고가 바로 자기의 삶이 된 사실을 깨닫게 되면서 하나님에게 감사하게 된다: "아무 일에든지 다툼이나 허영으로 하지 말고 오직 겸손한 마음으로 각각 자기보다 남을 낮게 여기고, 각각 자기 일을 돌볼뿐더러 또한 각각 다른 사람들의 일을 돌보아 나의 기쁨을 충만하게 하라"(빌 2:3-4).

신앙의 공동체인 교회는 모든 그리스도인들에게 절대로 필요하다. 그곳에서 다른 지체들과 부딪치면서 한편 십자가를 다시 깊게 깨닫고, 또 한편 인격적으로도 성장한다. 교회가 이처럼 중요하기에 예수 그리스도가 이 세상에 오신 목적 가운데 하나가 바로 이런 교제권을 일으키는 것이라고 사도 요한은 힘주어 말한다: "우리가 보고 들은 바를 너희에게도 전함은 너희로 우리와 사귐이 있게 하려 함이니 우리의 사귐은 아버지와 그의 아들 예수 그리스도와 더불어 누림이라"(요일 1:3).

물론 교회에서 이루어지는 역사가 이런 것만 있는 것은 아니다. 거기에는 가르침도 있고, 예배도 있고, 기도도 있다. 오순절에 임하신 성령님의 역사로 인하여 최초의 교회가 세워졌을 때, 그 교회가 한 일은 무엇이었는가? 그 일을 아주 간단명료하게 묘사한 말씀이 있다: "그들이 사도의 가르침을 받아, 서로 교제하고, 떡을 떼며, 오로지 기도하기를 힘쓰니라"(행 2:42). 이 말씀에 의하면, 초대교회가 한 일은 네 가지였다.

첫째, 갓 믿은 3,000명의 초신자들은 제일 먼저 사도의 가르침을 받았다. 사도들은 예수님을 3년이나 따랐고, 마지막으로 그분의 죽음과 부활을 목격했다. 예수 그리스도로부터 직접 보냄을 받은 사도들은 그들이 목격하고, 배우고, 삶을 나눈 그분을 가르쳤다. 그러므로 초대교회는 그분으로부터 보냄을 받은 사도들의 가르침 위에 세워졌는데, 초대교회뿐 아니라, 그 후에 생성된 모든 교회도 역시 주님으로부터 보냄을 받은 사도들의 가르침 위에 세

워졌다 (엡 2:20).[39]

둘째, 그 초신자들은 서로 교제했다. 오순절에 임한 성령의 역사로 최초의 교회가 세워졌고 그리고 교회 안에서 성도들이 교제했다. 그런데 그런 교제는 지금까지 있었던 구약시대의 모든 조직에서 볼 수 없었던 횡적 교제였다. 구약시대의 교제는 하향식인 종적이었다. 그러나 신약시대의 횡적 교제의 의미는 교회 안에 있는 모든 성도가 높낮이가 없는 평등한 교제를 나누었다는 것이다. 왜냐하면 하나님을 한 아버지로 모신 형제자매들이기 때문이다.[40]

셋째, 그 초신자들이 세 번째로 한 일은 "떡을 떼는" 일이었다. "떡을 떼다"는 물론 성찬식을 가리키는데, 성찬식은 예배 중에 거행되는 엄숙한 예식이다. 그러면 왜 예배에는 성찬식이 포함되어야 하는가? 그 이유는 간단하다! 성찬식은 본래 예수 그리스도의 몸과 피를 상징하는 예식이므로, 교회가 부활하신 주님에게 예배를 드릴 때 그분의 대속적인 죽음을 전파해야 되기 때문이다. 바울의 말을 상기해 보자, "너희가 이 떡을 먹으며 이 잔을 마실 때마다 주의 죽으심을 그가 오실 때까지 전하는 것이니라" (고전 11:26).

넷째, 그 초신자들은 기도하기를 힘썼다. 교회의 머리는 예수 그리스도이시다. 그리고 그분이 교회를 인도하시고, 부흥시키시고, 기적을 일으키게 하시고, 불신자들로 거듭나게 하시고, 축복하시도록 교회는 그분을 의지해야 한다. 그 의지의 표현이 바로 기도이다. 말씀을 통하여 하나님의 뜻을 찾고, 기도를 통하여 교

---

39 그런 까닭에 모든 교회를 사도적교회(Apostolic Church)라고 부른다. 교회의 사도성을 위하여 다음을 보라, 옥한흠, 『평신도를 깨운다』, 개정판 3쇄 (서울: 두란노 1998), 89이하.

40 이런 횡적 교제의 깊이를 알아보기 위하여 다음을 참고하라, 홍성철, 『성령의 시대로! 오순절 ◇ 복음 ◇ 교제』, 264이하.

회는 주님의 도움을 간구해야 한다. 그리할 때 주님은 그 교회를 성령으로 충만하게 하시고 또 자유롭게 사용하신다 (행 4:31이하).

그리스도인에게 교회는 영적 가정과 같다. 그곳에서 사랑을 배우고, 돌봄을 받는다. 그곳에서 필요한 양식을 먹으면서 건강하게 자란다. 그뿐 아니라, 그곳에서 신앙 인격이 다져지고, 그리스도인다운 그리스도인으로 성숙한다. 무엇보다도, 교회에서 그는 개개인을 구원하실 뿐 아니라, 그들을 모아서 교회로 만드신 예수 그리스도를 알아간다. 그렇게 알아가면서 그는 서서히 성숙하여 다른 사람들에게 영향을 끼치는 사람이 되어가는 것이다.

그런 이유 때문에 예수 그리스도를 구세주로 받아들인 사람들의 교회선택은 이루 말할 수 없이 중요하다. 전도자는 양육을 하면서 그 초신자가 신앙적으로 그리고 인격적으로 성장할 수 있는 교회로 인도해야 한다. 그 교회는 복음을 시시때때로 전하여 구원의 역사가 일어나야 한다. 그뿐 아니라, 성경을 잘 가르치는 교회이어야 한다. 동시에 그리스도인들을 훈련시켜서 성숙시킬 뿐 아니라, 그들을 지도자로 양성하는 교회이어야 한다.

4. 세상에서의 삶

모든 그리스도인은 개인적으로도 성장해야 하며, 신앙공동체 안에서도 성장해야 한다. 그런데 그가 성장해야 되는 곳이 또 한 군데 있는데 바로 세상이다. 어떻게 세상이 성장의 장소가 될 수 있단 말인가? 세상은 대체적으로 그리스도인들을 싫어한다. 어떤 사람들은 싫어할 뿐 아니라 미워한다. 어떤 곳에서는 그리스도인들을 감옥에 처넣을 뿐 아니라 죽이기까지도 한다 (마 10:21-22). 왜 그런가? 그 이유가 몇 가지 있다.

첫째 이유는 세상이 예수 그리스도를 싫어하기 때문이다. 실제로 그분이 세상에 오셔서 세상을 위하여 끼치신 선한 영향력은 이루 말할 수 없이 크다.[41] 그럼에도 불구하고 세상은 그분을 싫어한다. 그 이유는 간단하다! 그분의 삶과 말 때문인데, 그분의 삶은 티 하나 없이 깨끗했다. 그리고 그분은 모든 인간이 구원을 받아야 될 죄인이라고 말씀하셨다 (마 9:6). 이와 같은 그분의 언행은 모든 사람들로 하여금 그들이 하나님 앞에서 죄인이라는 사실을 드러내기 때문이다.

세상이 그리스도인들을 싫어하는 둘째 이유는 그들의 성별(聖別)된 삶 때문이다. 성별된 삶이란 가장 쉬운 말로 구별된 삶을 말한다. 그들은 그리스도를 따르는 자들로 세상의 삶의 방식과는 다른 삶을 영위한다. 세상이 죄를 모의할 때, 그들은 그런 모의에 동참하지 않거나 아니면 반대한다. 세상이 아무렇게나 살아도 그들은 절도 있게 살아간다. 세상이 비도덕적인 일에 기꺼이 연루되나, 그들은 물론 그런 것을 거절한다.

성경에서도 이런 대조적인 삶을 언급하는 곳이 한두 군데가 아니나, 한 곳만 인용해 보자: "그 후로는 다시 사람의 정욕을 따르

---

41 그분이 인류에 미친 영향—구제, 교육, 자유, 노예 해방, 윤리, 병원, 미개한 사회의 개화, 예술, 죄인들의 변화 등—은 이루 다 열거할 수 없다. 이를 위하여 다음을 보라, D. James Kennedy & Jerry Newcombe, *What If Jesus Has Never Been Born?* 개정확대판 (Nashville, TN: Thomas Nelson Publishers, 2001). 이런 내용을 확대한 것을 위하여 다음을 참고하라, Alvin J. Schmidt, *How Christianity Changed the World* (Grand Rapids, MI: Zondervan Publishing House, 2004).

지 않고 하나님의 뜻을 따라 육체의 남은 때를 살게 하려 함이라. 너희가 음란과 정욕과 술 취함과 방탕과 향락과 무법한 우상 숭배를 하여 이방인의 뜻을 따라 행한 것은 지나간 때로 족하도다. 이러므로 너희가 그들과 함께 그런 극한 방탕에 달음질하지 아니하는 것을 그들이 이상히 여겨 비방하나, 그들이 산 자와 죽은 자를 심판하기로 예비하신 이에게 사실대로 고하리라"(벧전 4:2-5).

세상이 그리스도인들을 싫어하고 핍박하는 셋째 이유는 그 배후에 있는 사탄의 세력 때문이다. 세상에 사는 불신자들은 "공중의 권세 잡은 자를 따르면서" 그들의 조정을 직접적으로 그리고 간접적으로 받고 있다 (엡 2:2). 그런 이유 때문에 그리스도인들의 싸움은 한편 자신과의 싸움이나, 또 한편 영의 세계와의 싸움이다. 바울의 말과 전혀 다르지 않다, "우리의 씨름은 혈과 육을 상대하는 것이 아니요, 통치자들과 권세들과 이 어둠의 세상 주관자들과 하늘에 있는 악의 영들을 상대함이라" (엡 6:12).[42]

이처럼 그리스도인들을 적대시하는 세상이 어떻게 성숙의 과정에서 꼭 필요하단 말인가? 그 이유는 간단하다! 그들은 교회에서만 머물러 생활할 수 없기 때문이다. 그들은 신앙공동체에서 예배와 교제를 나눈 후 세상으로 나아가야 한다. 언제든지 그들을 핍박하려는 세상으로 나아가서 그들을 대면해야 한다. 미움도 받고 박해도 받으면서, 때로는 두드려 맞으면서도 그 세상을 사랑하는 법을 배워야 한다. 한 때 다른 그리스도인들이 그들에게 그렇게 대했듯 말이다.

그뿐 아니다! 누군가가 만난(萬難)을 무릅쓰고 그들에게 복된

---

42 세상과 세상을 지배하는 영적 세력을 더 알기 위하여 다음을 참고하라: 홍성철, 『성령으로 난 사람』, 356이하.

소식을 전해준 것 같이 그들도 누군가에게 복음을 전해주어야 한다. 물론 그 복음을 들어야 될 사람들은 세상 사람들이다. 예수님도 이렇게 말씀하신 적이 있었다, "너희가 열매를 많이 맺으면 내 아버지께서 영광을 받으실 것이요 너희는 내 제자가 되리라" (요 15:8). 여기에서 열매는 두말할 필요도 없이 전도의 열매이다. 그러니까 전도의 열매를 맺는 그리스도인이 그분의 제자라는 것이다.

그런데 요한복음 15장에서 언급된 전도의 열매는 결단코 평탄한 길에서 맺어지는 것이 아니다. 그 열매는 미움의 현장에서 맺어지는 값진 것이다. 그런 이유 때문에 예수님은 포도나무의 비유를 하신 그 장에서 열매를 8번씩 사용하시는 반면, 미움과 박해는 7번과 2번씩 각각 사용하신다. 그 이유는 분명하지 않은가? 전도의 열매는 세상으로부터 미움과 박해를 받으면서 맺는다는 것이다. 그런 이유 때문에 새로운 그리스도인에게 세상은 또 하나의 놀라운 훈련의 장이 된다.[43]

세상이 훈련의 장이라는 사실을 확인해 주시는 분은 예수 그리스도이시다. 그분은 제자들에게 "온 천하"에 다니며 복음을 전하라고 명령하셨다 (막 16:15). 여기에서 "온 천하"는 두말할 필요도 없이 세상이다. 그분은 또 "너희는 가서 모든 민족을 제자로 삼으라"고 명령하셨다 (마 28:19). 여기에서 "모든 민족"은 세상에 사는 모든 사람을 가리킨다. 제자들이 세상으로 나아가서 복음을 전하고 또 제자를 삼을 때, 그들에게는 말할 수 없이 혹독한 시험과 박해가 따랐다.

---

43 세상과 훈련의 관계를 위하여 다음을 보라, 홍성철, 『이렇게 예수 그리스도의 제자가 되자』, 69이하.

심한 박해와 순교에도 불구하고 제자들은 많은 사람들에게 복음을 전했다.[44] 복음을 들은 사람들 중 제법 많은 사람들이 예수 그리스도를 믿고 변화되었다. 그리고 그들은 다시 세상으로 보내져서 똑같이 다른 사람들에게 복음을 전했다. 이런 과정에서 제자들은 "잃은 자"를 사랑하시는 주님의 마음을 깊이 깨달았다. 그러면서 십자가의 의미도 깊이 이해하고 또 경험하는 계기가 되었다. 새신자도 마찬가지이다! 세상으로 보내져서 복음을 전하면서 신앙이 쑥쑥 자라는 것이다.

5. 나가면서

생명의 능력은 신비로울 정도로 강하고 끈질기다. 바위틈을 비집고 올라오는 나무를 보라! 얼마나 그 생명력이 강하고 끈질긴가! 영적으로 갓난아기도 마찬가지이다. 그에게는 성령의 내주로

---

44 제자들은 복음의 증인으로서 이렇게 삶을 마감하였다: "베드로는 바벨론과 로마로 갔으며, 거기에서 거꾸로 십자가에 달려 죽었다...안드레는 러시아 남부로 갔다가 현재의 터키인 소아시아에 있는 에베소로 갔다고 알려졌다. 세베대의 아들인 야고보는 사도행전 2장과 12장 사이에 십중팔구 스페인으로 갔다. 사도행전 12장에서는 그가 예루살렘에서 헤롯 아그립바에 의하여 죽임을 당했다. 요한은 에베소는 물론 그 밖의 여러 곳으로 다녔다. 일설에 의하면, 빌립은 프랑스로 갔다. 나다나엘로 알려진 바돌로메는 소아시아로 갔다가 후에 동진(東進)하여 아르메니아로 가서...거기서 산채로 피부를 벗긴 후 목이 잘려서 죽었다. 일설에 의하면, 도마는 페르시아에서 복음을 전했고, 또 거기서 세 명의 동방박사를 만나 그들에게 세례를 베풀었다. 그 후 그는 그들과 함께 인도로 갔다. 마태는 15년간 성지(聖地)에 머물다가 페르시아와 에티오피아로 갔으며, 거기서 빌립을 만났다. 알패오의 아들 야고보는 시리아로 갔다. 유다는 아르메니아, 시리아, 페르시아 북방으로 갔다. 가나안 사람 시몬은 이집트로 갔다가, 카르타고, 스페인 및 영국으로 갔고, 거기서 아리마대 사람 요셉을 만났다. 그 후 시리아와 메소포타미아로 갔고 페르시아에서 순교를 당했다." G. Michael Cocoris, *Evangelism: A Biblical Approach* (Chicago: Moody Press, 1984), 30.

엄청난 생명이 시작된 것이다. 그 생명은 필연적으로 성장해야 하며, 그 결과 다른 그리스도인들에게도 좋은 영향을 끼치고 또 세상에 있는 불신자들에게도 영향을 끼쳐야 된다. 그런 이유 때문에 복음을 듣고 구원받는 것도 말할 수 없이 중요하나, 구원받은 그리스도인이 성장하는 것도 못지않게 중요하다.

여기에 양육의 당위성이 있다. 한 그리스도인을 양육했을 때 그가 성숙하여서 교회와 세상을 향하여 어떤 영향을 끼칠지는 아무도 모른다. 마치 한 생명이 이 세상에 태어났다가 양육을 받고 성장하여 애굽을 구원한 모세처럼 말이다. 그런 이유로 모든 전도자는 동시에 신실한 양육자가 되어야 할 것이다. 그가 그리스도에게로 인도한 소중한 한 생명을 정성껏 돌보아서, 개인적으로 성장하고, 교회에서도 성장하고, 세상에서도 성장하게 만들어야 할 것이다.

25

훈련의 필요

1. 들어가면서

창조주 하나님은 사람을 그분의 형상을 따라 만드셨다: "하나님이 자기 형상 곧 하나님의 형상대로 사람을 창조하시되 남자와 여자를 창조하셨다"(창 1:27). 왜 그렇게 만드셨는가? 그 목적도 하나님은 확실하게 말씀하셨다: "하나님이 그들에게 복을 주시며 하나님이 그들에게 이르시되, '생육하고 번성하여 땅에 충만하라, 땅을 정복하라, 바다의 물고기와 하늘의 새와 땅에 움직이는 모든 생물을 다스리라' 하시니라"(창 1:28).

위의 말씀에 의하면, 하나님이 사람을 창조하신 목적을 알 수 있는데, 그것은 세 가지이다. 첫째는 "땅에 충만하라"이고, 둘째는 "땅을 정복하라"이며, 셋째는 "모든 생물을 다스리라"이다. 그렇게 하려면 무엇보다도 사람의 숫자가 많아야 된다. 그런 이유 때문에 위의 세 가지 목적을 이루는 방법도 제시하셨다. 그것은 "생육과 번성"의 방법이었다. 생육과 번성의 의미는 무엇인가? "생육하다"는 재생산(reproduction)을, 그리고 "번성하다"는 기하급수(幾

何級數)식 성장(multiplication)을 각각 의미한다.

하나님은 처음부터 하나님의 형상으로 창조된 사람으로 세상에 가득하게 하려는 의도를 가지고 계셨다. 그렇게 세상에 가득하게 되면 사람은 자연스럽게 땅도 정복하고 모든 생물을 다스리게 될 것이기 때문이다. 그런데 첫 사람인 아담과 하와는 창조주 하나님의 명령대로 생육하고 번성하여 이 세상에 하나님의 형상대로 지음을 받은 사람들로 가득하게 하였다 (창 5:4). 마침내 그들은 손쉽게 땅을 정복하고 그리고 모든 생물을 다스리게 되었다.

그러나 마침내 땅을 정복한 사람들에게 문제가 생겼다. 그것은 사람들이 너무나 악하여 땅과 생물을 착취하기 시작했다. 사람들은 자신들의 이익을 위하여 자연과 생물을 탐닉하고 남용(濫用)하고 오용(誤用)했지, 결코 그것들과 같이 살아가며 같이 번영하기를 거부하였다. 결국, 이 땅에는 죄성과 탐욕으로 가득한 사람들로 가득하게 되어, 본래 하나님의 의도에 따라 사랑과 성결의 사람들은 자취를 감추었다.

하나님은 그런 못된 사람들을 원래대로 바꾸시기를 너무나 간절히 원하셨기에 하나밖에 없는 아들을 희생시키셨다. 그 방법을 통하지 않고서는 죄 많은 사람이 결코 사랑과 성결의 존재로 변할 수 없기 때문이었다. 그리고 그런 하나님의 방법, 곧 복음을 받아들인 사람들이 아직도 죄성과 탐욕에 사로잡혀서 살아가는 다른 사람들에게 그 소식을 전하지 않으면 안 되었다. 그렇게 해서 그 소식을 받아들인 사람들이 변화되기 때문이다. 그리고 그렇게 변화된 사람들로 많아지면 원래 하나님의 뜻이 이루어질 것이다.

그런데 이런 원리를 가장 잘 아시는 분은 역시 예수그리스도이셨다. 그분은 창조주 하나님의 뜻에 따라 이 세상에 사랑과 성결의 사람들로 충만하도록 두 가지 방법을 제시하셨는데, 그것도 역시 생육과 번성이었다. 신약시대의 생육은 전도에 해당되는데, 그 이유는 전도를 통하여 한 사람씩 죄성과 탐욕에서 해방되기 때문이다. 번성은 기하급수적 성장인데, 그 방법은 전도하는 사람을 양산(量産)시키는 것이다. 그런데 전도와 기하급수적 성장은 저절로 되지 않는다.

그러면 어떻게 해야 많은 전도자를 배출할 수 있으며, 한 발 더 나아가서 기하급수적 성장을 일으킬 수 있는 훈련자를 양산시킬 수 있는가? 그 방법은 바로 훈련이다. 어떤 그리스도인도 훈련을 받지 않고 전도를 잘 한다는 것은 거의 불가능하다. 더군다나 전도할 수 있는 사람들을 키워내는 것은 훈련의 결과이다. 그런 이유 때문에 그리스도는 "만민에게 복음을 전파하라"고 명령하시는가 하면 (막 16:15), 또 한편 "온 족속으로 제자를 삼으라"고 하셨다 (마 28:19).

2. 전도훈련

부활하신 주님이 승천하시기 직전 제자들에게 마지막으로 주신 명령은 복음전파였다. 그분의 말씀을 직접 들어보자, "또 이르시되, 너희는 온 천하에 다니며 만민에게 복음을 전파하라" (막 16:15). 이 명령은 아무도 피해갈 수 없는 주님의 절대적인 명령이다. 어떤 사람이라도 예수 그리스도를 구세주로 받아들인다면, 그는 이 명령에 직면한다. 이것은 창조주 하나님이 첫 인간에게 "생육하라"고 주신 명령과 같은 것이다.

결혼한 사람이 의례히 자녀를 낳아서 키워야 하는 것처럼, 거듭난 그리스도인은 불신자들에게 복음을 전해야 한다. 그리고 복음을 잘 전하기 위하여 그는 전도훈련을 받아야 한다. 이렇게 훈련을 받고 그 주변의 사람들에게 복음을 전할 때 비로소 그에게 전해진 복음은 온전한 복음이라고 할 수 있다. 왜냐하면 그에게 생명이 주어졌기에 그 생명은 반드시 자라야 되고, 그리고 반드시 열매를 맺어야 하기 때문이다.

전도훈련에는 크게 두 가지가 있는데, 하나는 내용이고 또 하나는 실습이다. 이 두 가지가 전도훈련에 없어서는 아니 될 요소라는 것은 너무나 분명하다. 불신자에게 복음을 전할 때 아무렇게나 그리고 아무거나 닥치는 대로 말할 수 없다. 그것은 전도가 아니며, 오히려 불신자를 혼란에 빠뜨릴 수 있으며, 더 나아가서 그 불신자는 후에 다른 전도자도 만나기를 꺼려하게 될 수 있다. 전도의 일차적 과제는 그 내용을 이해하기 쉽게 전해주는 것이다.

전도의 대가인 베드로는 오순절에 복음을 전파할 때 결코 횡설수설하지 않았다. 그는 조리 있게 복음의 내용을 차례로 풀어서 전파했는데, 그 핵심은 역시 예수 그리스도였다. 그는 예수 그리스도의 인성(人性), 기적, 죽음, 부활, 승천의 사실을 차례로 전파하였다.[45] 그렇게 전파하면서 그 내용을 확증하기 위하여 그는 세 번씩이나 구약성경을 인용하였다. 그 결과 3,000명의 유대인이 회개하고 예수 그리스도를 받아들이지 않았던가? (행 2:41).

베드로가 최초의 이방인들에게 복음을 전할 때도 역시 마찬가지였다. 그는 고넬료와 그 가족 앞에서 복음을 전했는데 그때도 마찬가지였다. 그는 예수 그리스도의 선과 기적을 베푸신 삶, 그

---

45 이런 내용을 자세히 보기 위하여 다음을 참고하라, 홍성철, 『성령의 시대로! 오순절 ◇ 복음 ◇ 교제』, 221.

분의 십자가에서의 죽음, 영광스러운 부활, 그리고 용서의 필요성에 대하여 조목조목 설파했다. 그가 그렇게 전도하고 있을 때, 홀연히 고넬료와 그 가족 위에 성령이 임하셨다. 그렇게 해서 그들은 예수 그리스도를 믿고 선물로 성령을 받아 신자들이 되었던 것이다 (행 10:38이하).

베드로는 이런 전도의 경험들을 바탕으로 복음을 전하고자 하는 사람들에게 이렇게 권면하였다, "너희 마음에 그리스도를 주로 삼아 거룩하게 하고, 너희 속에 있는 소망에 관한 이유를 묻는 자에게는 대답할 것을 항상 준비하되 온유와 두려움으로 하라" (벧전 3:15). 이 말씀에서 전도자의 거룩한 삶의 중요성도 강조하고, 또 전도하면서 가져야 될 자세도 강조했지만, 그러나 가장 중요한 핵심은 역시 전도의 내용이었다.

"...너희 속에 있는 소망에 관한 이유를 묻는 자에게는 대답할 것을 항상 준비하되..." 그리스도인이 예수 그리스도를 주님으로 모시는 삶을 살면서 세상 사람들과 다른 삶을 영위할 때, 불신자들이 그에게 이끌리어 그의 소망에 관한 이유를 물을 수 있다. 그리할 때 그리스도인은 대답할 내용을 가지고 있어야 한다. 물론 그가 적극적으로 불신자에게 전도할 때도 전도의 내용을 잘 전할 수 있어야 하나, 묻는 사람들에게도 복음의 내용을 조목조목 설명할 수 있어야 한다.[46]

전도훈련의 일차적 목표는 두말할 필요도 없이 전도의 내용을 숙지(熟知)시키는 것이다. 필요하면 그 내용을 철저하게 암송하게 하여서 그 그리스도인에게 기회가 주어질 때 그는 조심스럽게

---

46 이처럼 분명하면서도 간단한 전도의 내용을 개발한 사람들이 여기저기에 나왔는데, 그중 대학생선교회의 "사영리," 네비게이토선교회의 "다리 예화," 코랄리지장로교회의 "전도폭발" 등이 있다.

복음의 내용을 전해야 한다. 복음의 내용을 전한다는 것은 복음을 듣는 사람이 이해할 수 있도록 들려주는 것이다. 필요하다면 그림을 그리면서 설명하거나, 아니면 책자를 같이 보면서 설명할 수도 있다. 그러나 가장 효과적인 것은 역시 그 내용을 완전히 암송하는 것이다.

전도훈련은 복음의 내용을 숙지시키는 것만은 아니다. 그것 못지않게 중요한 것은 그 내용을 삶의 현장에서 사용할 수 있게 하는 것이다. 대부분의 초신자들은 그 내용을 다 암송하고도 정작 전도를 해야 할 때는 주저하고 제대로 사용하지 못한다. 그 이유는 간단하다! 그들에게 실습이 없기 때문이다. 마치 운전을 배우는 것과 같다. 아무리 자동차 운전의 이론을 다 안다고 해서 운전할 수 있는 것이 아닌 것과 똑같다.

어떻게 하면 초신자가 두려움을 극복하고 불신자에게 전도를 할 수 있는가? 그 비결은 현장 실습(on-the-job-training)에 있다. 훈련자가 초신자를 데리고 같이 전도 현장으로 나가야 한다. 그리고 전도하는 방법을 보여주어야 한다. 보여줄 뿐 아니라, 초신자가 전도할 수 있도록 조금씩 인계해주어야 한다. 그것도 한 번이 아니라, 여러 번 반복적으로 해야 한다. 이런 일을 전도자는 해야 된다. 그러나 여기에 함정이 있다.

한국 교회의 영적 지도자들은 평신도와 초신자들에게 전도하라고 가르치거나 설교한다. 그러나 초신자들은 한 번도 전도훈련을 받은 적이 없다. 그들은 기껏해야 불신자를 교회로 데려오며, 그것이 마치 정상적인 전도인양 간주되었다. 이것만큼 큰 비극이 또 있겠는가! 전도하지 못하거나 아니면 안하는 영적 지도자가 넘치는 한국 교회! 교회가 올바로 성장하지 못하고 거꾸로 성장할 수밖에 없지 않은가?

지도자가 먼저 전도를 할 수 있어야 하며, 그 전도의 모습과 내용을 초신자들에게 전수해주어야 한다. 바로 이것이 인격적인 전도훈련이다. 여기에 전도자의 기쁨이 있다. 그는 전도해서 그리스도에게로 인도한 사람들을 내버려 두지 않고, 한편 양육하여 그들을 성장시킬 뿐 아니라, 또 한편 함께 전도하여 그들로 하여금 전도할 수 있게 만드는 것이다. 창조주 하나님이 "생육하라"는 말씀을 이루는 것이며, 주님이 "만민에게 복음을 전파하라"는 명령에 순종하는 것이다.

3. 제자훈련

"생육하고 번성하라"의 원리를 너무나 잘 아시는 예수 그리스도는 공생애를 시작하면서 제일 먼저 선포하신 것은 복음이고, 그 다음 하신 일은 제자 선발이셨다. 그분이 마귀에게 시험을 받으신 후, 그리고 그분의 길을 예비한 세례 요한의 사역이 끝나자, 그분은 공생애를 시작하였다. 그 공생애의 첫 번째의 메시지를 마태복음에서 찾아보자: "이 때부터 예수께서 비로소 전파하여 이르시되, '회개하라. 천국이 가까이 왔느니라' 하시더라" (마 4:17).

왜 예수님은 그분 생애의 첫 번째 메시지가 복음이었는가? 그 이유는 너무나 분명하다! 그분은 "잃은 자를 찾아 구원하려고" 이 세상에 오셨기 때문이다 (눅 19:10). 그 사역이 가능하도록 그분은 십자가에서 죽으셨고, 그리고 부활하셨다. 그러니까 그분이 이 세상에 오신 것은 살기 위해서가 아니라, 죽으시기 위해서였다.

그러니까 그분의 성육신에서 승천에 이르기까지 생애 전체는 복음을 위한 것이었다. 그분은 문자 그대로 복음의 화신이었다.

예수 그리스도는 이렇게 그분의 사역의 기조(基調)를 설정하신 후, 그 사역의 가장 효과적인 방법인 제자들을 선발하기 시작하셨다. 이것은 두말할 필요도 없이 "번성하라"는 원리를 당신의 삶에 적용하시는 첫 순간이었다. 그분이 어떻게 제자들을 선발하셨는지 직접 보자: "나를 따라오라. 내가 너희를 사람을 낚는 어부가 되게 하리라" (마 4:19). 그분은 이런 말씀으로 첫 제자들을 4명이나 선택하셨다 (마 4:18-22).

그 이후 예수 그리스도의 삶과 사역은 두 가지를 위한 헌신이었는데, 하나는 복음전도이고, 또 하나는 제자훈련이었다. 물론 그분은 병자들도 고치시고, 귀신들린 자들을 깨끗하게 하시고, 기적들도 행하셨다. 그뿐 아니라 그분은 전대미문(前代未聞)의 가르침도 주셨다. 그 대표적인 가르침은 산상수훈이었다 (마 5-8). 그러나 그런 모든 표적과 가르침은 결국 두 가지, 곧 복음전도와 제자훈련을 위한 것이었다.

그분의 삶과 사역에서 복음전도가 왜 그토록 중요했던가? 그것은 죄성과 탐욕에서 헤어나지 못하는 사람들을 건져내기 위해서였다. 얼마나 큰 사랑인가! 그것을 위하여 짧은 인생을 사시다가 마침내 십자가에서 죽으시다니! 왜 제자훈련이 그토록 중요한가? 그것은 얼마 지나지 않아서 그분이 다시 오셨던 하늘나라로 돌아가실 사실 때문이었다. 그분이 가신 후 누가 그토록 중차대한 복음의 사역을 계속 이어갈 수 있단 말인가?

물론 그분에게서 3년 동안 훈련받은 제자들이다. 세계의 복음화는 오직 12명의 제자들에게 달렸던 것이다. 얼마나 심각한가!

얼마나 중요한가! 예수 그리스도는 모든 정성을 다하여 기회가 주어지는 대로 전도하신 것도 사실이다. 그러나 전도 못지않게 심혈을 기울이신 것은 12명의 훈련이었다. 오죽 했으면 그분의 공생애 가운데 대부분을 그처럼 적은 수의 제자들에게 주셨겠는가?[47]

실제로 하나님이 그분을 세상에 보내신 사명은 고스란히 12제자들에게 전수되었다. 그런 이유 때문에 그리스도는 부활하신 후 처음 제자들을 만나서 이렇게 말씀하셨다, "아버지께서 나를 보내신 것 같이 나도 너희를 보내노라"(요 20:21). 이 말씀에서 중요한 단어는 역시 "보내노라"이다. 왜냐하면 예수님이 하나님 아버지로부터 보내심을 받은 것과 같이 그분도 제자들을 보내시겠다고 하셨기 때문이다. 다시 말해서, 비중이 같다는 말이다.

하나님 아버지가 그 아들을 세상에 보내신 목적은 분명했는데, "생육하고 번성하라"고 보내셨다. 그 아들이 제자들을 세상에 보내시는 목적도 같았는데, 역시 "생육하고 번성하라"고 보내셨다. 물론 하나님이 아들을 "보내실 때" 거기에는 성육신과 이타적(利他的)인 삶과 죽음이 내포되었다. 마찬가지로, 제자들이 "보냄"을 받았을 때, 그들도 예수님이 인간 속으로 들어오신 것처럼, 인간 속으로 들어가야 했다.

그뿐 아니라! 예수님이 오로지 다른 사람들을 위하여 희생적이고도 선한 삶을 영위하신 것처럼, 제자들도 그렇게 살아야 했다. 그리고 마지막으로, 예수님이 마침내 죄인들의 구원을 위하여 십자가에서 죽으신 것처럼, 제자들도 그들의 십자가를 짊어지고 죽음의 삶을 영위해야만 했다.[48] 예수님의 말씀을 직접 들어보

---

47 Coleman, *The Master Plan of Evangelism*, 40-41.
48 Stott, "The Great Commission," 40.

자, "예수께서 제자들에게 이르시되, '누구든지 나를 따라오려거든 자기를 부인하고 자기 십자가를 지고 나를 따를 것이니라'" (마 16:24).

실제로 12제자들은 문자 그대로 "생육하고 번성하기" 위하여, 다른 말로 "전도하고 훈련시키기" 위하여 그들의 훈련자요 스승인 예수 그리스도처럼 살았고, 복음을 전했고, 그리고 마침내 순교했다. 물론 그 가운데 사도 요한은 자연적인 죽음을 죽었지만, 그런 오랜 기간의 삶은 한 순간의 순교보다 훨씬 어려운 삶이었다. 실제로 그는 오랜 세월을 두고 서서히 죽어가는 살아있는 순교자였던 것이다.

비록 12제자의 수에는 들지 않았지만 그렇게 산 사람이 또 있는데, 그는 바울 사도였다. 그는 부활하신 주님을 만난 후 변화되어 그분을 증언하기 시작했고, 그리고 증언하다가 순교를 당했다. 그의 삶과 사역을 자세히 보면, 그도 "전도하고 훈련하는" 삶을 살았다는 것이 분명하다. 그는 가는 곳마다 복음을 전하여 교회를 세웠다. 그러나 늘 제자들과 함께 전도하면서, 전도의 삶을 그들에게 전수해 주었던 것이다.

그의 제자들 가운데는 디모데도 있고, 디도도 있었다. 그뿐 아니라, 누가와 에바브로디도도 있었다. 실라와 마가도 있었다. 그의 삶을 본받아서 전도와 훈련에 생애를 바친 사람들이 사방에 생겨났다. 그의 사역 원리를 그는 이렇게 디모데에게 전해주었다: "또 네가 많은 증인 앞에서 내게 들은 바를 충성된 사람들에게 부탁하라. 그들이 또 다른 사람들을 가르칠 수 있으리라" (딤후 2:2). 이처럼 간단한 말씀에 훈련의 원리가 그처럼 깊이 들어 있다니 놀라울 뿐이다.

바울로부터 훈련받은 디모데는 그 훈련을 충성된 사람들에게 나누어주어야 했다. 그 목적은 너무나 분명하다! 그렇게 훈련받은 충성된 사람들이 다른 사람들에게 다시 전수해주기 위한 것이다. 바울에게서 시작된 훈련이 다른 사람들에게 전달되는 동안 4대가 훌쩍 지나간 것이다. 바로 이것이 훈련의 진수이다. 훈련받은 사람이 다른 사람을 훈련하여 사랑과 성결의 사람들로 이 땅에 충만하게 하는 것이다.

그렇다! 영적 지도자는 훈련을 통하여 만들어진다. 단순히 신학의 과정을 마쳤다고 올바른 영적 지도자가 되는 것이 아니다.[49] 훈련을 받지 못한 소위 "지도자들"은 복음을 구체적으로 어떻게 전해야 될지 모른다. 더 나아가서 다른 사람들을 훈련시켜서 영적 지도자로 만든다는 것은 꿈도 꾸지 못한다. 그런 "지도자들" 밑에서 신음하는 수많은 그리스도인들이 존재한다는 것은 비극이 아닐 수 없다.

바울은 영적 사역을 담당할 그리스도인들은 훈련받은 사람들이라고 힘주어 말한다. 이처럼 중대한 말씀은 에베소서 4장 11-12절에 있다: "그가 어떤 사람은 사도로, 어떤 사람은 선지자로, 어떤 사람은 복음 전하는 자로, 어떤 사람은 목사와 교사로 삼으셨으니, 이는 성도를 온전하게 하여 봉사의 일을 하게 하며 그리스도의 몸을 세우려 하심이라."[50] 이 말씀에 의하면, 영적 지도

---

49 Henrichsen은 제자들, 곧 영적 지도자는 태어나는 것이 아니라, 훈련을 통하여 만들어진다고 강조한다. *Disciples Are Made—Not Born*, 5를 보라.

50 미국에서 성장하는 유명한 교회들의 한결같은 교회 표어는 바로 이 말씀이었다. 예를 들면, Chicago 지역에 7개나 산재해 있는 *Harvest Bible Chapel*도 그랬다.

자로 사도와 선지자와 복음 전하는 자와 목사와 교사가 있다.

특히 복음 전하는 자와 목사와 교사는 현재에도 얼마든지 찾을 수 있는 영적 지도자들이다. 적어도 이 말씀에 의하면, 그들의 임무는 단 한 가지뿐인데 그것은 바로 "성도를 온전하게 하는 것이다." 이 말씀을 헬라어로 보면 너무 그 의미가 분명해진다. 먼저, "성도를 온전하게 하며"는 목적 표시의 전치사 프로스(πρός)가 사용된다. 다시 말해서, 교회에 영적 지도자를 주신 목적은 "성도를 온전하게 하는 것"이다.

그러면 "온전하게 하다"로 번역된 헬라어는 무엇인가? 그 단어는 *카타르티스몬*(καταρτισμόν)인데, 그 의미는 "고치다, 수선하다, 꿰매다, 완전하게 하다"이다. 이 의미는 자못 중요한데, 그 이유는 다음과 같다. 어떤 사람이 그리스도인이 된다고 해서 완전해지는가? 물론 아니다! 그는 지금까지 살았던 잘못된 삶을 하나씩 고쳐나가야 한다. 그뿐 아니라, 새로운 성경적인 삶의 방법도 배워야 한다. 그러므로 그에게는 "고치며, 수선하며, 꿰맬" 필요가 있다.

그런 이유 때문에 그 단어는 "준비시키다, 무장하다"의 의미로도 번역된다.[51] 그렇다! 전도자를 포함한 영적 지도자의 소중한 사역은 성도들을 무장시키어 미래를 준비시키는 것이다. 그러면, 미래를 준비시킨다는 의미는 무엇인가? 에베소서 4장 12절은 다음과 같이 두 가지를 말한다: "봉사의 일을 하게 하며 그리스도의 몸을 세우려 하심이라." 하나는 봉사의 일이고 또 하나는 그리스도

---

51 Tom Stebbins, *Evangelism by the Book: 13 Biblical Methods* (Camp Hill, PA: Christian Publications, 1991), 312-322. 그 단어의 구체적인 의미를 위하여 다음을 보라, Strong, *Strong's Exhaustive Concordance of the Bible*, 제목, "καταρτιζμώ."

의 몸을 세우는 일이다.

그런데 헬라어 성경에 의하면, 그 뜻이 더욱 분명해진다. 성도들을 무장시킨 결과, 그 성도들이 봉사의 일을 하며 몸을 세운다는 것이다. 그런 이유로 바울은 결과를 의미하는 전치사를 두 번씩 사용하는데, 헬라어로 *에이스*(εἰς)로서 직역하면 "안으로, 속으로"(into)의 의미이다. 그리고 "봉사"로 번역된 *디아코니아스*(διακονίας)는 원래 헬라어에서는 "사역"의 뜻이다. 그런 이유 때문에 그 단어의 파생어는 집사, 사역자, 일꾼 등으로 번역된다 (고전 3:5, 고후 3:6, 6:4).

지금까지 살펴본 에베소서 4:11-12절을 요약하면 다음과 같다: 그리스도가 교회에 영적 지도자를 세우신 것은 한 가지 목적을 위해서인데, 그것은 성도들을 무장시키는 것이다. 그 결과 무장된 성도들이 사역의 일을 하며 동시에 그리스도의 몸인 교회를 세운다. 그렇다! 지도자의 책임은 성도들을 훈련시켜서 그들로 하여금 각종의 사역을 하게 하는 것이며, 동시에 교회를 세우게 하는 것이다. 전도자는 새롭게 믿은 그리스도인을 양육하고 훈련시켜서 그도 "생육하고 번성하는" 다시 말해서, "전도하고 훈련하는" 사역에 매진하게 한다.

4. 경건훈련

전도훈련과 제자훈련은 너무나 중요하다. 그러나 훈련을 통해서만 저절로 재생산과 번성의 열매가 맺어지는 것은 아니다. 그것이 전도의 열매이든 아니면 훈련의 열매이든 성령이 함께 하지 않으시면 가능하지 않다. 예수 그리스도도 그런 원리를 분명히 말씀하셨다, "내 안에 거하라. 나도 너희 안에 거하리라; 가지가 포도나무에 붙어 있지 아니하면 스스로 열매를 맺을 수 없음 같이 너희도 내 안에 있지 아니하면 그러하리라" (요 15:4).

이런 주님의 말씀이 분명히 가리키고 있듯, 어떤 포도나무 가지도 나무에 붙어 있지 않으면 결코 열매를 맺을 수 없다. 물론 이것은 자연 현상이지만, 주님은 이런 현상에서 영적 원리를 제시하신다. 그 원리는 어떤 그리스도인도 주님 안에 붙어있지 않으면 결단코 열매를 맺을 수 없다는 말이다. 그런데 주님은 바로 당신이 포도나무라고 분명히 말씀하셨다, "나는 참 포도나무요" (요 15:1).

그러니까 그리스도인은 전도훈련과 제자훈련만으로 열매를 맺을 수 없다. 그는 포도나무인 예수 그리스도에 붙어 있는 훈련도 받아야 한다. 여기에 경건 훈련의 당위성이 있는 것이다. 실제로 주님은 포도나무의 비유에서 열매 맺는 가지를 상당히 강조하시는데, 그 이유는 분명하다. 포도나무 가지는 열매를 맺을 때만이 가치가 있기 때문이다. 만일 가지가 열매를 맺지 못한다면 그 가지를 무엇에 쓸 수 있겠는가? 불쏘시개가 되는 외에는 아무 쓸데도 없다.

주님의 말씀대로이다, "사람이 내 안에 거하지 아니하면 가지처럼 밖에 버려져 마르나니, 사람들이 그것을 모아다가 불에 던져 사르느니라" (요 15:6). 이런 주님의 말씀에 의하면, 포도나무 가지인 그리스도인은 열매를 맺는 삶을 살든지, 아니면 아무 짝에 쓸모없는 불쏘시개로 전락하든지 둘 중 하나이다. 열매를 맺는 삶을 살 때 그 사람을 구원해주시기 위하여 그 아들 예수 그리스도를 희생시키신 하나님 아버지가 영광을 받으신다 (요 15:8).

어떤 사람이든 회개와 믿음을 통하여 그리스도인이 되면 그의 인생의 목적은 하나님의 영광을 위하여 사는 것이 된다. 바울은 그런 인생의 목적을 다음과 같이 분명히 언급했다, "그런즉 너희가 먹든지 마시든지 무엇을 하든지 다 하나님의 영광을 위하여 하라"(고전 10:31). 그러면 구체적으로 하나님의 영광을 위하여 사는 것이 무엇인가? 여러 가지가 있겠으나, 가장 중요한 것은 전도의 열매를 맺는 것이다.

바울은 하나님의 영광을 위하여 살라고 하면서, 그것을 실현하는 방법을 연이어서 구체적으로 제안하였다. "유대인에게나 헬라인에게나 하나님의 교회에나 거치는 자가 되지 말고, 나와 같이 모든 일에 모든 사람을 기쁘게 하여 자신의 유익을 구하지 아니하고 많은 사람의 유익을 구하여 그들로 구원을 받게 하라"(고전 10:32-33). 소극적으로는 회심되지 못한 유대인에게나 회심되지 못한 헬라인에게 범죄함으로 그들로 기독교에 대하여 나쁜 편견을 갖게 하지 말아야 한다.[52] 그럼 왜 유대인들이나 헬라인들에게 범죄하면 안 되는가? 그 이유는 그들이 구원을 받게 하기 위함이다. 그렇다! 그들의 구원을 위하여 그리스도인은 자신의 이익을 추구하지 말아야 한다. 오히려 그들의 이익을 추구해야 하며, 그래야 그들은 변화된 그리스도인의 모습을 볼 것이다. 그러면 그들은 그리스도인의 변화된 원인을 찾을 것이며, 마침내 그 원인이 예수 그리스도라는 사실을 알고 그들도 그분을 그들의 구세주로

---

52 Adam Clarke, *Commentary on the Holy Bible*, 제5쇄, 제1권 요약본, Ralph Earle이 요약 (Grand Rapids, MI: Baker Book House, 1971), 1109. 본문에서 "교회"는 유대인과 헬라인 회심자들이다. 위의 책.

받아들일 것이다.

그런데, 예수 그리스도는 포도나무 비유에서 열매에 관한 놀라운 원리를 몇 가지 말씀하셨다. 첫째 원리는 열매를 점증적(漸增的)으로 많이 맺어야 된다는 사실이다. 다시 말해서, 처음에는 *적은 열매*를 맺으나, 그리스도인이 성숙함에 따라 *보다 많은 열매*를 맺는다는 것이다. 그러다가 마침내 올바른 훈련을 받고 예수 그리스도의 제가가 되면 *많은 열매*는 맺는다는 큰 원리이다 (요 15:2, 8). 그 사실을 이렇게 예시할 수 있다: 열매(fruit)→더 많은 열매(more fruit)→많은 열매(much fruit).

둘째 원리는 "제거"와 "깨끗함"의 원리이다. 이 원리를 보기 위하여 주님이 하신 말씀을 직접 들어보자, "무릇 내게 붙어 있어 열매를 맺지 아니하는 가지는 아버지께서 그것을 제거해 버리시고, 무릇 열매를 맺는 가지는 더 열매를 맺게 하려 하여 그것을 깨끗하게 하시느니라" (요 15:2). 여기에서 특히 두 동사는 말할 수 없이 중요한데, 하나는 "제거하다"이고 또 하나는 "깨끗하게 하다"이다.

"제거하다"는 두말할 필요도 없이 잘라버리는 것을 의미한다. 주님은 왜 열매를 맺지 않는 가지를 제거하시는가? 그 이유는 간단하다! 위로 하나님에게 영광을 돌리지도 못하고, 아래로 다른 불신자들에게 영향을 끼치지도 못하기 때문이다. 그런 가지는 하나님에게 영광을 돌리기는커녕, 오히려 "기록된 바와 같이 하나님의 이름이 너희 때문에 이방인 중에서 모독을 받게 하는" 가지에 불과하다 (롬 2:24). 그런 가지는 불신자들의 구원을 가로막는 악한 무리들이다.

그런 이유 때문에 주님은 그런 가지를 과감히 제거하여 불에 던지신다. 반면, 열매를 맺는 가지는 더 많은 열매를 맺을 수 있도록 "깨끗하게 하신다." 여기에서 "깨끗함"으로 번역된 동사는 헬라어로 *카다이로*(καδαιρω)인데, "전지하다, 가지를 잘라내다"의 의미도 가지고 있다. 그러니까 이 동사는 두 가지 의미를 가지고 있는 것이다. "깨끗하게 하다"는 벌레가 꼬이지 못하게 하는 것이다. 그러니까 열매를 맺는 그리스도인은 죄를 멀리 하는 삶을 유지해야 한다.

동시에, "전지하다"는 "발육 결실을 좋게 하고, 병충해를 막으며, 나무 모양을 바로 잡기 위하여 잘라내는 것"을 의미한다.[53] 그러니까 한 마디로 열매를 맺는 가지는 더 많은 열매를 맺게 하기 위하여 주님은 잘라낼 것은 잘라내신다. 전도의 열매를 맺기 위하여 잘라낼 것이 얼마나 많은가? 불신자에게 시간을 주어야 하고, 때로는 물질도 주어야 한다. 그러기 위하여 그리스도인은 자신을 위한 시간과 물질도 잘라내야 한다. 그리할 때 주님은 그에게 더 많은 열매를 허락하신다.

셋째 원리는 그리스도인이 주님과 밀착된 교제를 유지해야 한다. 주님은 가지가 포도나무에 붙어있지 않으면 열매를 맺을 수 없다고 하셨다. 그런 밀착된 교제를 알려주기 위하여 주님은 이렇게 설명하셨다: "....그가 내 안에, 내가 그 안에 거하면 사람이 열매를 많이 맺나니...." (요 15:5). 어떻게 하면 그리스도인이 주님 안에, 그리고 그분이 그 안에 거하실 수 있는가? 그 방법도 주님은 분명히 말씀하셨다.

그 방법을 보기 위하여 주님의 말씀을 다시 인용해 보자, "너희가 내 안에 거하고, 내 말이 너희 안에 거하면, 무엇이든지 원하는

---

53 국어사전편찬회 편집, 『국어대사전』 (서울: 민중서원, 1993), 1391.

대로 구하라. 그리하면 이루리라"(요 15:7). 먼저, 그리스도인은 그리스도 안에 거해야 한다. 다시 말해서, 그분의 마음이 나의 마음이 되며, 그분의 뜻이 나의 뜻이 되어야 한다. 한 마디로 말해서, 그는 그분과 연합되어야 한다.[54] 그리스도와 그리스도인이 이렇게 연합되면 그는 열매를 많이 맺게 된다.

그 다음, 열매를 많이 맺기 위하여 그리스도인은 주님의 말씀에 거해야 한다. 주님은 이렇게 말씀하셨다, "내 말이 너희 안에 거하면...." 주님의 말씀에 거한다는 것은 기록된 말씀, 곧 성경에 깊이 들어가야 하는 것을 의미하지만, 동시에 그 말씀에 따라 사는 삶도 포함된다. 그러니까 말씀 따로, 생활 따로가 아니라 일치해야 된다는 의미이다. 주님은 말씀과 삶이 일치하셨다. 그런 까닭에 "내 말이 너희 안에 거하라"는 권면은 말씀과 삶의 일치를 가리킨다.[55]

마지막으로, 열매를 많이 맺기 위하여 그리스도인은 기도해야 한다. 주님은 다음과 같이 말씀하셨다, "...무엇이든지 원하는 대로 구하라...." 물론 주님 안에 거하고, 그분의 말씀이 그리스도인 안에 거하면, 그는 당연히 주님의 뜻에 따라서 기도하게 된다. 그런 기도를 주님이 들어주지 않으실 리가 없다. 그렇게 기도할 때, 두말할 필요도 없이 불신자들의 구원을 위해서도 기도할 것이다. 그런 기도의 응답을 받는 것은 얼마나 큰 특권인가?

그러나 못지않게 중요한 기도제목이 또 있다. 그것은 성령충만을 위한 기도제목이다. 위에서 이미 언급한대로, 그리스도인이 아

---

54 Clarke, *Commentary on the Holy Bible,* 941.
55 말씀과 삶의 불가분의 관계를 위하여 다음을 보라, 홍성철, 『이렇게 예수 그리스도의 제자가 되자』, 25–26.

무리 훈련을 많이 받아도 열매를 맺게 하시는 분은 성령이시다. 그러므로 그리스도인은 간구를 통하여 성령으로 충만을 받아야 한다. 성령으로 충만을 받지 않으면 개인적으로 사랑과 성결의 삶도 영위할 수 없다. 그는 언제라도 그가 받은 훈련 때문에 교만해질 수 있으며, 그렇게 되면 아무런 열매도 맺지 못하게 된다.

성령으로 충만하지 못하면 그리스도 안에 거할 수도 없다. 왜냐하면 성령충만은 다른 말로 성령의 지배를 받는 삶을 가리키기 때문이다. 베드로의 사역을 보라! 그는 성령으로 충만을 경험하기 전에 전도의 열매는커녕 그를 박해하는 자들을 두려워했다. 두려운 나머지 거짓말도 하고, 피하기도 했다. 그러나 그가 성령으로 충만을 경험한 후 (행 2:4), 그는 담대히 그리스도의 복음을 전했고, 단번에 3,000명을 그리스도에게로 인도하였다 (행 2:42).

그렇다! 한편 깨끗한 삶을 유지하고, 또 한편 전도자의 삶에 필요하지 않은 것들을 잘라내야 한다. 이런 삶은 다른 말로 묘사하면 자신에 대하여 죽는 삶이다. 그러나 주님이 죽으신 후 부활하셔서 많은 열매를 맺으시듯, 그리스도인이 죽음을 경험하면 부활의 능력이 주어진다. 그 부활의 능력으로 그는 주님처럼 많은 열매를 맺기 시작한다.[56] 많은 열매를 맺기 위하여 그리스도인은 말씀과 기도를 통하여 성령충만을 구해야 하며 또 경험해야 한다.

5. 나가면서

훈련 자체는 결코 거룩한 삶이 아니다. 그러나 훈련 없이 거룩

---

56   위의 책, 53-54.

한 삶을 유지하는 것은 불가능하다. 두말할 필요도 없이 거룩한 삶은 하나님과의 깊은 관계에서 생성(生成)된다. 그 이유는 간단하다! 원래 하나님만이 거룩하신 분이기 때문이다. 거룩하신 하나님과 올바른 관계를 갖고, 또 긴밀한 교제를 나눌 때만이 하나님처럼 거룩해질 수 있다 (벧전 1:15-16). 그런 이유 때문에 훈련된 삶은 결코 거룩한 삶이 아니다.

그러나 훈련된 삶이 없이는 결코 거룩한 삶을 유지할 수 없다.[57] 그리스도 안에 거하며, 그분의 말씀으로 그리스도인 안에 거하게 하며, 하나님의 뜻대로 기도한다는 것은 끊임없는 훈련과 절제된 삶이 없이는 불가능하다. 그런 이유 때문에 누구든지 그리스도인이 되면, 그는 처음부터 훈련의 삶을 터득해야 한다. 그래야 매일 성경을 읽고, 암송하고, 순종하며, 또 그 말씀에 따라 기도도 하며 성령으로 충만할 수 있다.

무엇보다도 전도훈련과 제자훈련을 받기 위하여 훈련은 절대로 필요하다. 실제로 대중은 훈련된 사람을 따르게 마련이다. 왜냐하면 대중은 훈련되지 않았기 때문이다. 실제로 혹독한 훈련을 받은 그리스도인은 그가 평신도이든 사역자이든 상관없이 하나님이 귀하게 보시는 자녀이다. 그리고 하나님은 그런 자녀를 귀하게 보시고, 따르는 사람들을 붙여주신다. 이처럼 훈련된 사람은 오랜 기간 동안 스스로를 쳐서 복종케 한 사람이다 (고전 9:27).

이렇게 훈련된 그리스도인은 주님이 말씀하신대로 십자가를 지는 삶을 산 결과로 이루어진 사람인데, 십자가를 진다는 것은 자신에 대하여 죽는 삶을 가리킨다. 예수님의 말씀을 보자: "...나

---

57 훈련과 거룩의 관계를 위하여 다음을 보라, Richard Shelley Taylor, *The Disciplined Life: Studies in the Fine Art of Christian Discipleship* (Kansas City, MO: Beacon Hill Press of Kansas City, 1962), 48.

를 따라오려거든 자기를 부인하고 날마다 제 십자가를 지고 나를 따를 것이니라" (눅 9:23). 이렇게 자신을 부인하고 십자가를 지면서 전도훈련, 제자훈련 및 경건훈련을 받을 때, 주님이 "너희는 온 천하에 다니며 만민에게 복음을 전파하라"는 명령이 이루어질 것이다 (막 16:15).

문을 닫으면서

예수 그리스도의 공생애 중 첫 번째 메시지는 이런 것이었다: "요한이 잡힌 후 예수께서 갈릴리에 오셔서 하나님의 복음을 전파하여 이르시되, '때가 찼고 하나님의 나라가 가까이 왔으니 회개하고 복음을 믿으라' 하시더라" (막 1:14-15). 그분의 첫 메시지는 복음전파였다. 그 이유는 간단하다! 예수 그리스도가 이 세상에 오신 것은 죄인들을 불러 회개시키기 위해서였기 때문이다. 그렇게 회개하고 그분을 구세주로 받아들인 사람은 구원을 얻은 것이다.

예수 그리스도는 그렇게 "하나님의 나라"를 이루고 계셨다. 다시 말해서, 구원받고 변화된 사람들을 통하여 하나님의 나라를 이루어 가시겠다는 것이다. 왜냐하면 하나님의 나라는 한 마디로 하나님의 통치이기 때문이다. 지금도 하나님은 당신의 구원받은 백성을 통하여 통치하고 계신다. 그러나 그 통치는 여전히 완전한 것이 아닌데, 그 이유는 아직 하나님이 뜻하신 교회가 완성되지 못했기 때문이다.

그러면 그 하나님의 나라는 언제 완성되는가? 여러 가지 측면으로 말할 수 있겠지만, 한 가지 측면은 "이방인의 충만한 수"가 찰 때이다 (롬 11:25). 그것은 바로 교회의 완성이기도 하다. 그러나 다른 측면으로 말하면, 주님이 하늘 구름을 타고 다시 오실 때이다. 그분은 그 때를 가리켜 다음과 같이 말씀하셨다, "....인자가 권능자의 우편에 앉은 것과 하늘 구름을 타고 오는 것을 너희가 보리라" (막 14:62).

그러니까, 하나님의 나라는 "때가 차서" 예수 그리스도가 복음을 전하시기 시작하면서부터이다. 그리고 그 나라는 "이방인의 충만한 수"가 차서 그분이 재림하시면서 완성된다. 그러면 어떻게 "이방인의 수"가 채워지는가? 그 방법은 두말할 필요도 없이 복음의 전파를 통해서이다. 그런 이유 때문에 하나님의 나라는 "이미 시작되었으나 아직 완성되지 않았다"("already...but not yet").[58]

모든 그리스도인은 복음을 전해야 한다. 그렇지 않으면 하나님의 나라는 영원히 완성되지 못할 것이다. 그러나 복음을 전하여서 믿지 않던 사람들이 주님에게로 돌아오면, 그만큼 하나님의 나라가 확장되어 가는 것이다. 그리고 그 수가 차면 하나님의 나라는 완성된다. 그런 이유 때문에 복음의 결과로 일구어진 교회는 종말론적인 성격을 지니고 있다. 그렇다! 모든 교회는 하나님의 나라를 완성하기 위하여 한 걸음씩 나아가는 종말론적 공동체이다.

무엇보다도 중요한 사실은 복음을 전하는 자들은 가장 앞장 서서 하나님의 나라의 확장에 이바지하는 사람들이다. 그런 이유 때문에 주님은 복음을 전하는 자들을 기뻐하신다. 기뻐하시면서 그들과 동행하신다. 그들이 입을 열어 복음을 전할 때마다 주님은 그들에게 천하보다 귀한 영혼들을 맡기신다. 그들이 거듭난 것이다! 그리고 그렇게 거듭난 사람들이 성숙하여 다시 복음을 전하는 일에 뛰어들면 하나님은 기뻐하신다.

왜 하나님이 기뻐하시는가? 하나님의 나라가 확장되기 때문이

---

58 이 개념을 깊이 연구하려면 다음을 보라, Köng, *The Church*, 89이하.

다. 이처럼 중차대한 하나님의 나라 건설에 앞장 선 사람들, 곧 복음을 전하는 그리스도인들은 막중한 책임감을 가져야 한다. 그들은 한편 스스로를 준비하면서, 그리고 다른 한편 하나님의 형상대로 지음을 받고 예수 그리스도가 위하여 죽으신 존귀한 영혼들을 찾아가야 한다. 마치 예수 그리스도가 죄인인 사람들을 찾으시러 하늘나라를 버리시고 세상에 오신 것처럼 말이다.

그리스도인들이 이 세상에서 덧없는 인생을 살아가는 동안 복음전파에 뛰어든 사람들만큼 귀한 사람들이 어디 있겠는가? 적어도 하나님의 안중에는 그렇다! 비록 많은 사람들, 곧 비그리스도인들과 심지어 그리스도인들이 복음전파를 방해할 수 있다. 그뿐 아니라, "공중의 권세 잡은 자들도" 방해한다 (엡 2:2). 왜 방해하는가? 그들 모두는 복음전파가 그처럼 소중하고, 또 하나님이 그처럼 기뻐하신다는 사실을 알기 때문이다.

그럼에도 불구하고 그리스도인들이 신실하게 복음을 전할 때, 하나님이 기뻐하시고, 성령님이 동행동사하시면서 구원의 역사를 이루신다. 그로 인하여 우리 주 예수 그리스도는 영광을 받으신다. 왜냐하면 바로 그 영혼들을 위하여 그분은 이 세상에 오셨고, 십자가에서 죽으셨고, 그리고 부활하셨기 때문이다. 그분이 어느날 다시 오셔서 하나님의 나라를 완성하실 때, 전도자들은 그들 때문에 주님을 만나게 될 뭇 영혼들로 기뻐할 것이다!

바울 사도의 간증이 바로 그런 전도자들의 간증이 될 것이다. 그의 말로 끝을 맺도록 하겠다: "우리의 소망이나 기쁨이나 자랑의 면류관이 무엇이냐? 그가 강림하실 때 우리 주 예수 앞에 너희가 아니냐? 너희는 우리의 영광이요 기쁨이니라!" (살전 2:19-20).

참고 문헌

Aldrich, Joseph C. *Life-Style Evangelism: Crossing Traditional Boundaries to Reach the Unbelieving World.* 제4쇄. Portland, OR: Multnomah Press, 1983.

Archer, Gleason L. *Encyclopedia of Bible Difficulties.* Grand Rapids, MI: Zondervan Publishing House, 1982.

Barclay, William. *The Acts of the Apostle.* 개정판. Philadelphia, PA: The Westminster Press, 1976.

_____. *The Gospel of Luke.* Philadelphia, PA: The Westminster Press, 1975.

Barna, Goerge. *Evangelism That Works.* Ventura, CA: Regal Books. 1995.

Barrett, David B. *Evangelize! A Historical Survey of the Concept.* Birmingham, AL: New Hope, 1987.

Barth, Markus. *Ephesians: 4-6장 번역 및 주석.* Garden City, NY: Doubleday & Co., Inc., 1974.

Baucham, Voddie Jr. "Truth and the Supremacy of Christ in a Postmodern World." *The Supremacy of Christ in a Postmodern World,* 51-68. John Piper & Justin Taylor 편집. Wheaton, IL: Crossway Books, 2007.

Beasley-Murray, George R. *John.* Waco, TX: Word Books Publisher, 1987.

Blauw, Johannes. *The Missionary Nature of the Church.* Grand Rapids, MI: Wm. B. Eerdmans Publishing Co., 1962.

Bock, Darrell L. *Luke.* 제2권. *9:51-24:53.* Grand Rapids, MI: Baker Books, 1996.

Boice, James Montgomery. *Foundations of the Christian Faith: A Comprehensive & Readable Theology.* Downers Grove, IL:

InterVarsity Press, 1986.

Bonar, Andrew *Leviticus*. 제2쇄. London: The Banner of Truth Trust, 1972.

Boraine, Alexander L. "The Nature of Evangelism in the Theology and Practice of John Wesley." Ph.D. 논문, Drew University, 1969.

Bosch, David J. *Transforming Mission: Paradigm Shifts in Theology of Mission*. 제4쇄. Maryknoll, NY: Orbis Books, 1992.

Brown, Colin 편집. *The New International Dictionary of New Testament Theolog*. 제3쇄. 제3권. Grand Rapids, MI: Zondervan Publishing House, 1979.

Bruce, F. F. *The Defense of the Gospel in the New Testament*. 개정판. Grand Rapids, MI: Wm. B. Eerdmans Publishing Co., 1977.

Budiman, Rudy. "The Theology of the Cross and of the Resurrection in Our Unique Salvation." *Let the Earth Hear His Voice*, 1049–1059. J. D. Douglas 편집. Minneapolis, MN: World Wide Publication, 1975.

Burke, Kenneth. *A Rhetoric of Motives*. Berkeley, CA: University of California Press, 1969.

Chafer, Lewis Sperry. *Major Bible Themes*. Chicago: Moody Press, 1926.

Chirgwin, A. M. *The Bible in World Evangelism*. New York: Friendship Press, 1954.

Clarke, Adam. *Commentary on the Holy Bible*. 제5쇄. 1권 요약본. Ralph Earle이 요약. Grand Rapids, MI: Baker Book House, 1971.

Cocoris, G. Michael. *Evangelism: A Biblical Approach*. Chicago: Moody Press, 1984.

Coleman, Robert E. *The Heart of the Gospel*. Grand Rapids, MI: Baker Books, 2011.

_____. *The Master Plan of Evangelism*. 제13쇄. Old Tappan, NJ: Fleming H. Revell Co., 1964.

Cook, David. *Blind Alley Beliefs*. London: Pickering & Inglis, Ltd., 1979.

Cowen, Gerald. *Salvation: Word Studies from the Greek New Testament*.

Nashville, TN: Broadman Press, 1990.

Culpepper, R. Alan. *Luke*, 9 of *The New Interpreter's Bible*. Leander E. Jeck 편집. Nashville, TN: Abingdon Press, 1995.

Dayton, Edward R. *That Everyone May Hear: Reaching the Unreached*. Monrovia, CA: MARC, 1979.

Dayton, Edward R. & David A. Fraser. *Planning Strategies for World Evangelization*. Grand Rapids, MI: Wm. B. Eerdmans Publishing Co., 1980,

DeGuglielmo, Antonine. "Mary in the Protoevangelium" *The Catholic Biblical Quarterly*, 제14권 (1952, 1월): 108-122.

DeHaan, M. R. *The Holy Spirit: His Person and Work*. Grand Rapids, MI: The Radio Bible Class, n.d.

Dodd, Chares H. *Apostolic Preaching and Its Development*. London: Hodder & Stoughton Publisher, 1936.

Drummond, Lewis A. *The Word of the Cross: A Contemporary Theology of Evangelism*. Nashville, TN: Broadman Press, 1992.

D'souza, Dinesh. *What's So Great about Christianity*. Carol Stream, IL: Tyndale House Publishers, Inc., 2007.

Elwell, Walter A. *Evangelical Dictionary of Theology*. Grand Rapids, MI: Baker Book House, 1984. 제목. "Faith" by James I. Packer. 제목. "Great Awakening" by R. E. O. White. 제목. "Reconciliation" 및 "Salvation" by M. A. Noll.

Engel, James F. & H. Wilbert Norton. *What's Gone Wrong with the Harvest? A Communication Strategy for the Church and World Evangelism*. 제2쇄. Grand Rapids, MI: Zondervan Publishing House, 1976.

Ford, Leighton. *Good News Is for Sharing*. Elgin, IL: David C. Cook Publishing Co., 1977.

Foster, Bob. 『불타는 세계비전』. 서울: 네비게이토출판사, 1983.

Freeman, Bill 편집, *How They Found Christ in Their Own Words*. Scottsdale, AZ: Ministry Publications, 1998.

Gillespie, V. Bailey. *The Experience of Faith*. Birmingham, AL: Religious

Education Press, 1988.

Gitari, David. "Theologies of Presence, Dialogue, and Proclamation." 1116–1126. J. D. Douglas 편집. *Let the Earth Hear His Voice*. Minneapolis, MN: World Wide Publications, 1975.

Graham, Billy. "Biblical Authority in Evangelism." *Christianity Today* (10월 15, 1956): 6–8.

_____. "Preaching the Word–Reaching the World." *The Calling of an Evangelist*, 131–134.

_____. *The Holy Spirit: Activating God's Power in Your Life*. Waco, TX: Word Books, 1978.

Green, Michael. *Evangelism in the Early Church*. 제4쇄. Grand Rapids, MI: William B. Eerdmans Publishing Co., 1977.

_____. *Evangelism through the Local Church: A Comprehensive Guide to All Aspects of Evangelism*. Nashville, TN: Oliver Nelson, 1992.

_____. "How to Use Apologetics: Secular Background." *The Work of an Evangelist*, 697–704.

Guiness, Os. "The Impact of Modernization," *Proclaim the Christ until He Comes: Calling the Whole Church to Take the Whole Gospel to the Whole World*. J. D. Douglas 편집. Minneapolis, MN: World Wide Publication, 1990.

Hamilton, Kenneth. "Apologetics and Evangelization," *Let the Earth Hear His Voice*, 1194–1202.

Haqq, Akbar. "The Evangelist's Call to Conversion." *The Work of an Evangelist*, 115–123. J. D. Douglas 편집. Minneapolis, MN: World Wide Publications, 1984.

Hartley, John E. *Word Biblical Commentary*. 제4권. *Leviticus*. Dallas, TX: Word Books, Publisher, 1992.

Henderson, Jim. *The Outsider Interviews: A New Generation Speaks out on Christianity*. Grand Rapids, MI: Baker Books, 2010.

Henrichsen, Walter A. *Disciples Are Made––Not Born* 제6쇄. Wheaton, IL: Victor Books, 1976.

Henry, Carl F. & W. Stanley Mooneyham 편집. *One Race, One Gospel, One*

Task. 제1권. Minneapolis, MN: World Wide Publications, 1967.

Henry, Matthew. *Commentary on the Whole Bible*. 제6권. Old Tappan, NJ: Fleming H. Revell Co., 1950.

Hoekema, Anthony A. *Created in God's Image*. Grand Rapids, MI: Eerdmans Publishing Co., 1986.

_____. *Saved by Grace*. Grand Rapids, MI: Eerdmans Publishing Co., 1989.

Horne, Charles M. *The Doctrine of Salvation*. Chicago: Moody Press, 1984. "How to Sell Christianity? Ask an Atheist." *USA TODAY*. 2010/6/28, Monday.

Hsu, Albert Y. 『자살을 애도하며』. 전현주 옮김. 서울: 도서출판 세복, 2004.

Hughes, Selwyn. *The Introvert's Guide to Spontaneous Witnessing*. Minneapolis, MN: Bethany House Publishers, 1983.

Hull, Bill. *The Disciple Making Pastor*. Tarrytown, NY: Fleming H. Revell Co., 1988.

Hunter, George W. III. *The Contagious Congregation: Frontiers in Evangelism and Church Growth*. 제7쇄. Nashville, TN: Abingdon Press, 1983.

_____ . *How to Reach Secular People*. Nashville, TN: Abingdon Press, 1992.

_____.*The Apostolic Congregation: Church Growth Reconceived for a New Generation*. Nashville, TN: Abingdon Press, 2009.

Hunter, James D. "What Is Modernity? Historical Roots and Contemporary Features." *Faith and Modernity*. 12−28. Philip Sampson, Vinay Samuel, Chris Sugden 편집. Irvine, CA: Regnum Books International, 1994.

Hyatt, J. Philip. *Commentary on Exodus*, London: Liphants, 1971.

Irrnaeus, *Adversus Haereses*. Philadelphia: Westminster Press, 1953.

Jobes, Karen H. 1 Peter, *Baker Exegetical Commentary on the New Testament.* Robert W. Yarbrough & Robert H. Stein 편집. Grand

Rapids, MI: Baker Academic, 2005.

Johnstone, Arthur P. "The Use of the Bible in World Evangelism." *The Living and Active Word of God,* Morris Inch & Ronald Youngblood 편집. Winona Lake, IN: Eisenbrauns, 1983.

Kalevi, Lehtinen. "The Evangelist's Goal: Making Disciples." *The Work of An Evangelist,* 193–202. J. D. Douglas 편집. Minneapolis, MN: World Wide Publications, 1984.

Kallenberg, Brad J. *Live to Tell: Evangelism for a Postmodern Age.* Grand Rapids, MI: Brazos Press, 2002.

Kennedy, D. James. *Evangelism Explosion.* Wheaton, IL: Tyndale House Publishers, 1977.

_____ & Jerry Newcombe. *What If Jesus Has Never Been Born?* 개정확대판. Nashville, TN: Thomas Nelson Publishers, 2001.

Kinghorn, Kenneth Cain. *The Gospel of Grace: The Way of Salvation in the Wesleyan Tradition.* Nashville, TN: Abingdon Press, 1992.

Kittel, Gerhard & Gerhard Friedrich 편집. *Theological Dictionary of the New Testament,* 제2권, Geoffrey W. Bromiley 번역. Grand Rapids, MI: Wm. B. Eerdmans Publishing Co., 1964. 제목. "ἐλέγκω" by Buchsel.

Knight, Henry H. III, *A Future for Truth: Evangelical Theology in a Postmodern World.* Nashville, TN: Abingdon Press, 1997.

Kraemer, Hendrik. *The Christian Message in a Non-Christian World.* 제7쇄. Grand Rapids, MI: Kregel Publications, 1977.

Kraft, Charles H. *Communication Theory for Christian Witness.* Nashville, TN: Abingdon Press, 1983.

_____. *Communication Theory for Christian Witnesses.* 개정판. 제3쇄. Maryknoll, NY: Orbis Books, 1995.

Kuhne, Gary W. *The Dynamics of Personal Follow-up.* Grand Rapids, MI: Zondervan Publishing House, 1976.

Kuiper, R. B. *God-Centered Evangelism: A Presentation of the Scriptural Theology of Evangelism.* London: The Banner of Truth Trust, 1966.

Kumar, Steve. *Christian Apologetics: Think Why You Believe.* Auckland,

New Zealand: Foundation for Life, 1990.

Küng, Hans. *The Church*. Garden City, NY: Image Books, 1976.

Lenski, R. C. H. *The Interpretation of I & II Corinthians*. Minneapolis, MN: Augsburg Publishing House, 1963.

_____. *The Interpretation of St. John's Gospel*. Minneapolis, MN: Augsburg Publishing House, 1943.

Libert, Samuel O. "The Evangelist's Authority: The Word and the Spirit." *The Calling of an Evangelist*, 111-118.

Little, Paul E. *How to Give away Your Faith*. Downers Grove, IL: InterVarsity Press, 1966.

Löffler, Paul. "The Biblical Concept of Conversion," *Mission Trends*, 제2권. *Evangelization*, 24-45. Gerald H. Anderson & Thomas F. Stransky 편집. Grand Rapids, MI: Wm. B. Eerdmans Publishing Co., 1975.

MacArthur, John F. Jr. *Faith Works: The Gospel according to the Apostles*. Dallas, TX: Word Publishing, 1993.

Machen, J. Gresham. *What Is Faith?* Carlisle, PA: The Banner of Truth Trust, 1991.

Maslow, Abraham H. *Motivation and Personality*. New York: Harper & Row, Publishers, 1970.

Maxwell, Leslie E. *Born Crucified*. 홍성철 번역. 『거듭나서 십자가에 못 박히다』. 서울: 도서출판 세복, 2013.

McDowell, Josh. *Evidence That Demands a Verdict: Historical Evidences for the Christian Faith*. 제14쇄. San Bernardino, CA: Campus Cruse for Christ, Inc., 1977.

McFarland, Alex. *The 10 Most Common Objections to Christianity*. Ventura, CA: Regal Books, 2007.

McGavran, Donald A. *Understanding Church Growth*. Grand Rapids, MI: Wm B. Eerdmans Publishing Co., 1970.

Metz, Donald S. *Studies in Biblical Holiness*. Kansas City, MO: Beacon Hill Press of Kansas City, 1971.

Miles, Delos. *Introduction to Evangelism*. Nashville, TN: Broadman Press, 1983.

Morison, Frank. *Who Moved the Stone*. 제8쇄. Downers Grove, IL: InterVarsity Press, 1982.

Morris, Leon. *Commentary on the Gospel of John of The New International Commentary*. F. F. Bruce 편집. Grand Rapids, MI: Wm. B. Eerdmans Publishing Co., 1982.

_____. *The Apostolic Preaching of the Cross*. 제3쇄. Grand Rapids, MI: Wm. B. Eerdmans Publisnhing Co., 1965.

_____. *The Atonement: Its Meaning & Significance*. Downers Grove, IL: InterVarsity Press, 1983.

_____. *The Gospel according to Matthew*. Grand Rapids, MI: B. Eerdmans Publishing Co., 1992.

Nolland, John. *Luke 9:21－18:34*. 제35b권. *Word Biblical Commentary*. Glenn Barker 편집. Dallas, TX: Word Books, Publisher, 1993.

North, Martin. *Leviticus*. Philadelphia, PA: Westminster, 1965.

Oden, Thomas C. *After Modernity...What?*. Grand Rapids, MN: Zondervan Publishing House, 1990.

_____. *The Living God, Systematic Theology*. 제1권. San Francisco, CA: Harper & Row, Publishers, 1987.

Osei-Mensah, Gottfried. "The Evangelist and the Great Commission." *The Calling of an Evangelist: The Second International Congress for Itinerant Evangelists*, 223－225. J. D. Douglas 편집. Minneapolis, MN: World Wide Publications, 1987.

Packer, James I. "An Evangelical View of Progressive Revelation," Kenneth Kantzer 편집. *Evangelical Roots*. Nashville, TN: Thomas Nelson Inc., Publishers, 1978.

_____. *Evangelism & the Sovereignty of God*. 제7쇄. Downers Grove, IL: InterVarsity Press, 1976.

_____. "Faith." *Evangelical Dictionary of Theology*.

_____. et al. *Here We Stand*. London: Hodder and Stoughton, 1986.

Patterson, Kerry. Joseph Grenny, Ron McMillan, & Al Switzer. *Crucial Conversations: Tools for Talking When Stakes Are High*. New York: McGraw-Hill Companies, 2002.

Peace, Richard V. *Conversion in the New Testament: Paul and the Twelve.* William B. Eerdmans Publishing House, 1999.

Peters, George. "현대전도의 다양한 방법," 홍성철 편집. 『전도학』, 353–386. 개정2쇄. 서울: 도서출판 세복, 2012.

Plummer, Alfred. *A Critical & Exegetical Commentary on the Gospel according to St. Luke.* 제5쇄. Edinburgh: T. & T. Clark, 1977.

Poe, Harry L. *Christian Witness in a Postmodern World.* Nashville, TN: Abingdon Press, 2001.

_____. *The Gospel and Its Meaning: A Theology for Evangelism and Church Growth.* Grand Rapids, MI: Zondervan Publishing House, 1996.

Purkiser, W. T. 편집. *Exploring Our Christian Faith.* Kansas City, MO: Beacon Hill Press of Kansas City, 1960.

Ramm, Bernard. *Protestant Christian Evidences.* 17쇄. Chicago: Moody Press, 1977.

_____. *Special Revelation and the Word of God.* Grand Rapids, MI: Eerdmans Publishing Co., 1961.

Rees, Paul S. "Evangelism and Social Concern." *One Race, One Gospel, One Task*, 306–309. 제1권. Carl F. H. Henry & W. Stanley Mooneyham 편집. Minneapolis, MN: World Wide Publications, 1967.

Reid, Alvin. *Introduction to Evangelism.* Nashville, TN: Broadman & Holman Publishers, 1998.

Richardson, Alan. *Genesis I–XI: Introduction and Commentary.* London: SCM Press, 1953.

Robertson, Aarchibald & Alfred Plummer, *A Critical & Exegetical Commentary on the First Epistle of St. Paul to the Corinthians.* 최근판. Edinburgh: T. & T. Clark, 1975.

Ryken, Philip G. *The Message of Salvation.* Downers Grove, IL: InterVarsity Press, 2001.

Samartha, S. J. "Dialogue as a Continuing Christian Concern." Gerald H. Anderson과 Thomas F. Stransky 편집. *Mission Trends*, 247–261. 제1

권. Grand Rapids, MI: Wm. B. Eerdmans Publishing Co., 1974.

Sauer, Eric. *The Triumph of the Crucified*. Grand Rapids, MI: Wm. B. Eerdmans Publishing Co., 1951.

Schmidt, Alvin J. *How Christianity Changed the World*. Grand Rapids, MI: Zondervan Publishing House, 2004.

Schreiner, Thomas R. *Romans*. 제6권. *Baker Exegetical Commentary on the New Testament*. Grand Rapids, MI: Baker Books, 1998.

Schurb, Ken. "Sixteenth-Century Lutheran-Calvinist Conflict on the Protevangelium." *Concordia Theological Quarterly*, 제54권 1호 (1990년 1월): 36.

Seamands, John T. *Tell It Well: Communicating the Gospel across Cultures*. 제2판 2쇄. 홍성철 번역. 서울: 도서출판 세복, 2004.

Sire, James W. "On Being a Fool for Christ and an Idiot for Nobody." *Christian Apologetics in the Postmodern World*, 101-127. Timothy R. Phillips & Dennis L. Okholm 편집. Downers Grove, IL: InterVarsity Press, 1995.

Snyder, Howard A. *The Community of the King*. 개정판. Downers Grove, IL: InterVarsity Press, 2004.

Soper, Donald. "The Setting for Making Christians Today." *Focus on Evangelism*, 71-78. George Hunter, III 편집. Nashville, TN: Discipleship Resources, 1978.

Spurgeon, Charles H. *Twelve Sermons on the Holy Spirit*. Grand Rapids, MI: Wm. B. Eerdmans Publishing Co., 1971.

Stebbins, Tom. *Evangelism by the Book: 13 Biblical Methods*. Camp Hill, PA: Christian Publications, 1991.

Stöger, Lois. *The Gospel according to St. Luke*. 제2권. Burns & Oates, Limited, London 번역. New York: Herder and Herder, 1969.

Stott, John R. W. "Evangelist's Message Is Bible-Based." *The Mission of an Evangelist*, 55-61. Minneapolis, MN: World Wide Publications, 2001.

_____. *The Cross of Christ*. Downers Grove, IL: InterVarsity Press, 1986.

_____. "The Great Commission." *One Race, One Gospel, One Task*. 37–44. 제1권.

_____. "The Lausanne Covenant." *Let the Earth Hear His Voice*, 3–9. J. D. Douglas 편집. Minneapolis, MN: World Wide Publications, 1975.

_____. *The Spirit, the Church and the World: The Message of Acts*. Downers Grove, IL: InterVarsity Press, 1990.

Strong, James. *Strong's Exhaustive Concordance of the Bible*. 제36쇄. Nashville, TN: Abingdon Press, 1977. 제목, "καταρτιζω."

Taylor, Richard Shelley. *The Disciplined Life: Studies in the Fine Art of Christian Discipleship*. Kansas City, MO: Beacon Hill Press of Kansas City, 1962.

The Merriam Webster Dictionary. Springfield, MA: Merriam Webster, Inc., 1983. 제목, "true."

Thielicke, Helmut. *The Trouble with the Church*. New York: Harper & Row, Publishers, 1965.

Tidball, Derek. *The Message of the Cross*. Donwers Grove, IL: InterVarsity Press, 2001.

Torrance, T. F. *Reality and Evangelical Theology*. Philadelphia, PA: The Westminster Press, 1982.

Torrey, R. A. *The Bible and Its Christ*. Old Tappan, NJ: Fleming H. Revell, n.d.

Towns, Elmer L. 편집. *A Practical Encyclopedia: Evangelism and Church Growth*. Ventura, CA: Regal Books, 1995.

Turner, David. *Matthew*. Grand Rapids, MI: Baker Academia, 2008.

Tyndale, V. S. C. "Apologetics in Evangelism Report." *Let the Earth Hear His Voice*, 1203–1205.

Vine, W. E., Merrill F. Unger & William White, Jr. 편집. *Vine's Expository Dictionary of Biblical Words*. Nashville, TN: Thomas Nelson Publishers, 1985.

Watson, David. *I Believe in Evangelism*. Grand Rapids, MI: William B. Eerdmans Publishing Co., 1976.

Wells, David F. *The Courage to Be Protestant*. Grand Rapids, MI: Wm. B.

Eerdmans Publishing Co., 2008.

_____. *The Search for Salvation*. Downers Grove, IL: InterVarsity Press, 1978.

_____. *Turning to God: Biblical Conversion in the Modern World*. Grand Rapids, MI: Baker Book House, 1989.

Wenham, Gordon J. *Word Biblical Commentary*. 제1권, *Genesis 1-15*. Waco, TX: Word Books, Publisher, 1987.

Wesley, John. *Explanatory Notes upon the New Testament*. 제1권. London: The Wesleyan-Methodist Book-Room, n.d.; reprint, Peabody, MA: Hendrickson Publishers, Inc., 1983.

_____. *John Wesley's Commentary on the Bible*. G. Roger Schoenhals 편집. Grand Rapids, MI: Francis Asbury Press, 1990.

_____. "Justification by Faith." "The Lord Our Righteousness." *The Works of John Wesley*. 제1권. Albert C. Outler 편집. Nashville, TN: Abingdon Press, 1984.

_____. *The Wesley's Bible*. Albert F. Harper 편집. Nashville, TN: Thomas Nelson, Inc., 1990.

_____. *Wesley's 52 Standard Sermons*. N. Burwash 편집. Salem, OH: Convention Book Store, 1967.

_____. *Wesley's Works*. 제8권. London: Wesleyan Methodist Book Room 1872; 재인쇄. Peabody, MA: Hendrickson Publishers, Inc., 1984.

White, Jerry & Marry. *Friends & Friendship: The Secrets of Drawing Closer*. 제14쇄. Colorado Springs, CO: NavPress, 1994

Wifall, Walter. "Gen 3:15--A Protevangelium?" *The Catholic Biblical Quarterly*, 제36권 (1974년 7월): 365.

Wiley, H. Orton. *Christian Theology*, 제2-3권. Kansas City, MO: Beacon Hill Press of Kansas City, 1952.

Williams, Colin W. *John Wesley's Theology Today*. Nashville, TN: Abingdon Press, 1960.

Wilson, Carl. *With Christ in the School of Disciple Building*. Grand Rapids, MI: Zondervan Publishing House, 1976.

Winter, Ralph. "The New Macedonia." *Perspectives on the World Christian*

Movement. Ralph Winter & Stephen Hawthorne 편집. Pasadena, CA: William Carey Library, 1981.

Zacharias, Ravi K. "How to Use Apologetics: Non-Christian Religious Background." *The Work of an Evangelist.* J. D. Douglas 편집. Minneapolis, MN: World Wide Publications, 1984.

국어사전편찬회 편집. 『국어대사전』. 서울: 민중서원, 1993.

옥한흠. 『평신도를 깨운다』. 개정판 3쇄. 서울: 두란노, 1998.

홍성철. "고넬료의 회심." 『신학과 선교』 제28권 (2003): 363-384.

_____. 『불타는 전도자 존 웨슬리』. 제7쇄. 서울: 도서출판 세복, 2009.

_____. 『성령으로 난 사람』. 서울: 도서출판 세복, 2009.

_____. 『성령의 시대로! 오순절◇복음◇교제』. 서울: 도서출판 세복, 2013.

_____. "세속적인 사람들을 위한 전도." 홍성철 편집. 『전도학』. 개정2쇄. 407-433. 서울: 도서출판 세복, 2012.

_____. 『십자가의 도』. 서울: 도서출판 세 복, 2008.

_____. "원형복음." 『교수논총』 제11집 (2000): 731-752.

_____. "유월절에 함축된 복음." *신학과 선교*, 제25집 (2000): 507-541.

_____. 『이렇게 예수 그리스도의 제자가 되자』. 제2쇄. 서울: 도서출판 세복, 2005.

_____. 『주님의 지상명령 성경적 의미와 적용』. 서울: 도서출판 세복, 2004.

_____. "주님의 지상명령에 대한 소고." 로버트 콜만 편집. *오늘의 전도, 어떻게 볼 것인가?*. 181-194. 서울; 죠이선교회, 1993.

_____. "태국 불교인도 '엘렝틱스'를 경험할 수 있는가?" 홍성철 편집. 『불교권의 선교 신학과 방법』. 서울: 기독교대한성결교회 출판국, 1993.

_____. 『현대인을 위한 복음전도의 성경적 모델』. 서울: 도서출판 세복, 2002.

제목 찾아보기

성경 찾아보기